KB058415

한반도,
평화를
말하다

튼튼한 평화를 위한
대한민국의 평화정책

한반도, 평화를 말하다

최대석
홍용표
허재영
이호령
양 욱
박원곤
신인호
김기웅
김병연
김인한
황태희
박병광
신범철
이금순
김태균
모춘흥

21세기북스

차 례

어떻게 한반도 평화를 만들어갈 것인가

최대석(이화여대)

이 책은 북한 핵 능력 강화의 와중에 미·중 전략 경쟁이 격화되는 이중 도전에 직면한 한국이 어떻게 한반도에서 평화를 만들어갈 것인가를 다루고 있다. 국토의 허리가 잘리고 같은 민족이 서로에게 총구를 겨누고 산 지 어느덧 76년을 넘기고 있다. 남북 간에는 '긴장 조성 이후 대화가 재개되고, 대화 결렬 이후 다시 긴장'이 도래하는 악순환이 여전히 반복되고 있다. 화려했던 2018년의 정상회담들은 어느덧 과거가 되고 북한의 미사일 도발이 다시 일상이 되어버린 듯하다. 그뿐만이 아니다. 남북이 하나였던 시기에 태어나신 분들의 수가 줄어들고 있기 때문인지, 젊은 층에서는 '통일을 해서 얻는 것보다 잃는 것이 더 많을 것'이라는 우려가 확산되고 있다.

지난 수년간 평화 담론이 한국의 대외 정책을 지배했지만 그 성과는 보이지 않는다. 그 때문인지 일각에서는 문재인 정부의 평화 정책에 대한 회의론이 제기되고 있다. 평화를 원하는 마음이야 같겠지만 어떤 평화를 추구할 것인지에 대해서는 정치적 성향에 따라 극명하게 갈린다. 그러다 보니 우리에게 생필품이 되어야 할 평화가 사치품처럼 느껴지는 상황이다. 자칫하면 영구적인 분단이 되더라도 전쟁만 없으면 된다는 회의론적 사고가 한국 사회를 지배할까 걱정된다. 분단 극복은 평화의 문제이면서 동시에 통일의 문제라는 점에서 그 어떠한 분단도 우리의 목표가 될 수는 없다. 어떤 평화를 만들어갈 것인가? 이 책의 고민은 바로 이 질문으로부터 시작되었다.

미·중 전략 경쟁의 시대, 깊어져가는 한국의 고민

지난 반세기를 넘는 피나는 노력으로 한국은 세계 10위권의 경제 강국으로 거듭났다. 외교력과 국방력도 상승하며 많은 나라가 부러워하는 중견국으로 자리매김하고 있다. 하지만 현재 한국이 직면한 주변 환경은 다가올 폭풍우를 예고하고 있다. 가장 큰 도전은 지정학적 도전이기에 우리가 마음대로 벗어날 수 없는 미·중 전략 경쟁이다.

자유주의적 국제질서(liberal international order)를 추구하는 미국에 대한 중국의 도전은 광범위하다. 처음에는 경제적으로 미국을 넘어서는 것이 목표였던 것으로 보였으나, 오늘날의 중국은 더 큰 꿈을 꾸고 있는 것으로 보인다. 시진핑 주석의 중국은 일대일로를 추구하며 대륙 국가였던 중국을 해양 국가로 변모시키고 있다. 필연적으로 해외로 진출하기 위한 다양한 길을 만들고자 노력하고 있다. 해양 세력으로 변모하는 중국을 그대로 지켜만 볼 수 없는 미국은 본격적으로 견제의 포위망을 구축하고 있다. 특히 지난 2021년 1월 출범한 바이든 행정부 하에서 더 많은 변화가 목도되고 있다.

바이든 행정부는 한반도와 인도·태평양에서, 그리고 유럽에서 '더 나은 세상을 위한 복원(Build Back Better World)'을 시도하며, 트럼프 행정부 시절 방기했던 동맹 복원을 위해 노력하고 있다. NATO, G7, 쿼드(Quad), G20 정상회담에 참석한 바이든 대통령은 자유민주주의와 시장경제를 존중하는 국가들과의 연대를 강화하기 위해 노력하고 있다. 특히 '호주-영국-미국'의 군사적 연대를 상징하는 AUKUS는 향후 인도·태평양 지역에 유럽의 NATO와 같은 새로운 다자 동맹의 전초가 될 것인지 많은 관심을 받고 있다.

미국과 동맹을 맺으면서 중국과의 경제적 협력을 강화해온 한국으로서는 초강대국 간의 갈등이 확대되는 변화를 환영하기 어렵다. 중국이 평화로운 부상을 지속하고 주변국과 협력을 확대해나가는 모습이 안보와 경제 양 측면에서 가장 바람직한 환경이기 때문이다. 미·중이 갈등하면 동맹국으로서 역할과 이웃 나라의 역할을 함께 요구받는 상황이 되기에 필연적으로 '선택'의 문제를 안게 된다. 그리고 그 선택에 따라 보상과 압력을 동시에 받게 되고, 상황에 따라서는 예상 수준 이상의 보복이 뒤따른다.

한국은 미국의 동맹국으로서 역할을 성실히 수행해왔다. 북한 문제로 인해 종종 갈등을 빚을 때도 있었지만 한미동맹을 강화하기 위한 노력은 멈추지 않았다. 2021년 5월 워싱턴 DC에서 개최된 한미정상회담 역시 포괄적 전략 동맹으로 한 차원 더 발전시키는 데 기여했다. 그 내용을 들여다보면 미·중 전략 경쟁의 요소가 발견된다. 당시 정상회담 공동성명은 남중국해에서의 항행의 자유, '쿼드'의 중요성, '대만해협의 평화'를 담았다. 자유주의적 국제질서를 지켜내기 위한 한국과 미국의 공감대가 형성되었음을 대내외에 과시한 것이다.

문제는 중국이다. 중국은 한미동맹의 강화를 질시의 눈으로 바라보고 있다. 한미정상회담 공동성명에 중국 관련 내용이 포함된 것에 대해서도 외교부 대변인 담화를 통해 불편한 감정을 여과 없이 드러냈다. 나아가 미·중 전략 경쟁의 파급효과는 한미나 한중 양자 간의 갈등을 초월한다. 중국이 북한을 더욱 끌어안는 모습은 남북 관계나 북·미 관계에도 영향이 미친다. 최근 수년간 북·중 간 유대가 강화되고, 중국이라는 후원자를 확보한 북한은 더더욱 공세적인 행보를 전개하고 있다. 미·중 전략 경쟁은 우리에게 복합적인 도전을 제기하고 있다.

보이지 않는 북한 비핵화의 출구

한중 수교 30주년이 지난 현시점에서 우리는 북한의 위협과 중국의 도전이 서로 분리되어 있지 않다는 점을 다시 확인한다. 그러는 사이 북한의 핵 능력은 더욱 강화되며 우리에게 큰 위협으로 다가왔다. 최근 북한은 한국과 미국이 주적이 아니라고 말하면서도 계속해서 미사일 실험을 감행하고 있다. 2017년까지 북한의 핵 능력 강화는 미국을 겨냥한 장거리 미사일에 집중되었지만, 최근의 핵 능력 강화 방향은 한국을 겨냥한 단거리 미사일에 초점을 맞추고 있다.

북한이 연이은 도발을 할 수 있게 된 것은 중국의 도움 때문이다. 오늘의 중국은 2016년이나 2017년 강도 높은 대북 제재를 연이어 승인하던 중국이 아니다. 2018년 이후 북·중 양측은 여러 차례의 정상회담을 가졌고, 2019년에는 시진핑 주석이 처음으로 북한을 방문하기도 했다. 그러는 사이 북·중 혈맹은 복원되었고, 북한은 이제 유엔안전보장이사회에서 거부권을 가진 후원자를 갖게 되었다.

중국은 "입술이 없으면 이가 시리다"는 옛말처럼 미·중 전략 경쟁에서 북한의 가치를 새롭게 확인하고, 한반도에서 영향력을 유지하기 위해 노력하고 있다. 그 결과로서 강화되기 시작한 북·중 밀착은 김정은 정권에 체제 생존의 보험과도 같은 역할을 할 것이다. 정책 실패와 국제사회의 제재로 인해 경제난이 도래한다 해도 중국의 지원을 확보한 김정은 정권은 체제 붕괴의 위기를 걱정하지 않아도 되기 때문이다. 나아가 북한이 장거리 미사일 발사와 같은 전략 도발을 감행한다 해도 새로운 대북 제재가 유엔 안보리에서 만들어지기가 쉽지 않을 것으로 보인다.

날로 증강되고 있는 북한의 핵 능력은 한국 안보에 커다란 위협이 되고 있다. 이미 북한이 보유한 핵무기는 한국의 군사 역량을 초월하고 있다. 한국 군 당국의 설명과 달리 북한의 다양한 단거리 미사일은 함께 발사되었을 때 한국의 미사일 방어망을 무력화할 수 있는 수준에 이르고 있다. 스커드나 노동미사일을 고각으로 발사하고, 대구경 장사정포를 연이어 발사하며, 종말 단계에서 회피 기동이 가능한 단거리 미사일에 핵탄두를 탑재해서 발사한다면 우리의 미사일 방어 체계는 이를 막기가 어렵다. 그 결과 미국의 핵우산을 통해 북핵을 억제하며 북한과 비핵화 협상을 재개하는 것이 유일한 해결책일 수밖에 없다.

문제는 비핵화 협상의 재개가 쉽지 않다는 데 있다. 북·중 간 밀착으로 대북 제재의 이행은 큰 도전에 직면해 있다. 코로나19로 인해 북·중 간 국경 봉쇄가 지속되며 북한 경제에 어두운 그림자를 드리우고 있지만, 중국이 북한을 압박하며 비핵화 협상의 견인차 역할을 하는 것은 기대하기 어렵다. 오히려 중국은 북한의 입장을 고려하여 대북 제재 완화를 요구하고 있다. 하지만 대북 제재가 완화되면 북한은 비핵화 협상에 나올 이유가 사라진다. 그대로 시간만 보내면 사실상 핵보유국의 지위를 얻을 수 있기 때문이다.

문재인 정부는 종전 선언이나 제재 완화를 비핵화 협상의 입구로 생각하고 있지만, 이 경우 비핵화 출구가 그려지지 않는다. 협상의 주도권을 쥔 북한이 자발적으로 비핵화를 수용해야 하는데 그 가능성이 크지 않기 때문이다. 제재가 사라지면 북한은 주한미군 철수를 협상의 조건으로 내세울 것이고, 그 결과 협상은 더욱 진전을 보기 어려워질 것이다.

한국의 평화 정책, 그 복합적인 과제

한 나라의 평화는 국가 정책의 어느 일부만을 잘한다고 해서 만들어지지 않는다. 주변 환경과 국제 관계와 같은 지정학적인 요인과 국내 정치, 경제적 요인들이 상호작용하며 점진적으로 완성되는 것이다. 뉴질랜드와 같은 국가는 지정학적인 요인으로 인해 주변국으로부터 받는 안보 위협이 영(zero)에 가깝다. 반대로 네덜란드의 경우 전통적인 유럽의 강대국 사이에서 여러 부침을 겪었으나 인구 대비 월등한 경제력을 바탕으로 주변국과의 관계를 발전시키며 지속 가능한 평화를 누리고 있다.

미·중·일·러 4국에 둘러싸여 있는 한국의 평화는 자연스럽게 지정학적 문제에 대한 고민에서 출발할 수밖에 없다. 그 결과 주변국과의 외교에 힘을 쏟아야 하며, 다양한 갈등 요인들을 관리해야 한다. 동시에 한국 고유의 외교력을 갖춤으로써 미국과 중국에 대해 고유의 목소리를 낼 수 있는 '힘'을 키워야 한다. 동맹에 예속되거나 이웃 국가의 압박에 굴하지 않기 위해서는 한반도를 벗어난 인도·태평양과 중앙아시아 그리고 국제적 차원에서 한국 고유의 외교망을 구축해야 한다. 국제무대에서 한국이 동원할 수 있는 국가가 많으면 많을수록 강대국도 한국의 목소리를 존중할 것이기 때문이다.

북한의 핵 위협으로부터 자유롭지 못한 한국은 독자적인 방위 능력과 튼튼한 한미동맹을 갖추어야 한다. 최첨단이라 해도 재래식 무기로는 핵무기를 억제할 수 없다. 하지만 전략 개념을 바꿔 조기에 북한의 군사 지휘 체계를 무력화할 수 있다면 상황은 달라진다. 이러한 독자적인 전력과 함께 북핵에 대응할 수 있는 미국의 확장 억제를 튼튼히 발전시켜나간다면, 북한의 군사적 모험주의를 좌절시키고 대화의 주도권을 잡을 수 있다. 북한의 의사에 따라 긴장과 대화가 반복되는 것이 아니라, 한국의 역량으로 평화의 기반을 조성하고 지켜나갈 수 있기 때문이다.

끝으로 주변 여건이 조성되고 북핵 억제력을 갖춘 상황이라 해도 궁극적으로 한반도 평화는 북한과 대화를 통해 풀어야 한다. 그 출발은 남북 간의 실질적인 신뢰 구축이 되어야 한다. 어떠한 정치·군사적 합의보다도 남북이 교류를 확대하며 서로를 신뢰하게 될 때 평화의 기운이 싹트게 된다. 남과 북은 이미 1990년대 초에 남북기본합의서를 만들며 남북 간 평화와 불가침에 관한 포괄적인 합의에 도달한 바 있다. '한반도비핵화공동선언' 역시 그 당시 만들어진 것이다. 이후 지금까지 남북정상회담 합의문이 세 차례 나온 바 있지만, 그 내용의 범주는 30년 전 논의의 틀에서 벗어나지 못하고 있다. 새로운 합의 못지않게 과거 합의의 이행이 중요하며, 그 이행 과정 속에서 실질적인 신뢰 구축이 이루어져야 한다.

그렇다면 한반도 평화를 위한 실질적인 신뢰 구축의 내용은 무엇인가. 그것은 남북 간 물적·인적 교류 협력의 관행이 쌓여 형성된 공감대에 기반해야 한다. 적어도 남과 북이 상대방에 대해 어떠한 행동을 해서는 안 된다는 금지선(red-line)에 공감하는 것이어야 한다. 이러한 행동 규범은 남북 간의 상호 연계성과 상호 의존성에 기반을 두어야 하고, 일회성 정치적 선언이 아닌 오랜 기간의 교류 협력 관행이 축적되어야 의미 있는 신뢰로 굳어질 수 있다. 이 과정에서 불가역적인 평화를 만들기 위해서는 북한 주민의 생활과 인권이 개선되며, 남북이 자유롭게 왕래하고 서로의 경제에 도움이 되는 상황을 만들어야 한다. 남북 간의 교류가 호혜적인 이익으로 생활화될 때 안정적인 평화가 도래할 것이기 때문이다.

문제는 이러한 남북 간 신뢰 구축 과정이 북한에 '김정은 체제의 안전'이라는 중요한 과제를 안겨주는 데 있다. 북한이 지금과 같은 폐쇄적인 체제를 유지할 경우, 남북 교류 확대는 잠재적 체제 위협이 될 것이기 때문이다. 결국 북한은 어느 정도 수준에서 대화의 문을 걸어 잠그며 움츠리게 될 것이다. 한국에도 북핵에 대한 공포를 극복해야 하는 과제가 남게 된다. 북한과의 대화를 이어가기 위해서는 합리적 선에서 북한의 체제 보장 요구를 수용해야 한다. 그래야 김정은 정권이 대화에 나오게 할 수 있기 때문이다. 이 과정에서 북한에 도움이 되는 경제적 지원이나 핵 문제와 관련한 중간 단계의 협상을 수용할 수 있어야 한다. 핵 공포에 얽매여 압박만으로 북한을 변화시킬 수 있다는 생각이라면 김정은 정권은 움직이지 않을 것이고 신뢰 구축을 위한 교류 협력의 관행도 만들어지기 어려울 것이다.

한편 평화를 만들기 위해서는 경제적·사회적 요소도 중요하다. 경제적으로 부강해야 한국이 원하는 대외 관계를 형성할 수 있으며 북한을 대화로 유인할 수 있다. 사회적으로도 젊은 세대의 남북 관계나 통일을 보는 관점이 부정적으로 흐르는 것을 차단하고 긍정적인 인식을 불어넣어야 한다. 나아가 국내 정치적으로 양분된 대북 인식을 인정하면서도 큰 틀에서 '튼튼한 안보를 기반으로 유연한 남북 대화를 추진'하는 지속 가능한 대북 정책의 원칙에 사회적 합의를 만들어가야 한다.

오늘날의 국제 관계에서는 평화를 구성하는 다양한 요소 간의 상호 연계성이 강화되는 모습을 볼 수 있다. 북핵 위협에 대응하기 위해 배치된 '사드(THAAD)'는 궁극적으로는 국방 차원의 문제였지만, 미·중 전략 경쟁을 의식한 중국의 대한국 압박으로 인해 한중 간의 외교 문제로 번지게 되었고, 중국의 경제 보복 조치로 인해 한국의 경제 문제로 전이되었다. 나아가 한중 관계의 악화는 북·중 관계의 강화를 낳았고 남북 관계에 악재로 발전했다. 이 과정에서 한국의 여론과 정치가 사드 배치 찬반으로 양분되었음은 물론이다. 이처럼 평화를 구축하기 위해서는 외교·국방·남북 관계·경제·사회적 측면의 과제들을 함께 풀어가야 한다.

포괄적 접근과 세심한 조율 속에서 '담대한 평화 정책'을 펴나가야

평화와 관련된 다양한 요소들을 체계적으로 설계하고 잘 집행하기 위해서는 더욱 포괄적 시각과 다양한 이슈들을 하나로 엮는 정책 조율 역량을 갖추어야 한다. 이를 위해서는 남북 관계의 어느 일면에 과도하게 집착했던 한반도 중심적 사고를 버려야 한다.

한국의 경제적 성장은 국격과 외교의 장을 글로벌 수준으로 넓혀놓았다. 하지만 문재인 정부는 북한 문제만 해결되면 모든 문제가 해결된다는 착시 현상에 사로잡혀 있다. 남북 대화에 집착하는 한국 정부는 북한이 역으로 이용하기가 용이하다. 최근 북한이 비핵화 협상의 전제 조건으로 제재 완화를 주장하고, 종전 선언의 전제 조건으로 "북한의 도발을 도발로 부르지 말라"는 이중 기준을 제시하는 이유도 마찬가지다. 북한과 의미 있는 대화를 갖기 위해서는 남북 관계에만 집착해서는 안 된다. 한반도를 둘러싼 주변 환경을 함께 변화시킴으로써 한국에 유리한 전략 환경을 조성해야 한다.

　　한국에 유리한 전략 환경을 조성하기 위해서는 먼저 주변국과의 협력을 강화해야 한다. 특히 북한 문제에 관한 미·중 양국의 협력을 이끌어내야 한다. 아직도 한국에는 '안보는 미국과 경제는 중국과'라는 안미경중(安美經中)의 사고가 팽배해 있다. 하지만 한중 간 경제협력의 성격은 상호 보완적인 영역이 줄어들고 경쟁적인 영역이 늘어가고 있다. 한국의 대중 기술적 우위는 줄어들고 있고 심지어 역전 현상도 목도된다. 중국 시장이 한국 경제의 미래가 아니라 한국의 경제가 중국 경제에 예속될 우려도 제기된다. 중국을 올바로 바라보면서 한미동맹을 강화하고, 다시 한미동맹을 넘어 다양한 국가들과의 공조를 통해 북한 문제에 관한 중국의 시각을 바꿔나가야 한다. 다시 말해 변화하지 않는 북한은 중국의 전략적 자산이 아니라 전략적 부담이라는 인식을 만들어야 한다.

이러한 방식으로 과거의 틀을 벗어나 더욱 포괄적인 관점에서 한국의 국가 이익을 극대화할 수 있는 평화 정책을 기획해야 한다. 그리고 정책 추진 과정에서 한국이 보유한 외교적 자산, 국방력 그리고 경제력 등을 잘 조율하며 정책 효과의 극대화를 추구해야 한다. 어떻게 남북 간의 대화와 경제협력을 확대하며 평화를 만들어나갈 것인가. 어떻게 동맹 정책과 국방 정책을 조율하며 평화를 지켜나갈 것인가. 어떻게 비핵화와 평화 체제를 선순환 구조로 연계하며 주변국 협력을 전개할 것인가. 어떻게 북한 인권을 개선하며 지속 가능한 발전을 가능케 하여 한반도에 항구적인 평화를 정착시킬 것인가.

이 단 한 권의 책으로 이러한 질문에 대한 답을 모두 구할 수는 없지만, 평화로운 미래를 만들기 위한 과제들을 차분히 짚어보았다. 미국의 저명한 시인 월트 휘트먼(Walt Whitman)이 "우리의 얼굴은 미래를 향해야 합니다"라고 말했던 것처럼, 비록 오늘 한국이 직면한 환경은 높은 파고가 일고 있는 거친 바다와 같지만 평화로운 바다를 향한 긍정적 사고를 잃지 말아야 한다. 그 희망찬 미래를 기원하며 독자 여러분께 바친다.

이 책이 나오기까지 많은 분이 함께했다. 먼저 각 장의 글을 작성해주신 학자와 전문가들의 헌신에 감사드린다. 각각의 영역에서 전문성을 발휘하여 균형 있는 대안을 만들어주신 덕분에 큰 울

림이 있는 연구가 완성될 수 있었다. 기회가 된다면 통일 문제 등을 주제로 새로운 공동 연구를 진행했으면 한다. 다음으로 발간을 후원해주신 사단법인 경제사회연구원의 이상민 이사장, 후원회장을 맡고 계신 안대희 전 대법관을 비롯한 관계자분께 깊은 사의를 표한다. 소규모의 예산으로 운영되는 작은 연구소이지만 그 활동은 국내 어느 연구소보다 활발함을 볼 수 있다. 경제사회연구원 같은 민간 연구소가 더 많아지고 활성화될 때, 더 밝은 미래가 찾아올 것으로 믿는다. 마지막으로 이 책의 기획에서 출판까지 모든 성가신 작업을 책임졌던 홍용표 전 장관, 신범철 박사께 감사드린다.

제1부

평화 담론과
평화 정책

한반도 평화와 대한민국의 평화정책

홍용표(한양대)

1) 평화와 마주하기

#압박_대화_평화

2015년 8월 북한이 매설한 목함 지뢰 폭발로 대한민국 장병이 다리를 잃었다. 우리 정부는 북한에 사과와 재발 방지책을 요구했고 북한을 압박하기 위해 북한이 싫어하는 확성기 방송을 시작하였다. 북한은 지뢰 설치를 부인하며 오히려 군사 위협 수위를 높였다. 하지만 우리 정부는 북한이 잘못된 행동에 대해 사과해야 한다는 입장을 견지했다. 국민도 정부의 입장을 지지했다. "전역하고 싶지만… 지금은 아닙니다"라고 외치며 젊은이들도 안보 지키기에 앞장섰다. 북한은 자신들의 위협 전술에 대한민국이 물러서지 않자 태도를 바꾸어 대화 의사를 밝혔다. 8월 22일부터 '무박 4일'로 진행된 협상에서 결국 북한은 지뢰 도발에 대해 유감을 표명하고 관계 개선을 위한 대화와 교류에 합의하였다. 이 과정은 "전쟁의 위기에서 평화의 길을 찾은" 사례로 평가되었다(연합뉴스, 2015. 8. 25).

#북한_핵무기_평화

2021년 1월 북한 로동당 제8차 당 대회에서 김정은 위원장은 "국가 방위력"이 "평화 수호의 믿음직한 담보"이며 "국가 존립의 초석"이라고 말하였다. 특히 그는 국방력을 강화하기 위해 "핵 기술을 더욱 고도화"함은 물론 "핵무기의 소형 경량화, 전술 무기화"를 꾀해야 한다고 강조하였다(조선중앙통신, 2021. 1. 9).

#보수_안보_진보_평화

국가 안보 패러다임은 "전가의 보도처럼 평화, 화해의 손짓을 죄악시하는 대신 반북·친미를 앞세운 그 어떠한 언행도 정당화해 왔다…. 그러나 그 한계는 한국민의 평화주의적 사고의 확대와 한반도 정세 변화로 노출되고 있으니, 2018년 들어 나타난 대화 국면의 조성이 그것이다"(서보혁, 2019. 12).

"우리나라에서 '이른바 보수'의 정체는 분단 기득권 세력입니다. 안보 상업주의자들입니다. 남북 분단과 대결 체제에서 경제적 이익을 챙겨온 사람들입니다. 북한 핵 문제 해결이나 한반도 평화라는 대의와 국익은 이들의 안중에 없습니다"(한겨레 2021. 8. 1).

#유엔_북한 인권_한반도 평화

유엔 인권최고대표사무소는 "평화 또는 비핵화를 위한 북한과의 대화는 인권 중심적(human rights-centered)이어야 한다"고 국제사회에 권유했으며, 특히 "대한민국과 미국은 평화와 비핵화 논의에 인권 문제를 포함시켜야 한다"고 천명하였다(OHCHR, 2020).

청와대는 "우선 해결되어야 할 일이 많기 때문에 한반도 평화가 정착되는 과정에서 북한 주민의 인권이 실질적으로 증진될 수 있다는 입장을 가지고 있다"며 인권을 우선순위로 두지 않았다(국민일보, 2021. 3. 27).

평화는 우리에게 익숙한 단어이다. '평화로운 하루', '마음속의 평화', '평화의 인사' 등과 같이 평화는 일상에서 널리 쓰이고 있다. 이런 말을 들었을 때 평화의 뜻이 무엇인지 물어보는 경우는 드물다. 무슨 이야기를 하려는지 이해할 수 있기 때문이다. '한반도 평화'도 자주 들을 수 있는 표현이다. 인터넷을 검색하면 한반도 평화 관련 뉴스를 거의 매일 볼 수 있다. 이런 뉴스에서도 한반도 평화가 무엇을 뜻하는지 설명하는 경우는 거의 없다. 대략 무엇을 뜻하는지 짐작할 수 있기 때문이다.

위에서 언급한 4개의 해시태그는 우리가 흔히 마주하는 평화 이슈들이다. 하지만 그 안에는 다양하고 때로는 대립적인 평화의 의미가 담겨 있다. 어떤 평화를 어떻게 이루어갈지에 대해 다른 입장을 취하는 경우도 많다. 평화는 생각만큼 간단한 문제가 아니다.

평화는 힘으로 지켜야 할까, 아니면 협력으로 만들어야 할까? 첫 번째 해시태그는 사람들은 각자의 인식에 따라 어느 한쪽을 정답이라고 생각한다. 필자가 직접 경험한 첫 번째 해시태그는 현실에서 평화가 어떻게 만들어지는지 단적으로 보여주는 사례이다. 2015년 8월 남북 합의에 대해 당시 야당이었던 더불어민주당도 남북 당국이 "대화를 통해 군사적 대결의 위기를 극복하고 평화를 지켜냈다는 점"을 높이 평가하였다. 대화가 있었기에 남과 북이 관계 개선에 합의할 수 있었던 것은 맞다. 하지만 대화에만 급급해서 북한의 잘못된 행동에 눈감았다면 북한의 사과를 받아낼 수 없었을 것이다. 자신들이 위기를 고조시킨 후 대가를 받아내려는 북한의 전략에 대한민국 국민과 정부가 한마음으로 단호하게 대응했기에 북한의 긍정적인 태도 변화를 끌어낼 수 있었다. 한마디로 유연한 대화 전략과 확고한 압박 전략을 동시에 활용하였기에 평화를 지킬 수 있었다.

하지만 이 평화도 오래가지는 못했다. 2016년 2월 북한의 4차 핵 실험으로 한반도에는 다시 긴장이 고조되었다. 돌이켜보면 당시 김정은은 핵무기 개발에 몰두해 있었다. 2015년 협상은 잠시 한반도에 평화를 가져왔지만, 북한의 비핵화라는 근본적인 문제까지 해결할 수는 없었다.

북한도 평화를 이야기한다. 하지만 두 번째 해시태그에 나타났듯이 북한이 원하는 평화는 한마디로 '핵 평화'다. 2021년 1월 개최된 제8차 로동당 대회에서 김정은 위원장은 "핵 무력 완성"을 지난 5년간 이룩한 가장 큰 성과로 내세우며 앞으로도 "평화"를 위해 핵 능력을 더욱 발전시킬 것이라고 선언하였다. 나아가 김정은은 "국가와 인민의 자주권과 생존권"을 위해 핵무기가 필요하다고 강조하였다. 이는 '비핵 평화'를 통해 국민의 안전과 안보를 지키려는 대한민국의 입장과는 확연히 다르다. 그렇다면 한반도 평화와 비핵화에 대한 북한과의 판문점 합의가 과연 어떤 의미를 담고 있는 것인지 곱씹어 볼 필요가 있다. 평화라는 말 자체는 좋지만, 누가 어떻게 이야기하는가에 따라 그 속뜻은 달라질 수 있기 때문이다.

북한은 분단 이후 줄곧 대한민국을 군사적으로 위협해왔다. 핵을 가진 북한은 더욱 치명적인 위협이 될 것이다. 그렇기에 우리는 안보를 소홀히 할 수 없다. 그럼에도 불구하고 세 번째 사례에서 볼 수 있듯이 안보는 "냉전적 사고에 젖은" 수구 세력의 잘못된 인식이라는 진영 논리가 우리 사회에 존재한다. 안보는 악, 평화는 선이라는 이분법적 논리도 제기된다. 물론 안보 이슈가 정치적으로 악용된 사례가 존재한다. 그렇다고 현실적으로 존재하는 북한의 위협을 간과할 수는 없다.

네 번째 해시태그는 평화와 인간 존엄성의 문제에 관한 것이다. 세계인권선언은 인간의 존엄성과 인권을 인정하는 것이 "평화의 기초"라는 점을 강조하고 있다. 이러한 맥락에서 유엔과 국제사회는 한반도 평화와 북한 주민의 인권 문제가 긴밀히 연결되어 있다고 인식한다. 따라서 인권 문제가 남북 대화의 주요 안건으로 포함되어야 한다고 강조한다. 하지만 다른 의견도 존재한다. 특히 남북 관계를 중요시하는 사람들은 북한이 인권 문제에 거부 반응을 보이는 만큼 대화 분위기를 만들기 위해 당분간 인권 문제에 대한 논의를 자제할 필요가 있다고 주장한다.

요즘 많은 공감을 불러일으키는 시를 쓰고 있는 나태주 시인은 "인생이 무엇인가, 사랑이 무엇인가 대답이 어려운 것처럼" 평화도 대답하기 "어려운 질문"이라고 묘사하였다(나태주, 2021). 일상에서도 그렇지만, 특히 국가의 정책적 측면에서 보면 평화란 함부로 이야기하거나 사용해서는 안 되는 단어라고 할 수 있다. 그 의미를 어떻게 인식하고 어떻게 접근하는가에 따라 정책적 결과에 큰 차이가 발생할 수 있기 때문이다.

2) 평화에 대한 이해와 오해

평화에 대한 관심은 인류의 역사만큼 오래되었고 수많은 연구가 이루어졌다. 하지만 평화 연구의 대가들조차 평화라는 말을 사용하는 데 신중할 필요가 있다고 말한다. 볼딩(Kenneth Boulding, 1978)은 "평화라는 단어는 너무 많은 의미를 지니고 있어", 그 말을 사용했을 때 본래의 의도와는 다른 뜻으로 해석될 수 있다고 경고했다. 갈퉁(Johan Galtung, 1969) 역시 평화라는 표현이 오용될 수 있다고 우려했다. 그 누구도 평화를 완전히 거부하기는 어렵기 때문에 특정 정책에 대한 지지를 끌어내려는 방편으로 평화를 앞세우는 경우가 적지 않다는 것이다.

여러 가지 어려움에도 불구하고 평화의 개념을 정의하려는 시도는 지속되어왔다. 대표적인 것이 요한 갈퉁의 '적극적 평화'와 '소극적 평화'이다. 갈퉁에 따르면 평화 개념은 다음 세 가지 원칙에 기초해 있다. ① 평화라는 용어는 비록 대부분(most)은 아니라도 최소한 많은(many) 사람들이 동의하는 사회적 목표로 사용될 수 있다. ② 이러한 사회적 목표를 달성하는 것은 어렵고 복잡한 일이지만 불가능한 것은 아니다. ③ 평화가 "폭력의 부재(absence of violence)"를 의미한다는 말은 타당성이 있다.[1] 이어 갈퉁은 폭력을 '개인적·직접적 폭력'과 '구조적·간접적 폭력'으로 구분하고 전자의 부재를 '소극적 평화'로, 후자의 부재를 '적극적 평화'로 정의하였다. 나아가 갈퉁은 소극적 평화는 갈등 연구와, 적극적 평화는 사회적 정의 및 발전 연구와 밀접히 연결되어 있다고 말하였다. 결론적으로 그는 평화란 달성 가능한 목표이며, 평화를 위해서는 상황에 따라 직접

적 폭력과 구조적 폭력을 제거하는 노력이 필요하다고 강조하였다
(Galtung, 1969).

갈퉁은 평화를 건강 문제에 비유하여 설명하기도 했다. 의학
적으로 건강하다는 것은 일반적으로 질병이 없는 상태를 말한다.
하지만 더 적극적으로 접근한다면, 질병을 버텨낼 수 있도록 체력
을 기르는 것도 중요하다. 같은 맥락에서 평화를 위해서는 물리적
폭력을 없애는 데 그치는 것이 아니라 조화·협력·통합을 구축하
는 더욱 적극적인 행동이 필요하다(Galtung, 1985). 이처럼 갈퉁은 궁
극적으로 적극적 평화를 추구했지만, 그렇다고 소극적 평화의 필요
성을 무시하지는 않았다.

볼딩은 갈퉁과 달리 소극적 평화와 적극적 평화의 개념을 명
확히 구분하기 어렵다고 주장했다. 볼딩은 국제 체제에서 우리가
인식할 수 있는 현상은 소극적·적극적 평화의 문제가 아니라 "전쟁
과 평화"의 문제라고 강조했다. 다만 볼딩은 전쟁과 평화가 이분법
적으로 대칭되는 상태가 아니라 서로 교차하는 여러 단계 또는 상
황이라고 설명했다. 기온의 변화에 따라 물이 얼음이 되고 얼음이
녹아 다시 물이 되듯이 전쟁과 평화도 순환한다는 것이다. 이러한
문제의식에 기초하여 볼딩은 상대적으로 "안정적(stable) 평화"와 "불
안정한(unstable) 평화"라는 기준을 제시하였다. 볼딩에 따르면 안정
적 평화는 전쟁이 발생할 가능성이 매우 낮아 사람들이 전쟁에 대
해 심각하게 생각하지 않는 상황을 말한다(Boulding, 1977 & 1978).

안정적 평화는 "지속 가능한(sustainable) 평화" 개념으로 발전되었다. 이 개념은 "이해 당사자가 문제 해결을 위해 파괴적인 갈등이나 폭력을 사용할 가능성은 매우 작지만, 사회정의와 복지를 증진하기 위해 협력과 대화를 활용할 가능성이 매우 크고, 따라서 그러한 관행이 사회의 조직과 삶의 기준이 되는 상태"를 의미한다. 지속 가능한 평화론도 전쟁과 평화의 잠재력이 현실에서 공존한다는 점을 인정한다(Coleman, 2012).

평화의 개념에 대한 이와 같은 논의는 평화의 의미에 대한 몇 가지 오해와 편견을 바로잡는 데 도움을 준다. 첫째, 소극적 평화와 적극적 평화는 어느 한쪽을 선택해야 하는 문제가 아니다. 장기적으로는 인간에 대한 모든 폭력을 제거하고 고통을 치유하려는 적극적 평화를 지향해야 한다. 하지만 소극적 평화의 중요성을 부정해서는 안 된다. 현실에서 가장 먼저 그리고 직접 다가오는 폭력은 물리적 폭력인 경우가 많다. 따라서 우선 소극적 평화가 지켜져야 상대적으로 적극적인 평화도 확보될 가능성이 크다. 나아가 적극적인 평화가 이루어지면 그만큼 물리적·직접적 폭력의 피해는 줄어들 것이다.

둘째, 전쟁과 평화의 문제 역시 이분법적 잣대로 평가해서는 안 된다. 전쟁과 평화는 대립적인 개념이다. 그렇다고 전쟁과 평화가 양립 불가능한 것은 아니다. 무엇보다 전쟁과 평화 사이에는 다양한 갈등과 협력의 상황이 존재한다. 흑과 백 사이에 여러 회색이 담겨 있는 것과 같다. 전쟁 아니면 평화라는 단순 논리에 빠질 경우, 전쟁에 대한 불안감이 높아지거나 평화에 대한 기대감이 높아질 수 있다. 예를 들어 평화의 중요성을 부각하기 위해 전쟁의 위험성을 과도하게 강조하면 전쟁에 대한 우려가 커지는 부작용이 초래될 수 있다.

셋째, 평화는 상태를 설명하는 개념일 뿐만 아니라 정책 지향적 개념이다. 많은 평화 연구자들은 개인적·사회적·정치적 노력을 통해 평화에 다가갈 수 있다고 주장한다. 한때 전쟁과 평화의 문제는 날씨와 같이 인간이 통제할 수 있는 문제가 아니라고 인식되기까지 하였다. 하지만 사람들은 점차 평화의 상태를 달성할 수 없는 유토피아로만 볼 필요는 없다는 것을 깨닫게 되었다. 오랜 경험을 통해 평화를 만들고 유지하는 것이 가능하다고 인지하고 정책적 노력을 기울여왔다. '안정적 평화', '지속 가능한 평화'도 이상적인 상태만을 말하는 것이 아니다. 그런 평화를 위한 움직임과 노력이 역사 속에 존재해왔고, 실제 안정적인 평화를 이룩한 사례가 있다 (Boulding, 1978; Coleman, 2012). 평화 구축을 위해 필요한 행위자와 행위 영역을 관리하기 위한 전략을 모색하는 "전략적 평화" 개념도 등장하였다(Philpott & Powers, 2010).

여기서 중요한 것은 평화를 위한 정책이 배타적 기준에 의해 결정되어서는 안 된다는 것이다. 소극적 평화와 적극적 평화, 전쟁과 평화, 안보와 평화 등을 선택의 문제로 접근하기보다는 하나의 스펙트럼 위에서 상대적으로 존재하는 가치로 인식하며 정책을 추진할 필요가 있다. 평화의 문제를 갈등이 발생했는지 아닌지, 또는 폭력이 사용되었는지 아닌지를 따지는 이분법적 기준으로 접근하면 성공적인 평화 정책을 만드는 것은 사실상 불가능하다. 하지만 평화 정책을 갈등과 폭력(전쟁)의 개연성을 얼마나 줄였는가 하는 '확률'의 문제로 접근한다면, 장기적으로 실패와 실망을 극복하면서 평화를 위한 정책을 만들 수 있다(Boulding, 1978: 104).

3) 한반도 평화와 정책 방향

한반도 평화는 무엇을 의미하는가? 더 구체적으로 한반도 평화의 목표는 무엇이며, 누구를 위한 것인가? 그리고 한반도 평화를 위해 어떻게 정책을 추진해야 하는가?

한반도 평화는 당연히 공간적으로 한반도 및 주변 지역과 관계있는 평화 문제를 이야기할 것이다. 분단 상태에서 대립하고 있는 남한과 북한의 문제와 관련 있을 것이라는 점도 어렵지 않게 유추할 수 있다. 하지만 조금만 더 깊이 들어가 보면 분명치 않은 부분들과 마주하게 된다. 한반도 평화의 주체는 '한국인'인가, '한민족'인가? 주변국의 역할은 어느 정도 인정해야 하는가? 한반도 평화와 대한민국 안보는 어떤 관계인가? 더 근본적으로 한반도는 지금

전쟁 상태인가 아니면 평화 상태인가?[2] 이러한 문제에 대해 입장이 정리되지 않은 상태에서 평화를 말한다면 그 평화는 '귀에 걸면 귀걸이, 코에 걸면 코걸이' 식으로 해석될 우려가 크다.

남북한이 처음 평화 문제에 대해 의견을 모은 지 50년이 지났다. 1972년 남북한 당국은 「7·4 공동성명」에서 '평화적 방법'으로 통일을 실현하고 신뢰 분위기를 조성하기로 합의하였다. 그로부터 20년 후 「남북기본합의서」에서 양측은 '긴장 완화와 평화 보장'을 위해 노력하자는 데 뜻을 같이하였다. 무엇보다 2018년에는 남북한 정상이 판문점에서 만나 '한반도의 항구적이며 공고한 평화 체제 구축을 위하여' 협력하기로 합의하였다. 하지만 북한의 군사적 위협과 평화 훼손 행동은 반복되고 있다.

대한민국 정부의 한반도 관련 정책에서도 평화는 항상 중요한 목표였다. 소위 보수·진보를 가리지 않고 모든 정부가 평화를 위한 정책을 추진하였다. 최근의 예를 살펴보면, 박근혜 정부는 안보를 확실히 챙기고 동시에 "신뢰와 협력을 바탕으로 지속 가능한 평화를 적극적으로 만들겠다"라는 정책 기조를 내세웠다. 문재인 정부도 유사한 정책 방향을 제시했다. 튼튼한 안보를 바탕으로 "평화를 지키고, 평화를 만들어"나감으로써 "항구적인 평화를 정착"시키겠다고 선언했다. 하지만 한반도의 평화는 여전히 불안하다.

가장 큰 책임은 물론 북한에 있다. 핵·미사일 개발에 대한 의지를 공개적으로 피력하고 있으며, 비록 장거리 탄도미사일 시험은 자제하고 있지만, 남한에 직접적 위협이 되는 단거리 탄도미사일 시험 발사는 지속하고 있다. 북한은 2018년 판문점 합의에 따라 개성에 마련한 남북공동연락사무소를 한순간에 폭파했다. 서해상에서 북한 지역으로 떠내려간 우리 국민을 코로나 방역을 빌미로 총격을 가해 사망케 하는 끔찍한 행동을 저지르기도 했다. 하지만 북한 탓만 해서는 문제를 해결할 수 없다. 우리가 평화의 목표를 제대로 세웠는지, 평화를 만들기 위한 우리 정부의 정책에는 문제가 없었는지 되돌아볼 필요가 있다.

최근 몇 년간 한반도 평화 문제에 대한 의미 있는 연구가 눈에 띄게 늘었다. 평화주의 시각에서 "한반도발 평화학"을 제시한 연구(서보혁, 2019), 생태, 공정성, 신뢰, 대화, 법치 등 "평화의 여러 가지 얼굴"에 대한 검토(김성철·이찬수 편, 2020), 한반도의 특수성과 국제 평화의 보편성을 연계시키려는 시도(김태균 외, 2021) 등이 대표적 사례이다. 이러한 연구는 한반도와 관련된 평화 개념을 과거보다 명확히 제시하면서 한반도 평화 담론의 수준을 상당히 끌어올렸다.

하지만 정책적인 측면에서는 여전히 모호한 부분들이 존재한다. 사실 한국에서는 평화에 관한 관심은 높지만, 정책적 차원으로 들어가면 대북 정책 또는 통일 정책을 중심으로 평화 문제를 이야기하는 경우가 많았다. 김대중 정부가 평화 문제의 중요성을 강조하면서 한반도 평화 정착과 평화 프로세스 문제를 다루는 작업이 증가하기 시작했다. 하지만 대부분 평화의 당위성을 앞세우고 있을 뿐, 어떤 평화가 필요하며 어떻게 그런 평화를 만들어야 하는지에 대한 논의는 부족했다(박건영 외, 2002; 백영철 외, 2005). 박근혜 정부에서는 평화를 구축하는 과정에서 신뢰의 필요성을 강조하며 "한반도 신뢰 프로세스"를 제안했다. 이 정책은 평화 문제에 대해 체계적으로 접근하려 했지만, 평화의 지향점에 대한 논의는 충분하지 못했다. 현재 문재인 정부는 "한반도 평화 프로세스 추진"을 중요한 정책 목표로 내세우고 있다. 그러나 북핵 문제 해결 및 남북 관계 개선 관련 내용을 제외하면, 구체적으로 평화를 위해 무엇을 어떻게 할 것인지에 대한 설명이 부족하다.

물론 현재 한반도 상황을 고려할 때, 남북 관계가 평화 구축 과정에서 중요한 것은 사실이다. 남북한 간 정치적 갈등과 대립이 지속되고 군사적 긴장이 높아지면 평화는 불안할 수밖에 없다. 특히 평화로운 한반도를 위해서는 북한 핵 문제를 반드시 해결해야 한다. 하지만 남북 관계 개선과 북한 비핵화가 대화 몇 번으로 해결될 문제는 아니다. 따라서 단기간의 협상 결과에 급급하기보다는 평화라는 큰 프레임 속에서 해결 방안을 모색할 필요가 있다.

여기서 중요한 것은 우리가 원하는 평화의 목표와 정책 방향에 대해 최소한의 공감대를 형성할 필요가 있다는 것이다. 앞에서 살펴보았듯이 평화의 의미가 단순하지 않고 특정 정책의 합리화 수단으로 이용될 수도 있기 때문이다. 특히 한반도 분단이라는 특수한 상황 때문에 평화 정책은 대북 정책, 통일 정책, 안보 정책 등과 뒤섞여 그 의미가 불명확한 경우가 많다. 따라서 '이현령비현령'식 평화 정책을 방지하기 위해서는 다음 네 가지 어젠다를 중심으로 한반도 상황의 특징에 대한 이해를 높이고 평화 관련 이슈에 대한 인식 차이를 줄여야 한다.

평화와 통일의 연계

분단된 한반도는 전쟁까지 경험했기 때문에 평화의 필요성이 더욱 절실하다. 하지만 아이러니하게도 분단이란 상황은 한국에서 평화 담론과 평화 정책의 폭을 제약하고 있다. 다시 말해 우리 사회에서 평화에 대한 논의는 인류 보편적 가치로서보다는 분단이라는 특수한 상황에서의 평화 문제에 치중되어 있다. 여기에는 크게 두 가지 흐름이 있다. '분단 극복'을 강조하는 통일 중심적 평화 논의와 '분단 관리'를 강조하는 군사적 긴장 완화 문제 중심의 평화 논의가 그것이다(홍용표, 2018).

통일은 한반도의 분단과 전쟁 경험이 만들어낸 특수한 상황을 극복하는 문제이다. 더구나 통일은 헌법이 명령하고 있는 대한민국의 중요하고도 특별한 과제이다. 그런데 일반적으로 통일을 이야기할 때면 '평화통일'이라는 표현을 자연스럽게 사용한다. 한 여론조사(통일연구원, 2020)에 따르면 "'통일'하면 무엇이 떠오르는가?"라는 질문에 사람들이 제일 처음 떠올리는 단어가 '북한'(20.8%)이고, 그다음이 '평화'(13.1%)였다. 통일의 대상인 '북한' 다음으로 '평화'라는 가치를 많이 생각한 것이다. 또 '평화'라는 말을 듣고 가장 먼저 연상된 단어는 평화의 상징인 '비둘기'(24.4%)와 '통일'(21.4%)이었다. 일반적으로 평화와 함께 많이 쓰이는 '전쟁'(5.8%), '안정'(2.8%)이라는 표현보다 '통일'을 압도적으로 많이 떠올린 것은 우리 국민의 마음속에 통일과 평화가 깊이 연결되어 있다는 것을 잘 보여주고 있다.

그렇다면 한반도의 특수한 문제인 통일과 보편적 가치인 평화 사이의 관계를 어떻게 만들어가야 할까? 우리 헌법에서도 "평화적 통일 정책" 추진을 강조하듯이 일반적으로 평화통일에서 평화는 수단으로서의 평화를 의미한다. 통일은 평화를 지향해야 하고, 통일을 이루는 과정과 방법 역시 평화적이어야 한다는 뜻이다. 평화적으로 통일을 이루어야 하는 것은 당연하지만 보편적 가치인 평화를 수단으로만 인식해서는 안 된다. 평화와 통일을 대립적으로 보는 시각도 극복해야 한다. 예를 들어 평화 공존을 강조하며 통일을 금기시하는 태도나 통일을 이루어야 평화가 완성될 것이라는 입장은 분단이라는 특수성에 매몰된 것이며, 올바른 평화 정책 수립에 부정적 영향을 미친다.

다행히 최근 통일과 평화의 조화를 모색하기 위한 논의와 연구가 확대되고 있다. "통일의 길 위에 선 평화"(김학성·고상두 편, 2019), "통일 문제를 평화의 눈으로 본다"(서보혁, 2019), "통일과 평화는 하나의 여정"(정영철, 2010) 등은 모두 통일과 평화의 새로운 관계 설정에 대한 고민에서 나온 표현들이다. '통일평화'라는 개념도 등장하였다. "통일을 통해 미래 한반도에 지속 가능한 평화를 조성하고 장기적으로 평화를 구축"할 수 있다는 주장이다(김병로, 2017). 물론 보편성과 특수성의 양립 문제, 평화 우선론과 통일 우선론의 존재 등 풀어야 할 문제들이 여전히 존재한다. 하지만 통일과 평화의 개별 정체성은 인정하되, 통합적 시각에서 접근하려는 노력을 지속해야 한다. "통일을 위한 평화"와 "평화를 위한 통일"(정영철, 2010) 모두 우리에게 중요하기 때문이다.

평화와 안보 병행 추진

분단과 전쟁, 그리고 남북한 간의 대립으로 한반도에서는 군사적 긴장을 관리하는 것이 중요한 문제였다. 우선 북한이 일으킨 6·25 전쟁의 영향으로 남북한 간 상호 불신과 갈등이 심화되었으며, 전쟁 재발에 대한 두려움이 남아 있다. 더욱이 북한은 전쟁 이후에도 각종 도발을 지속해왔다. 특히 김정은 집권 이후 핵·미사일 개발 가속화로 한반도에서 군사적 긴장은 첨예화되었다. 주변 강대국 사이의 대립과 갈등도 분단 상황과 어우러져 한반도에 투영되었다. 냉전기에는 미·소의 대결이 한반도의 긴장에 영향을 미쳤고, 최근에는 미·중 관계가 한반도 문제와 긴밀히 얽혀 있다.

따라서 한국에서 평화 문제는 군사적 위협을 감소시키고 긴장을 완화해야 한다는 방어적 차원에 머물 수밖에 없었다. 평화의 개념을 대입해보면 '직접적·물리적 폭력이 없는 상태'인 소극적 평화가 당면 목표였던 셈이다. 그런데 "위협의 감소"는 전형적인 안보 정책의 방향이다(Buzan, 1992). 사실 소극적 평화 개념은 힘에 기초해 안보를 지키는 행위와 일맥상통한다. 이런 맥락에서 볼 때, 군사적 갈등이 반복되고 있는 한반도 상황에서는 평화 정책과 안보 정책의 구별이 매우 어려운 것이 현실이다. 평화를 앞세우며 북한과의 대화와 협력을 강조한 정부들도 안보의 중요성을 간과할 수는 없었다. "햇볕 정책"을 추진한 김대중 정부는 정책 기조로 "안보와 화해·협력의 병행 추진"을 강조했다. 노무현 정부는 "평화 번영 정책"을 제시하며 더욱 적극적으로 포용 정책을 시도했지만, 북핵 문제에 직면하여 "당면한 안보 위기를 해결하고 평화 증진을 가속화"한다는 전략을 세울 수밖에 없었다.

이러한 현실에도 불구하고 안보와 평화를 배타적 개념으로 해석하려는 사람들도 있다. 한쪽에서는 안보의 중요성을 강조하면 평화의 발목을 잡으려는 시도로 인식한다. 다른 편에서는 평화론을 무조건 나약하고 패배주의적인 생각으로 폄훼한다. 하지만 이러한 이분법적 인식은 포괄적인 평화 정책 수립에 걸림돌이 될 뿐이다. 같은 맥락에서 소극적 평화의 유용성도 간과되어서는 안 된다. 예를 들어 한반도 평화 체제 수립과 관련, 근본적으로는 정전 체제를 평화 체제로 전환해야 하지만 정전 체제 아래에서 유지되어온 소극적 평화의 중요성도 인정해야 한다. 정전협정 체결 이후 지난 68년 간 한반도에는 비록 불안정했지만 평화가 유지되었고, 대한민국은 경제 발전과 민주화를 이룩했다. 그리고 이러한 평화와 발전은 튼튼한 안보 체계가 유지되었기에 가능했다.

평화와 안보는 서로 다른 뜻을 가지고 있지만, 동전의 양면과 같이 함께 존재하는 것이다. 평화 정책과 안보 정책도 마찬가지다. 힘에 기초해 안보를 지켜야 평화를 누릴 수 있다. 또한 신뢰와 협력에 기초해 안정적 평화를 구축하면 위협이 감소하고 결과적으로 안보 불안감에서 벗어날 수 있을 것이다.

인간 중심의 평화 지향

평화는 인간의 생활 영역 대부분과 관련이 있다. 갈퉁이 제시한 적극적 평화는 "인간의 기본적인 욕구를 모독하는" 직접적·간접적 폭력이 없는 상태를 의미한다(Galtung, 2000). 적극적 평화 개념을 현실 세계에 접목하려는 노력 중 하나가 유네스코(UNESCO) 등을 중심으로 확산된 평화 문화(culture of peace) 캠페인이다. 1999년 유엔에서 채택된 결의안에 따르면 평화 문화는 인권, 자유, 발전권, 남녀평등의 증진, 교육과 대화를 통한 비폭력 실천 등을 존중하는 "가치, 태도, 전통 그리고 행동과 생활양식의 집합"이라고 정의된다(홍용표, 2018). 이와 같은 평화 개념은 평화 문제에 대한 관심의 폭을 넓혔고 평화 증진을 위한 여러 가지 대안을 제시했다는 평가를 받는다. 하지만 그 개념이 너무 방대할 뿐만 아니라 모호한 측면이 있어 현실에 적용하기 어려운 측면이 있고, 특히 정책적 응집성이 부족하다는 비판을 받는다.

따라서 평화 연구에서 제시된 평화 개념을 그대로 한반도 현실에 적용하기는 어렵다. 하지만 그동안 한반도 평화에 대한 관심이 분단 문제에 집중되었고, 특히 정부가 평화의 주요 행위자로 인식된 한계는 극복해야 한다. 평화 정책이 대북 정책 및 안보 정책을 중심으로 추진되어온 데서 알 수 있듯이 군사적 긴장 완화를 위한 정부의 정책, 대화 전략과 그 결과 등이 평화 문제의 중심을 차지하고 있었다. 반면 군사적 대결 구도로 인해 실제로 고통을 받는 한반도 구성원에 대한 관심은 매우 제한적이었다. 북한 주민의 인권 문제가 대표적인 사례이다. 북한과의 대화에 정책적 초점이 맞춰지다 보니 평화를 앞세우면서도 남북 대화에 부정적 영향을 미친다는 이유로 북한이 부정적으로 반응하는 인권 문제는 의제화하지 않으려는 이율배반적인 행동이 나오는 것이다.

최근 국제사회에서는 인간의 발전과 자유라는 화두를 중심으로 평화 문제를 논의하고 있다. 이런 맥락에서 '인간 안보'에 대한 관심도 높아지고 있다. 인간 안보가 사람들의 안전과 보호 문제에 관심을 기울이고 있으며, 이러한 접근은 '인간'을 중심으로 평화 문제를 다루는 데 적절한 대안을 제시하기 때문이다(UNESCO, 2018). 연구의 흐름을 고려할 때 한국에서의 평화논의도 분단 문제에 편중되었던 한계에서 벗어나 한반도 구성원의 평화적인 삶에 위협이 될 수 있는 문제들을 정책적 목표에 포함할 필요가 있다. 예를 들어 북한 인권 문제, 분단 구조 아래에서 고통받는 납북자, 이산가족, 북한 이탈 주민 문제 등 인간 존엄성과 관련 있는 문제는 평화의 중요한 어젠다로 다루어져야 한다.

대한민국이 주도하는 평화

1988년 노태우 대통령은 "남북 분단은 우리 민족의 의사에 의한 것이 아니었으나 민족 통합은 우리의 책임 아래 우리의 자주적 역량으로 이루어야" 한다고 천명하였다. 이어 "전쟁의 위험과 대결의 긴장이 상존하고 있는 한반도에 평화를 정착하고 통일의 새로운 전기를 마련"하자고 말했다. 2017년 문재인 대통령도 한반도 문제에 대한 유사한 인식을 나타냈다. 문 대통령은 과거에 "우리 힘으로 우리 운명을 결정할 수 없어서" 분단이 되었지만, 이제는 "한반도의 평화도, 분단 극복도, 우리가 우리 힘으로 만들어가야" 한다고 강조했다. 한반도 문제를 '우리' 스스로 해결해야 한다는 말은 대부분의 지도자가 언급하였다. 어찌 보면 당연한 이야기다. 그런데 여기서 '우리'는 누구를 의미할까? 한반도 문제를 이야기하고 있는 만큼 '우리 민족'이 될 수도 있고, 남북한을 의미할 수도 있다. 대한민국 대통령의 연설이므로 '우리'는 대한민국을 말한 것으로 해석할 수도 있다.

안보에 대해 이야기할 때는 '우리의 안보'라는 표현을 써도 오해의 여지가 거의 없다. 국가 안보라는 표현에서도 알 수 있듯이 안보의 주체는 국가이다. 따라서 한국 사람이 '우리의 안보'라고 말했으면 그것은 당연히 우리나라, 즉 대한민국 안보를 지칭한 것으로 받아들인다. 하지만 '한반도 분단과 평화'에 대해 말할 때, '우리'라는 표현을 사용하면 그 주체가 누구인지 애매한 경우가 많다. 평화라는 개념이 안보와는 다르게 개인, 조직, 사회, 민족 등 국가 외의 다양한 행위자를 상정하고 있기 때문이다. 더구나 한반도는 '1민족 2국가'로 구성되어 있고, 이에 따라 남북 관계에는 민족적 측면과 국가적 측면이 동시에 존재하기 때문에 문제가 훨씬 복잡하다.

궁극적으로 한반도 평화는 이 땅에서 살고 있는 구성원, 즉 민족의 문제이다. 현재 한반도에 존재하고 있는 두 개의 정부가 함께 풀어가야 한다. 하지만 남북한 간에 갈등이 존재하고 서로 이야기하는 평화의 의미가 다른 현 상황에서 한반도 평화는 대한민국이 주도해야 한다. 특히 평화 정책의 주체는 대한민국 정부여야 한다. 그리고 그 정책의 첫 번째 목적은 대한민국 국민의 안전한 삶이어야 한다. 한반도 평화를 위한 비핵화에 대해 방향을 논의할 때, 많이 거론되는 유인책 중 하나가 북한에 안전 보장을 제공하자는 방안이다. 그러면 북한이 안심하고 비핵화를 시작할 수 있다는 것이다. 이런 제안이 논리적으로는 가능할 수 있다. 문제는 현재 북한이 한미동맹 해체와 핵무기 보유를 최고의 안전 보장책으로 여기고 있다는 점이다. 그렇다면 북한의 안전 보장은 남한에 대한 치명적인 위협을 의미한다. 한반도의 평화라는 목표를 지향해야 하지만 대한민국의 안전을 우선적으로 고려한 정책을 추진해야 하는 이유가 바로 여기에 있다.

평화 연구는 전통적으로 국가 중심적 시각에서 벗어나고자 하였다. 하지만 평화 개념도 현실과 타협하지 않을 수는 없었다. 예를 들어 '인간 마음속의 평화'를 강조했던 평화문화론자들은 유엔에서 관련 결의안을 채택하면서 국가의 주권도 존중되어야 한다는 주요 국가들의 의견을 받아들였다. 이에 따라 평화 문화를 확산하기 위한 국제사회의 실행 계획에 국가의 독립과 안보 증진에 관한 내용이 포함되었다. 인간 안보 개념도 유엔에서 논의가 거듭됨에 따라 개인의 권리와 안전을 보장하기 위한 국가의 역할을 인정하는 방향으로 발전하였다. 특히 2012년 반기문 유엔 사무총장은 "인간 안보는 국가 안보를 대체하는 것이 아니라 보완하는 개념이며, 국민 개개인이 건강하고 행복한 삶을 영위한다면 그것은 국력에 보탬이 된다"는 논리를 제시하였다(이혜정·박지범, 2013).

이제 대한민국이 한반도 평화정책을 실제로 주도할 수 있는 정책 기조를 세워야 한다. 한반도 문제의 특수성으로 인해 민족적 측면을 도외시할 수는 없지만, 정부의 정책에서 민족이 국가와 국민에 앞서서는 안 된다. 정부가 국민의 안전을 먼저 챙기며 '전략적'으로 평화를 구축하기 위해 노력할 때, 한반도에 더욱 안정적 평화가 이루어질 수 있을 것이다.

4) 대한민국과 건강한 평화

　현대적 의미의 평화 연구는 20세기에 들어와 세계대전의 혼란 속에서 싹을 틔웠다. 따라서 그 출발점은 전쟁의 원인과 평화의 조건을 찾는 것이었다. 하지만 평화 연구가 발전하면서 전쟁의 문제를 넘어 인간의 삶과 관계된 다양한 영역으로 분석의 초점이 확대되었다. 동시에 평화를 만들고 유지하고 구축하기 위한 정책적 관심도 증가하였다. 평화는 풀기 어려운 수수께끼(puzzle)와 같다는 말이 있듯이 현실에서 평화를 증진하기 위한 정책을 수립하는 것은 쉬운 일이 아니다. 하지만 국가를 포함한 여러 행위자의 노력이 있다면 평화를 만드는 것이 가능하다. 실제로 1900년에서 2006년까지 국가 관계의 안정성에 대한 데이터를 분석한 결과 국제질서가 과거보다 상당히 평화로워졌다는 것이 경험적으로 입증되었다(Goertz et.al, 2016).

　이제 한반도 평화에 대한 논의도 분단과 군사적 대결의 굴레에서 벗어나 포괄적으로 접근해야 한다. 나아가 한반도에 안정적이고 지속 가능한 평화를 만들기 위한 평화 정책을 재정립할 필요가 있다. 우선 정책의 응집성을 높여야 한다. 앞에서 살펴보았듯이 한반도 평화 문제는 통일, 남북 대화, 안보 등의 문제와 연계되어 있다. 하지만 안정적인 평화를 위한 정책을 제대로 수립하기 위해서는 각각의 사안들을 분리해서 각 사안의 정체성을 확인하고 차이점과 유사점을 구별한 후, 개별적 이슈가 평화를 중심으로 조율 (tuning)되어야 한다. 피아노가 잘 조율되어야 각각의 건반이 제소리를 내며 아름다운 음악을 만들 수 있듯이 한반도 문제도 통일, 안보, 대화와 압박 등 평화와 관련된 이슈들이 잘 조율되어야 제대로 된 정책을 펼칠 수 있다.

다시 말해 한반도에 안정적인 평화를 만들기 위해서는 분단 문제 해결을 위한 통일 정책, 대북 정책, 안보 정책 등을 평화 정책과 구별 없이 사용하거나 병렬적으로 나열해서는 안 된다. 평화 정책은 보편적 가치인 평화를 기준으로 분단 관련 이슈를 재해석함으로써 분단의 특수성을 뛰어넘는 포괄적인 정책을 지향해야 한다.

여기서 중요한 것은 한반도에 상황에 맞는 평화의 상태를 목표로 설정하는 것이다. 평화란 끊임없이 진화한다. 그렇기에 완전한 평화란 현실에서 있을 수 없다. 하지만 정책 추진을 위해서는 목표가 필요하다. 뚜렷한 목표가 없으면 정책이 제대로 추진되기 어렵기 때문이다. 기존의 평화 연구를 활용하면 상대적으로 적극적 평화, 안정적 평화 등을 목표로 삼을 수 있다. 하지만 이런 개념을 그대로 적용할 경우 한반도의 현실과는 맞지 않는 부분이 있다. 따라서 평화의 보편성과 한반도의 특수성을 포괄할 수 있는 '건강한 평화'를 목표로 제시하고자 한다.

앞에서 논의했듯이 한반도에서는 군사적 긴장이 상존하고 있기 때문에 평화를 추구하는 것은 자칫 이상적이고 나약한 태도로 폄훼될 수 있다. 반대로 안보의 중요성만 고집하면 갈등의 원인을 해소하기 어렵다. 건강한 평화는 상대방의 선의에만 의존하는 것이 아니라 위협이 제기될 때 거기에 단호히 대응할 수 있는 능력과 의지가 있으며, 동시에 적극적인 대화와 협력에 나설 준비가 되어 있는 상태를 의미한다. 정책적으로는 힘에 기초한 평화 지키기와 신뢰에 기초한 평화 만들기를 동시에 추구한다.

인간 행동에 대한 연구에 따르면 사람은 인센티브가 클수록 더 많이 노력하고 좋은 성과를 만든다. 반대로 바람직하지 않은 행동을 하면 불이익을 받게 된다는 점을 사전에 주지시킴으로써 아예 그런 행동을 하지 못하도록 유도할 수 있다. 허약한 사람에게 운동과 같이 건강에 도움이 되는 행동을 장려하는 유인책(incentives)과 흡연 등 건강에 해로운 행동을 못 하게 하는 억제책(disincentives)이 동시에 적용된다면 더욱 빠르게 건강을 회복할 수 있을 것이다. 평화도 마찬가지다. 평화 유지에 도움이 되는 행동은 장려하고 평화를 파괴하는 행동에 대해서는 확실하게 불이익을 줄 필요가 있다.

한반도에서도 건강한 평화를 위한 유인책과 억제책을 전략적으로 적용해야 한다. 예를 들어 북한의 평화 협력을 유인하기 위해 경제 지원 등 유인책을 준비할 필요가 있다. 하지만 평화를 위협하는 핵 개발 등을 지속하는 상황에서는 제재와 같은 억제책도 분명히 유지되어야 한다. 나쁜 행동에는 불이익이 따를 것이라는 점을 상대방이 깨닫게 해야 유인책도 효과를 발휘할 수 있다. 아울러 이러한 유인책과 억제책은 장기적인 관점에서 활용되어야 한다.

한반도의 건강한 평화는 남북 당국 간의 건강한 관계 형성뿐만 아니라 남북한 주민의 건강하고 자유로운 삶을 지향한다. 그들이 인간다운 삶을 누릴 수 있도록 환경과 제도를 개선해야 한다. 자유권 차원에서 인권 개선 그리고 경제권 차원에서 인도적 지원 노력이 지속되어야 한다. 나아가 한반도 구성원이 핵의 위협에서 벗어나 안전하게 살 수 있도록 도와주어야 한다. 장기적으로는 남북한이 함께 건강한 평화를 지향해야 한다. 하지만 현 상황을 고려할 때 먼저 대한민국이 앞장서야 한다. 대한민국 국민과 정부가 함께 건강한 평화를 만들기 위해 노력해야 한다.

02

한반도 통일담론,
어떻게 만들어야 하나?[1]

허재영(연세대)

1) 서론

통일담론은 남북 간 정치 이벤트의 개최로 인한 희망, 군사적 도발로 인한 절망과 함께 확산되곤 했다. 긍정적인 통일담론은 1972년 남북공동성명 발표, 1991년 남북기본합의서 채택, 2000년 최초의 남북정상회담 개최, 그리고 이후 개최되었던 수차례 남북정상회담에서의 공동선언 발표 등과 함께 확산되었고, 부정적인 통일담론은 북한의 핵실험, 미사일 시험 발사, 서해교전, 천안함 피격 사건, 연평도 포격 사건 등과 함께 증폭되었다. 이처럼 환희와 공포가 상존하는 한반도 공간이지만, 평화로운 한국을 완성해나가는 과정에서의 통일담론 논의는 한국 사회의 수준을 한 단계 업그레이드시키기 위한 중요한 과제이다.

2021년 현재, 남한의 40대 이상 국민은 반공 포스터 그리기 대회, 반공 웅변 대회에 참여하면서 남한 우위의 흡수통일을 생각하면서 자란 반면, 20대는 반공보다는 남북한 문화 차이, 통일 이후 한국의 모습 등을 주로 학습함으로써 뚜렷하게 대비되는 초·중등 학생 시절을 보냈다(중앙일보, 2019. 7. 27). 그럼에도 불구하고 이러한 세대 차이 속에서도 공통적으로 발견할 수 있는 것은 '해야만 한다'는 당위적 통일론이다. 분단을 가져왔던 냉전이 종식됨으로써 시대적 조건의 전환과 산업화와 민주화를 이룩하는 대내적인 환경 변화가 있었음에도 통일담론 논의는 민족 동일성 회복을 주장하는 당위적 통일담론과 체제 통합을 주장하는 흡수통일 담론에 주로 머물러 있었다.

통일담론은 분단 직후부터 정부별로 내세운 통일 정책에 기반하여 지속적으로 제시되어왔다. 그러나 권위주의적 성격을 띤 정부에서는 체제 대결에서 승리하여 통일을 달성하고자 하는 성격이 강했고, 민주화 이후 정부에서도 각자의 업적을 위해 통일 정책의 틀을 달리함으로써 연속성 없이 통일 정책이 단절되는 경향을 보여왔다. 물론 경제 및 사회 분야 정책 추진에 있어 각 정부의 정치적 지향성과 이전 정부와의 차별화를 통한 지지율 제고 등을 꾀할 수밖에 없는 현실적인 문제가 있으나, 통일 정책 역시 지속성과 연속성

없이 부침이 심했다는 점은 아쉬움으로 남는다. 특히 1989년 노태우 정부에서 제시된 한민족공동체 통일 방안이 1994년 김영삼 정부에서 수정·보완 작업을 거쳐 민족공동체 통일 방안으로 채택되었고, 이후 정부에서도 큰 틀을 계승하고 있다고는 하지만, 30년 가까운 시간 동안 이렇다 할 진화 없는 통일 방안으로 전락할 느낌마저 있다. 총론은 그대로 두더라도, 빠르게 변화하는 국내외 환경 변화에 적응하기 위해서는 적실성 있는 각론 역시 제시되어야 통일 담론도 진화될 것으로 기대할 수 있다.

본 연구에서는 분단 이후 역대 정부에서 주로 논의되었던 통일 담론들의 각 특징과 한계점을 세 가지 유형으로 나누어 살펴보고, 사실상 체제 대결이 끝난 상황에서의 새로운 통일담론의 방향을 제시하고자 한다.

2) 통일담론에 대한 세 가지 접근

수차례의 남북정상회담으로 인해 통일에 대한 낙관적인 전망이 있었으나, 북한의 군사 도발과 2019년 2월 북미정상회담의 결렬로 인해 통일담론 논의도 동력을 상실한 것으로 보인다. 특히 통일이 당위의 문제가 아닌 선택의 문제로 변화해가고 있는 국민의 의식을 고려하더라도 많은 국민이 납득할 수 있는 수준의 새로운 담론이 제시될 필요성이 있다(이석희·강정인, 2017).

분단 이후 한국 사회에서 전개되었던 통일담론의 유형은 크게 세 가지로 나눌 수 있다.[2] 첫째는 민족 동질성 회복과 당위성을 주장하는 민족주의적 통일담론이고, 둘째는 국제사회에 기여할 수 있는 평화 질서를 구축하기 위한 평화 정착 중심적 통일담론이고, 셋째는 통일로 기대할 수 있는 경제적 이익에 근거한 실용주의적 통일담론이다.

본 장에서는 기존에 논의되었던 역대 정부들의 주요 대북 정책과 통일 정책을 바탕으로 한 통일담론 특징들을 살펴보기로 한다. 물론 한국 역대 정부의 지도자들은 위에서 언급한 통일담론 한 가지만을 주로 언급하기도 하고, 두 가지를 병행하기도 하고, 세 가지 모두를 포괄적으로 추진하기도 했으며, 대내외적 환경 변화에 따라 담론을 변화시키기도 했다. 즉 특정한 통일담론만 고집했다기보다는 담론 병행 및 담론 변화를 시도했고, 어느 담론에 강조점을 얼마만큼 두느냐 정도의 차이점이 있었다고 할 수 있다.

민족주의적 통일담론

한국 사회에서 「우리의 소원은 통일」이라는 노래를 모르는 사람은 드물 것이다. 어려서부터 부르거나 들으면서 우리 입에 익은 노래이기 때문이다. "우리의 소원은 통일, 꿈에도 소원은 통일. 이 정성 다해서 통일, 통일을 이루자. 이 겨레 살리는 통일, 이 나라

살리는 통일, 통일이여 어서 오라, 통일이여 오라"라는 노래 가사에서 느낄 수 있듯이 민족주의적 정서가 묻어난다. 이처럼 같은 민족이기 때문에 통일을 해야 한다는 민족주의 통일담론이 오랜 시간 우세했다. 2018년 9월 평양에서 개최된 남북정상회담 기간 15만 명의 평양시민을 상대로 한 연설에서 문재인 대통령이 "우리 민족은 우수합니다. 우리 민족은 강인합니다. 우리 민족은 평화를 사랑합니다. 그리고 우리 민족은 함께 살아야 합니다. 우리는 5,000년을 함께 살고 70년을 헤어져 살았습니다. 나는 오늘 이 자리에서 지난 70년 적대를 완전히 청산하고 다시 하나가 되기 위한 평화의 큰 걸음을 내딛자고 제안합니다"(대통령비서실, 2019)라고 언급한 것 역시 민족주의 통일담론에 근거한 것이라고 할 수 있다.

분단 직후 들어선 이승만 정부에서는 이렇다 할 통일담론이 존재했다기보다는 무력에 의한 북진 통일론이 큰 줄기였다. 그러나 1954년 발효된 한미상호방위조약에 따르면, 무력통일은 현실 가능성이 없는 것이었다. 그럼에도 불구하고, 이승만 정부의 북진 통일론은 정부의 정당성을 보완해주고 북한과의 체제 경쟁에서 지지 않겠다는 정치적 선전 도구였으며, 한편으로는 미국 철수에 대비하여 보상과 안보 확보를 위한 수단으로 활용했다고 볼 수 있다(김일영, 2000; 강원택, 2021). 물론 이승만 정부 시기에 재야 인사 조봉암에 의한 '평화통일론'이 제기되었으나 간첩 및 국가 변란의 죄목으로 사형에 처하면서 크게 평화통일 담론이 확산되기는 어려운 분위기였다. 반공이 득세하던 시기에 북한이 사용하는 평화통일이라는 표현 자체가 받아들여지기에는 넘어야 할 벽이 높았다.

이후 민족주의 통일담론이 부상하기 시작한 것은 박정희 정부 때였다. 박정희 정부에서 크고 작은 정책의 변화가 있었지만, 대표적으로 민족을 앞세운 통일담론이 확산된 계기는 남한의 중앙정보부장이었던 이후락과 북한의 김영주 조직지도부장 간에 합의한 7·4 남북공동성명이다. 분단 이후 처음으로 남북한이 만나 합의한 공식 문서이기도 한 7·4 남북공동성명에서 통일과 관련된 핵심 내용은 ① 외세에 의존하거나 간섭받지 않고 자주적으로 ② 통일은 무력행사를 반대하고 평화적으로 ③ 하나의 민족으로서 민족적 대단결을 도모해야 함을 포함하고 있다. 즉 민족의 재결합을 우리 민족의 힘으로 이뤄내자는 민족주의에 근거한 통일 방법을 천명한 것이다. 이후에 남한의 유신헌법, 북한의 사회주의 헌법 개정, 판문점 도끼 만행 사건 등으로 남북한 사이의 관계가 다시 경색되기는 했지만, 7·4 남북공동성명 직후 불었던 통일에 대한 기대는 철저히 한 민족이 함께 살아가는 것에 방점이 찍혀 있었다.

권위주의를 청산하고 직선제 개헌을 통해 맞이한 노태우 정부에서 발표한 통일 정책은 1988년 '민족자존과 통일번영을 위한 특별선언'이었다. 이 선언문 역시 "민족 구성원 전체가 참여하는 사회, 문화, 경제, 정치 공동체를 이룩함"이라는 표현이 삽입되고, 선언문 곳곳에서 민족, 겨레, 동족, 공동체라는 표현을 빈번하게 언급함으로써 통일을 향한 민족의 화합과 재결합을 주장하고 있다(국립통일교육원, 2021). 또한 1989년에는 '한민족공동체 통일 방안'을 통해 남북한 간 화해, 신뢰 구축, 남북연합 등을 달성하기 위해 자주, 평화, 민주를 3대 원칙으로 하였는데(대통령비서실, 1990), 이 역시 통일을 위해서는 민족공동체 회복이 필수라는 인식이 고스란히 스며들어 있는 것이었다.[3]

노태우 대통령 퇴임 후 대통령직에 취임한 김영삼 대통령은 취임사에서부터 민족주의에 기반한 통일 문제를 적극적으로 언급했다. 김영삼 대통령은 취임사를 통해 "세계는 대결이 아니라 평화와 협력의 시대로 나아가고 있습니다. 다른 민족과 국가 사이에도 다양한 협력이 이루어지고 있습니다. 그러나 어느 동맹국도 민족보다 더 나을 수는 없습니다. 어떤 이념이나 어떤 사상도 민족보다 더 큰 행복을 가져다주지 못합니다. 김 주석이 참으로 민족을 더 중요하게 생각한다면, 그리고 남북한 동포의 진정한 화해와 통일을 원한다면, 이를 논의하기 위해 우리는 언제 어디서라도 만날 수 있습니다. 따뜻한 봄날 한라산 기슭에서도 좋고, 여름날 백두산 천지 못가에서도 좋습니다. 거기서 가슴을 터놓고 민족의 장래를 의논해 봅시다. 그때 우리는 같은 민족이라는 원점에 서서 모든 문제를 풀어나갈 수 있을 것입니다. 세계 도처에서 민족의 긍지를 지키며 살아가고 있는 500만 해외 동포 여러분, 금세기 안에 조국은 통일되어, 자유와 평화의 고향 땅이 될 것입니다. 우리 모두 국내외에서 힘을 합하여 세계 속에서 역할과 책임을 다하는 자랑스런 한민족 시대를 열어나갑시다"(대통령비서실, 1994)라고 언급함으로써 민족이 중요하다는 인식을 공유하고, 우리 민족이 하나 되는 통일 한국을 거듭 강조했다.

김영삼 정부는 노태우 정부에서 제시되었던 '한민족공동체 통일 방안'을 발전시키면서 ① 화해·협력 단계 ② 남북연합 단계 ③ 통일국가 완성이 핵심인 '민족공동체 통일방안'을 발표하기도 하였다. 그러나 북한의 NPT 탈퇴, 서울 불바다 발언 파문, 김일성 조문 파동 등의 악재가 겹치면서 김영삼 정부 출범 초기의 유연한 입장은 강경한 입장으로 변화함으로써 통일담론이 더는 확산되지 못했다.

권위주의 정부에서 주요 주장은 통일은 민족의 숙원이며 다시 만나 하나가 되는 것을 강조한 당위론적 통일이었다면(강만길, 2000; 송두율, 2000), 노태우 정부 이후부터는 공존공영 및 화해·협력을 발판으로 통일의 과정을 중요시한 민족주의적 통일담론이라 할 수 있다. 이러한 경향은 김대중 정부 출범 이후에 더욱 심화되었다. 헌정 사상 처음으로 선거를 통해 50년 만의 수평적 정권 교체를 이뤄낸 김대중 대통령은 취임사에서 남북 문제를 1991년 12월에 합의한 남북기본합의서의 실천을 통해 풀어내겠다고 선언했다. 그 원칙은 "첫째, 어떠한 무력 도발도 결코 용납하지 않겠습니다. 둘째, 우리는 북한을 해치거나 흡수할 생각이 없습니다. 셋째, 남북 간의 화해와 협력을 가능한 분야부터 적극적으로 추진해나갈 것입니다"(대통령비서실, 1999)라는 것이었다. 즉 무력통일을 반대하고, 흡수통일을 지양하며, 경제 교류를 통한 화해·협력의 확대를 천명한 것이다. '민족공동체 통일방안'의 1단계인 화해·협력 단계에 집중함으로써 남북한 간 신뢰를 확보하려는 입장으로 풀이할 수 있다. 통일을 해야만 한다는 주장이 아닌 통일을 달성해나가는 과정에 많은 노력을 하겠다는 입장으로 이전의 통일 정책과는 결이 달리하는 정책의 전환이 이루어졌다고 평가할 수 있다.

이러한 김대중 정부의 화해·협력 정책은 금강산 관광, 개성공단 건설 합의, 최초의 남북정상회담 등의 결실로 이어졌다. 비록 화해·협력을 통한 통일 과정에 방점을 찍었지만, 2000년 남북정상회담을 통해 발표된 6·15 남북공동선언의 전문과 제1항에서 각각 "조국의 평화적 통일을 염원하는 온 겨레의 숭고한 뜻에 따라", "남과 북은 나라의 통일 문제를 그 주인인 우리 민족끼리 서로 힘을 합쳐 자주적으로 해결해나가기로 하였다"라고 함으로써 통일 문제가 민족주의에 근거하고 있다는 인식을 보여주었다.

민족 동질성 회복과 관련해서 박근혜 대통령 역시 2014년 3월 드레스덴 선언을 통해 구체적으로 언급했다. "남북 주민 간 동질성 회복에 나서야 합니다. 분단의 세월이 길어지면서, 현재 남북한 간에는 언어와 문화, 생활양식마저 달라지고 있습니다. 남북한 간 진정한 소통과 통합을 위해서는 가치관과 사고방식의 차이를 줄여야 합니다. 이를 위해서는 무엇보다 남북한 주민이 자주 만날 기회

를 만들어야 합니다"라며 민족주의적 입장에서 통일을 바라보기도
했다.

평화 정착 중심적 통일담론

보편적 가치라 할 수 있는 평화 정착 중심의 통일담론이 부상
하기 시작한 것은 김대중 정부의 통일 정책을 계승한 노무현 정부
시기다. 노무현 정부는 임기 초반부터 대북 정책, 통일 정책을 전향
적으로 펼치기에는 대내외적 환경이 부담스러운 상황이었다. 대통
령 선거 직전 터진 2차 북핵 위기와 당선 직후 실시하게 된 대북 송
금 특검 사건으로 인해 악화된 여론 탓에 유연한 통일 정책을 구사
하기에는 어려움이 있었다(강동완·박정란, 2012). 김대중 정부 시기부
터 야당과 보수 언론, 보수 성향의 국민에 의해 언급된 '대북 퍼주
기' 논란과 함께 핵 문제가 불거짐으로써 화해·협력 정책의 입지가
좁아 들 수밖에 없었다. 또한 노무현 정부 출범과 동시에 미국의 이
라크 파병 요청에 전투병을 파병할 것인지, 비전투병을 파병할 것
인지와 관련한 논란이 생겨나며 대북 정책에 적지 않은 영향력을
행사하는 미국과의 관계 설정에도 어려움을 겪었다. 즉 대내적으로
는 화해·협력 정책에 대한 반감을 줄이고, 대외적으로는 심각한 안
보 위협으로 다가온 북핵 문제를 해결해야 하는 입장이었다.

노무현 정부의 대북 정책은 평화 번영 정책으로 대표되는데,
이것은 즉 통일 문제에만 국한되는 것이 아니라 범위를 넓혀 안정

적인 지역 질서를 구축하고자 했다는 점에서 평화라는 보편적 가치를 확산시키고자 했던 것이다. 북핵 문제 해결을 위해 개최된 6자 회담에서 2005년 9·19 공동성명, 2007년 2·13 합의, 10·3 합의 등을 도출한 것 역시 노무현 정부의 한반도와 동북아시아 지역 평화 정착을 위한 노력으로 평가할 수 있다. 화해와 협력을 넘어선 평화 번영은 결국 한반도 문제의 이해관계자를 남북한으로 한정하는 한반도 문제의 한반도화를 넘어서서 주변국으로까지 범위를 확대한 한반도 문제의 국제화를 촉진하고자 하는 것이었다.

이러한 인식은 노무현 정부 임기 내내 지속되었다. 노무현 대통령은 "북핵 문제의 해결을 계기로 한반도 정전 체제가 평화 체제로 전환되고 북·미 관계가 정상화된다면, 한반도 평화 정착은 물론 동북아가 새로운 질서로 나아가는 획기적인 전기가 될 것입니다"(대통령비서실, 2006), "북핵 문제의 평화적 해결을 위해서도 최선을 다하겠습니다. 한반도 평화 체제 구축을 위한 관련국들과의 협상도 진지하게 준비해 나가겠습니다"(대통령비서실, 2006), "정전 체제가 평화 체제로 전환되고, 남북이 함께 공존하는 한반도 경제 시대가 열리면 한반도는 명실공히 동북아시아의 경제 중심이 될 것입니다"(대통령비서실, 2008)라는 입장을 임기 전반에 걸쳐 꾸준히 나타냈다. 특히 남북한뿐 아니라 평화협정 체결과 주변국의 지지를 이끌어내려 했던 평화 번영 정책은 결과를 중심으로 하는 통일이 아닌, 한반도의 평화 정착을 위한 담론이었다고 평가할 수 있다.

그뿐만 아니라, 노무현 대통령 임기 말에 성사된 남북정상회담에서는 6·15 남북공동선언을 계승하는 10·4 남북공동선언이 도출됐다. 이 선언은 총론적 성격을 띠던 6·15 남북공동선언을 좀 더 구체화했다. 총 8개 항으로 구성된 10·4 남북공동선언은 그동안 추상적으로 논의되던 정전 체제의 평화 체제 전환에 대해 '3자 또는 4자 정상들'이 만나서 추진하기로 하는 데 합의함으로써 더욱 진일보한 평화 정착 논의가 있었다. 또한 남북정상회담 기간 중이었던 2007년 10월 3일, 6자회담에서는 북핵 해결을 위한 10·3 합의를 도출해냄으로써 한반도 평화 정착을 위해 남북 대화와 6자회담이 선순환적으로 작동할 수 있음을 국제사회에 보여주기도 했다.

노무현 대통령은 이러한 통일 정책의 인식뿐 아니라 임기 중 동북아 균형자론을 주장했는데 이것은 한반도 평화 정착과 동북아시아 평화 질서 구축에 대한 의지를 보인 것이다. 노무현 대통령은 회고록을 통해 "동북아 지역에서의 역사적인 대결 구도가 한반도 분단의 원인으로 작용했고, 지금도 그 대결적 질서가 그대로 존재하고 있습니다. 이 대결적 질서를 풀어가지 않으면 남북 분단도 쉽게 극복할 수 없습니다. 그래서 우리가 남북 간 협력이나 통합을 이야기할 때면, 항상 동북아시아 질서 전체를 놓고 전략을 짜나가야 합니다"(노무현, 2009)라고 주장했는데, 즉 한반도와 동북아시아 평화를 병행해서 나가야 한다는 인식이 묻어나오는 것이었다.

박근혜 정부 임기 초반에도 평화 정착을 위한 통일 정책을 내세웠고, 그것은 '한반도 신뢰 프로세스' 정책으로 나타났다. 한반도 신뢰 프로세스는 남북 관계 발전, 한반도 평화 정착, 통일 기반 구축을 목표로 신뢰 형성을 통한 남북 관계 정상화, 한반도의 지속 가능한 평화 추구, 통일 인프라 강화, 한반도 평화통일과 동북아 평화 협력 선순환 모색 등을 추진했다. 또한 한반도 평화 정착을 위해 주변국의 지지와 협력을 이끌어내고, 동북아시아 지역의 평화를 모색하고자 했다는 점에서 김대중 정부와 노무현 정부에서 강조하던 평화 정착과 궤를 함께하는 모습을 보였다.

문재인 대통령은 이전 정부들보다 더 명확히 평화 정착에 대한 메시지를 던지고 있다. 2017년 제72주년 광복절 축사에서 "오늘날 한반도의 시대적 소명은 두말할 것 없이 평화입니다. 한반도 평화 정착을 통한 분단 극복이야말로 광복을 진정으로 완성하는 길입니다. 평화는 또한 당면한 우리의 생존 전략입니다. 안보도, 경제도, 성장도, 번영도 평화 없이는 미래를 담보하지 못합니다. 평화는 우리만의 문제가 아닙니다. 한반도에 평화가 없으면 동북아에 평화가 없고, 동북아에 평화가 없으면 세계의 평화가 깨집니다. 지금 세계는 두려움 속에서 그 분명한 진실을 목도하고 있습니다. 이제 우리가 가야 할 길은 명확합니다. 전 세계와 함께 한반도와 동북아의 항구적 평화 체제 구축의 대장정을 시작하는 것입니다"(대통령비서실, 2018)라고 언급함으로써 한반도의 당면 과제가 평화 체제 구축임을 강조했다. 한반도 평화를 동북아시아의 평화와 세계 평화로까지 연결함으로써 보편적 가치인 평화에 중요성을 두었다.

이와 같은 입장은 2018년 4월 개최된 남북정상회담에서 합의된 4·27 판문점 선언에서도 잘 나타나고 있다. 이 선언은 3개 조 13항으로 구성되었는데 1조는 상호 교류 활성화 등 남북 관계 개선과 관련한 내용, 2조는 군사적 긴장 상태 완화와 전쟁 위험 실질적 해소, 3조는 항구적이며 공고한 평화 체제 구축이다. 김대중 정부의 화해·협력 정책, 노무현 정부의 평화 번영 정책의 특징이 잘 반영된 선언문으로, 한반도의 평화 정착을 위한 역사적 발걸음을 내디딘 것으로 평가할 수 있다. 특히 2007년 10·4 남북공동선언에서 논란이 됐었던 평화 체제 논의 주체를 3자 혹은 4자가 아닌 남·북·미 3자 혹은 남·북·미·중 4자로 구체적으로 명시함으로써 주변 국가의 반발을 무마하기 위한 흔적도 찾아볼 수 있었다. 이는 한반도 평화가 결국 한반도 안에서만 제한적으로 작동하는 것이 아닌 동북아시아 지역에서의 평화까지 염두에 둔 것으로 풀이할 수 있다.

또한 2018년 9월 평양에서 개최된 남북정상회담의 성과인 9·19 평양공동선언 역시 적대 관계 종식, 실질적 위험 제거, 항구적 평화 지대 구축, 핵시설 폐기 등의 합의 내용이 1조와 5조에서 언급됨으로써 통일로 가는 과정에서 가장 중요한 것이 확고한 평화임을 다시 한번 확인시켰다. 물론 이외에도 경제·문화·체육 분야의 교류, 보건 및 의료·환경 분야의 협력 등의 내용도 합의되었으나 전반적인 중심은 평화 체제 구축을 위한 실천적 조치에 있었다.

실용주의적 통일담론

실용주의적 통일담론은 주로 경제적 이익, 즉 통일 편익에 대한 기대감으로 등장하게 되었다. 통일을 달성하면, 안보 위협이 줄어들기 때문에 국방비를 절감할 수 있다거나, 통일 한국의 인구가 8,000만 명 정도가 되기 때문에 내수 시장에 활력이 생김으로써 경제 성장에 도움이 된다거나, 북한의 광물 자원 개발로 발생하는 큰 이익이 예상된다거나, 저개발된 북한 지역에 도로·철도·공항·항만 등의 인프라 구축 중심의 토목 사업이 활발해질 수 있다는 것 모두 실용주의적 통일담론의 핵심 내용이라고 할 수 있다. 이러한 실용주의적 통일담론의 뿌리는 김대중 정부에서 시작된 남북경협 사업에서부터 찾아볼 수 있다. 그러나 김대중 정부의 남북경협 사업은 경제적 이익을 극대화시키는 것에 비중이 있는 것이 아니라 상호 간 신뢰 확보 차원에서 교류 협력을 증대시켜 나간다는 것에 강조점이 있었다.

북한의 연이은 핵실험과 미사일 시험 발사 등의 군사 도발로 인해 평화 정착 통일담론에 대한 지지가 감소할 때쯤 출범한 이명박 정부는 김대중 정부, 노무현 정부의 유화적인 정책에서 벗어나서 더욱 실용적인 담론을 내세웠고 그것은 '비핵개방 3000'이라는 정책 추진으로 이어졌다. 이명박 대통령은 취임사를 통해 "북한이 핵을 포기하고 개방의 길을 택하면 남북협력에 새 지평이 열릴 것입니다. 국제사회와 협력하여 10년 안에 북한 주민 소득이 3,000달러에 이르도록 돕겠습니다. 그것이 바로 동족을 위하는 길이고 통일을 앞당기는 길이라고 생각합니다"라고 밝혔다.

또한 이명박 대통령은 분단 관리를 넘어선 통일 준비를 하기 위해 통일 비용과 통일 편익 논의, 통일세 도입 논의 등의 실용주의적 통일담론 확산에 노력했고, 통일 대비 비용 자금 모금을 위한 통일 항아리 사용 등의 이벤트 사업을 하기도 했다(조선일보, 2011. 11. 24). 그러나 '비핵개방 3000' 정책은 북한의 거부감도 심했고, 금강산 관광객 피살 사건, 천안함 피격 사건, 연평도 포격 사건 등이 발생하면서 북한에 대한 여론이 강경해짐으로써 동력을 유지하기 어려웠다(강원택, 2021).

통일 편익에 근거한 통일담론이 큰 관심을 끌었던 것은 박근혜 대통령의 "통일은 대박이다"라는 2014년 신년 기자회견의 발언을 통해서다. 박근혜 대통령의 '통일대박론'은 여론의 호응도 상당했고, 무관심해져 가던 통일담론에 관심을 가지게 하고, 통일을 경제적 현실과 연계시켰다는 점에서 진보 성향의 인사들로부터도 좋은 평가를 받았다(강원택, 2021). 통일대박론은 경제적 이익과 그 효과를 강조하면서 한국 경제의 새로운 동력을 바탕으로 명실상부한 선진국 대열에 합류할 수 있음을 주장하고 있다. 2000년 이후부터 지속적으로 제기되었던 대북 퍼주기 논란, 군사적 도발로 인해 당위론적 통일이 아닌 구체적인 경제 효과를 기대하게 하는 통일대박론은 또 다른 통일담론의 확장이기도 했다. 민족주의에 기대는 것이 아니라 실리적인 경제 효과를 언급했다는 점에서 당위론적 통일에 피로감을 느끼던 사람들에게 긍정적인 인식을 심어줄 수 있는 담론으로 평가할 수 있다.

특히 5포 세대[4]로 묘사되는 젊은 세대들이 통일 비용 지출을 꺼리거나 민족주의적 정체성에 공감하지 못하는 경우가 점차 늘고 있는 상황에서 실리적이면서도 경제적인 효과에 주목하는 통일대박론은 이러한 세대들에게까지 통일의 필요성을 각인시키는 역할을 할 수 있었다. 무엇보다도 통일대박론이 다른 통일담론과 차별성을 지닌 이유는 민족주의적 정서를 기반으로 한 당위론적 담론이 아니고, 통일이 개인의 삶의 질 개선, 행복 등을 이끌어낼 수 있음을 지적하고 있다는 점이다(변종헌, 2014). 즉 통일 편익을 공익 차원에서 찾는 것도 중요하지만, 최근 한국 사회에서 그보다 더 중요한 사익 차원에서 찾고 있다는 점이 차별성을 갖는다.

3) 통일담론에 대한 비판적 검토

앞에서 살펴본 세 가지 유형의 통일담론은 한국 사회에서 통일 논의의 불씨를 꺼뜨리지 않고 지속시키고자 했다는 점에서 높은 평가를 할 수 있다. 다만 대내외적 환경 변화에 따라 전환적 사고가 필요하거나 복합적인 정책 구사가 필요할 수 있다. 따라서 이 장에서는 기존의 통일담론의 한계에 대해 짚어보고자 한다.

민족주의적 통일담론의 한계

민족주의적 통일담론은 한 민족이기 때문에 통일해야 한다는 주장인데, 이에 대해서는 여러 가지 비판점이 존재한다. 첫째, 이미 세계의 여러 국가는 1민족 다국가, 다민족 1국가 등으로 구성되어 있기에 '1민족 1국가'를 실현하는 것은 한반도의 특수한 상황일 뿐이지 일반적인 명제로서의 타당성은 크지 않다(최장집, 1998). 〈그림 2-1〉에서 살펴볼 수 있는 바와 같이 통일 필요성 중 '같은 민족이니까'라는 이유로 통일을 해야 한다는 의견이 점차 줄어들고 있고, 2020년에는 '남북 간 전쟁 위협을 없애기 위해'라는 의견이 가장 많은 37.9%의 답변을 얻었다.

같은 민족이라서 통일을 해야 한다는 의견을 점차 감소하는 반면, 전쟁 위협 감소와 한국이 더 선진국으로 진입하기 위해서라는 의견이 절반을 넘는 수치를 보여주고 있다(김범수 외, 2021). 즉 평화 정착과 경제적 이익에 기반한 실용주의적 경향이 지속적인 증가세에 있는 것을 확인할 수 있다.

또한 국내 체류 외국인 증가, 다문화 가정의 증가로 인해 다문

〈그림 2-1〉통일의 가장 큰 이유

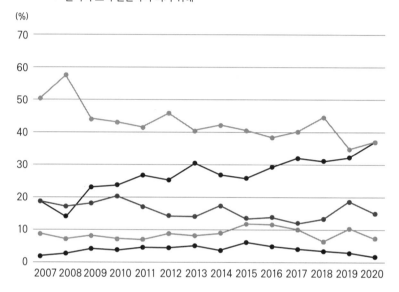

출처: 김범수·김병로·김학재·김희정·박원호·이종민·최규빈·임경훈·최현정. (2021). 2020 통일의식조사. 시흥: 서울대학교 통일평화연구원.

화 사회적인 특징을 띠기 시작한 한국 사회에서 단일민족에 근거한 당위적 통일담론의 설득력이 약해지고 있다는 지적도 있다(중앙일보, 2010. 9. 14). 민족 동질성 회복에 근거한 통일담론은 이미 한국 사회 구성원이 된 다른 민족 사람들을 배제시킬 위험이 있고, 이는 또다시 사회적 갈등을 유발하는 요인으로 작용할 수 있다는 점을 고려해야 한다. 따라서 이들을 배제하지 않는 차원의 통일담론을 추구하는 것이 사회 통합을 위해 바람직하기 때문에 민족 재결합, 민족 동질성 회복에 방점이 찍힌 민족주의적 통일담론은 보다 포괄적인 담론으로 변화해나가야 하는 시점이다.

그뿐만 아니라, 통일연구원의 국민의식조사에 따르면 "남북이 한민족이라고 해서 반드시 하나의 국가를 이룰 필요는 없다"라는 답변이 매우 높게 나타나고 있음을 알 수 있다. 같은 민족이라는 이유로 하나의 국가가 될 필요가 없다는 탈민족주의적 시각이 계속 증가하는 추세에 있고, 민족주의적 통일관이 젊은 세대들에게 더 이상 설득력을 갖지 못하는 경향이 뚜렷하게 나타나고 있다(이상신 외, 2021). 민족의 정체성 회복을 넘어서고, 다른 형태의 담론을 창출해야 할 시점에 다다른 것으로 분석할 수 있다. 다문화 사회로 진입하면서 '민족=국가'라는 공식은 더는 성립하기 어려워졌고, 분단이 고착된 후 출생한 젊은 세대들에게 천안함 피격 사건, 연평도 포격 사건 등 북한에 대한 경계심을 가질 수밖에 없는 상황이 지속되었기 때문이다. 따라서 민족주의적 통일담론의 설득력은 앞으로도 낮아질 수밖에 없을 것이다.

평화 정착 중심적 통일담론의 한계

평화를 중요시하는 통일담론이 동력 유지가 어려워지고 있는 민족주의적 통일담론을 대체할 수 있다는 기대가 있었던 것도 사실이다. 탈냉전 이후에도 북한의 군사 도발은 끊이지 않고 있다. 이러

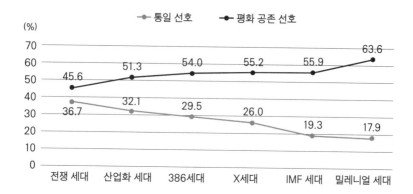

출처: 이상신·민태은·윤광일·구본상·Peter Gries. (2020). KINU 통일의식조사 2020: 주변국 인식 비교연구. 서울: 통일연구원.

한 상황에서 평화적인 한반도 질서를 추구하는 것은 바람직하다. 평화 정착으로 이어지기 위해서는 우리 국민의 대북 인식 역시 중요하게 작용할 수 있다. 국민적 지지가 정부의 정책에 큰 동력이 될 수 있기 때문이다. 통일과 평화 공존 중 어떠한 것을 선호하는지에 대한 질문에 통일 선호보다 평화 공존을 선택한 비율이 높게 나타나고 있고, 이는 젊은 세대로 갈수록 더욱 심화되고 있음을 〈그림 2-2〉를 통해 알 수 있다.

전 세대에 걸쳐 평화 공존 선호가 높다는 것은 새로운 통일담론으로서 보편적 가치인 평화 중심 통일담론이 매력적임을 알 수 있다. 그러나 북핵 문제 해결 없는 평화 정착의 불안정성을 무시할 수는 없다. 즉 통일로 이어지는 평화가 아닌 임시적 평화 관리에서

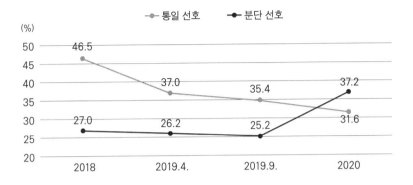

출처: 이상신·민태은·윤광일·구본상·Peter Gries. (2020). KINU 통일의식조사 2020: 주변국 인식 비교연구. 서울: 통일연구원.

머물 수 있다는 점을 염두에 둬야 한다.

같은 조사에 따르면 북한에 대한 무관심이 증가하고 있고, 북한 김정은 정권에 대한 신뢰도 역시 떨어지고 있음을 알 수 있다(이상신 외, 2020). 특히 3차례의 남북정상회담과 2차례의 북미정상회담이 개최되고, 유의미한 선언들이 도출되었음에도 불구하고 북한에 대한 관심과 신뢰가 떨어졌다는 것은 평화 체제 구축을 위한 교류와 신뢰 형성에 긍정적인 영향을 주기는 어려울 것으로 판단된다. 무엇보다도 평화 체제 구축에 가장 중요한 내용인 북한의 비핵화 여부에 대해서 응답자의 90%에 달하는 비율로 북한이 핵을 포기하지 않을 것이라고 전망했다(이상신 외, 2020).

이러한 경향과 함께 〈그림 2-3〉에서처럼 통일 선호보다 분단 선호의 비율이 높게 나타나고 있는데, 이것은 결국 2국가로 분리된 채 지내는 것을 선호한다는 의미가 된다. 이런 경우 보편적 가치인 평화를 중심으로 한 통일담론은 더는 통일담론이 아니라 평화담론으로 바라봐야 한다는 딜레마가 발생하게 된다. 즉 통일을 달성하기 위한 수단으로서 평화가 아니라, 평화 자체가 목적이 되어버리고 통일 논의는 사라지게 되는 상황에 직면하게 된다.

평화를 정착시키기 위해서는 북한을 어떠한 대상으로 바라보고 있는지 역시 중요한데, 이에 대한 여론 역시 긍정적으로 파악하기는 어렵다. "북한은 우리에게 어떤 대상인가?"라는 질문에 '경계 대상', '적대 대상'으로 생각하는 응답이 증가하고 있고, '협력 대상', '지원 대상'이라는 답변이 여전히 다수를 차지하지만, 그 비율은 줄어들고 있다는 점은 평화 정착의 길로 접어드는 것이 쉽지만은 않다는 것을 시사하고 있다(김범수 외 2021).[5]

정리하면, 평화 정착 중심 통일담론은 분단으로 고착화된 질서를 극복하고 안정적인 평화 체제로 전환을 꾀한다는 점에서 의미가 있다. 그러나 평화를 수단이 아닌 목표로 삼는다는 오해를 받을 수 있으며, 통일을 반대하거나 현재와 같은 상황에서의 평화 관리에 지나지 않는다는 비판이 있다(홍석률, 2021). 상호 공존, 평화 체제 구축이 통일에 대한 관심으로부터 멀어지게 할 수 있고, 평화로운 공존 속에서 각기 다른 국가로 분리된 현재 상황이 지속될 수 있다는 점에서 평화 정착 중심적 통일담론은 통일담론이라기보다는 평화담론에 가깝다는 인상마저 줄 수 있다는 점을 지적할 수 있다.

실용주의적 통일담론의 한계

경제적 이익을 위한 통일을 주장하는 것으로 요약할 수 있는 통일 편익 중심의 실용주의적 통일담론은 과도한 분단 비용을 줄이고 선진국으로 도약할 수 있는 동력을 새롭게 제공할 수 있다는 점에서 상당히 매력적일 수 있다. 통일 편익에 근거한 대표적인 담론으로는 통일대박론을 꼽을 수 있다. 통일대박론은 한반도 구성원 개개인이 행복한 통일을 경제적 이익으로부터 끌어온 주장이다. 기대되는 통일 편익이 통일 비용보다 크고, 이러한 편익으로 결국 모두가 행복한 국가로 거듭날 수 있다는 것이다.

그러나 통일 편익이 통일 비용보다 크다는 실용주의적 통일담론인 통일대박론은 몇 가지 문제점을 지니고 있다. 첫째, 경제 성장에 대한 회의론적 시각이다. 통일 초기에는 경제 성장을 기록할 수 있으나 서독과 동독의 사례를 바탕으로 추론하면, 남한과 북한의 경제력 차이, 개인 간 소득 차이로 인해 일정 시점 이후 오히려 경제 성장세가 둔화될 것이라는 전망이 우세하다(전재성, 2014). 특히 독일 통일 당시의 서독과 동독의 경제력 차이와 현재 남한과 북한의 경제력 차이는 크게 다르다는 점에서 우려되는 부분이 적지 않다.

둘째, 통일 편익과 통일 비용에 대한 사회적 합의가 부재하다. 통일 편익과 통일 비용에 관한 연구들을 전반적으로 살펴보면 그 예상 규모가 천차만별인 것을 알 수 있다. 추정 결과 자체의 편차가 100배까지 이르는 경우도 있을 정도로 매우 크다. 즉 통일 편익과 통일 비용을 어떻게 개념화하느냐, 어떠한 조건적 상황에서 통일 편익과 통일 비용을 추정하느냐에 따라 추정치의 차이가 존재하고 있다(박상익, 2014). 예를 들어 북한의 국가 채무의 통일 비용 포함 여부, 북한의 노동력 가치 산정 방법의 차이 등도 큰 영향을 줄 것이다. 분단 상황에서는 남한의 자본과 기술력, 북한 노동력의 결합이 상당히 매력적이지만, 통일이 된다면 북한의 노동자들에게도 남한의 노동자와 마찬가지로 법으로 보장된 최저 시급을 지급해야 하는데, 그렇게 되면 큰 편익이 없을 수도 있기 때문이다. 따라서 이러한 부분에 대한 전문가 집단의 공통적 합의가 선행되어야 통일 편익을 강조하는 실용주의적 담론이 더 와닿을 수 있다고 판단된다.

셋째, 실용주의적 통일담론 존재 자체에 대한 의문이 발생할 수 있다. 통일 편익을 기대하는 실용주의적 담론은 통일 비용이 통일 편익보다 높게 나타날 경우 담론의 존재 가치가 상실될 수 있기 때문이다. 통일 준비를 위한 통일세 납부에 대한 거부감도 존재하는 것이 현실이기 때문에 경제적 이익이 없다면 국민을 설득할 명분도 잃게 된다. 2018년 한 조사에 따른 통일세 부담 의향에 대해 응답자의 47%만이 부담하겠다고 했으며, 30.6%는 부담하지 않을 것이고, 22.3%는 입장을 유보했다. 특히 부담하겠다고 답한 47%의 응답자들도 대부분 2만 원 미만의 통일세만을 부담하겠다고 한 것을 고려하면, 재정적으로 넉넉한 통일 준비를 예상하긴 어려운 수치다(문화체육관광부, 2018).

넷째, 통일대박론이 개개인의 경제적 이익을 증가시켜 남북한 모두가 행복한 것을 강조한 것인데, 통일로 인해 기대되는 이익과 관련한 조사를 살펴보면 이 또한 난관이 있다고 판단된다. 통일이 "남한 전체에 이익이 된다"는 입장은 58.5%였고, "개인에게 이익이 된다"는 입장은 25.2%로 나타났다. 이 중에서 "개인에게 이익이 된다"고 답한 비율은 2007년 이후 꾸준히 증가세에 있는 것으로 볼 수 있다(김범수, 외 2021). 이처럼 통일이 개인에게 도움이 되기보다 국가 전체적으로 도움이 된다고 인식하고 있음을 확인할 수 있는데, 통일대박론이 개인의 행복에 초점을 맞췄음에도 불구하고 수혜 대상인 국민은 통일이 여전히 개인보다 국가에 이익이 된다고 생각하는 것은 정책 추진에 있어 동력을 확보하기 쉽지 않을 수 있음을 간접적으로 나타내는 것이기도 하다.

마지막으로 통일대박론을 포함한 대부분의 통일 편익 통일담론은 목표와 결과로서의 통일을 강조하고 있기 때문에 통일 과정에 대한 논의를 소홀히 하고 있다는 비판으로부터 자유로울 수 없다. 통일로 나아가는 과정에서 많은 교류 협력과 평화 정책 등을 논외로 한다면 논리적 비약으로 이어질 수 있다는 점을 경계해야 한다.

4) 새로운 통일담론을 위한 정책적 제언

역대 정부의 정책적 통일담론은 조금씩 정교화·구체화되면서 변화되어왔다. 그러나 통일담론에 대한 국민적 합의가 부재하기도 했고, 여론의 지지가 크지 않은 경우도 있었다. 분단된 지 70년이 훌쩍 지난 현재, 한국 사회의 통일에 대한 열망은 전반적으로 점점 옅어지고 있고, 특히 세대가 젊을수록 통일 필요성에 대한 부정적 응답이 높아지고 있다(박상훈·허재영, 2020). 이러한 경향이 지속된다면 우리 사회에서 통일담론은 자리를 빼앗길 수도 있다. 따라서 시대적 상황에 맞는 새로운 통일담론이 제시되어야 할 필요성이 있다. 새로운 통일담론을 위한 몇 가지 정책적 변화를 꾀해야 할 필요가 있다.

〈표 2-1〉과 같이 그동안의 통일담론을 한국 정부의 공식 통일 정책인 민족공동체 통일 방안에 맞추어 살펴보면, 각각의 담론들이 특정 통일 방안의 단계와 맞닿아 있다는 것을 알 수 있다. 그

〈표 2-1〉 민족공동체 통일 방안의 내용과 담론의 관계

	화해 협력 단계	남북연합 단계	통일국가 완성 단계
내용	교류 협력 활성화 분단 상태 평화적 관리	교류 협력 제도화 상호 신뢰 구축 민족 동질화 추진	통일헌법 통일 국회 구성 통일 정부 수립
담론	평화 정착 중심적 통일담론	민족주의적 통일담론	실용주의적 통일담론 (통일 이후)

러나 정권 교체가 있을 때마다 담론의 위치가 달라져 왔다. 어떤 담론은 너무 과정에만 집착하는 모습을 보이기도 했고, 또 다른 담론은 결과에만 집착하는 모습을 보이기도 했다. 통일 방안이 있음에도 불구하고 이 내용을 제대로 소화하고 공유하는 담론은 부족했다. 따라서 위에서 논의한 것을 바탕으로 하여, 한계를 보완하고 통일을 향한 동력을 확보할 수 있는 새로운 가치를 지닌 통일담론을 제시하고자 한다.

탈민족주의적 통일담론의 전개

당위성에 근거한 민족주의적 통일담론을 강조하는 것에서 벗어나야 한다. 이미 한국 사회는 다민족, 다인종으로 구성된 다문화 사회로 진입하기 시작했다는 것이 일반적인 평가이다. 탈민족주의적 정서도 시간이 지날수록 높아지고 있다. 특히 최근 한 국민 의식 조사에 따르면 "남북이 한민족이라고 해서 반드시 하나의 국가를 이룰 필요는 없다"라는 문항에 '동의'한 비율이 절반에 근접한 48.8%였고, 이는 '동의하지 않는다'는 비율인 23%의 두 배가 넘는 수치다. 무엇보다도 '같은 민족이라는 이유로 하나의 국가가 될 필요가 없다'는 탈민족주의적 시각은 2017년 35%대에서 시작해 계속 증가하는 추세이다(이상신 외, 2021). 이러한 국민 의식의 변화는 정책 동력 확보에 있어 반드시 고려할 필요가 있다.

분단 이전 사회로 회귀하는 것보다 미래지향적인 새로운 공동체 형성으로의 통일 모델을 그려봐야 한다. 민족 동질성 회복에 초점을 맞출 것이 아니라 다른 민족과 문화까지 포섭할 수 있는 개방적 통일담론을 준비해야 한다. 민족공동체에 얽매일 것이 아니라 더욱 넓은 평화 공동체, 경제 공동체를 형성하면서 한반도 구성원 모두가 이익을 얻을 수 있는 형태로 진화되어야 한다. 민족의 재결합, 국토와 체제 통합이라는 낡은 담론을 이제 놓아주어야 할 때이다.

평화 정착과 통일의 관계

평화 정착을 목표로 한 통일담론은 분단을 오히려 고착화시킬 수 있음을 경계해야 한다. 화해와 협력, 평화와 번영을 주장하는 것은 통일로 가는 과정에서 존재해야 하고, 이것이 결과가 되어서는 안 될 것이다. 특히 평화를 구축하기 위해서는 상호 간 신뢰가 상당히 중요한데, 탈냉전 이후에도 끊임없이 군사 도발을 일으키고 있는 북한과의 신뢰 회복에는 꽤 오랜 시간이 걸릴 수 있다. 한반도에는 상호 적대감이 오랜 시간 지속되고 있기 때문이다. 독일의 경우 동독과 서독이 서로 총을 겨누었던 분단이 아니었다. 따라서 우리가 분단 이후 안고 있는 상호 적대감과 비교하기 어렵다.

안정적인 평화 정착을 위해서는 북한이 그동안 있었던 자신들의 여러 테러 행위와 군사 도발에 대해 사과하고 이와 함께 한반도와 동북아시아의 위협으로 평가받는 핵 문제를 해결해야 한다. 그렇지 않다면 평화 정착은 공허한 메아리일 수 있다. 이를 위해 한반도 문제의 한반도화와 함께 한반도 주변국의 협력을 이끌어낼 수 있는 한반도 문제의 국제화를 병행해야 한다. 2007년 10·4 남북 공동선언과 6자회담 10·3 합의를 통해 경험해봤기 때문에 선순환적 구조를 지속시키는 것이 중요하다. 이와 같은 남북 간 합의, 북미 간 합의, 6자회담에서 합의된 내용을 준수하는 것이야말로 평화 질서 구축과 통일 한국으로 향하는 바람직한 길이다.

무엇보다도 중요한 것은 평화 체제 구축, 한반도 비핵화, 통일 한국을 향한 논의가 단계적으로 그리고 동시적으로 이루어져야 한다. 한반도에서 평화와 통일을 논의하는 데 있어 가장 큰 걸림돌은 상호 간 신뢰 부족이다. 서로가 군사적 위협을 주장하는 상황에서 중요한 것은 지속적인 대화와 협상을 통한 신뢰 구축이다. 그리고 그 신뢰를 바탕으로 '행동 대 행동'의 방식으로 핵 문제 해결에 접근해간다면 평화협정 체결과 그 동력에 근거한 통일 논의까지 이어질 것으로 기대할 수 있다. 이를 위해서는 경제, 사회, 문화, 체육, 보건 등의 하위 정치 영역에서의 협력이 필수적으로 선행될 필요가 있다.

통일 편익 문제의 객관화

통일 편익과 통일 비용에 대해 냉정하고 객관적인 분석을 바탕으로 한 사회적 합의를 이끌어내야 한다. 통일 편익과 통일 비용을 어떻게 정의하느냐, 경제 통계에 대한 신뢰가 부족한 북한의 경제력을 어떻게 측정하느냐, 민간 투자와 정부 투자 비용을 어떻게 구분하느냐에 따라 천차만별인 통일 편익과 통일 비용의 산정 방법들은 큰 차이를 보인다. 그리고 추정치도 크게 차이가 나고 있는 것이 현실이다. 통일 편익에 근거한 실용주의적 통일담론은 편익은 확대 해석하고, 비용은 축소 해석하기 마련이다. 희망적 사고에 사로잡히면 통일 이후 우리가 지출해야 할 비용이 만만치 않을 것이고, 그로 인해 오히려 더 큰 사회적 갈등을 야기할 수 있음을 명심해야 한다.

갑작스러운 통일은 오히려 우리 사회에 큰 충격을 가져다줄 수 있다. 특히 통일 이후 사회보장제도 혜택을 받게 될 북한 주민들을 고려한다면 통일 비용은 기하급수적으로 증가할 수 있음을 경계해야 한다. 이를 위해서는 앞서 말한 평화 질서 구축과 함께 통일의 경제적 충격을 완화할 수 있는 점진적인 방식의 관계 개선이 요구된다. 북한의 개혁 개방이 선행되고 그것을 한국과 미국 등이 지원하는 방식으로 진행된다면 통일 비용의 축소, 그리고 한반도 경제 활성화와 균형 발전 역시 기대할 수 있는 부분이라 할 수 있다.

사회적 합의 구축

마지막으로 통일담론은 국민적 합의를 통한 여론의 지지를 받아야 하며, 제도적 장치를 통해 지속성을 유지해야 한다. 그동안 한국 사회에서 통일담론은 정치 지도자의 정책을 중심으로 구사되어왔는데 그 변화의 폭이 작지 않았고, 그러한 좌충우돌은 통일에 대한 국민의 피로감을 증가시킬 뿐이었다. 이러한 부작용을 방지하기 위해서는 지도자 중심의 합의보다는 시민사회 구성원이 참여하여 합의를 이끌어내고 그 내용을 바탕으로 지도자가 통일 정책을 융통성 있게 추진하는 것이 바람직하다. 이것이 통일 추진 동력 확보에도 큰 도움을 줄 것으로 기대할 수 있다. 남북 간 많은 합의가 있었지만 제대로 작동하지 못하고 멈춰버린 것들도 적지 않은데 그 이유로 사회적 합의 부족으로 인한 국민적 지지 확보의 어려움이 자리 잡고 있었다. 남북 간 갈등 문제 해결하는 과정에서 남남 갈등이 발생하면 결국 대화 상대인 북한 역시도 우리에 대한 신뢰를 거둬버릴 수 있음을 늘 염두에 둬야 할 필요가 있다.

앞서 살펴본 바와 같이 시대 흐름에 따라 통일이 필요한 이유도 크게 변화하고 있다. 따라서 민족주의적 정서와 정파적 이해관계에 얽매이지 않는 새로운 통일담론이 확산되어야 한다. 진보 성향의 정부에서 의미 있다고 주장하는 6·15 남북공동선언도 결국 보수 성향의 정부에서 발효된 1991년 남북기본합의서에 근거한 것임을 떠올려보면 진보와 보수의 통일 정책 선호 차이가 크지 않을 수 있음을 추론할 수 있다. 이를 위해 국회 비준 동의 등을 통한 법적·제도적 뒷받침을 상상할 수 있을 것이다. 이 또한 보수 성향, 진보 성향으로 나뉘어 다시 한번 갈등이 재현될 수 있기 때문에 남북

공동선언 이전에 국회에서의 충분한 협의를 통한 합의안을 도출하고, 정부 성향에 관계없이 그 합의안을 바탕으로 남북공동선언에 나선다면 통일 정책에 대한 갈등을 줄일 수 있을 것이다.

03

한반도 평화와 대한민국 안보,
무엇이 문제인가?

이호령(한국국방연구원)

1) 억지의 두 얼굴

안보에 대해 논의할 때, 떼어놓을 수 없는 가장 중요한 개념이 '억지'다. 고대 시대부터 현재에 이르기까지 모든 국가는 국제질서에 만족한 적이 없다. 심지어 국제질서와 규범 형성에 가장 큰 영향력을 행사한 강대국도 그들에게 유리하게 형성된 국제질서의 변화에 예민하게 반응해왔다. 바이든 행정부가 중국·러시아·이란과 북한을 국제질서 및 지역 질서의 안정에 위협을 주는 현상 변경 국가라고 한 점도 바로 이들 국가가 기존 질서에 순응하기보다는 기존 질서를 변화시키고 수정함으로써 그들의 국익을 추구하기 때문이다.

따라서, 국제 관계는 항상 현상 유지와 이를 타파하려는 수정주의 국가들의 경쟁과 갈등의 연속이었고, 한반도의 안보 상황도 이러한 흐름과 구조에 예외일 수 없었다. 오히려 지정학적 위치와 남북한의 특수 관계로 인해 한반도 '평화와 안보' 사이에서 우리는 현상 유지와 현상 변경의 긴장과 갈등을 겪어왔다.

돌이켜보면 북한은 1948년 정부 수립 이후 쉬지 않고 끊임없이 현상 변경을 추구해왔다. 북한은 정전협정 체결 이후부터 반복적으로 유엔사 해체, 주한미군 철수, 한미연합훈련 중단, 전략자산 전개 금지, 평화 체제, 군비 축소 등을 운운해왔고, 실질적으로 6·25 전쟁부터 육·해·공·사이버 침투 및 테러, 국지도발, 핵실험 및 장거리 미사일 시험발사 등 전략 도발에 이르기까지 북한에게 유리하도록 현상 변경을 시도해왔다. 그러나 북한의 이러한 현상 변경 시도에도 불구하고, 정전협정 체결 이후 지금까지 한반도에는 제2의 6·25 전쟁이 발발하지 않고 긴 평화가 유지될 수 있었던 것은 바로 북한의 현상 변경 의지와 능력을 제압하는 억지가 작동해왔기 때문이다.

따라서 강력한 억지의 작동이 평화를 지속시키는 주요 방어 기제라고 할 수 있다. 그러나 동시에 억지의 약화는 언제든지 현상 변경을 시도하는 상대방에게 공격의 기회를 제공하기도 한다. 문제는 완벽한 억지의 작동을 위해 국가들은 끊임없이 균형점을 찾고자 하는데 이 과정은 군비 경쟁으로, 또한 불완전한 정보에 따른 위기 국면이 발생할 수 있다. 이는 신뢰 구축과 평화 체제로의 전환을 주장하는 이유이기도 하다. 억지에 대한 두 가지 이미지, 즉 상대방의 현상 변경 시도를 무력화시키는 '힘의 우위를 통한 평화'라는 이미지와 반대로 끊임없이 억지의 균형점을 맞추기 위한 군비 경쟁과 위기를 고조시키는 '불안정한 현상 유지'라는 이미지가 공존한다.

그런데 우리 대북 정책에는 억지의 이 두 가지 이미지가 남북 관계의 특수성과 남북 관계 발전 개념들과 연계되면서, 억지가 불안정한 평화의 원인이 되는 것으로 해석이 되어오곤 했다. 따라서 이 장에서는 안보와 평화 간의 이러한 인식의 충돌 현상의 원인과 이로 인해 발생하는 문제점, 그리고 해결 방향에 대해 짚어보고자 한다.

억지 종류와 대북억지

억지의 유형에는 크게 두 가지가 있다. 상대방의 공격을 직접 방어하는 직접 억지(direct deterrence)가 있고, 동맹국들이 받는 공격과 위협을 방어하는 확장 억지(extended deterrence)가 있다. 그리고 억지 상황도 2종류가 있는데, 하나는 즉각적인(immediate) 억지 상황이고, 다른 하나는 일반적인(general) 억지 상황이다. 즉각적인 억지 상황은 1914년 7월 위기나 1962년 쿠바 미사일 위기처럼 적어도 한쪽은 공격을 심각하게 고려하고 다른 한쪽은 이를 막기 위해 보

〈표 3-1〉 억지의 네 가지 종류[2]

직접 억지-즉각 억지(I)	직접 억지-일반 억지(II)
확장 억지-즉각 억지(III)	확장 억지-일반 억지(IV)

복의 위협을 증대시키는 상황이고, 일반적인 억지 상황은 어느 쪽도 상대를 공격을 가할 가능성은 없지만 현재 그들의 관계를 통제하기 위해 군사력을 유지하는 것이다.[1] 2종류의 억지 유형과 2종류의 억지 상황을 조합해보면 〈표 3-1〉에서와 같이 4개의 억지 상황으로 구분해볼 수 있다.

〈표 3-1〉의 네 가지 억지 종류 중 즉각 억지가 작동된다는 것은 일반 억지가 실패한 것을 의미하는데, 6·25 전쟁 중단 이후 실제로 한반도에서 일촉즉발까지 데프콘이 상향된 위기 고조는 1976년 8월 미루나무 도끼 만행 사건을 제외하고는 없었다. 남북 관계는 직접 억지보다 일반 억지가 작동된다고 볼 수 있다. 그리고 한국 단독으로 북한의 위협에 대응하기보다는 한미동맹을 통해 북한의 위협과 공격 의지를 좌절시킨다는 점에서 확장 억지가 작동되고 있다. 따라서 남북 관계는 '확장 억지-일반 억지'의 조합이 작동된다고 볼 수 있다.

그런데 여기에 함정이 있다. 보통 일반 억지가 작동된다고 할 때는 상대방이 공격보다는 현상 유지를 선호하고, 방어하는 국가도 현상 유지를 수용할 때 안보의 현 상황이 유지되는데, 남북 간 안보 상황을 보면 북한은 시대별로 도발의 성격 변화를 보이면서 현상 변경을 시도해왔다. 오히려 북한의 의도와 실행을 중심으로 보면 (III)의 '확장 억지-즉각 억지' 유형과 가깝다고 할 수 있다.

여기서 제기해볼 수 있는 첫 번째 문제는 우리의 억지력 약화가 북한이 (III) 상황을 추진하도록 허용한 것인가, 아니면 북한이 (III) 상황을 조성했음에도 불구하고, 결과적으로 (IV) 상황을 우리가 만들었는가. 그리고 두 번째 문제 제기는 북한이 우리의 억지 상황에 변화를 추구할 수 있다고 판단했다면, 억지의 균형점에 변화를 가져오는 핵심적인 두 가지 요소인 능력과 신뢰성 중 어느 쪽의 약화가 북한에 이러한 판단을 하도록 한 것인가. 역대 행정부들은 남북 관계 발전을 언급할 때면 항상 튼튼하고 강력한 안보를 강조해왔고 군사력 강화와 첨단화를 위한 국방 예산도 매년 증대시켜왔다. 그럼에도 북한이 수정주의적 태도를 취한 것은 ① 한국의 군사적 능력과 ② 한국의 즉각적인 군사적 위협 사용의 신뢰성 중 어느 한쪽이 취약하다고 평가했기 때문일 수 있다. 마지막으로는 남북 대화 국면이든 교착 국면이든 남북 간 '확장 억지-일반 억지'인 (IV)의 상황이 유지될 수 있었던 것은 동맹국이 제공한 확장 억지의 역할이 결정적이었든가, 아니면 일반 억지의 균형점을 변경시킬 만큼 북한의 도발 수준과 강도가 크지 않았든가. 한편 확장 억지의 능력과 신뢰도가 크지 않음에도 불구하고, 대북 일반 억지 균형점에 변화가 발생하지 않았다면 북한에 대한 우리의 군사적 능력과 군사적 위협 사용의 신뢰성이 높다는 점을 방증해준다.

억지 상황의 역설: 남북 간 억지 선호 구간 차이

그런데 이론의 세계와 달리 현실 세계에는 2개 이상의 억지의 균형점(equilibrium)을 맞추고 찾아야 하는 복잡한 억지 상황이 조성되고 작동된다. 남북 관계의 억지 상황을 보면, 한국이 북한보다 우세한 최첨단 무기 체계를 갖추고 있지만, 북한의 침투 도발, 국지 도발, 핵미사일 능력 고도화에 따른 전략 도발 등에 이르기까지 끊임없는 현상 변경 시도에 맞서야 했고, 우리는 이 과정에서 억지와 신뢰 구축의 노력을 모두 시도해왔다. 문제는 군사적 위협을 통한 적극 방어보다 신뢰 구축 시도를 통해 양보해줄 경우, 북한의 기만과 공격의 균형점은 점차 높아지는 반면 한국의 군사적 대응 조치에 대한 신뢰성의 균형점은 낮아진다. 더욱이 북한 비핵화 협상의 실패와 교착의 장기화, 그리고 그에 따른 북한의 핵미사일 능력 고도화는 남북 간 핵 능력의 비대칭 문제에 대한 균형점 문제까지 더해졌다. 그 결과 우리는 북한 핵미사일 위협의 전략적 균형점 문제에다 미국의 확장 억지 약화 가능성의 우려를 동시에 고려할 수밖에 없는 상황을 맞이하고 있다.

따라서 〈그림 3-1〉의 우리가 선호하는 1사분면의 '확장 억지-일반 억지' 상황은 북한의 협박과 오판 증대로 3사분면의 '직접 억지-즉각 억지'의 상황으로 전환될 수 있다. 이 상황은 남북 간 일반 억지가 실패하는 경우로 남북 모두 가장 피해야 하는 최악의 이 상황은 실질적으로 북한의 군사적 능력이 우리보다 높지 않지만, 북한의 핵무기 사용을 포함한 군사적 위협에 대한 신뢰성이 증대된 상황으로, '직접 억지—즉각 억지' 상황에서 우리가 선택할 수 있는 옵션은 물리적인 대응을 직접 하거나, 아니면 우리의 취약성을 낮추기 위해 선제공격을 단행해야 하는 아이러니한 상황에 빠지게 된다. 즉 평화 만들기(peace-making)를 위한 양보가 평화 지키기(peace-keeping)에 역행하는 결과, 즉 평화 붕괴(peace-breaking)를 가져올 수 있다. 이는 궁극적으로 최종 승자가 자신에게 유리한 평화 재건(peace-rebuilding) 단계로 이어지도록 하는 국면과 연계된다. 우리가 최종 승자가 될 경우, 이 지점은 남북 간 억지가 필요 없는 통일에 들어서는 지점과 겹친다. 한반도 통일에 이르는 여러 경로 중 하나인 '불안정한 평화 → 평화 붕괴 → 승자 주도의 통일'로 우리가 선호하지 않는 통일 경로다.

그럼에도 한반도의 자유·평화통일을 위한 과정은 최종 목표에 이르는 '평화'라는 점에서 과정은 다르지만, 최종 상태는 동일하다. 더욱이 한반도의 완전한 비핵화나 한반도의 항구적 평화도 결국 한반도 통일이라는 최종 지점에서 수렴되기에, 한반도 평화와 안정의 개념에는 '최종 상태의 평화'가 있다. 그러나 동시에 이 지점에 이르기 위해 현재의 불완전한 평화 상태의 균형점을 맞춰나가려는 '과정의 평화'가 동시에 작동되어야 한다.

그런데 문제는 남북이 추구하는 '최종 상태의 평화'와 '과정의 평화'가 각기 다르다는 점이다. 우리는 한반도의 자유민주주의 평화통일을 지향하고 있는 반면, 북한은 지난 8차 당 대회를 통한 당 규약 개정에서 밝혔듯이 당면 목적은 공화국 북반부에서 부강하고 문명한 사회주의 사회 건설이나, 최종 목적은 인민의 이상이 완전히 실현된 공산주의 사회 건설[3]이라고 명시하고 있다. 따라서 북한이 지향하는 최종 상태의 평화는 자유민주주의가 아니라 공산주의다. 〈그림 3-1〉에서 보듯이 이러한 상이성은 남북 간 억지의 균

〈그림 3-1〉 남한과 북한의 억지 선호 구역

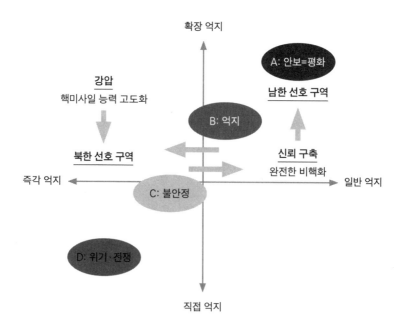

형점을 맞추려는 선호 구간이 다를 뿐만 아니라, 남북 모두 상대방을 자기가 선호하는 구간으로 끌어당기고자 한다. 우리는 '관여'의 대북 정책을 통해, 북한은 '강압'의 대남 정책을 통해 불안정한 억지의 균형점을 만들고자 한다.

즉 우리는 남북 간의 불완전한 평화를 더 안정적으로 그리고 공고화시키기 위해 북한의 핵미사일 위협 증대에 대해 미국의 확장 억지의 신뢰성 증대와 비핵화 협상 재개 사이에서 억지의 균형점과 관여를 통한 신뢰 구축을 쌓아가고자 하는 반면, 북한은 핵미사일 능력 고도화를 통한 능력 증대로 미국의 확장 억지를 약화시키며, 비핵화 협상 조건으로 전략자산 전개 중단, 한미연합훈련 중단, 우리 군의 훈련 및 첨단 능력 강화 제한 등을 요구하고 있다. 우리는 〈그림 3-1〉에서 보듯이 1사분면의 A 상황에 이르기 위해 북한과 신뢰 구축을 강조하고 있으나, 북한은 B의 균형점을 C 방향으로 끌어당기며 북한이 선호하는 구역에서의 균형점을 만들고자 한다.

문제는 균형점을 맞추기 위한 안보에서의 작은 양보 하나가 그 순간은 평화로울 수 있으나, 전체적으로 볼 때는 양보들이 쌓여서 안보의 취약성을 증대시키는 결과를 초래할 수 있는 것이다. 안보의 영역에서 협력이 어려울 수밖에 없는 이유도 바로 '미래의 보상'이 평화가 아니라 큰 비용을 치러야 하는 불안정과 전쟁이 될 수 있기 때문이다. 즉 단기적으로는 작은 비용으로 평화를 유지시키는 합리적 선택이 중장기적으로는 엄청나게 비용을 증대시키는 비합리적인 불안정의 역설을 가져온다. 이는 북한의 침략 도발·국지 도발 부재가 북한의 핵미사일 능력 고도화보다 평화롭다고 볼 수 없는 이유이기도 하다. 억지의 양면성에 기초한 평화 지키기와 평화 만들기 간의 정책적 균형을 어떻게 발전시켜 나가야 하는 것이 우리가 원하는 한반도의 항구적이고 공고한 평화를 만들어가는 것이라고 할 수 있다.

2) 한반도 평화와 튼튼한 안보에 대한 도전

우리가 원하는 바람직한 한반도의 안정과 평화를 만들어가기 위해서는 적어도 한반도를 둘러싼 지역 정세가 안정적이어야 하고 동맹국과의 관계 공고화, 연합 대비 태세 강화, 그리고 북한의 비핵화 이행 등이 전제되어야 한다. 그러나 역대 정부들이 공통적으로 강조해온 '한반도 비핵 평화'는 그 어느 때보다도 다음과 같은 복합적이고 다양한 도전에 직면하고 있다.

미·중의 전략적 경쟁 심화와 북·중·러 사회주의 연대 강화: 확장 억지에 대한 도전 심화

최근 몇 년간 미·중 관계에서 나타난 전략적 경쟁과 갈등의 양상들은 '미·중 관계의 뉴노멀' 시대의 미래 전개 방향에 대한 새로운 해석을 요구하고 있다.[4] 미·중 양국은 군사력·경제력 같은 하드파워 경쟁뿐만 아니라 규칙 기반 국제질서(RBIO: Rule-Based International Order) 주도권 경쟁, 사이버 안보, 규범과 최적 관행(best practice) 모범을 통한 체제 가치 선양 등 경쟁의 영역을 확장시키고 있다. 이러한 추세는 트럼프 행정부의 국가 안보 전략 보고서에서는 '미국 우선주의'를 내세우며 원칙에 기초한 현실주의(principled realism)로, 바이든 행정부의 잠정 국가 안보 전략 지침서[5]에서는 '미국의 복귀'[6]를 내세우며 원칙에 기초한 외교(principled diplomacy)로 강조되고 있다.

바이든 행정부는 잠정 국가 안보 전략 지침서에서 중국·러시아·이란·북한을 현재의 안정적이고 개방적인 국제질서를 파괴하고 변화시키는 현상 변경 국가로 재차 강조하고 있다. 중국은 현 국제 체제에서 경제·외교·군사·기술적 힘을 결합해서 미국에 지속적으로 도전할 수 있는 유일한 경쟁 국가[7]로, 러시아는 세계적으로 영향력을 강화하며 현 국제질서의 파괴를 추구하는 세력으로, 이란과 북한은 지역 차원에서 지속적으로 '게임 체인저' 능력과 기술력을 향상시키며 동맹국과 파트너 국가 및 지역 안정의 도전과 위협을 가한다고 평가하고 있다.

따라서 미국은 이들 국가에 외교적 관여를 강조하지만 원칙에 기반한 자유민주주의 가치와 규범을 강조하는 적극적 정책을 추진하고 있다. 제이크 설리번(Jake Sullivan) 안보 보좌관은 「바이든 행정부 100일 평가」[8]에서 중국이 듣기 싫어하는 어려운 주제에 대해서도 중국에 적극적으로 미국의 입장과 정책을 펼칠 것이고 신장 지구에서 대규모 인권침해가 발생한다면 제재를 포함해 중대한 조치들도 단행할 것이라고 했고, 러시아에 대해서도 국제사회가 용납할 수 없는 행동을 단행할 경우 그에 응당한 비용을 부과하는 것을 회피하지 않을 것이라고 했다. 바이든 행정부는 궁극적으로 COVID-19, 기후 문제, 해킹, 테러리즘 등 새로운 위협뿐만 아니라 수정주의 국가들이 국제사회의 규범과 질서를 무너뜨리는 위협에 대해 동맹·파트너 국가들을 포함해 동일한 생각을 가진 국가들과 영향력 있는 비국가 행위자들이 같이 협력해서 행동하고 대응할 수 있도록 체제를 재정비하고 새로운 국제 협력의 아키텍처를 제시하고자 한다.

한편 중국도 2017년 10월 시진핑 집권 2기부터 '중국 특색의 대국 외교'를 내세우며 '신형 국제 관계'와 '인류 운명 공동체'를 중국 외교 정책의 주요 개념으로 제시하며 중국이 국제사회에서 더욱 적극적인 외교를 펼칠 것이라는 의미의 '분발유위(奮發有爲)'를 강조하고 있다. 시 주석은 2020년까지 '전면적인 샤오캉(小康) 사회'를 이룩하고 이후 2050년까지 '사회주의 현대화 강국'을 설립한다는 '두 개의 백 년' 목표를 제시하고 강화된 자신의 군내 위상과 장악력을 바탕으로 '중국 특색의 강군의 길'을 견지하고, '국방과 군대 현대화의 전면적인 추진'을 실현하기 위한 군 개혁을 지속할 것을 약속했다.

문제는 미·중 간의 이러한 전략적 경쟁 구도 심화가 한반도 평화와 안정에 어떠한 영향을 미치는가다. 사드 배치에 대한 중국의 태도를 이미 경험해봤듯이, 중국은 2018년 한반도의 정세 변화에 대해서도 「2019 국방백서」를 통해 "한반도에서 긍정적인 진전이 있었지만, 여전히 불확실성이 남았기에 한반도 같은 분쟁 지역에서 건설적인 역할을 하고 있다"라며 한반도 문제에 대한 개입과 역할을 명시했다. 중국의 이러한 태도는 미국의 확장 억지 제공 간섭 증대, 중·러와의 군사훈련 증대, KADIZ 침범 증대, 쌍중단 강조 등의 정책으로 이어졌고 북한 위협에 대한 확장 억지 제공을 대중 봉쇄 정책으로의 개념을 확장시키며 우리 안보 문제의 간섭과 개입 가능성을 키우고 있다.

이러한 상황 전개는 또 다른 '연루'의 문제를 발생시킬 수 있다.[9] 즉 한국에 대한 적극적인 억지 제공이 워싱턴과 뉴욕을 북한의 핵미사일의 인질로 만들 수 있다는 연루의 문제에서 이제는 이와 반대로, 미·중 간의 전략적 경쟁 심화에 따른 미국의 적극적인 대중국 억지에 한국이 연루되는 것이 아닌가 하는 문제로 전환되고 있다. 문제는 어느 쪽이든 이러한 의심과 우려는 결국 북한 핵미사일 위협에 대한 미국의 확장 억지 제공에 대한 신뢰성을 약화시킬 수 있다.

상호 운영성 증대와 동맹 역할 강화: 안보에서 비안보 영역으로 역할 확대

미국은 중국과의 전략적 경쟁 우위 전략을 추진하기 위해서[10] '자유롭고 개방된' 인도·태평양 질서를 통해 동맹국과 파트너 국가들과의 상호 운영성 강화를 강조해왔다. 인도·태평양 전략은 경제·안보·거버넌스의 세 가지 축을 아우르는 전략적 접근을 통해 인도·태평양 질서를 자유롭고 개방한다는 것이다. 여기서 '자유롭고(free)'의 의미는 역내 모든 국가가 타국의 강압으로부터 주권을 방어할 수 있어야 한다는 의미로, 바이든 행정부에 이르러서는 동맹 및 파트너 국가들과의 상호 운영성을 증대시키는 데 있어서 미군의 역량보다는 동맹 및 파트너 국가들의 비교 우위 역량을 더욱 우세하게 만들어서 지역 안정과 평화를 위한 억지력을 강화시키는 쪽으로 발전되고 있다.

그리고 '개방된(open)'의 의미는 역내 모든 국가에 대한 해상과 공중의 자유로운 접근 보장과 더불어 경제 차원에서의 공정하고 호혜적인 무역, 개방된 투자 환경, 지역 간 연결성 확대 등의 개념을 포함한다. 2021년 5월 한미정상회담의 공동 발표문에서 알 수 있듯이,[11] 바이든 행정부에 이르러서는 한미동맹의 영역이 한반도 안에서 한반도 밖으로 확장되었고, 동맹의 성격도 안보 영역에서 경제, 첨단 기술, 보건, 기후, 원자력 등 비안보 영역으로 확장되는 포괄적 협력으로 나가고 있다.

문제는 현재 우리가 추구하는 국방 정책과 안보 정책이 동맹의 상호 운영성 증대와 한반도 밖으로의 역할 확대, 포괄적인 동맹 성격 변화 등 동맹의 변화 추세와 선순환 구조를 만들어가고 있는 가다. 특히 군사력 건설은 중장기 미래 상황에 대한 예측과 평가와 밀접한 관계를 갖는다. 따라서 다음과 같은 몇 가지 사항에 대한 점검이 필요하다.

　　첫째, 자주국방의 기치 아래 전작권 전환을 위한 우리 군의 독자적 능력 방향이 동맹이 요구하는 상호 운영성 증대나 한반도 밖으로의 역할 확대 등과 상호 발전적 구조를 갖고 진행되는지에 대한 체크가 필요하다. 한국군의 역할이 한반도 밖으로 투사될 경우 중국, 러시아 그리고 북한의 부정적 반응과 이에 대한 반발은 명약관화하기 때문이다. 한편 향후 한반도 평화 체제 공고화로 북한의 직접적 위협이 감소하게 될 경우, 한반도 밖에서의 잠재적 위협이 더 크게 작용할 수도 있다. 이러한 상충적인 안보 환경의 변화와 이웃한 국가들의 군사력 수준 등을 종합적으로 평가해볼 때, 우리의 독자적 능력 증대 방향과 범위가 어떠해야 하는지에 대한 정책 검토가 필요하다.

　　둘째, 안보 환경의 변화는 전장 영역에도 변화를 가져왔다. 공·지·해 전장의 중첩화로 합동 작전의 중요성이 강조되고 있고, 감시 정찰(ISR) 자산을 통한 실시간 정보 획득과 빅데이터, 인공지능 융합으로 전장 순환 템포도 빨라지고 있다. 또한 우주·사이버 영역의 전장화가 더욱 구체화 및 확대되고 있다. 이러한 안보 환경의 변화와 전장의 변화는 4차 산업혁명에 기초한 기술집약형 전력 개발과 밀접한 연계성을 갖는다. 그런데 4차 산업혁명을 군에 반영시키려는 노력은 우리만 하고 있지 않다. 주변 국가들도 기술집약형 전력의 질적 우세 추구와 민군 겸용 기술력의 확대를 증대시키고 있다. 그리고 해킹을 통한 기술 탈취와 저렴한 중국 화웨이 통신 장비들의 보안 취약성 문제 등 군사 영역과 비군사 영역 간의 구분이 모호해지고 있다. 동맹의 성격이 군사에서 비군사 영역으로 확장되는 이유도 바로 4차 산업 기술의 확장이 군사력과 밀접한 관계를 맺기 때문이다. 따라서 2040년, 2050년 한국군의 미래 군사력 건설과 관련해서는 4차 산업혁명의 최첨단 기술 적용뿐만 아니라 비군사 영역에서의 협력 여부에 대한 평가도 종합적으로 검토될 필요가 있다. 특히 전작권 전환 이후 미래연합사령부에서 한국군 주도, 미군 지원 구도 하에서의 한국군 합동지휘통제체계(KJCCS)와 미군의 합동전영역지휘통제(JADC2)와의 연동 가능성 여부 문제는 향후 한미연합작전 및 상호 운영성 강화 측면에서 주요 도전 과제로 4차 산업 기술의 협력이 강조되는 부분이기도 하다.

마지막으로, 동맹의 임무와 역할이 확대되고 동맹의 성격 변화 과정에서 우리 군의 독자적 능력 확보를 위한 노력도 동시에 진행되는데, 문제는 한국군의 독자적 능력 확보가 완료되기까지 이 기간에 대한 준비가 얼마나 철저한가다. 따라서 이 기간 우리는 연합 전력을 어떻게 유지하고 연합 전력 변화에 따른 보완 전력을 어떻게 구성할 것인지에 대해서 ① 능력, ② 구성, ③ 시간 등 다양한 변화 가능성에 따른 능동적 대처 능력을 갖추고 있는지에 대한 검토가 필요하다. 또한 독자적 능력 확보가 북한과 주변국과의 일반 억지를 유지하는 능력과 신뢰성에 어떠한 균형점의 변화를 발생시킬 수 있는지에 대한 검토를 비롯해 각 상황 변화에 맞는 대응 태세 준비도 철저히 이뤄져야 할 것이다.

북한의 완전한 비핵화의 실현 가능성에 대한 회의론 증대

북한은 경제난 심화 속에서도 여전히 핵 능력 강화를 통한 방위 전략을 강화해왔는데, 이러한 정책 기조는 2021년 1월 8차 당대회에서 대외 정책 성과 중 하나로 꼽은 '북한의 전략적 지위 변화' 부분과 수렴된다. 북한의 '전략적 지위 변화' 입장에 따른 강대강, 선대선의 원칙이나 2021년 6월 제8기 제3차 전원회의를 통해 대화와 대결에 모두 준비되어 있되 특히 대결에 더 많은 준비가 되어 있어야 한다고 밝힌 점은 바이든 행정부의 새로운 대북 정책에 북한이 서두를 필요가 없다는 점을 시사해주기도 한다. 특히 3월과 8월의 한미연합훈련 및 통신선 복구 계기로 발표한 김여정 부부장의 담화문은 북한의 이러한 입장과 그 맥을 같이하고 있다. 8월 한미연합훈련이 시작되자, 김여정 부부장은 담화문에서 바이든 행정부의 '외교적 관여'와 '조건 없는 대화'를 위선으로 간주하고, 그 어떤 군사적 행동에도 신속히 대응할 수 있는 국가 방위력과 강력한 선제 타격 능력을 보다 강화해나가는 데 박차를 가할 것이라고 했다.[12] 즉 대화와 협상의 장에 빠른 시일에 나오기보다는 오히려 핵미사일 능력 고도화를 향상시킨 이후에 협상 테이블에 나와도 손해 볼 것이 없다는 계산을 깔고 있다.

또한 협상 테이블에 앉는다고 해서 북한 주민들의 민생고를 해소해줄 만큼 빠른 속도로 대북 제재가 해제되지 않는다는 것을 하노이 회담을 통해 학습했기에, 북한은 사회주의 국가들과의 전략적 관계 강조와 사회주의 연대 강화를 통해 대북 제재 완화 여론을 형성하고 경제 지원을 받는 것이 훨씬 더 효과적이고 현실적이라고 평가할 수 있다.

따라서 북한은 현재 제재, 코로나19, 재해재난의 3중고에 따른 내부적 어려움에도 불구하고 ① 비사회주의·반사회주의를 통한 내부 통제 강화, ② 핵미사일 능력 고도화를 통한 전략적 지위 증대, ③ 중·러와의 새로운 전략적 관계 발전을 통한 사회주의 연대 강화를 통해 일정 기간 버티고자 할 것이다. 그리고 이 과정에서 북한에 유리한 상황을 만들기 위한 전략 도발 등 미국과 우리를 압박하는 '북한식 전략적 인내'를 하고자 할 것이다. 즉 북한에 유리한 점진적·단계적·실용적 해법을 바이든 행정부와 우리에게 요구하는 상황을 조성할 것이다.

북한의 이러한 태도는 북한 비핵화 가능성에 대한 회의론뿐만 아니라, 북한의 핵 군축 요구를 차선책으로 받아들여야 한다는 주장으로도 이어지고 있다. 이러한 상황은 북한이 원하는 유리한 상황이다. 협상에서의 윈 셋을 자기 쪽으로 증대시키며 우리의 양보를 최대한 얻어내고자 하는 것이다. 문제는 북한 비핵화의 회의론에 대한 우리의 태도다. 비핵화 협상과 우리의 대응 태세 강화 사이에서 균형점을 찾기보다는 대응 태세 강화로 북한이 비핵화 협상에 나올 수밖에 없도록 해야 한다. 즉 북한의 비핵화 이행을 촉구하기 위해서는 양보가 아니라, 우리의 대북 확장 억지-일반 억지 상황을 한층 더 강화시키는 국면으로 전환해야 한다.

억지와 신뢰 구축 조치 간의 상쇄 현상

역대 정부들은 한반도의 항구적 평화라는 최종 목표에 이르기 위해 튼튼한 안보와 신뢰 구축 조치를 모두 강조했다. 그런데 튼튼한 안보와 신뢰 구축 조치가 선순환 관계를 가질 수 있는가에 대한 근본적 의문과 질문이 배제된 채 신뢰 구축 노력이 추진되어 온 것 같다. 남북 간 수많은 회담과 협상을 통한 신뢰 구축 조치들의 성과에도 불구하고, 실질적인 이행과 준수의 지속성 여부를 평가하기가 무색할 정도로 북한의 무효화 선언과 무실화 정책이 이어졌다. 오히려 북한은 우리의 신뢰 구축 노력을 안보 문제와 연계시키며 우리의 평화 지키기를 약화시키고자 했다.

2018년 이례적인 3차례의 남북정상회담 개최는 한반도 정세를 드라마틱하게 반전시키는 듯했고 실질적인 신뢰 구축 조치의 단계로 접어드는 것처럼 보이게 했으나, 2018년 12월부터 다시 답보 상태에 들어갔다. 신뢰 구축 조치가 실질적인 단계로 접어들지 못하고 계속해서 답보 상태에 머무는 것은 북한이 남북 관계를 목적보다 수단으로 활용해왔던 패턴에 기인한다. 패턴의 변화가 있다면, 남북 간 대화 국면은 점점 짧아지는 반면 경색 국면은 반대로 점차 길어지고 있다.

이러한 현상은 남북 간 신뢰 구축을 통한 남북 관계 발전을 추구하는 목적이 서로 다르기 때문이다. 우리는 남북 관계 발전을 한반도 비핵화와 평화 체제의 선순환을 만들어가고자 하지만 북한은 남북 관계를 북·미 관계 개선의 수단으로, 그리고 대북 제재 완화 수단으로 활용하는 데 목적을 두기 때문이다. 문제는 남북 관계 발전을 위한 신뢰 구축 조치가 남북 간 '작용 대 반작용(action-reaction)' 관계에서 아이러니하게도 북한이 남북 관계 발전 여부를 결정짓는 독립변수로 작동되어왔다는 점이다.[13]

북한은 2018년 남북정상회담과 북·미정상회담에서 비핵화를 약속했지만, 아직 비핵화 합의는 이뤄지고 있지 않다. 또한 판문점선언과 평양선언, 남북군사합의서를 통해 남북 간 신뢰 구축 프로세스를 지속시킬 수 있는 틀을 갖췄다고 하지만 신뢰 구축 프로세스는 사실상 2019년 하노이회담 결렬 이후 작동한다고 볼 수 없다. 9·19 군사합의서에서 일부 합의한 사항이 지켜지고 있다고 하지만 그 이외 것에 대한 우리 측 요구에 북한은 반응을 보이지 않고 있다. 오히려 북한은 우리의 연합훈련과 군사 능력 강화 및 국방비 증대를 9·19 군사합의서 위반이라고 주장하는 한편, 북한의 군사훈련과 신형 무기 개발과 시험 발사는 자위력 강화라며 이중적 잣대로 9·19 군사합의서를 활용하고 있다.

남북 간에는 아직 신뢰 구축의 가장 핵심적인 사안인 '위협'과 '안전'에 대한 기준이 없기 때문이다. 그 결과 북한은 핵미사일 능력 고도화를 통한 자위력 강화 및 대비 태세 강화는 그들 안보에 필수적 조치라는 점을 강조하는 한편, 우리의 국방비 증액, 새로운 무기 구입, 방위비 분담금 증액, 한미연합훈련, 군사 대비 태세 강화 등은 4·27 판문점선언과 9·19 평양공동선언과 남북군사합의서 위반이라고 평가하고 있다.

북한이 우리의 자주국방과 관련된 사항들에 대해 사사건건 군사합의서 위반이라고 비난하며 후과 가능성을 제기한 데는, 군사합의서 1조 1항인 "남과 북은 지상과 해상, 공중을 비롯한 모든 공간에서 군사적 긴장과 충돌의 근원으로 되는 상대방에 대한 일체의 적대 행위를 전면 중지하기로 하였다"를 광범위하게 해석하기 때문이다. 특히 '군사적 긴장과 충돌의 근원'의 스펙트럼은 얼마든지 주관적 해석이 가능하기 때문에, '자주국방 vs. 자위력 강화'의 구분 여부는 언제든지 이중적 잣대로 평가될 수 있다. 이는 향후 남북 간 신뢰 구축 협상과 관련해 북한의 비등가적 요구로 이어질 수 있다는 점에서 억지와 신뢰 구축 간의 상쇄 현상은 언제든지 발생할 수 있다.

'평화' 개념의 수렴과 확장성

한반도 평화와 관련해 평화 체제, 평화협정에 대한 남북 간 개념 차이가 있다. 북한은 평화협정과 관련해 남북 간 평화 체제, 평화협정의 개념 차이가 있다. 북한의 평화협정의 '주요 내용 변화'를 중심으로 시기를 나눠보면 네 시기로 구분해볼 수 있다. ① 1962~1973년 평화협정 대상을 남한으로 주장한 시기, ② 1974~1995년 평화협정 대상을 미국으로 전환하고 대미 평화협정 체결을 적극 요구한 시기, ③ 1997~2000년대 평화협정의 중간 지점으로 잠정 협정을 요구한 시기, ④ 2009년~현재까지 평화협정보다는 '항구적이고 공고한 평화 체제 수립'을 요구하는 시기로 나눠볼 수 있다. 이를 다시 김일성·김정일 시대와 김정은 시대로 구분해서 보면, 김정은 이전 시대에서는 주로 평화협정과 관련해 ① 외세 의존 정책 포기, ② 주한미군 철수, ③ 합동 군사훈련 중지, ④ 미국 핵우산 탈피 요구 등 주한미군 철수와 한미 군사동맹 와해를 최대 공략 목표로 삼은 반면, 김정은 시대에 와서는 ① 유엔사 해체, ② 핵 군축, ③ 종전선언, ④ 평화 체제 구축 등을 앞세우며 목표는 동일하되 전술에서는 이전과 차별성을 보이고 있다.[14]

북한은 2013년 3차 핵 실험 단행 이후부터 평화협정 제안과 더불어 유엔사 해체 주장과 핵 군축을 강조해왔다. '비핵화-평화협정' 틀을 '핵 군축-평화협정'의 틀로 전환하려는 의도가 컸다.[15] 북한의 이러한 입장은 2016년 7월 정부 성명에서 "조선반도 전역의 비핵화를 주장하며 이를 위한 조건으로 ① 남한 내 미국 핵무기 공개, ② 남한 내 핵무기·기지 철폐, ③ 핵 타격 수단을 한반도에 끌어들이지 않겠다는 미국 담보, ④ 핵 위협 사용을 하지 않겠다는 확약, ⑤ 미군 철수 선포" 등으로 이어졌다. 또한 한반도 평화 조성을 위한 선제 조치로 한미연합훈련 중단을 공세적으로 요구해왔다. 2015년 신년사에서 김정은 위원장은 대북 적대시 정책 철회 조치로 한미연합훈련 중단을 요구했고, 2016년 신년사에서는 한미연합훈련을 군사 도발이라고 평가하며 핵전쟁 연습을 즉각 중지할 것을 요구하며 북·미 평화협정 체결을 요구했다. 그리고 2019년 신년사에서는 한미연합훈련이 2018년 남북 간, 북·미 간 체결한 합의서 위반이라고 강조하며 최근까지 김여정 부부장 담화문을 통해 한미연합훈련 중단에 집중적으로 포화를 쏟아붓고 있다.

문제는 북한의 전술 변화에 따라 비핵화와 평화협정의 전후 관계가 바뀌고 있다는 점이다. 평화협정 체결과 관련된 외무성 발표문들을 보면, 2015년 후반부로 갈수록 노골적으로 '선 비핵화, 후 평화협정'을 거부하고 있다. 이러한 특징은 2016년 10월 쿠알라룸푸르 북·미 1·5 접촉에서 한성렬의 주장에서도 잘 나타나고 있듯이, 북한은 핵보유국임을 주장하며 핵과 미사일 논의 전에 평화

협정과 평화 프로세스를 원한다는 것이 자신들의 기본 입장이라고 재확인했다. 그리고 북한이 2018년 4·27 판문점선언과 6·12 싱가포르 북·미회담 공동성명에 항구적이고 공고한 평화 체제 구축 안에 평화협정 논의가 들어가자, 북한은 종전선언을 평화협정의 선결 조건으로 주장하며 평화 체제의 시작점으로 간주[16]하고자 했다.

종전선언은 북한의 체제 안전 보장, 대북 제재 해제, 미국의 군사행동 방지, 체제 내부 선전, 남남 갈등 확대 등 여러 측면에서 북한이 그동안 추진해왔던 정책 목표를 달성하는 데 정당성을 부여해줄 수 있기 때문이다.[17] 따라서 북한은 평화 체제와 관련해 남북, 북·미 협상을 '종전선언 → 평화협정 → 비핵화' 순으로 진행시키며, 한미동맹 이완과 남남 갈등 확대 등을 통해 북한에 유리한 한반도 안보 환경 조성을 추진하고자 한다.

결국 남북 관계의 안정과 발전을 위해 '평화'에 방점을 둔 한반도의 항구적 평화 체제 구축은 실질적인 평화와 남북 관계 발전으로 수렴되기보다는 한미연합훈련 중단, 대북 제재 해제, 미군 전략자산 전개 중단 등 북한이 주장해온 평화 체제 개념으로 확장되는 결과를 초래했다.

3) 평화와 안보 관계: 문제점과 정책 제안

정책 제안 1. 평화와 안보의 교집합 만들기

한반도에서의 항구적 평화가 가능하기 위해서는 평화와 안보의 관계에 대한 정립이 필요하다. 평화와 안보 중 무엇이 우선되어야 하는가에 대한 개념적 혼란은 안보 정책과 대북 정책의 우선순위에 혼란을 가져올 수 있기 때문이다. 따라서 북한이 주장하는 한반도의 '3년 전 봄날'이었던 2018년에는 평화와 안보 간의 관계가 어떻게 정립되었지, 그리고 선순환 연결 고리가 있는지에 대한 검토와 평가가 필요하다.

공고한 평화가 가능하기 위해서는 일차적으로 어떠한 상황 변화와 위협 앞에서도 우리 안보는 끊임없이 튼튼하고 견고하게 뒷받침되어야 하는데 남북 관계 발전을 위한 신뢰 구축 조치를 통한 '평화 만들기'와 어떠한 위협에도 즉각적으로 대처해야 하는 '평화 지키기' 간에는 연결 고리 없이 평화와 안보의 각각의 영역을 강조하며 평화에 더 많은 방점을 뒀다. 그 결과 평화를 만들어가는 과정에서 언제든지 발생할 수 있는 돌발 상황이나 이전 상황으로의 복귀 등이 발생할 경우 '평화 지키기'와 '평화 만들기'의 공존 부분에서 우리는 어떠한 정책과 조치를 수행할 것인가에 대한 전략을 놓치고 있다. 평화와 안보의 관계에서 평화를 강조할 경우 〈그림 3-2〉에서 보듯이, 안보를 평화 안에 넣어버림으로써 안보 영역은

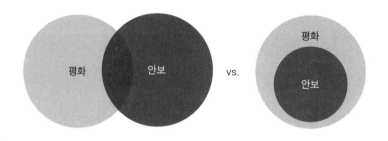

평화의 과제를 따라가는 수동적 상황에 처하게 된다.

문재인 정부는 평화와 안보 관계에 대해, 국군의 날 71주년 기념사에서 "평화는 지키는 것이 아니라 만들어내는 것이다"라며[18] 평화에 방점을 둔 '평화의 군대'를 시사했다. 그러나 평화의 군대는 비무장지대 내 초소 철거, JSA의 완전한 비무장 구역, 국군 유해 발굴, 남북군사합의서 등을 이끌어내는 군의 용기와 헌신, 결단만을 의미하지 않는다. 어떠한 잠재적 안보 위협에도 주도적으로 대응하며 누구도 넘볼 수 없는 안보 태세를 최우선으로 갖추고 있는 것을 전제한다. 「국방개혁 2.0」에서 '강하고 스마트한 군'의 강조는 평화와 안보의 관계에서 안보에 방점을 둔 '평화 지키기'라고 할 수 있다. 더욱이 〈그림 3-1〉에서 북한이 선호하는 구역에서 우리가 선호하는 구역으로 평화를 만들어가기 위해서는 안보 영역에서 우리의 대북 억지 균형점도 점차로 높혀가야 한다.

따라서 한반도의 공고한 평화를 구축해나가기 위해서는 〈그림

<그림 3-3> 평화와 안보 관계의 발전 방향

3-3〉에서 보는 바와 같이 '평화 지키기'와 '평화 만들기'를 수행하
되, 양자의 교집합 부분을 확장해나가며 억지의 균형점 변화가 더
이상 없는 '안보=평화'의 지점으로 이동해나가야 할 것이다.

정책 제안 2. 억지의 균형점 상승을 통한 북한의 핵 비용 증대

일부 학자들은 미국의 대북 강압 전략이 성공을 거두지 못하
는 이유로, 북한의 핵과 장거리 미사일 능력이 미국에 역강압으로
작용하기 때문이라고 평가한다.[19] 핵무기가 없는 쿠바, 아이티, 리
비아, 이라크, 이란 등에서 미국의 강압이 성공을 거둔 것과 차별
화되는 점을 북한의 핵 능력에서 찾고 있다. 그러나 이러한 주장은
강압 전략의 일반적 특징 중 무력 사용 부분을 어느 수준까지 사
용할 것인지를, 그리고 다른 강압 자원에 대한 능력과 의지[20]를 제
한적으로 평가하고 있기 때문이다. 즉 강압국이 피강압국의 민감
성과 취약성을 높이는 데 ① 피강압국을 압도할 수 있는 군사적인

능력(capability), ② 강압국이 반드시 군사력을 사용할 의지가 있다는 신뢰성(credibility), ③ 강압국의 능력과 의지를 피강압국에게 확실하게 전달할 수 있는 의사소통(communication) 체계, ④ 피강압국에 군사적 압박 이외의 다른 수단을 통한 압박 가능성과 호혜적인 대안의 네 가지 요소들을 충분히 사용했는가 아닌가의 문제지, 북한의 핵무기 보유 자체가 강압의 작동 여부나 역강압의 작동을 결정짓는 결정적 요소라고 볼 수 없기 때문이다.

사실 강압(coercion)도 '상대방에게 힘이나 권력 등 위협을 가함으로써 상대방의 행동 방식, 의지, 결심을 변화시키는 행동 및 전략'으로[21] 억지 전략 이론에 기초하고 있고, 이는 궁극적으로 국제 정치의 '파워'와 '영향력'의 관계로 귀결된다.

문제는 남북 관계에서 강압을 포함한 억지 전략이 제대로 작동하고 있는가다. 우리가 북한에 비해 재래식 전력 우위를 갖추고, 튼튼하고 공고한 한미동맹에 기반한 확장 억지 전략을 강조하고 있지만 북한의 핵 능력 고도화는 중단된 적이 없다. 2017년 11월 북한은 화성-15형 시험 발사 직후 핵 무력 완성을 선언했지만, 2020년 10월 당 창건 75주년 열병식에서는 화성-17형과 북극성-4호를, 2021년 1월 8차 당 대회 직후 열병식에서는 북극성-5호를 선보임으로써 제2차 공격 능력 향상을 통한 억지력 강화를 발전시켜왔다. 북한의 이러한 추이는 앞으로도 지속될 것이다. 그런데 우리의 대응은 북한의 핵미사일 능력 고도화에 따른 억지 균형점을 상승시키기보다는 북한과의 대화 모멘텀 조성에 주력하고 있다. 특히 북한의 한미연합훈련 중단 요구에 한미연합훈련 명칭 변경, 야외 기동 훈련 배제, 연합 지휘소 훈련 규모 축소 등 대북 억지력과 관련해 로키(low key)로 일관하고 있다. 이러한 태도는 미국의 '실제 사용 가능하고 유연한' 신형 3종 저위력 핵무기 개발 및 실전 배치와 대조를 이룬다. 지난 5월 24일 발표한 미 의회 예산국(CBO) 보고서[22]에 따르면, 2021~2030년 미 국방성과 에너지성의 핵무기 예산은 증대했다. 2018년 핵 태세 보고서와 2019년 미사일 방어 검토 보고서에서 제시했듯이, 러시아와 중국의 핵미사일 능력 고도화와 이란·북한의 핵미사일 능력 증대에 대한 미국 본토의 방어 능력과 억지력 향상, 그리고 동맹국들에 대한 맞춤식 확장 억지력 향상을 위한 핵미사일 능력 확대와 현대화를 위해서다. 바이든 행정부는 외교력을 통해서는 핵무기 숫자를 감소시키되 군사력을 통해서는 핵 억제력 강화를 위한 새로운 유형의 전술 핵무기 개발과 3축 체제의 현대화를 추구하고 있다.

결국 북한 비핵화란 실질적으로 북한의 핵무기가 제로가 되는 상황을 목표로 하지만 이 최종 목표에 이르기까지 상황을 어떻게 관리하는가가 핵심이다. 북한의 협박에 양보를 해주는 것이 아니라, 북한 협박에 물리적 억지력 증대를 통해 그들이 위협을 느끼도록 하는 정책 전환이 필요하다. 북한 핵미사일 위협에 대한 미국의 맞춤식 확장 억지 증대와 더불어 우리의 대북 억지력도 최대한 상승시킴으로써 북한의 핵무기 보유와 유지 비용을 최대한 높일 필요가 있다. 북한 스스로 핵무기 보유와 유지 비용을 더 이상 감당할 수 없다고 자각할 때, 비로소 실질적인 비핵화에 진입하게 되고 이행 속도도 빨라질 수 있다.

따라서 한반도의 공고한 평화 체제로의 진입을 위해서는 북한과의 신뢰 구축 형성보다는 우리의 대북 억지력에 대한 신뢰성을 증대시키는 정책에 초점을 맞춰야 한다.

정책 제안 3. 상호 충분성과 검증에 기초한 신뢰 구축

한편 한반도 평화와 안정을 위한 또 다른 하나의 축은 남북 간 정치·군사적 신뢰 구축 노력이다. 그러나 신뢰 구축의 필요성과 노력을 강조하기에 앞서, 그동안의 신뢰 구축 노력에 대한 냉철한 평가와 방향성 점검이 필요하다. 냉전의 종식 덕분에 1992년 남북기본합의서 체결이라는 성과를 만들었지만, 신뢰 구축의 바이블이라는 남북기본합의서는 이행 국면으로 진입하지 못했고, 2000년 6·15 첫 남북정상회담 이후 남북 간 교류 및 경협은 증대했지만, 정치·군사적 신뢰 구축으로 발전되지 못했다. 또한 2018년 9·19 남북군사합의서를 통해 26년 전 남북기본합의서 정신과 일부 사항을 부활시켰지만, 9·19 군사합의가 3개월도 채 안 돼서 합의 사항 진척은 중단되었고, 김정은 위원장은 노골적으로 서해 NLL 부근 창린도에서 해안포 사격을 직접 지도하는 등 9·19 군사합의를 위반하는 과감성을 보이기도 했다.

이러한 문제가 반복되는 것은 왜 남북 간 신뢰 구축 노력이 번번이 성과로 연결되지 않는가에 대한 문제의식보다는 신뢰 구축 조치의 필요성을 강조하는 데 정책의 초점이 맞춰져 왔기 때문이다. 더 큰 문제점은 유럽의 사례를 강조하되, 신뢰 구축을 위한 정책 방향은 유럽의 경험과 정반대로 진행해왔다는 것이다. 남북 관계의 발전을 위한 신뢰 구축 노력은 필요하지만 성과의 조급함이 양보로 이어져서는 안 된다. 그러나 우리의 신뢰 구축 조치 사항을 보면, 한반도의 특수한 상황을 강조한 나머지 유럽 국가들이 취했던 신뢰 구축의 우선 조치 사항들을 사후 조치로 미뤄버렸다. 쉬운 것부터 먼저 합의하고 이행하겠다는 정책은 실용적인 접근법으로 보일 수 있으나, 남북 관계에서는 쉬운 것부터 합의한 것이 이후의 진척을 막는 장애물로 작용했다. 북한은 신뢰 구축 조치를 자의적으로 해석하며 우리의 행동을 제한하는 데 이를 사용해왔다. 이는 신뢰 구축을 촉진하기 위한 초보 조치라고 할 수 없다. 오히려 우리의 억지력을 제한시키는 수단으로 작용할 수 있다.

아무리 쉬운 사항이라도 정치적 구속력과 검증이 뒷받침되는 장치들이 선행되지 않으면 신뢰 구축의 필요성과 신뢰 구축 이행 간의 큰 격차는 해소될 수 없기 때문이다.

〈그림 3-3〉에서 제시한 한반도의 공고한 평화 상태에 도달하는 최종 목적지인 '평화=안보'는 최소 남북 모두가 수용할 수 있는

'방어적 충분성(defensive sufficiency)'의 지점에 이르거나 최대 자유민주주의 한반도 통일 상태에 이르는 지점이다. 따라서 신뢰 구축 공고화를 통한 평화적 통일을 위해서도 남북은 억지의 충분성에 도달하면 방어적 충분성의 노력을 확장해나가는 노력을 병행해야 한다. 즉 안보와 평화의 교집합 부분을 확장해나가는 노력이다.

유럽의 신뢰 구축 노력이 성과를 낼 수 있었던 것은 바로 '방어적 충분성'에 기초한 신뢰 구축 노력을 추구했기 때문이다. '비도발적 방어(non-provocative defense)', '비공세적 방어(non-offensive defense)', '비침략적 방어(non-aggressive defense)', '방어적 방위(defensive defense)'의 개념으로[23] 유럽 국가들은 지역 안보 상황에 맞게 적용하며 1986년 9월 19일 스톡홀름협약을 탄생시켰다. 그리고 스톡홀름협약은 이전의 헬싱키 협약의 신뢰 구축 방안(CBM: Confidence Building Measure)을 군사적으로 더 확대하며 정치적으로 구속력이 있고 적절한 검증 방법을 포함(CSBM: Confidence and Security Building Measure)시켰다.[24] 유럽의 북대서양조약기구(NATO)와 바르샤바조약기구(WTO) 국가들은 다시 이에 기초해 유럽 재래식 무기 감축 협정(CFE: Conventional Forces in Europe Treaty)을 끌어냈다. 그런데 '방어적 충분성' 가능성을 북한에 적용해보면 아직 북한의 상황은 정치·군사적 신뢰 구축의 절박함이나 필요성을 인식하지 못하고 있다. 김정은 위원장이 문재인 대통령에게 밝혔다는 비핵화 의지인 ① 원하는 조건이 갖춰질 때 완전한 비핵화를 하겠다,

② 안전이 보장되고 밝은 미래가 보장되어야 한다, ③ 무엇 때문에 그렇게 힘들게 (핵개발을) 했겠나?[25]라는 인식은 신뢰 구축 조치보다는 억지력 구축에 훨씬 더 큰 비중을 두고 있다.

따라서 신뢰 구축 노력이 실질적 성과로 이어지기 위해서는 군사적 신뢰 구축 조치의 '가역성'(reversible) 문제[26]의 안전장치가 반드시 마련되어야 한다. 북한의 완전한 비핵화와 더불어 대량 살상무기 폐기 및 기습 공격 능력을 제한시키는 군비 감축이 이뤄지지 않는 한, 군사적 신뢰 구축 조치는 한반도 및 동북아 안보 환경 변화에 따라 언제든지 이전 상태로 회귀할 가능성이 크다. 미·소 간이든 유럽 국가든, 전략 무기·전술 무기·재래식 무기의 군비 감축과 관련해 특정 두 국가 간에 되돌릴 수 없는 수준으로 군비 감축이 단행된 적은 없다. 동서독의 통일 과정에서의 군사 통합을 제외하고는 양자 간 불가역적 수준으로 신뢰 구축과 군비 통제를 달성한 적이 없다는 현실은 신뢰 구축 조치와 관련된 검증과 안전장치의 중요성을 증명해준다. 특히 남북 간 부침 현상이 심했던 점을 고려해볼 때, 신뢰 구축 추진 방향에는 억지와 신뢰 구축의 관계가 반드시 포함되어야 하고 신뢰 구축의 검증과 안전장치가 마련되어야 한다.

제2부

힘으로
지키는 평화

북한 군사력에 의한 평화 위협과 우리의 대응 전략

양욱(한남대)

1) 서론

집권 세력의 정치관과 취향이 어떤지와는 상관없이 북한은 대한민국의 국가 안전 보장을 위협하는 최대의 단일 위협으로 존재한다. 냉전 종식 이후 21세기의 국제 분쟁 양상은 기존의 전쟁관에 고착된 대응으로는 분쟁의 효과적인 종식이 불가능하다는 것을 보여주고 있다. 전쟁과 평화가 혼재되는 현대의 분쟁 양상에서 위협에 대한 대응은 단순히 국방부와 국군의 영역에 그치는 것이 아니라 전 정부적 노력에 더하여 국민적인 통합 대응을 필요로 한다.

본 장에서는 북한의 군사적 위협의 실체와 도발에 대한 대응

방안을 살피는 것을 목표로 한다. 여기서 군사적 도발이란 군사적 수단을 통한 공격으로 정치적 목적 달성을 하는 행위를 의미하는 것이 아니라, 그러한 목적 달성의 과정에서 상대방으로부터 자신에게 유리한 반응을 끌어내기 위한 군사적 수단의 동원 행위로 볼 수 있다. 따라 여기서 이야기하는 도발은 국지전이나 전면전 등 전통적인 전쟁 자체가 아니라, 전쟁에는 미치지 못하지만 절대로 평화 시의 활동으로 볼 수 없는 군사적 수단의 활용을 의미하며, 따라서 고찰의 대상은 전쟁과 평화 사이에 존재하는 분쟁 양상이 된다.

2) 북한의 군사력 평가

2012년 김정은의 집권 이후 북한은 집중적으로 국방과학 분야에 집중해왔다. 특히 김정은 집권 이후 북한은 무려 90여 회 이상의 미사일 발사 시험을 통하여 중·단거리 탄도미사일과 ICBM(intercontinental ballistic missile)은 물론, 순항 미사일과 전술 탄도미사일 등 정밀 타격 무기 체계의 개발을 꾸준히 추진하여 성과를 올리고 있다. 이렇듯 국방과학 분야가 발전한 결과, 북한은 단순히 군사 대비 태세를 강화하는 것에 만족하지 않고, 동북아시아 정치에 적극적인 영향력을 미치도록 군사력을 활용할 수 있을 것으로 예상할 수 있다.

특히 2017년 '화성 15' ICBM의 발사 성공과 이듬해부터 이어진 북·미 협상의 영향으로 북한은 핵무기 체계의 개발과 시험을 과시하기보다는 점차 재래식 전력에 관심을 기울이기 시작했다. 이는 냉전이 시작될 무렵 핵 과학 기술과 무기 체계의 개발에 몰입했던 핵보유국들이 핵전력이 확보된 이후 재래 전력을 강화하는 모습과 유사한 정책 수행의 양상으로 볼 수 있다. 즉 북한의 핵 개발이 애초 정권이 목표했던 수준에 이르렀으며, 핵전력은 양산 단계로 넘어가고 그간 도외시되었던 재래 전력의 현대화로 국방과학 정책이 변환하는 모습으로 추정할 수 있다.

북한의 핵전력 평가

핵보유국은 통상적으로 핵 억제력을 확보하기 위해 핵 3축 전력(Nuclear Triad)의 확보를 추구한다. 핵 3축 전력으로 지적되는 것은 역사상 개발 순서에 따라 ① 핵폭탄을 투하하는 전략 폭격기, ② 대륙간 탄도미사일, ③ 잠수함 발사 탄도미사일의 세 가지다. 이러한 핵전력은 전시 사용을 목표로 개발되지만, 더욱 중요하게는 평시 주변국과의 분쟁을 예방하고 상대방의 선제 공격을 억제하기 위한 목표로 활용된다.[1]

김정은 집권 이후 2020년 3월 초까지 북한은 미사일과 정밀유도 로켓 등 발사체의 시험 발사를 무려 93회나 실시했으며, 이는 전체 발사 횟수의 약 72%에 이른다. 김일성 집권기 중 9년간 시험 발사 8회, 김정일 집권기 18년간 시험 발사 28회라는 수치를 비교하면, 불과 9년간 전체 시험 발사의 약 3/4가량을 실시하여 매우 밀도 높은 시험 발사를 한 셈이다.

총 6차례의 핵 실험으로 수소폭탄까지 확보함으로써 북한은 핵탄두의 무기 체계화에 성공한 것으로 평가할 수 있다. 특히 6차례 시험 중 무려 4차례가 김정은 집권 후 5년간에 축약적으로 실시됨으로써 반세기 동안 축적해왔던 핵무기 연구 성과를 완성할 수 있었다. 특히 6차 핵 실험에서 북한이 과시한 수소 탄두는 포괄적 핵 실험 금지 조약 기구(CTBTO: Comprehensive Nuclear-Test-Ban Treaty Office) 측정 결과 진도 6.1[2]로, 파괴력은 최대 250kt까지 추정되고 있다.[3]

김정은 집권 직후의 은하 3호 발사를 보면 추진 체계의 한계 등으로 핵탄두를 탑재하여 미국 본토를 타격하는 것은 불가능한 것으로 판단되었다.[4] 그러나 불과 5년 만인 2017년 북한은 대출력의 액체 연료 추진기인 '백두산 3·18 혁명 엔진'을 선보이면서 새로운 국면을 맞이했다. 이 엔진을 장착한 화성 15호는 수소폭탄 탄두를 장착하고 미 본토 전역을 타격할 수 있을 만큼 충분한 추력을 확보하였으며, 실전용 ICBM 개발의 변곡점을 넘은 것으로 평가할 수 있다.

그러나 현 수준의 ICBM으로는 미국에 심각한 위협으로 인식되기는 어렵다. 애초에 이들 미사일은 유도 장치의 정확성이나 대기권 재진입 능력 등이 검증된 바 없다. 무엇보다도 미국의 미사일 방어 체계를 극복하기 위해서는 MIRV(Multiple Independently-targetable Re-entry Vehicle, 다탄두 각개 목표 설정 재돌입 비행체)나 극초음속 활강체가 필요하지만 북한의 기술력은 아직 실용화에 이르지는 못했다. 또한 궁극적으로는 ICBM의 실전 즉응 발사 태세를 위해서는 액체 연료 엔진에서 고체 연료 로켓 모터로 전환해야 한다. 북한은 이미 2017년 4월 열병식에서 고체 연료 방식의 ICBM 발사 차량을 선보이면서 고체 연료 ICBM의 개발 의지를 과시한 바 있다.[5]

한편 핵 투발 수단의 다양화도 꾸준히 진행되어 소위 '제2격(second strike)' 능력을 확보하기 위해 SLBM의 개발도 꾸준히 추진하고 있다. 이에 따라 북한은 2014년 이후 '고래급' 시험용 탄도미사일 잠수함을 진수하고, 이미 2015년부터 고체 연료 기반인 '북극성 1호' SLBM의 시험 발사를 성공했다. 2019년 10월에는 사거리를 더욱 연장한 북극성 3형을 시험 발사했고, 최초의 실전용 탄도미사일 잠수함을 2019년 7월 로동신문을 통해 공개했다.[6] 또한 장기간 은밀히 발사 태세를 갖춰야 하는 제2격 능력의 특성상 원자력 추진 탄도미사일 잠수함을 개발하고 있을 것이라는 추론은 역사 속의 핵전략을 비추어볼 때 당연한 귀결이다.

게다가 위협은 여기서 그치지 않는다. 김정은은 2021년 로동당 8차 대회 사업 총화 보고에서 "현대전에서 작전 임무의 목적과 타격 대상에 따라 각이한 수단으로 적용할 수 있는 전술 핵무기

들을 개발"하여 "조선반도 지역에서의 각종 군사적 위협을 주동성을 유지"할 것을 국방 목표로 제시했다.[7] 즉 전술핵을 통한 남한 선제 타격론을 제시한 것이다. 그리고 북한은 8차 당 대회 종료 직후인 1월 14일의 야간 열병식에서 열병 장비의 제일 마지막에 전술핵의 탑재 수단으로 추정되는 KN-23 개량형을 공개하는 한편, 같은해 9월 15일에는 KN-23을 열차에서 발사하는 장면을 과시함으로써 전술핵 능력이 실존할 뿐만 아니라 언제든 사용될 수 있음을 과시했다.

이러한 역량을 바탕으로 북한군은 북한판 핵 3축을 구성할수 있을 것으로 예상된다. 즉 미국에 대해서는 ICBM, 주변국과 미증원 전력에 대해서는 SLBM, 그리고 대한민국에 대해서는 전술핵무기를 사용할 수 있도록 핵전력을 구성하여 핵 태세를 취할 것으로 보인다.

북한의 재래 전력 평가

북한군의 재래식 전력은 절대적인 예산의 부족으로 인해 본격적인 현대화가 불가능하다는 것이 여태까지의 통념이었다. 실제로 재래식 전력 중의 주력 무기 체계 중에서 완전히 새롭게 개발되거나 획득한 무기 체계는 손에 꼽을 정도이다. 김정일 시기까지만 해도 폭풍호나 천마호 등 기존 전차의 개량형을 선보였을 뿐이다. 그러나 김정은 시기에 이르러서는 신형 전차와 장갑차는 물론, 해삼

급이나 농어급 등 파도 관통형 고속정(VSV: Very Slender Vessel)[8]과 신형 호위함(일명 '남포'급)[9]까지 개발하고 있다.

이러한 재래 전력 현대화 사업은 최근 들어 국방과학 기술력의 상승과 함께 지금과는 다른 방향으로 발전하고 있다. 특히 바로 그 방향성의 대표적인 모습은 정밀 타격 능력의 추구이다. 현대전에서 가장 대표적인 역량으로 평가되는 정밀 타격(PGM, Precision Guided Munition) 능력은 이미 제2차 세계대전 당시부터 나치 독일이 TV 유도 방식의 원격 무선식 비행 폭탄인 프리츠 X(Fritz X)의 개발을 시도하는 등[10] 반세기가 넘도록 핵심적인 군사 역량으로 지목되며 냉전 시 과학 기술 개발의 핵심적인 노력선이 되어왔다. 북한은 소련의 P-15 테르미트 대함 미사일(NATO 분류명 SS-N-2 스틱스)을 모방한 KN-01(북한명 '금성 1호' 추정)을 생산하면서 유도무기의 개발을 본격화했으며, 2015년 6월에는 금성 3호 대함 미사일을 선보이면서 현대적인 PGM 능력을 과시했다.

이러한 PGM 능력이 탄도미사일과 결합하면서 상황은 더욱 급박해지고 있다. 북한은 2017년 5월 기존의 스커드 미사일에 조종면 4개를 장착한 KN-18 미사일을 발사하면서 정밀 타격이 가능한 탄도미사일의 개발 능력을 과시했다. 북한은 여기서 한 발 더 나아가 러시아의 이스칸데르-M을 모방 생산한 KN-23 미사일을 2018년 2월 열병식에서 선보인 이후, 2019년 5월과 8월에 시험 발사에 성공했다. 또한 미국의 ATACMS 전술 탄도미사일과 유사한

KN-24, 직경 600mm 이상으로 추정되는 초대형 정밀 유도 방사포[11]인 KN-25 등을 2019년 연이어 시험 발사하면서 기존의 액체 연료 기반 구세대 스커드/노동 미사일을 KN-23/24/25 3종으로 대체하여 정밀 타격이 가능한 탄도미사일 체계를 갖춰갈 예정이다.

북한은 여기서 한발 더 나아가 이제 1,500km 거리까지 타격할 수 있는 장거리순항미사일을 개발하여 2021년 9월 11일과 12일 양일간 시험발사했다. 이후 벌어진 국방발전전람회를 살펴보면 북한은 최소한 2종 이상의 순항미사일을 개발하고 있는 것으로 보인다.

이렇게 PGM 능력이 갖추어져 나가면서 북한은 당연히 ISR(Intelligence, Surveillance, Reconnaissance, 정보 감시 정찰)과 표적화(targeting) 능력을 동시에 추구하고 있다. 북한은 중국제 민수용 소형 무인기를 투입하여 우리 군사 작전 지역에 대한 정찰을 시행했으며, 2014년 결함으로 추락한 기체들이 우리 영토 내에서 발견됨으로써 이미 상당한 정보 수집이 이뤄졌음을 짐작할 수 있다. 또한 북한은 8차 당 대회 보고에서 군사 정찰 위성의 확보와 500km 전방 종심까지 정밀 정찰이 가능한 무인 정찰기를 최우선 개발하겠다고 명시하여[12] 현대적 ISR 능력을 확보하여 본격적인 표적화로 군사적 우위를 점하겠다는 의도를 밝히고 있다.

군사 혁신으로서의 북한 국방 개혁의 성과와 미래

부국 없이는 강병도 없다. 국가로서의 북한의 경제적 역량은 명백한 한계가 있다. 400억 달러의 GDP(PPP)로 세계 180위 순위이며, 아태 지역 42개국 중 42위에 불과하다. 심지어는 강화된 대북 국제 제재로 정상적인 수출입은 물론, 인력 수출까지도 어려운 상황이다. 이렇게 경제력이 한정된 국가가 전략핵과 전술핵 능력에 더하여 첨단 재래 전력까지 갖추는 것은 상상하기 어려운 일이다. 그럼에도 김정은은 군사력 강화를 유일한 국가적 정책으로 추진했다.

특히 김정은 집권 10년차를 결산하는 조선로동당 제8차 대회는 북한의 국가적 방향성을 명확히 보여주었다. 우선 2016년 7차 당 대회에서 북한은 김정은을 국무위원장으로 추대함으로써 김정일 시기의 선군 정치라는 비상 통치 체제를 청산하고 로동당 중심으로 국정을 운영하는 정상 국가로 복귀를 확인했다. 한편 7차 당 대회 이후 유일하게 괄목할 만한 성과를 낸 것은 국방 분야뿐이었다. 그 결과 북한이 8차 당 대회에서 내세울 수 있는 것은 "국가 핵무력 건설 대업"과 "자위적 국방력 강화"였으며, 기존의 노선을 한층 더 강화할 것을 선언했다. 그리하여 당연히 당 대회의 마무리는 대대적인 열병식이 될 수밖에 없었다.

실제로 8차 당 대회를 통해 북한이 제시한 군사력 증강 방침은 실로 대담한 것으로 평가할 수 있다. 그 핵심은 크게 전술핵 개발, 전략핵 고도화, 북한군 현대화의 세 가지로 요약될 수 있다. 물론 8차 당 대회에서 제시된 내용은 현재 갖춰진 역량이 아니라 미래의 군사 역량 확보를 위한 계획의 선언이자 로드맵으로 볼 수 있다. 여전히 이러한 선언은 한미 양국에 대한 시위의 차원으로 실제 역량보다 다소 과장된 측면이 있다. 특히 재래 전력의 현대화는 핵 전력에 비해 비용 대비 효과가 낮기 때문에 그 필요성에도 불구하고 핵전력 강화의 후순위가 될 것이다.

그러나 북한은 부국강병의 상식을 뛰어넘는 군사 혁신과 국방 개혁을 거듭해왔다. 캄보디아 정도의 GDP를 가진 국가가 120만 명의 상비군을 유지하면서 전략핵과 전술핵 능력을 동시에 추구한다는 것은 거의 불가능한 일로 여겨졌다. 그러나 북한은 고도의 무기 체계를 독자 개발하는 과정에서 국력에 비해 상당히 높은 수준의 과학 기술력을 확보하게 되었으며, 이를 국가적 발전동력으로 삼고 있다. 실제로 북한은 김일성종합대학의 논문이나 로동신문 보도 등을 통해 국력 경쟁의 기준이 과학 기술 경쟁과 인재 경쟁이라면서 새로운 프레임을 제시하였는데,[13] 이는 김정은의 통치관에 바탕을 둔 것으로 보인다.

북한은 김정은 집권 이후 꾸준한 국방 개혁을 통해 어느 정도 국제정치적 의미를 갖춘 핵 억제 능력을 확보했다. 그러나 북한은 이에 만족하지 않고 핵전력의 고도화와 재래 전력의 현대화까지 목표로 하여, ISR과 C4I(Command, Control, Communication,

Computer, and Intelligence)를 결합하는 차세대 국방 역량까지 추구하고 있다. 북한 국가 지도부는 경제 분야에서 국가적 목표 설정이 어려운 가운데 국방 공업은 북한의 국가적 성장 동력으로 인식하고 있으며, 이는 과거 나치 독일이 취했던 군사 케인스주의(Military Keynesianism) 성장 모델과 유사한 전략적 접근으로 볼 수 있다.

국방 공업 위주의 성장 정책을 추구하는 북한의 접근은 분쟁의 위험성을 내포하며, 북한을 평화적 노선으로 유도할 필요가 있다. 문제는 대북 경제 제재가 해소된다고 하여 군사력 증강이 멈추는 것이 아니라, 오히려 확보된 재원으로 재래 전력 현대화를 가속할 가능성이 크다는 점이다. 이는 결국 비민주적 독재 체제가 갖는 내재적 한계이자 모순이며 외교적 노력으로 극복될 가능성은 더욱 낮아지고 있음이 8차 당 대회와 기념 열병식을 통해 더욱 명백해지고 있다.

3) 군사적 도발에 대한 대응 원칙

군사적 도발에 대한 대응 원칙

군사적 도발을 당한 국가의 생존은 도발에 대해 어떠한 자세를 취하고 대응해나가는가에 달려 있다. 애초에 도발이란 공격 자체가 중요한 것이 아니다. 그러한 공격으로 인한 대응 행위를 통해 지향한 목적을 달성하고자 하는 행위다. 즉 도발하는 것은 무력 충돌 자체를 지향하는 행위이기보다는 무력 충돌에 앞서서 상대방의 반응을 살펴보고 가능하면 그 반응을 자신들에게 유리한 방향으로 끌어가기 위한 사전적 포석으로 볼 수 있다.

따라서 도발에 대해 어떤 식으로 대응하는가가 핵심이 된다. 도발에 대한 대응을 통해 해당 위협에 대한 능력과 의지를 보여줌으로써 추후에 유사한 위협이 실제 위협으로서 기능할 것이냐 혹은 실패한 협박으로 끝날 것이냐가 판가름 난다. 그렇다면 우선 우리는 북한의 도발에 대한 대응 원칙을 가지고 있을까?

① 도발의 대응 원칙으로서의 교전 규칙

북한의 도발에 대해서 우리 정부가 제시하고 있는 군사적 원칙 가운데 명문화된 대표적인 것으로는 교전 규칙을 들 수 있다. 교전 규칙이란 타국의 군대와 조우하여 교전을 시작하거나 계속할 환경과 제한 사항을 명시하여 발령되는 소관국 당국의 지시를 뜻한다. 교전 규칙은 무력 사용에 대한 법적 기초를 제공할 뿐만 아니라 지휘관의 무력 사용을 정책적·작전적·법적으로 통제하는 수단으로 기능한다. 교전 규칙은 지휘관의 재량을 제한하고 무력 행사의 조건과 시기를 정하여 작전 수행의 기준을 제시한다는 점에서 행정 규칙 중에서 재량 준칙의 성격을 갖는다.[14]

현재 북한의 군사적 도발에 대한 우리 군의 대응 원칙을 제시하는 교전 규칙으로는 합참 교전 규칙과 유엔사/연합사 교전 규칙이 존재한다. 우리 군은 6·25 전쟁 이후 유엔군사령부의 내규 형식으로 작성된 유엔사 규정 525-4 교전 규칙을 이용해왔고, 한미연합사령부 창설 이후에는 유엔사와 한미연합사가 공동으로 제정한 교전 규칙을 사용해왔다. 우리가 합참 차원에서 독자적인 평시 교전 규칙을 마련한 것은 2013년으로, 1994년 평시 작전권이 유엔사에서 합참으로 전환된 지 약 20년 만에 제정되었다.[15]

전반적으로 유엔사 교전 규칙은 '자위권 발동' 차원에서의 대응을 원칙으로 하며 특히나 즉각성, 비례성, 합리성 등의 원칙이 적용된다. 통상적인 내용으로는 북한군이 군사분계선을 넘어 침투해올 경우 경고 방송과 함께 신원 확인을 하고, 이에 불응하거나 도주할 경우 사격을 하며, 적으로부터 소총·자동화기·포 등의 선제공격을 받은 경우 일선 지휘관의 자체 판단에 따라 자위권을 발동한다는 것이다. 그러나 현재의 교전 규칙은 상당 부분 DMZ, NLL 등 군사분계선에서의 충돌만을 상정한 것으로, 접적 지대 이외의 공격에 대해서는 별다른 대응 원칙을 제공하지 못하고 있다는 한계가 있다.

② 국가적 대응 원칙으로서의 위기 대응 실무 매뉴얼

한편 국가 전체적으로 발생할 수 있는 도발에 대한 전체적 대응은 2004년 7월 포괄적 안보 개념에 의거한 국가 위기관리 기본 지침을 대통령 훈령으로 정한 것이 시발점이다. 같은 해 9월 국가안 전보장회의(National Security Council, NSC)는 32종의 국가적 위기 유형 을 상정한 유형별 위기관리 표준 매뉴얼을 수립했다. 이듬해 11월 NSC 산하 위기관리센터는 위기 대응 실무 매뉴얼을 더욱 가다듬었 다. 이에 따라 매뉴얼은 정부 각 부처와 기관의 임무와 역할, 그리 고 행동 절차와 조치 사항을 실무 지침으로 구체화하여 위기 상황 의 보고와 전파 양식을 포함해 총 272개 분야로 구성되었다.

구체적 내용을 보면 위기 대응 실무 매뉴얼은 안보 94개, 재난 119개, 국가 핵심 기반 55개, 그리고 기타 4개로 나뉘어 있으며, 안 보 분야에는 북핵과 서해 북방한계선, 독도, 파병 부대와 관련한 우발 사태와 소요·폭동, 그리고 재외국민 보호와 테러 등의 사항 이 포함되었다. 재난 분야에는 풍수해와 고속철도 대형 사고, 지진 과 산불, 전염병 등이 국가 핵심 기반 분야에는 사이버 안전과 전 력, 원유 수급과 금융 전산, 보건 의료와 식용수 등이, 그리고 기타 분야에는 항공기 사고 등 제반 위기 상황이 망라되어 있다.

이에 따라 전체적인 체계는 구체적으로 마련되었으나 이를 실 제 실행할 부처와 기관별 위기관리 매뉴얼은 2010년대 초반에서야 전체적으로 모양새를 갖추었다. 그러나 실제로 부처별 매뉴얼은 재 난 안전 분야에 치중한 위기관리에 중점을 두었으며, 매뉴얼조차도 실무적 지침이라기보다는 중앙 부처의 감사에 대비하여 마련하는 문건으로서의 성격에 그쳐 실질적이 도움이 되지 못했다. 이로 인해 실제 천안함 격침이나 연평도 포격, 세월호 참사 등의 국가적 위기 상황에서 관련 부처들은 위기와 도발에 대한 대응에서 그 한계를 명확히 노출하였다.

③ 국가 리더십의 기능

국가 리더십이 북한에 대해 어떠한 자세를 견지하는가 또한 도발 대응에 대한 커다란 차이점을 보여준다. 특정국에 대한 국가 대외 정책의 기조는 통상 적대, 접촉 유지, 유화, 방임 등의 스펙트럼에서 결정되며, 양당제 민주 국가에서는 정권의 변화에 따라 이러한 기조의 변화가 뚜렷하게 나타날 수 있다.

통상적으로 북한의 도발에 대한 대응 원칙은 집권 정당의 정치적 스펙트럼에 따라 커다란 차이를 보이고 있다. 그러나 정치적 성향에 의한 대북관의 차이는 도발 대응에 대한 원칙에 있어서 혼란을 가져왔으며, 하나의 정권 내에서도 기조 변화에 있어 상당한 정치적 부담을 안게 된다.

위협의 종류에 따른 대응

북한의 군사적 도발은 크게 재래 전력과 핵전력의 두 가지로 나누어 이뤄질 수 있다. 재래 전력의 경우에는 우리 군의 전력만으로 대응할 수 있으나, 핵전력의 경우 핵 불사용의 억제 위협을 위해서는 핵을 보유하지 못한 우리 군만으로는 불가능한 상황으로 미국의 확장 억제를 활용해야만 효율적 대응이 가능하다.

① 재래 전력에 대한 대응 기조

북한의 재래 전력 위협이란 핵 이외의 기존 무기 체계를 활용하는 것을 의미한다. 북한의 재래 전력은 현재는 대한민국에 비해 그 정밀도나 사거리가 한계가 있으므로 상대적 열위에 있다. 따라서 북한이 재래 전력을 활용하는 경우 이를 대칭적으로 사용하기보다는 비대칭적으로 활용하여 재래 군사 역량의 한계를 보정하려고 할 것이다. 여태까지 북한의 무기 체계 활용 사례들이 이러한 비대칭적인 특징을 보여준다. 대표적으로 EC-121 격추 사건이나 천안함 격침 등은 상대적으로 뛰어난 한미의 ISR 역량을 회피하여 자신의 무기 체계를 최대한 활용하고자 하는 북한의 전술적 사상관을 반영하고 있다.

한편 최근 북한군의 무기 체계 세대 변화는 재래 전력의 활용 방법에도 커다란 영향을 미칠 가능성이 있다. 북한은 김정은 정권의 출범 이후 핵전력의 완성을 목표로 다양한 핵탄두와 발사체 실험을 계속해왔으나, 핵전력이 어느 정도 완성되어 감에 따라 재래 전력의 세대 교체에도 집중하고 있다. 제8차 당 대회의 보고에서 북한은 무인기 우선 확보와 군사 정찰 위성 운용 계획을 밝혔다.

이는 핵 타격을 위한 표적 관리뿐만 아니라 재래전에 필요한 ISR 능력을 확보하게 됨을 의미한다. 북한이 한미동맹에 비해 ISR 우위를 확보할 가능성은 작지만, 전파 방해 등 전자전 공격으로 한미의 ISR 우위를 무력화하고 지휘 결심과 전력 운용에서 우위를 추구할 가능성은 크다. 최근 북한이 전연 군단에 이공계 인재를 대위급 기술 참모로 선발하는 사업을 추진하는 것[16]도 이러한 변화의 증거로 볼 수 있다.

이러한 재래 전력에서 대한민국이 우위를 유지하기 위해서는 역시 결심 중심전의 역량을 높이는 것이 중요하다. 이미 한국은 다양한 무기 체계 개발을 통해 정밀 타격이 가능한 다양한 무기 체계를 확보했는데, 현 단계에서 중요한 것은 더 이상 PGM의 확보가 아니라 PGM 역량을 실시간으로 유용하게 활용할 수 있는 C4ISTAR[17] 능력의 확보이다. 결심 중심전이 네트워크 중심전보다 진화한 개념임을 생각한다면, 대한민국은 미국에 대한 ISTAR 역량 의존에서 벗어나 독자적 ISTAR 능력을 강화하며, 오히려 주한미군에 ISTAR 능력을 실시간으로 공유해주면서 정보 결심 우위를 제시해줄 수 있는 단계로 나아가야만 한다.

② 핵전력에 대한 대응 기조

북한의 핵전력은 현재 일부 실전 배치가 되었으나 완전한 핵 태세(nuclear posture)를 갖추었다고 보기는 어렵다. 우선 전략핵의 측면에서 북한은 MRBM과 ICBM을 모두 보유했으나 이는 액체 연료 기반으로 북한이 열병식에서 더 이상 공개하지 않을 만큼 후진적인 기술이며 고체 연료 기반의 탄도탄이 배치될 때 본격적인 핵 태세로 전환을 시작했다고 할 수 있다. 또 SLBM의 경우에는 원자력 추진 잠수함이 실전 배치가 되고서야 핵 태세를 갖추었다고 평가할 수 있다.

또한 핵 태세에서 중요한 것은 핵 투발 수단의 다원화로, 공군력이 취약한 북한은 전략핵 능력을 ICBM과 SLBM으로 2분화하고 있어 전통적 의미의 핵 3축(nuclear triad) 체계를 확보할 수는 없다. 그러나 북한은 전술핵무기에 집중하겠다는 방향성 제시와 함께 KN-23 개량형을 한반도 내 핵 투발 수단으로 암시하면서 한반도에서 핵 공격이 가능함을 천명하였다. 이에 따라 북한은 ICBM-SLBM-전술핵의 세 가지 전력에 바탕한 '북한판 핵 3축 체계'를 구상해나가는 것으로 볼 수 있다.

이러한 북핵 위협에 대한 대응 전략으로 대한민국은 2012년경부터 맞춤형 억제 전략을 구상하여 안보 동맹인 미국과 함께 2013년 제45차 SCM(한미안보협의회)에서 합의했다. 이에 따라 한미동맹 차원에서는 '동맹의 포괄적 미사일 대응 전략'(4D 전략)으로 발전하여 작전 수행 개념을 완성하였다. 여기에 한국의 독자적 노력으로는 '핵·WMD 대응 체계'가 존재한다. 이는 이전 정부에서는 한국형 3축 체계로 불렸던 개념으로, 거부적 억제(舊 Kill Chain)와 응징적 억제(舊 KMPR)를 통합한 '전략적 타격 체계'와 '한국형 미사일 방어 체계(舊 KAMD)'로 구성된다.[18]

그러나 기본적으로 핵 억제 논리는 공포의 균형에 전략적 논리의 기반을 두고 있다. 상대방의 의사결정에 영향을 미칠 만큼 상대방에게 심대한 피해를 줄 수 있는 능력과 신속하고도 확고한 결심 과정으로 상대의 결심 과정에 영향을 미칠 수 있는 의지를 보일 수 있어야만 한다. 전략적 ISR 능력과 핵무기를 보유하지 못한 국가는 이러한 능력과 의지를 가지기 어렵다. 따라서 스스로 핵무기를 보유하지 못한다면 핵을 보유한 동맹국을 최대한 활용해야 하며, 북핵 억제는 미국에 촉구해야만 한다. NATO의 핵 기획 그룹(Nuclear Planning Group)처럼 동맹 간 핵 의사결정 체제를 만들어 미국의 확장 억제가 우리의 의지에 따라 움직일 수 있도록 할 필요가 있다.

〈그림 4-1〉 분쟁의 스펙트럼

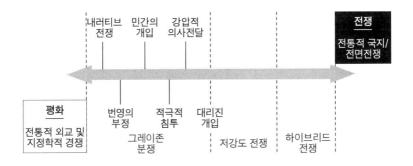

③ 위협의 성격에 따른 대응

국방부는 우리 군의 군사 전략 개념을 안보 환경 변화와 전방위 안보 위협에 유연하게 대응하면서 전방위 위협에 대해서는 굳건한 한미동맹을 기반으로 주도적인 억제 대응을 하는 것으로 정의하고 있다.[19]

북한은 평화와 전쟁 사이의 중간 지대를 주된 도발 영역으로 삼아왔다. 6·25 전쟁은 미국의 한국 안보 지원 의지에 대한 오해에서 비롯된 것으로 오히려 예외적인 상황이며, 북한이 수행해온 도발은 모두 이 영역에서 이루어졌다고 해도 과언이 아니다. 따라서 전쟁과 평화 사이의 틈새를 이용한 북한의 도발에 효율적으로 대응하는 것이야말로 대한민국을 지키는 핵심이다.

i) 회색지대 분쟁의 대응

회색지대 분쟁(Gray Zone Conflict)이란 군사력을 투사하지는 않지만, 평화 상태에 해당하지 않는 국가 또는 집단 간의 분쟁을 뜻한다. 전시와 평시의 경계선에서 무력 대치 사태 등 국가의 안보를 위협하는 사태로 군사력으로 대응해야만 하는 경우가 이에 해당한다. 회색지대 전략은 상대 국가를 압박하여 원하는 결과를 얻고자 하는 강압 전략이다. 회색지대 분쟁 수행의 영역은 군사적 영역, 경제적 영역, 그리고 기타 정치사회 영역 등으로 크게 세 가지로 구분할 수 있다. 회색지대 전략의 스펙트럼으로는 '내러티브 전쟁-번영의 부정-민간의 개입-적극적 침투-강압적 의사 전달-대리전 개입'의 5단계가 미 육군 참모 대학에서 제시된 바 있다.[20]

회색지대 분쟁은 무력 충돌을 피하고자 하는 현대적인 국가들이 주로 사용하는 방법으로, 일례로 사드 배치 당시 중국의 비공식적 경제 제재 같은 것이 대표적인 형태이다. 사실 대한민국에 대한 회색지대 분쟁을 지속해온 존재는 다름 아닌 북한이다. 잇단 핵 실험과 미사일 시험 발사, 청와대나 국방부 등 주요 시설 타격을 내용으로 하는 군사훈련, NLL이나 DMZ의 월경 등 북한은 이미 수많은 회색지대 분쟁을 일으켜왔으며 앞으로도 계속할 것이다.

그러나 무엇보다도 제일 중요한 것은 상대국이 자국을 상대로 회색지대 분쟁을 펼치고 있음을 먼저 인지하는 것이다. 회색지대 분쟁이란 애초에 그 공격 사실을 모르도록 하는 것이 목적이므로 스스로 공격에 노출되어 있음을 인지하지 못하는 경우가 많다. 이렇게 장기간 노출되어 국가 안보의 기반이 잠식된 국가는 상대편의 일격으로 손쉽게 무너질 수 있음이 2014년 크림 사태를 통해 드러난 바 있다. 결국 대응 전략의 핵심은 외교적 정세 판단과 국가적 방첩 능력의 강화이다.

또한 어떠한 공격이 가해지더라도 제일 중요한 것은 공격에 대한 정부의 확고한 입장과 대응책이다. 특히 회색지대 분쟁은 군사적인 내용뿐만 아니라 경제와 정치사회 등 국가 전반에 작용하므로 전 정부적(whole of government) 대응 능력이 핵심이 된다. 이에 따라 정부는 상대국에 대하여 여론전, 심리전, 법률전 등을 수행할 수 있는 능력을 갖추어야 한다.

즉 사이버 공격이나 트랙2 공략 등 정부의 지지 기반에 대한 공격에 대해서는 여론전을 펼쳐 국민과 국제사회에 자국의 정당성을 알리고 지지를 집결해야 한다. 경제적 또는 군사적 압박에 대해서는 심리전을 통해 공격이 통하지 않음을 상대국에 인식시켜야 한다. 그리고 상대방의 공세에서 국제규범 위반 사항을 찾아내어 법률전을 펼침으로써 국제사회의 결의로 추가적 공세가 불가능하게 할 필요가 있다.

ii) 하이브리드전에 대한 대응

하이브리드전(Hybrid Warfare)은 재래 전력, 비정규전, 테러, 국제법, 심지어는 범죄 및 일탈 행위 등 모든 수단을 동원하여 정치적 목표를 달성하려는 분쟁의 형태다. 하이브리드 전쟁은 통상 그 행태가 매우 공격적이고 폭력적이며, 국가 리더십이 대응하기 어려울 정도로 빠른 템포로 진행되는 것을 특징으로 한다. 하이브리드전 사례로는 러시아가 수행했던 조지아 전쟁(2008년)과 크림반도 합병(2014년)을 들 수 있다. 러시아는 하이브리드전으로 적국의 군사 역량을 제압할 뿐만 아니라 적의 동맹·협력국의 결심과 개입을 좌절시켜 정치적 목표를 달성하는 데 성공했다.[21]

하이브리드전의 핵심은 충격적인 초기 군사작전으로 상대 국가가 대응할 시간조차 마련하지 못하도록 하는 데 있다. 즉 적국의 지휘 결심 과정보다 빠른 템포로 전격적인 작전을 수행하여 적국 국가 지휘부가 혼란으로 인해 정확한 대응책을 파악하지 못하는 사이 정치적 목적을 달성하는 것을 목표로 한다.

하이브리드전을 대한민국을 향해 가장 적극적으로 수행해왔던 국가는 북한이다. 1·21 청와대 기습 사건(1968년)을 시발로 미 해군 정보 수집함 푸에블로호 피랍 사건(1968년), 울진-삼척 무장공비 침투 사건(1968년), 주문진 무장공비 사건(1968년), EC-121 격추 사건(1969년) 등 다양한 공격 양상을 보여왔다. 이외에도 항공기나 함정 격침을 통한 공격, 서북 도서 등 우리 영토를 장악한 후 핵 공격 위협 등을 통하여 이를 기정사실화하는 공격 양상 등을 예상할 수 있다.

하이브리드전이 효율적으로 기능하는 상황은 국내 정치적 충돌로 인해 국가의 안보 리더십 자체가 흔들리는 상황을 상정할 수 있는데, 대표적으로 2017년 초처럼 대통령 탄핵으로 인해 권한대행 체제가 진행될 때를 들 수 있다. 따라서 적의 하이브리드 공격 가능성이 큰 시기는 평시보다는 우리의 국가적 리더십이 부재하거나 불안한 시기로 볼 수 있다. 따라서 하이브리드 공격을 가하고자 한다면, 이에 앞서 다양한 공세 수단을 통하여 이러한 정치적 불안을 촉발하거나 가중하려고 할 것이다.

공세 수단은 반드시 군사적일 필요가 없으며 오히려 간접적인 수단들이 더욱 효과적일 수도 있다. 사회 기반이 되는 정보 시스템에 대한 사이버 공격, 에너지 공급이나 금융 서비스의 중단 등의 수단으로 정부에 대한 대중 불신이나 사회적 취약점을 활용하는 것이 공격 방식이 된다.

하이브리드 공격은 매우 다양한 수단으로 갑자기 제기되므로 그 대응에서 제일 중요한 것은 빠른 상황 인식과 정보 공유이다. 특히 이러한 인식은 단순히 대한민국 자체 차원에서가 아니라 국제사회와의 공조, 특히 동맹국인 미국과의 공조가 핵심이다. 특히 세계 최고의 정보 수집 및 분석 능력을 보유한 미국의 정보 역량을 마치 우리의 자산처럼 활용할 수 있는 지혜가 필요하다. 미국으로부터 '파이브 아이즈(Five Eyes)'[22]에 준하는 정보 동맹으로 발전하는 것과 함께 미국 정보 공동체(Intelligence Community)와의 조직적 협력이 필요하다.

하이브리드 공격에 대한 대응책으로 참조할 만한 것은 유럽연합 집행위원회(European Commission)의 외교 문제·안보 정책 고위 대표(High Representative)에서 제안하고 있는 조인트 프레임워크(Joint Framework)[23]이다. 조인트 프레임워크에서는 인지 향상, 회복 탄력성 건설, 위기의 예방·대응·회복, EU와 NATO의 공조 등 네 가지 목표를 위해 22가지 정책 활동을 지적하였다. 이러한 활동에서의 교훈은 하이브리드전은 정보 및 군사 활동만으로 대응할 수 없다는 점이다. 하이브리드전에 대응하기 위해서는 정부 조직의 모든 역량을 동원하여 정부의 실패가 없도록 해야 하며, 이 과정에서 국제적 공동 대응을 기본 방침으로 취약점을 서로 보완해나가야 한다.

대한민국의 경우 하이브리드 공격에 가장 취약한 시기는 정권 교체기나 탄핵 사태와 같은 국가 리더십이 불분명한 경우가 되며, 특히 안보 동맹인 미국과의 갈등과 반목이야말로 북한에 최적의 하이브리드전 기반을 제공한다. 특히 미·중 패권 경쟁 속에서 친중적 태도를 보이면서 동맹국인 미국과의 협력을 주저하는 일부 정치권의 태도는 하이브리드 도발에 자신을 노출하는 자해 행위에 가깝다. 무엇보다도 미국이 아시아 정책에서 가장 공들이고 있는 쿼드(Quad)[24]에 참여하지 않고 있는 것은, 미국 외교 안보 정책의 우선순위를 정하는 과정에서 한반도 안보 문제를 후순위로 놓게 하는 원인이 되고 있다.

4. 정책적 제언

다양한 북한의 도발에 대해 의미 있는 대응을 하기 위해서는 북한이 실제로 두려워할 만한 대응이 이뤄져야 한다. 통상적인 대응은 침해 상태가 있으면 이를 회복하거나 적이 추가적인 도발을 하지 못하도록 억제하는 것이 목표다. 억제는 통상 적국의 공격에 대한 비용이 효과보다 높게 만드는 것을 목표로 하고 있지만, 비용 대 효과의 판단 기준은 국가마다 다르다.

특히 북한은 근대적 주권 국가와는 달리 전근대적인 왕정 국가 또는 신정 국가에 가까워 비용 대 효과의 중요한 판단 기준인 국가 이익을 바라보는 관점이 다르다. 예를 들어 자유민주주의 국가의 경우 국민의 생명과 재산, 민주적 가치 등이 우선적인 국익이 되지만, 북한의 경우 사활적 국익은 수령의 결사옹위다. 따라서 북한에 대해 국민을 대상으로 하는 대가치(countervalue) 표적 설정은 적의 의사결정에 영향을 미치는 결정적인 원인으로 보기 어렵고, 오히려 김정은을 포함하는 국가 수뇌부에 대한 참수 작전이나 정밀 타격이 오히려 도발을 억제하는 요소로 작용할 수 있다. 결국 북한에 대해 도발을 억제하기 위한 의미 있는 신호를 보내기 위해서는 적의 국익, 동기, 공격자의 의도 등을 파악해야만 한다.

첫째, 북한의 도발에 대한 대응은 적의 기선을 제압할 수 있는 공세성을 가져야 한다. 지금까지의 도발에서 북한이 스스로 유감이나 사과 의사를 표명한 것은 모두 4차례로 모두 우리 정부가 강하게 대응했을 때였다. 물론 공세적 대응이 언제나 옳다고 할 수는 없다. 그러나 도발에 의한 피해가 발생했을 시 그 피해 내용과 함의를 국제사회를 향해 빠르게 그리고 큰 수준으로 호소함으로써 대응의 정당성을 미리 확보한 후, 공세적 대응을 통해 북한의 수뇌부가 도발의 결과에 좌절하도록 하는 것이 우선적인 원칙이 되어야 한다.

둘째, 북한의 도발에 대해 충분한 메시지를 전달하기 위해서는 한미 국가 리더십이 일치된 의견으로 행동에 나서야 한다. 그래야 억제가 가능하다. 북한의 대한민국 군사력에 대한 인식은 매우 저열한 편으로 북한의 수뇌부는 대한민국의 단독 대응보다는 한미 연합군에 대한 대응을 더욱 두려워하고 있다. 따라서 한미 공동의 대응 의지가 전제되어야 의지 측면에서 북한에 대한 충분한 억제 메시지 전달이 가능하다. 한미연합훈련 등 양국의 상시적인 공조는 북한의 도발을 막는 핵심적인 억제 수단 중 하나이다. 또한 동맹의 외연을 확장하여 미국 이외에 대한민국의 가치를 인정하고 우호를 중시하는 국제사회 일원들과의 연계를 더욱 강화하여 북한의 잘못된 행동을 막을 수 있어야 한다.

셋째, 북한이 두려워하는 군사적 역량에 집중하여 군사력을 건설해야 한다. 이것은 단순히 신무기를 구매하거나 개발하는 차원이 아니라, 상대의 약점을 이해하고 우리의 강점을 강화하는 것이다. 핵 억제에서는 한미 공조를 통해 미국의 핵 억제력을 우리의 역량으로 활용할 수 있는 수준으로 끌어올리며, 재래전 억제를 위해서는 합동 전 영역 작전과 모자이크전 능력 등 최신 전략과 전술을 통합하여 좌절감을 안겨줄 수 있어야 한다.

넷째이자 마지막으로 가장 중요한 것은 바로 국가적 의지다. 이는 국가 리더십의 의지와 국민 전체의 의지가 결합하여 이뤄진다. 특히 회색지대 분쟁과 같은 간접적인 공격을 인지하고 대응하기 위해서는 정치적 어젠다에 사로잡히지 않고 우선 위협을 온전히 위협으로 인지하는 것이 핵심이다. 또한 단순히 국방부와 군이 위협을 전담하는 것이 아니라 국민의 확신과 지지를 바탕하여 전 정부적 차원에서 대응해야 확실한 대처가 가능하다.

대응을 위한 역량에서 적을 타격하는 역량만큼이나 공격의 원인과 맥락을 빠르게 파악하고 그 대응을 신속히 결정하는 국가 리더십 역량이 핵심이 된다. 북한의 도발을 억제할 수 있는 최적의 대응 방식은 우세한 군사적 역량에 바탕을 둔 한미동맹이 공동으로 공세적 대응에 나서는 것이다. 대한민국은 동맹국인 미국과 함께 북한의 도발에 반드시 대응하며 도발에 대한 대가를 치러야 한다는 명백한 의사를 전달함으로써 힘을 바탕으로 평화를 쟁취하며 국익을 지키고 번영을 계속해나갈 수 있을 것이다.

05

한미동맹과 한국의 선택

박원곤(이화여대)

1) 서론

1969년 요한 갈퉁(John Galtung)이 물리적 충돌을 통제하는 '소극적 평화'에서 벗어나 구조적 폭력을 근절하는 '적극적 평화' 개념을 소개한 지 50년이 지났지만, 한반도는 여전히 무력 충돌을 우려한다.[1] 유럽과 국제사회는 안보 개념을 확장한 인간 안보를 강조하나 한반도는 다양한 시도에도 불구하고 물리적 안전을 최우선으로 하는 전통적 안보관이 지배적이다.

유럽이 두 차례의 세계대전을 겪은 후 마침내 통합체를 형성하여 전쟁의 공포를 몰아낸 것에 반해 한반도는 남북 간 첨예한 군사적 대치를 유지하며 주변국과의 온전한 화해·통합을 성취하지 못하여 19세기적 갈등에 여전히 놓여 있다. 25년 이상이 지났으나 여전히 해결의 실마리를 찾지 못하고 있는 북한 핵 문제는 적극적 평화 담론 자체에 한계를 부과한다.

남북 화해·협력을 적극적으로 모색하여 북한 핵 문제를 해결하고 지속 가능한 한반도 평화를 구현하려는 시도는 번번이 좌절된다. 북한 핵 문제라는 세계적 의제, 미·중 갈등이 부딪치는 지정

〈그림 4-2〉 한반도 전쟁과 평화[2]

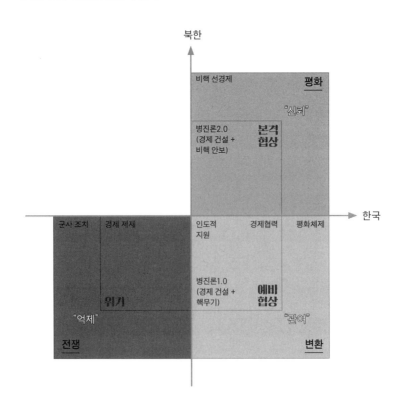

학적 위치, 남북한 공통 이해의 상이 등 세계·지역·한반도 차원에서 작동하는 다양한 역동이 문제 해결을 어렵게 한다.

한반도 차원으로 논의를 국한할 때 남북 관계를 불가역적 평화로 정착하기 위해서는 〈그림 4-2〉와 같이 신뢰 국면으로 진입해야 하지만 여러 형태의 관여에도 남북 관계는 대부분 억제 국면에 머무른다.

억제 국면은 북한의 핵무장 건설과 지역 군사 위기 조성을 능동적으로 제어하는 국면으로 경제 제재와 함께 대북 군사 억제력이 중심이다. 관여와 신뢰로 국면 전환을 위한 기반이 된다. 앞선 글의 주장으로 부연하면, "한반도의 공고한 평화 체제로의 진입을 위해서는 북한과의 신뢰 구축 형성보다는 우리의 대북 억지력에 대한 신뢰성을 증대시키는 정책에 초점을 맞춰야 한다."[3]

이 글은 한반도 평화를 위한 기초가 되는 억제에 초점을 맞추되 특히 한미동맹에 천착한다. 지난 70년 가까이 한국 안보에 핵심으로 기능해온 한미동맹은 적지 않은 도전에 직면해 있다. 북한 위협과 주변국 대응이라는 전통적 동맹 목적이 세계 정치 역동과 미국 내 상황 변화와 맞물려 사실상 조정되고 있다. 특히 본격화한 미·중의 '전략적 경쟁'은 한미동맹을 변환하는 핵심 동력이 되고 있다. 따라서 동맹 조정 동인을 우선 분석한 후 미국이 시도하는 인도·태평양 전략 하에 추진하는 동맹 변환을 추적하고 한국의 선택을 논하고자 한다.

앞서 지적했듯이 "국방 정책과 안보 정책이 동맹의 상호 운영성 증대와 한반도 밖으로의 역할 확대, 포괄적인 동맹 성격 변화 등 동맹의 변화 추세와 선순환 구조를 만들어가고 있는가"라는 문제의식은 당면한 숙제이다.[4] 부연하면 한국 방어를 위한 핵심 기제인 한미동맹의 조정이 한국에 익숙한 문법에서 벗어날 경우 한반도 평화에 어떤 영향 요인으로 기능할 것인지에 대한 더 심각한 고민이 필요한 시기가 도래한다. 이 글은 동맹 변화 과정을 분석하고 근본 차원에서 억제 기제의 조정을 대체 가능성을 포함하여 고찰함으로써 한반도 평화와 연계된 더욱 심도 있는 논의로 이끌 단초를 마련하고자 한다.

2) 한미동맹 조정 동인

트럼프의 동맹 흔들기

한국 또는 미국 정부의 교체가 한미동맹 조정 동인으로 작동할 수 있다. 도널드 J. 트럼프(Donald J. Trump) 대통령은 2017~2020년 4년간 미국 우선주의를 주창하며 기존 자유주의 국제질서를 거부하고, 특히 동맹을 거래 비용 측면으로 접근하였다. 한국에 기존 분담금보다 5배 넘는 증액을 요구했고 끝없이 한국을 비롯한 미군이 주둔한 주요 동맹국을 "비용 부담을 제대로 하지 않는다"면서 비난하였다.

트럼프 대통령은 한국 방어에 핵심인 주한미군과 연합훈련도 비용 측면을 강조하며 접근하였다. 대표적인 예가 2018년 6월 북·미 싱가포르 회담 직후 트럼프 대통령이 일방적으로 밝힌 연합훈련 중단이다. 트럼프 대통령은 한국은 물론 매티스 국방장관과도 사전 상의 없이 김정은이 요구한 연합훈련 중단을 기자회견에서 수용하였다. 더욱 심각한 문제는 트럼프 대통령의 연합훈련에 대한 인식이다. 트럼프는 연합훈련을 북한이 주로 사용하는 용어인 "전쟁 게임"이라고 칭하고, "매우 도발적"이고 전시 증원 등에 "엄청난 비용"이 소요된다고 비판했다. 한반도 전시 증원군은 한반도 방어의 핵심이고, 연합훈련이 일시 중단되면 한국군과 미군의 화학적 결속력과 대비 태세의 약화는 불가피하다. 더욱 심각한 문제는 트럼프 대통령이 연합훈련 중단을 북한 비핵화를 위한 상응 조치로만 사용한 것이 아니라는 점이다. 트럼프 대통령은 연합훈련 중단을 비용 절감 차원에서 언급하였다. 이러한 트럼프의 접근은 한미동맹을 자유민주주의 가치를 공유한 '가치 동맹'이 아닌 철저한 손익 계산에 따른 '이익 동맹'으로 인식함을 보여줬다.[5]

트럼프 대통령은 북한 핵 억지에 필수적인 전략자산의 한반도 전개도 비용 편익 측면에서 계산하는 인식을 보였다. 괌에서 미국의 전폭기가 한반도에 전개될 경우 발생하는 비용이 "매우 비싸다"면서 "나는 이를 좋아하지 않는다"라고 밝혔다.[6] 미국의 전략자산 전개 시 발생하는 비용은 지난 제10차 한미 방위비 분담 협상에서 미국이 분담을 요구한 것으로 알려져 있다. 문제는 북한 핵 억지를 위한 전략자산 전개 문제를 북·미 간 북핵 협상의 의제로 삼으면서 동시에 비용 문제를 함께 제기한 것이다. 이는 북한의 비핵화와는 별개로 한국이 충분한 비용을 내지 않으면 전략자산 전개도 제한할 수 있다는 의미로 읽힌다. 이 경우 북한에 대한 독자적 핵 억지 능력이 없는 한국은 사실상 무방비 상태에 놓이게 된다.[7]

가장 심각한 문제는 트럼프 대통령이 주한미군 철수 가능성을 공공연히 언급한 것이다. 2017년 6월 12일 싱가포르 북·미정상회담 후 가진 단독 기자회견에서 트럼프 대통령은 지난 대선 동안 해외 주둔 미군 철수 언급을 상기시키면서 비록 지금은 아니지만, "언젠가 미국 본토로 귀환시키기를 원한다"라고 천명하였다. 주한미군은 한미동맹의 상징이자 동북아 전략 환경에서 안정자 역할을 수행하는 핵심 전력이다. 주한미군을 철수한다는 것은 동북아에 더는 미국이 개입하지 않고 한미동맹도 사실상 와해할 수 있다.[8]

트럼프가 재선에 실패하고 동맹 복원을 기치로 내세운 바이든 행정부가 출범하였지만, 동맹을 경시하고 고립주의적 성향을 지닌 '트럼피즘'은 여전히 작동한다. 7,000만 명 이상의 미국민이 트럼프를 지난 대선에서 지지하였고, 진영주의에 빠진 미 정치권에서는 트럼피즘 2.0이 제기되고 있다. 미국이 경제 양극화, 인종주의, 민주주의 기능 장애 등의 국내적 문제와 테러와의 전쟁으로 인한 과다 팽창의 결과로 상대적 쇠퇴를 겪고 있는 상황에서 일정 수준 동맹 정책의 변화는 불가피하다. 특히 미 중산층에게 안정적 삶을 보장하는 대신 미국이 세계 지도국으로 개입하는 '사회적 합의'가 더는 제대로 기능하지 못하고 있는 것도 대외 정책 전반에 수동적 경향을 강화하여 동맹 정책에 영향을 주고 있다.

미국의 개입 축소와 역외 균형론

트럼프 대통령이 거칠게 추진한 거래 비용적 동맹 정책은 단기 이탈 행위는 아니다. 바이든 행정부가 출범하면서 동맹 복원을 최우선 과제로 내세웠으나, 동맹국의 비용과 책임 증대를 기대하는 것은 유사하다.

동맹 정책 변화는 조지 W. 부시 행정부 때 시작된 테러와의 전쟁으로 과잉 팽창한 미국이 2008년 금융위기를 겪으면서 본격적으로 시작되었다. 2008년 출범한 오바마 행정부는 대외 개입을 '축소'하면서 국내 개혁을 통해 미국의 힘을 비축하려 했다. 대표적인 예는 시리아의 알아사드 정권이 자국민을 향해 화학무기를 사용하면 미국이 군사적으로 개입하겠다고 오바마 스스로가 수차례 공헌했음에도 결국 시행하지 않은 것이다. 오바마 때 이미 미국은 세계 경찰의 역할을 더는 수행하지 않을 것임을 재선 구호인 "집에서부터 국가 건설을 하자"를 통해 표출한 바 있다. 오바마 행정부는 미국이 세계 선도국으로서 역할을 완전히 포기하지는 않았지만, 다자

체제를 최대한 활용하고 규범에 기초한 국제질서를 명분으로 동맹국에 책임과 비용을 상당 부분 이양하는 정책을 취하였다.[9]

오바마 행정부가 시도한 선택적 개입과 축소 정책은 학계에서 주창하는 '역외 균형론'과 공명하는 측면이 있다. 역외 균형 전략은 미국이 군사력을 역외에 배치하여 원치 않는 분쟁에 휘말리지 않고, 미국의 이해에 결정적으로 도전이 되는 경우에만 개입하는 것을 의미한다. 평소 각 지역 국가들이 주도적으로 지역 안정을 추구하도록 하고 미국은 역내 개입을 자제한다. 그러나 새로 등장하는 적대적 국가에 대한 견제와 균형이 역내 국가에 의해 제대로 이루어지지 못할 경우 미국이 개입하여 부상을 억제한다. 이후 미국에 우호적인 세력 균형으로 상황이 복구되면 미국은 개입을 철회하고 역외로 나아간다.[10]

오바마 행정부는 역외 균형론 주류와 안보 환경 인식을 공유하였다. 학계는 유럽과 중동 지역에서 미국의 이해를 심각히 침해하는 세력이 없는 반면 아시아에서는 중국을 도전 세력으로 판단했다. 대응 전략으로 역내 국가는 지리적으로 분산되고 중국을 견제할 만한 국력을 확보하지 못했으므로 미국 주도로 역내 국가 연합을 이루어 중국과의 균형 추구를 제시하였다.[11] 오바마 행정부는 '아시아 재균형 정책'을 통해 역외 균형적 요소를 수용하였다. 힐러리 클린턴 당시 국무장관은 아시아 재균형 정책을 테러와의 전쟁을 종결하고 미국의 '사활적 이해'가 걸린 아시아에 집중하는 것으로 규정했다. 동맹국과 우호국의 협력도 요구했다.[12] 이후 미국은 한국, 일본, 호주 등과의 적극적 협력 모색, 필리핀과 기지 사용 협정 체결, 베트남에 무기 수출, 인도와 안보 협력 확대 등의 형태로 전략 이행을 본격화했다. 더불어 아태 지역에 해군력 증강 계획을 발표하고 전진 배치된 군사력 향상도 도모하였다. 이러한 시도는 중국을 도전 세력으로 규정하고 역내 세력만으로 견제할 수 없으므로 미국의 역내 개입을 시행한 역외 균형으로 해석할 수 있다.[13] 그러나 역외 균형론을 엄격히 적용한다면 중국의 부상을 견제하는 책임은 일차적으로 역내 국가에 있다. 따라서 한국과 일본, 남중국해 분쟁에 연루된 국가의 대폭 확장된 책임과 비용 분담을 요구해야 하지만 트럼프 행정부 시기로 미뤄졌다.[14]

'허리케인' 트럼프 시기를 지나 현 바이든 행정부의 동맹 정책은 오바마 행정부 정책을 상당 부분 계승하는 양상이다. 우선 군사 개입과 관련하여 바이든은 군사력이 '최후의 수단'으로써 미국의 사활적 이해에 국한되어 사용되며 명확하고 성취 가능한 목표가 있어야 함을 분명히 한다. 또한 미국의 오랜 전쟁을 끝낼 것임을 천명하면서 미국의 역량을 갉아먹는 군사적 갈등에 개입하지 않을 것임을 밝혔다. 실제로 국내외 우려와 반대에도 불구하고 바이든 대통령은 2021년 8월 말까지 아프가니스탄 주둔 미군을 철수하였다.

향후 미국의 군사 개입은 대규모 병력 투사를 멈추고, 수백 명 규모의 특수전 부대와 정보자산을 활용하여 지역 동맹국과 협력하는 형태로 위협에 대응할 것임을 천명한다. 더불어 "과거 위협에 대응하기 위한 과다 투자를 지양하고 미래 위협을 억지하는 분야에 우선순위를 부여할 것"임도 밝히고 있다.[15] 미국은 이러한 '전략적 목표, 가치, 자원' 등을 반영한 해외 주둔 미군의 대비 태세 검토(GPR: Global Posture Review)도 시행 중이다. 대규모 지상군 투사 불가, 선택적 개입 등이 강조되므로 해외 주둔 미군의 '능력'은 강화하나 '수'는 감소하는 형태로 진행될 것이다.[16]

바이든 행정부의 동맹 정책도 역외 균형론 주류의 주장과 소통한다. 주류의 주장은 미국의 사활적 이해, 특히 미국의 주 경쟁국이 있는 지역에서 미 동맹국이 효과적으로 위협에 대처하지 못할 때만 미군을 투사한다는 것이다. 이 경우를 제외하고는 역내 미 동맹국이 군사 개입의 주체이고 미군은 최후의 수단이 되어야 한다. 더불어 세력 균형, 역내 동맹국이 수정주의 국가를 견제하도록 미국이 힘을 실어주어야 한다는 견해도 피력한다.[17]

동맹국의 역할과 책임 증대는 오바마 행정부에 이어 바이든 행정부에서 더욱 강조되는 양상이다. 바이든 행정부는 세계가 직면한 중요한 도전을 미국이 "혼자 해결할 수 없다"면서 이해와 가치를 공유하는 "같은 생각을 가진" 동맹국 및 우호국과 연합해야 한다고 주장한다.[18] 2021년 3월 발표된 국가 안보 전략 지침 초안은 이를 "미국의 귀환, 외교로 복귀, 동맹 회복"으로 표현한다.[19]

종합할 때 바이든 행정부는 미국 쇠퇴의 원인 중 하나인 군사력의 과잉 팽창을 오바마 때와 유사하게 선택적 개입과 축소를 통해 해결하려 한다. 특히 동맹국·우호국과의 협력을 강조하되 책임과 역할 증대를 요구하면서 미국이 떠나는 자리를 메우려 한다. 동맹을 통해 상대적으로 약화한 미국의 힘을 보충하기 위한 명분으로 역시 오바마 때 천명한 민주주의 가치, 미국 주도의 국제질서 원칙, 규범 등을 전반에 내세우고 있다.[20]

미국 내 동맹 정책 논란

바이든 행정부와 미국 주류 학계는 역외 균형적 요소를 반영한 선택적 개입과 축소에 공감하지만 여전히 고립주의적 성향의 트럼피즘과 미국의 헤게모니를 포기해야 한다는 급진 진보의 목소리도 들린다.

'트럼프 효과'로 바이든 행정부가 트럼프의 거래주의 동맹을 비판하나 미국민에게 학습된 '동맹국의 미국 착취'라는 선동이 여전히 작동할 수 있다. 이러한 미국 내 분위기가 미 정부의 전통적인 '동맹 기여론'의 형태로 재편되면서 동맹의 가치를 미국 안보에 대한 기여 여부로 평가하는 추세가 강화할 수 있다.[21]

미국 내 진보주의 진영 일부는 기존 문법을 무시한 급진적 주장도 제기한다. 주류의 역외 균형 주창자는 전진 배치된 미군의 조정 과정에서 발생할 불확실성을 제시하고 이를 최소화하는 방안을 고민하는 반면, 급진 진보 진영의 주장은 이러한 고려를 무시한다.

이들은 대 전략 차원에서 자체 감축을 지지하며 이를 이행하는 방법으로 역외 균형을 제안하나, 미국의 사활적 이익을 정의하는 관점이 판이하다. 이들은 미국이 군사력에 대한 비중을 최소화해야 한다면서, 예를 들어 중국은 미국의 군사적 경쟁 상대가 될 수 없으므로 인도·태평양 지역에 전진 배치된 미군을 대폭 감축해야 한다고 주장한다. 이외에도 미국의 해외 주둔 미군 기지가 오히려 지역 불안정 요인으로 기능하므로 주한미군과 주일미군이 철수하여 미국의 지역 분쟁 연루 가능성을 최소화하고 중국과의 긴장 완화를 모색해야 한다는 사실상 고립주의 주장을 펼친다.[22]

주류와는 달리 급진 진보 진영은 미군의 역외 이동이 가져올 후과, 예컨대 역내 국가 간 갈등 심화, 핵확산 가능성 등에 대한 고려보다는 역외 균형의 근간이 되는 자제-감축에만 집중하고 있음을 알 수 있다. 진보 진영의 지지로 당선된 바이든이므로 이들의 주장을 주류에서 벗어났다며 완전히 무시하기는 쉽지 않을 수 있다. 문제는 이러한 급진적 주장이 결과적으로 트럼피즘과도 공명한다는 것이다. 양극단이 만나 주류의 세계관을 밀어낸다면 국제질서의 지각 변동이 일어나고 동맹 체제도 근본적으로 변화할 것이다.[23]

문재인 정부의 동맹 접근

문재인 정부는 사실상 한미동맹 변화를 모색해왔다. 특히 현 한미동맹을 비대칭적 관계로 전제하고 자주성을 강조하는 경향을 표출한다. 예를 들어 전시작전권 전환의 경우 노무현 정부가 동맹으로부터 자주성을 확보하기 위해 시작하였다. 당시 추진 배경에는 미국에 대한 의존도를 대폭 줄이고 남북 관계 개선과 주변국 대응을 주도적으로 이끌기 위한 자주의 개념이 반영되었다. 자율성과는 일면 차별화되어 한국을 독자 세력화하는 시도로 읽힌다. 현 문재인 정부도 유사한 인식으로 대미 의존을 줄이고 대외 정책에서 독자성 확보를 위해 전작권 조기 전환을 추진한다.

문재인 정부의 대미 정책을 포함한 대외 정책의 핵심 목표이자 최우선 고려 요인은 남북 관계 발전이다. 재임 5년 동안 문재인 정부는 남북 관계 개선, 한반도 비핵화 등의 평화 프로세스를 통해 한반도의 안정과 동북아의 평화를 도출할 수 있다는 인식 하에 정책을 추진해왔다. 대미 인식과 한미동맹도 북한의 위협에 대한 억지, 북한 비핵화 등의 전통적 한미 공통 대응 의제보다는 북·미 관계 개선을 통한 남북 관계 진전과 한반도 평화에 더 큰 비중을 두었다.

이러한 문재인 정부의 인식은 근본 시각차가 존재하는 한미 상호 정책적 성향을 더 벌렸다. 문재인 정부는 대외관계를 한반도에 국한하여 인식하는 경향을 표출한다. 남북 관계 개선을 위한 한반도 평화 프로세스를 최우선 목표로 상정한 후 이를 성취하기 위한 목적 하에 역내 전략과 한미동맹 정책을 추진한다. 반면 미국은 전통적으로 한반도 문제를 세계 전략 차원의 큰 틀 안에서 판단한 후 동북아 차원의 정책에 포함해서 운용한다.

최근 가장 첨예하게 차이가 드러나는 한미동맹 의제는 대중 견제이다. 트럼프 행정부 때부터 본격화되어 바이든 행정부도 이어받은 대중 강경책은 미국의 최우선 관심사이다. 미국은 중국과 '전략적 경쟁'을 선포하고 동맹국과 함께 적극 대응하려 한다. 반면 문재인 정부는 2021년 5월 21일 한미정상회담을 통해 가장 전향적인 대중 견제 정책에 합의했지만, 여전히 '전략적 모호성'을 유지하고 있다. 문재인 정부가 시행하는 한미동맹을 통한 군사·안보 차원에서 대중 견제는 최소 수준으로 미국의 요구 및 기대와는 격차가 크다.

3) 한미동맹의 전개

인도·태평양 군사 전략

미·중 갈등이 심화할수록 미국은 한미동맹을 중국을 견제하는 인도·태평양 전략 차원에서 활용을 고심한다. 미국의 인도·태평양 군사 전략은 현재까지 다음과 같은 특징을 도출한다. 첫째, 미국은 인도·태평양 지역을 단일 전구화한다. 2019년 12월 확정된 국방 예산 수권법에 따르면 미 국방부는 인도·태평양 지역에서 미국의 국익을 극대화할 수 있는 단일의 전역 계획(a theater campaign plan)을 마련하게 되어 있다. 2019년 6월 발간된 미 국방부의 「인도·태평양 보고서」는 위와 같은 핵심 사안을 "대비, 동반자, 네트워크 증진"이라는 개념으로 소개한 바 있다. 대비는 미군을 역내 전진 배치하고 필요할 시 동맹국·우호국과 함께 전투에서 승리할 태세를 갖추는 것을 의미한다. 동반자는 역내 미 동맹국·우호국과 상호 운용성을 향상하는 것이다. 네트워크 증진은 한국·미국·일본, 미국·일본·호주, 미국·일본·인도 등 세 개의 삼각 협력을 강조한다.[24]

둘째, 급격히 향상된 중국의 반접근/지역 거부에 대응하여 생존과 회복 능력을 중시한다. 이를 위해 현재와 같이 일부 지역에 집중된 전진 배치를 지양하고 분산된 형태의 주둔 태세로 전환한다. 백악관 NSC 인도·태평양 담당 조정관인 커트 캠벨도 같은 맥락에서 "워싱턴이 전진 배치를 지속해야 하지만 [역내] 국가들과 협의하여 미군을 동남아시아와 인도양으로 분산해야 한다. 이렇게 함으로써 미국은 동아시아의 소규모 미군 주둔 시설의 취약성을 감소시킬 수 있다"라고 밝힌 바 있다.[25]

셋째, 분산된 체제를 효과적으로 운영하기 위해서는 군수 체계 구축이 필요하다. 인도·태평양의 확장된 공간을 고려할 때 동맹국의 적극적 참여와 기여가 필수이다. 미국은 인도·태평양 지역을 구획으로 구분하여 일정 수준 전력을 배치하고 유사시 신속한 전력 투사가 가능한 '격자 구획'(모자이크) 개념을 제시 중이다. 구획별로 1~2개의 허브를 구성하고 허브와 허브를 연결하는 그물코(nod)를 설정하여 주요 허브는 작전 거점으로, 노드는 원정군 이동 통로로 활용하는 방안도 검토 중이다. 격자 구획을 완성하기 위해서는 구획별로 핵심 동맹국이 허브 역할을 수행하는 한편 동맹국 간 상호 연결이 중요하다. 미국이 한·미·일 안보 협력을 강조하는 이유 중 하나이다.

넷째, 신속 기동의 중요성이 다시금 강조된다. 주한미군을 비롯한 기존 붙박이식 배치를 지양하고 빠른 기동이 가능한 전력으로 재편하려는 의도이다.

마지막으로, 대형 무기 체계의 취약성을 극복하려 한다. 커트 캠벨은 항공모함 전단과 같이 비용이 많이 들고 공격에 취약한 전력보다는 탄도 및 순항 미사일, 무인 공격기, 초음속 타격 수단, 정밀 타격용 잠수함 등의 활용이 효과적이라고 주장한다.[26]

미국의 전 세계 대비 태세 검토

바이든 대통령은 2021년 2월 24일 국무부에서 행한 외교 정책 연설을 통해 주한미군을 포함한 전 세계 대비 태세(GPR: Global Posture Review) 검토를 지시한 바 있다. 전 세계 대비 태세 검토는 조지 W. 부시 행정부가 시작했으나 테러와의 전쟁으로 중지된 상태에서 트럼프 행정부가 재개하였다. 2020년 7월 당시 마크 에스퍼 국방장관은 "국방 전략에 따른 미군 재배치와 재파병 문제를 최우선 과제 중 하나로 추진한다"면서 검토의 우선 목표를 "전진 배치된 미군의 최적화"임을 밝힌 바 있다. 7월 21일 에스퍼 장관은 영국의 국제전략문제연구소(IISS)와의 화상회의에서 국가 국방 전략(NDS: National Defense Strategy) 시행을 위해 "모든 통합 전투 사령부를 검토하고", "맡은 지역 임무를 수행하도록 우리가(미국이) 최적화됐는지 확인"하고 있다고 밝혔다. 더불어 최적화를 위해서는 조정이 필요할 수 있다고 언급하였다.

전 세계 대비 태세 검토와 관련하여 다음과 같은 원칙이 확인된다. 우선 순환 배치의 중요성이 강조되고 있다. 앞선 화상회의에서 에스퍼 장관은 "역동적 전력 전개(DFE: Dynamic Force Employment)"를 소개하였다. 이 개념은 순환 배치 전력을 늘려 전구에 투입할 수 있도록 하여 전략적 유연성을 확장하는 것으로 설명하였다. 미국은 역동적 전력 전개를 통해 전 세계 도전에 능동적으로 대응할 수 있다는 것이다.[27] 미 국방부는 역내 순환 병력을 늘릴 것이라는 에스퍼 장관의 발언을 "전 세계에 상시 배치한 미군의 숫자를 줄이면서 준비 태세를 향상시키고 다양한 지역에 파병할 수 있도록 하기 위한 목적"이라고 부연했다.

에스퍼 장관이 육군 장관 시절 용역을 준 미 육군대학원 산하 전략연구원(SSI)의 「육군의 변신: 인도·태평양사령부의 초경쟁과 미 육군 전역 설계」 보고서에 따르면 인도·태평양 지역의 최대 위협인 중국에 대항하는 차원에서 한국과 일본에 배치된 현 미군 체제는 효과적이지 못하다고 판단한다. 현 배치가 중국의 반접근/지역 거부(A2/AD)에 취약하여 중국의 탄도 및 순항 미사일, 잠수함, 유인-무인 공중 체계의 표적 내에 있다는 것이다. 전진 배치된 미군의 조정을 통해 특정 기지에 붙박이 형태로 대규모 병력을 주둔시키는 냉전형 배치를 지양할 것을 제시한다. 더불어 신속한 투사가 가능한 전력을 확충하되 다양한 임무 수행이 가능하도록 유연성을 확보토록 권고한다.

주한미군 역할 조정

바이든 행정부가 인도·태평양 지역을 단일 전구화할 경우 한미동맹의 역할, 주한미군의 임무, 규모, 작전 계획 등 다방면에서 변화가 예상된다. 우선 미국은 한미동맹, 특히 주한미군 전력을 북한 위협에만 대처하는 형태에서 벗어나 대중 견제로 전환할 가능성이 있다. 대신 한국군이 재래 전력으로서 지상 방어에 더욱 큰 책임을 갖고 임할 것을 기대한다. 이와 연계하여 미군의 지상 기동 전력에 대한 수요는 줄어들 것으로 예상된다.

이와 같은 전력 재편은 향후 주한미군의 '수'가 아닌 '능력'이 강조되면서 획기적인 전환으로 이어질 수 있다. 트럼프 행정부 때 검토되던 이 방안은 바이든 행정부에서 오히려 가속할 가능성이 있다. 바이든 행정부는 더욱 정교한 형태로 '자제-축소'를 모색 중이고, 특히 동맹국과 우호국의 역할 증대를 적극적으로 요구한다.

미·중 갈등이 심화할수록 주한미군의 주된 기능과 역할은 중국 견제에 맞춰져 지상 기동 병력보다는 '방어, 지속성, 정보, 지휘 통제' 등을 위주로 재편될 수 있다. 미국의 유한한 자원과 중국과의 초경쟁 상황을 고려한다면 미국은 주한미군을 포함하여 전략적 유연성 확보를 중시할 것이다. 이미 2020년 라이언 맥카시 미 육군장관은 비록 주한미군은 제외된다고 밝혔으나 "인도·태평양 내 미 육군을 다양한 분쟁 지역에 투입할 수 있는 신속 대응군 성격으로 전환할 것"이라고 밝힌 바 있다.[28]

구체적으로 미국은 주한미군을 다음과 같이 조정할 수 있다. 미국은 현재 해외 주둔 미군을 '상주 형태, 미 본토에서 전투 여단 단위로 일정 기간 파견하는 순환 병력, 그리고 다른 분쟁 지역에 투입하기 위한 전략적 유연성에 따른 일시적 차출 등' 세 가지 형태로 운용하고 있다. 주한미군은 포병 등 전투 지원 병력은 상주 형태이지만 4,500명 규모의 한 개 기계화여단(CBT)과 공군, 통신 부대 등은 순환 병력으로 미 본토를 기반으로 한다.[29] 대비 태세 검토 결과에 따라, 혹은 중장기적으로 순환 병력의 운용을 달리할 가능성도 있다. 필요시 순환 병력을 증가하거나 순환 병력 파견을 일시 중지하는 형태, 상주 병력을 순환 병력화하는 것 등을 상정할 수 있다.

그러나 전반적으로 주한 미 지상군의 역할이 크게 부각되지는 않을 것으로 예상된다. 한반도 북부가 북한에 의해 차단된 현 상황에서 지상군 중심의 주한미군이 중국에 대해 결정적 역할을 하기는 어렵기 때문이다. 더불어 미·중 군사 갈등 가능성이 큰 지역이 대만이나 남중국해이므로 지상군의 필요성은 상대적으로 크지 않다. 현 주한미군은 지상군 중심이고 원거리 작전 능력을 보유하지 않고 있다.

따라서 미국은 주한미군 기지를 미·중 갈등 시 활용하는 방안을 우선한다. 미국은 평택과 오산을 활용하여 중국의 반지역/접근 거부를 깨뜨릴 전력을 배치할 수 있다. 더불어 이들 기지를 거점으로 활용하여 필요시 남중국해와 대만해협으로 전력을 투사할 수도 있다. 트럼프 행정부는 이미 전술한 역동적 전력 전개를 시행한 바 있다. 한국과 일본 등 동맹국 내 주요 미군 기지들이 중국의 선제공격에 취약할 수 있다는 판단 하에 다양한 지역에 병력을 신속하게 투사할 수 있는 역동적 전력 전개를 활용하려 했다. 바이든 행정부도 이어받아 미 공군이 괌에 상시 배치했던 B-52 전략 폭격기를 철수시키고 본토에서 필요시 전략자산을 전개하는 방식을 활성화할 것으로 예상한다.

더불어 미국은 미사일 능력을 활용할 것이다. 중국의 반접근/지역 거부(A2/AD) 전략을 무력화하기 위해 인도·태평양 제1도련선에 미사일(방어)망 구축을 가속할 것이다. 지상 발사 중장거리 미사일 능력을 확대하여 주한미군의 대중국 견제 역할을 확장을 도모한다. 예를 들어 한국에 배치된 지상 발사 사거리 연장 합동 공대지 미사일(JASSM-ER)은 중국 북부 지역의 목표물을 타격할 수 있으므로 만약 남중국해에서 미·중 간 군사 충돌이 발생하면 배치된 주한미군 미사일이 중국 본토 인민군의 남중국해 전개를 견제할 수 있다. 역시 한국에 배치된 에이태킴스의 경우 미국은 이미 현 사거리를 750km로 늘리는 성능 개선 사업을 진행하고 있다. 2022~2023년이면 300발 이상이 한반도에 배치될 것으로 예상한다. 대함 공격 능력을 갖춘 에이태킴스가 배치될 경우 서해 전체를 사정권으로 하여 사실상 중국의 반접근/지역 거부를 무력화시키는 효과가 있다.

다만 미 지상군이 완전히 배제될지는 신중히 판단해야 한다. 미 육군은 현재 육해공과 사이버 공간까지 포함한 '다영역 작전(MDO)'을 추진 중이다. 합동전을 강조하나 여전히 육군이 주도하므로 지상군의 필요성을 중시한다. 특히 육군이 관장하는 미사일 방어의 경우 한반도에서 북한 위협뿐 아니라 중국 위협 대비 차원에라도 더욱 강화될 여지가 있다.

4) 한국의 전략

고려 사항[30]

미국은 한미동맹을 북한 위협도 대비하지만 중국 견제를 위한 기제로 발전시킬 것으로 예상된다. 따라서 한국은 우선 미·중 갈등에 대한 입장과 원칙을 수립해야 한다. 이와 관련하여 다음과 같은 요인을 고려해야 할 것이다.

미·중 간 경쟁은 지구적 리더십 확보에 좌우될 것이다. 특히 미·중 양국이 공히 처한 대내외적 정당성 문제의 해결 능력이 관건이다. 미국은 트럼프 시기를 지나 바이든 행정부가 민주주의 표본으로서 자유주의 국제질서를 성공적으로 복원한다면 경쟁의 우위 확보가 가능할 수 있다. 지난 시기 경제 양극화, 민주주의 기능 이상을 극복하고 정치사회적 안정과 결속이 다져지면 승산이 있다. 반면 중국은 구조적 한계가 분명하다. 홍콩의 일국양제를 무력으로 조기 종결하면서 대외적으로만 자유무역과 다자주의를 외친다고 지구적 리더십을 확보할 수 없다. 중국이 아무리 경제 발전으로 포장해도 근본적 자유 부재의 권위주의 체제가 지구 차원에서 자발적 동의를 끌어낼 매력이 될 수 없기 때문이다.

한국은 정책 결정을 위한 핵심 요인으로 1945년 이래 구축된 미국 주도의 '자유주의적 국제질서'를 고려해야 한다. 자유민주주의 가치를 기반으로 자유무역, 다자 협력, 세계화, 동맹 등을 강조하는 기본 질서를 통해 한국은 번영해왔다. 따라서 변화하는 세계 질서에 대응하여 한국이 기본적으로 유지해야 할 대외 전략의 가치와 목표는 자유주의적 국제질서의 복원이 되어야 한다. 미국의 대중 정책은 자유민주주의 '정당성'에 기반하고 있으므로 가치를 공유하는 한국이 선택할 준거는 마련되어 있다.

한국은 미국의 인도·태평양 전략에 대해 여전히 위험 분산적 헤징 전략에 머물고 있다. 2021년 5월 21일 한미정상회담 후 발표된 공동성명에 사실상 중국을 규범·원칙·제도 차원에서 견제하는 미국에 동참하는 내용이 포함되었음에도 한국 정부는 여전히 '전략적 모호성'의 원칙에서 벗어나지 않고 있다. 미·중 경쟁, 특히 인도·태평양의 전략적 공간에서 나타나는 갈등은 영합 형태가 강화되는 추세이므로 문재인 정부의 정책은 지속 가능하지 않다. 이미 한미정상회담 직후 한국 정부의 모호한 태도로 미·중 양국으로부터 신뢰도가 모두 손상되는 '이중의 손해'를 낳았다. 따라서 모든 세부 사안에 대해 한국의 입장을 다 밝힐 수는 없더라도 적어도 인도·태평양 공간에서 형성되는 자유주의적 국제질서의 복원과 가치 외교에 대해서는 명확한 입장을 견지해야 한다. 트럼피즘의 영향으로 바이든 행정부가 출범했어도 역내 국가 다수가 미·중 경쟁에서 헤징을 선택할 것이라는 예상과는 달리 미국의 가치 외교와 규칙 기반 질서에 호응하여 자신의 입지를 구축해가고 있다.

한국의 대응 방향

한국의 입장에서 한미동맹이 북한 위협에 특정하여 대응토록 하는 것이 최선의 선택이 될 수 있지만, 미국은 위의 고려 사항에서 지적한 것처럼 동맹 확대를 통해 중국 견제를 본격화하려 한다. 종합할 때 한국은 다음과 같이 대응할 필요가 있다.

한국은 인도·태평양 전략을 발전시켜야 한다. 역내 역동적으로 진행되고 있는 질서 재편 과정에서 한국이 소외되어서는 안 된다. 특히 미국이 '지분 나누기' 식으로 동맹국의 협력을 도출하는 과정에서 한국의 이해를 면밀하게 살펴야 한다. 한국 정부가 지금과 같이 '전략적 모호성'을 유지하고, 남북 관계를 대외 정책의 핵심으로 축으로 삼는다면 지역 질서 재편에서 목소리를 낼 수 없다. 한국은 한미동맹이라는 기제가 있으므로 원한다면 역내 질서 및 구조 개편에 일정 수준 참여할 수 있다. 더불어 한·미·일 협력을 강화한다면 영향력 확대도 가능하다. 따라서 하위 층위에서 작동하는 북한 문제에만 함몰되지 말고 역내 규칙 기반 질서 재건축에 반응하는 인도·태평양 전략을 마련해야 한다.

한국은 미국과 동맹 발전 방안을 구체화하는 논의를 시작할 필요가 있다. 미국은 인도·태평양 공간에서 한국의 군사적 기여를 요청할 가능성이 크다. 기존 한미동맹이 확대되어 역내 역할이 강화되고, 특히 주한미군 기지를 거점 기지로 활용할 것으로 예상된다. 한국은 두 가지 선택이 있다. 한미동맹을 기존처럼 북한 위협에 우선하는 것으로 유지하거나, 미국과 긴밀한 협의를 통해 동맹 역할 확대를 구체적으로 논의하는 것이다. 북한 위협이 현존하고 강화하는 상황이므로 전자의 선택이 유리하지만 세계 및 지역 차원에서 작동하는 미국의 전략은 후자를 요구한다. 미국은 미·중 갈등이 심화하는 상황에서 전술한 바와 같이 일정 수준 이미 한미동맹과 주한미군 역할 확장에 나섰다. 따라서 한국은 더는 동맹의 역할 확대를 구체화하는 작업을 미룰 여유가 없다. 주한미군의 전략적 유연성, 전시작전권 이후의 동맹 역할과 지휘 체제 운용 방안, 유엔사 활용 방안, 미국이 구축하는 역내 미사일 네트워크와의 연동 수준과 범위, 역내 유사시 동맹으로서 한국의 역할 등 그간 미루어왔던 민감 의제에 대해 미국과 본격적으로 논의하여 한국의 참여 수준, 한계, 불참 분야 등을 명확히 할 필요가 있다. 동맹의 역할 확대는 미국이 요구하고 있는 것으로서 한국이 논의를 미룬다면 미국의 인도·태평양 지역 동맹 네트워크에서 한국이 불이익을 받을 수 있다.

관련하여 **한국은 전작권 전환에 함몰된 논의를 중단해야 한다.** 한국의 대 전략, 인도·태평양 전략, 한미동맹의 발전 및 조정 방안 등이 우선 결정된 후 전작권 전환이라는 개별 사안을 추진해야 한다. 전작권 전환은 군사 주권 측면보다는 한국의 대 전략 측면에서 시기와 방법 등이 고려되어야 할 것이다.

보다 근본 차원에서 **군 구조 개편이 필요하다.** 지금과 같은 육·해·공 3군 체계로는 효율적 대응이 어렵다. 한국의 좁은 전장 환경, 미군과의 연합 체제 유지, 효율적인 국방 자원 활용 등을 고려할 때 통합군 체제가 합리적이다.

한미동맹의 필요성을 양국 국민에게 적극적으로 설명해야 한다. 전술한 미국 내 트럼피즘과 급진적 진보 세력, 배타적 민족주의인 한국 내 남북 관계 우선 등은 한미동맹의 존속 자체에 도전이 된다. 한국 대중을 향해서는 다음과 같이 한미동맹의 필요성을 설파해야 한다.

모든 동맹 관련 역사 사례와 이론은 한국이 미국과의 동맹을 유지하는 것이 최선의 선택임을 표명하고 있다.[31] 동북아가 19세기적 갈등을 청산하고 유럽처럼 하나의 공동체로 나아갈 가능성은 미약하다. 이 의미는 여전히 전통적 세력 균형에 따른 군사 분쟁 가능성이 있다는 의미다. 이미 역내 국가들은 자국의 이익을 보존하고 영향력을 제고하기 위한 경쟁에 돌입해 있고, 동아시아 세력 변화를 추구한다. 본격적 군사 충돌의 가능성은 크지 않지만, 무력을 기반으로 한 19세기 형태의 이른바 '함포 외교'와 같은 수단이 더 본격적으로 동원될 가능성도 배제할 수 없다.[32] 이 경우 중국, 일본, 러시아 등 통합 국력 차원에서 세계 최상위권에 있는 국가를 상대로 한국이 독자적으로 이들을 상대하기에는 무리가 있다. 한국 단독으로는 이들 강대국 힘의 정도에 따라 결정된 동아시아의 서열에 하위에 위치하거나, 영향력 확대를 위한 이들 국가의 세력 다툼의 장이 될 수 있다. 따라서 한국은 다양한 위협에 대해 치밀히 준비하되 동아시아 세력 재편 과정에서 부정적 영향을 최소할 수 있는 신뢰할 만한 동반자가 필요하다. 이런 측면에서 볼 때 국경을 맞대지 않고 영토적 야심이 없는, 원거리에 위치한 국가이자 정치 체제와 가치를 공유하고 있는 미국과의 동맹이 한국으로서는 최선의 선택이다. 한미동맹을 유지하고 주한미군이 지속 주둔함으로써 중국과 일본에 대한 균형자 역할을 수행할 수 있다.[33]

미국민을 상대로는 한미동맹이 더는 미국이 일방적으로 수혜를 베푸는 비대칭 동맹이 아님을 보여주어야 한다. 트럼피즘이 고립주의적 성향을 내포하지만 동맹 자체를 완전히 해체하는 것은 아니다. 동맹국이 책임과 역할, 비용을 감당한다면 미국에 필요한 존재라는 인식은 갖고 있다. 따라서 한국이 더 능동적·적극적으로 동맹 역할을 수행함을 보여줘야 한다. 특히 미국에 의존하여 책임과 비용을 전가하고 이익만 추구하려는 태도는 지양해야 한다. 이런 측면에서 주한미군 주둔 비용 분담, 즉 방위비 분담이 중요하다. 11차 협상이 체결된 상태이므로 지금 당장 공정한 분담에 대한 논의가 가능하지는 않지만, 금액 설정과 집행 결과가 더욱 투명하게 공개되는 미일의 '소요 충족형' 협상 방식을 한미 방위비 분담에도 적용할 필요가 있다.

한미동맹이 해체되는 상황도 대비해야 한다. 전술한 바와 같이 한국은 미국과 동맹을 유지하는 것이 절대 유리하다. 그러나 미국 내 트럼피즘과 급진 진보가 결합하여 동맹 존립 근거 자체를 훼손하는 상황이 발생할 가능성도 완전히 배제할 수는 없다. 미국에 의한 일방적 주한미군 철수, 확장 억제 공약의 철회, 주둔 비용의 극단적 인상 요구 등 동맹 공약을 사실상 철회하는 상황이 미국에 의해 전개될 가능성을 대비해야 한다. 상황 변수가 많이 있지만, 북한 핵 위협이 지속되는 상황이라면 한국 방어를 위한 자체 노력이 있어야 하고, 동북아 역동에서 역시 자체 방어 능력 확보도 필요하다. 다양한 상황을 고려하되 우선순위와 가능성을 면밀하게 살펴 계획을 수립해야 할 것이다.

06

한국의 국방 정책과 방위력 건설

신인호(예비역 육군 소장)

1) 서론

유발 하라리의 "세상에 변하지 않는 것은 없다(Everything changes)"라는 말은 안보 분야에도 그대로 적용된다. 안보 상황도 고정되어 있지 않고 항상 변화한다. 시대의 변화에 따라, 국제정치의 역학 구도에 따라, 심지어 국내 정치와 내부적인 동인에 의해서도 안보 상황은 변한다. 어제의 동맹이 오늘의 적이 되고 어제의 적이 오늘의 동맹이 될 수 있는 것이 국제정치의 현실이면서 안보 상황 변화의 역동성이자 유동성이라 할 수 있다.

튼튼한 안보 태세를 유지하는 것은 국가 이익에 부합하는 좋은 안보 전략을 뒷받침할 수 있는 국방력 혹은 국방 태세가 갖추어져 있을 때 가능하다. 국가가 주권을 수호하고 국민의 안전과 생명을 보호하여 국가의 정체성을 유지하고 가치를 지키기 위해 가장 중요한 것은 국방력이라 할 수 있다. 국방력은 단순히 보유하고 있는 군사력 수준에 의해 결정되는 것이 아니다. 국방력은 물리적인 군사력뿐만 아니라 군의 정신적인 대비 태세, 정부와 군사 지도자들의 능력과 의지, 그리고 국민이 자기 국가를 수호하려는 자발적 노력과 의지가 포함된 의미다.

최근 아프가니스탄 사태뿐만 아니라, 과거 월남 패망과 장개석 군대의 패배 사례는 단순 물리적 군사력 수준이 국방력이 아님을 잘 보여준다. 군이 아무리 좋은 장비와 많은 수의 병력을 가지고 있다고 하더라도 국가 지도자들이 국민의 생명과 재산을 보호하고 국가 정체성을 지키려는 의지가 없으면 군사력은 무용지물이다. 훌륭한 병사들과 장비가 있더라도 이를 지휘하는 군사 지휘관들이 무능하다면 군대는 아무런 전투력을 발휘할 수 없다.

따라서 국가의 국방력은 유형적 군사력과 무형적 능력이 조화를 이룰 때 극대화될 수 있다. 유형적 군사력은 무기 체계와 장비, 부대 숫자를 증강시키는 것으로 능력을 확대할 수 있다. 무형적 능력은 군사적 영역인 군사 사상, 군사력 운용 개념과 교리, 부대 구조, 정신적 무장 태세뿐만 아니라 비군사적 영역의 국민 의지, 국가와 군사 지도자들의 능력 등 매우 다양한 요소들을 포함하고 있다.

국방 정책을 수립하고 국방력을 건설할 때에는 국가 이익, 안보 환경과 위협, 국가 안보 목표, 군사 전략 목표와 개념, 국가 경제력, 사회적 요인 등을 종합적으로 고려해야 한다. 국가 이익과 안보 목표는 헌법 정신과 국가 목표가 바뀌지 않는 한 상수로 볼 수 있다. 그렇다면 국방 정책을 수립하는 데 영향을 미치는 변수는 결국 안보 환경과 위협, 경제력, 사회적 요인 등이라고 할 수 있다. 이러한 변화 요인들을 냉철하게 분석하고 철저하게 대비하는 것이 국방 정책을 수립하고 군사력을 건설하는 핵심이다.

대한민국이 건국된 이래 우리의 안보 환경은 다양한 외부 환경과 남북 관계에 따라 변해왔다. 돌이켜보면 안보 환경을 진단할 때 남북 관계와 북한의 위협이 가장 큰 영향을 끼쳐왔다고 할 수 있다. 한미동맹의 출발점도 북한의 위협에 대비하기 위해서였다. 분단 이후 북한의 끊임 없는 도발과 위협은 우리 사회 전반에 걸쳐 지대한 영향을 미쳐 왔다. 그러다 보니 국방 정책과 국방력 건설은 주로 북한의 위협과 도발에 대비하는 차원에서 이루어졌다.

또한 올바른 정책을 수립하는 데 가장 중요한 요소 중 하나는 정확한 현실 진단에 있다. 개인이나 집단, 심지어 국가적 수준에서도 자기 진단을 객관적으로 하기는 쉽지 않다. 자기중심적, 집단이기적, 자기 합리화 경향이 강하다. 특히 국방 분야는 보호해야 할 국민에게나, 위협이 되는 적 혹은 상대방에게 취약점을 드러내지 않으려는 경향 때문에 객관적인 자기 진단을 하는 것이 더욱 어렵다.

역사적으로 국가와 군이 얼마나 정확하고 객관적으로 스스로에 대한 자기 진단을 했는가에 따라 전쟁에서의 승리와 패배로 갈라진 경우가 많다. 대표적인 사례가 미국과 미군이다. 베트남 전쟁에서 세계 최강이던 미국은 막대한 물량을 투입하고서도 월남에서 패배하고 철수했다. 이후 미군은 군 전반에 걸친 자기 진단과 반성을 통해 원인을 분석하고 문제를 개선했다. 군 내부에 만연해 있던 마약, 범죄, 와해된 군 기강 문제를 해결하는 데 집중했다. 과학 기술의 발전을 군에 접목하여 새로운 무기 체계[1]와 교리[2]를 발전시켰다. 그 결과 미군은 걸프전에서 많은 서방 군사 전문가들의 예상을 뒤엎고 단기간 내에 압도적인 승리를 거두었다. 이후에도 미군은 지속적인 자기 진단 및 평가 시스템을 통해 군사 혁신의 동력을 유지하면서 세계 최강의 군대를 유지하고 있다.[3]

"세상은 바뀌었다(The World has Changed)"는 진단은 2018년 7월 창설되고 1년 뒤인 2019년 7월 완전 작전 능력(FOC)을 갖춘 미 육군 미래 사령부가 안보 상황 평가에 대한 평가를 한마디로 표현한 것이다.[4] 중국의 부상과 러시아의 팽창, 북한과 이란의 위협, 주체를 알 수 없는 위협의 증가는 세계적으로 안보 환경을 바꾸어놓고 있다. 지난 10여 년간 과학 기술의 눈부신 발전은 기업과 국가의 경쟁력과 가치, 판도를 바꾸어놓고 있다. 특히 코로나19로 인한 팬데믹 상황은 우리의 삶의 방식 자체를 바꾸면서 기업과 사회의 변화와 혁신을 촉진하고 있다.

국방 정책을 수립하고 국방력을 건설할 때 고려해야 할 분야도 바뀌었다. 이러한 변화를 이해하지 못하고 과거의 틀에 머무른다면 우리의 국방 정책과 국방력 건설은 잘못된 방향으로 흘러가게 될 것이며 결국 결정적 순간에 국가의 안보를 보장할 수 없게 될 것이다. 따라서 이 장에서는 세상이 바뀌는 데 따라 우리가 고려해야 할 국방 정책에 심대한 영향을 미치는 새로운 요인들이 무엇인지 진단해보고 올바른 국방 정책과 국방력을 어떻게 건설해나가야 하는지 대안을 모색해보고자 한다.

2) 새로운 도전들

북한 핵·미사일 위협의 고도화

북한의 핵 개발은 김일성이 1960년대 러시아 드브나 연구소에 과학자를 파견해 원자력 기술을 배워 오게 함으로써 시작되었다. 1986년부터 영변에 설치한 원자로에서 플루토늄 생산을 시작하였으며, 고농축 우라늄(HEU)은 파키스탄에서 도입한 우라늄 농축 기술로 생산을 시작하였다. 북한은 영변 등 네 곳에 우라늄 농축용 원심 분리기를 설치한 것으로 추정된다.

2011년 김정은 집권 이후 북한은 본격적으로 핵·미사일 능력을 고도화하는 데 역량을 집중하였다. 북한은 2017년에 6차 핵 실험 및 다양한 탄도미사일 시험 발사를 하면서 '국가 핵 무력' 완성을 선언하였다. 이어서 2018년 신년사에서 김정은은 '핵·경제 병진 노선'을 주장하며 '핵탄두와 탄도 로켓'의 대량 생산 및 실전 배치를 강조하고, 같은 해 4월 20일 당 중앙위원회 제7기 3차 전원회의에서 '핵·경제 병진 노선'의 성공을 선포하였다.[5] 북한이 2006년 10월부터 2017년 9월까지 총 6차례의 핵 실험을 한 것을 고려할 때, 북한은 핵무기 소형화 능력도 어느 정도 수준을 달성한 것으로 평가할 수 있다.

2019년 북·미 비핵화 협상이 결렬되고 난 후, 북한은 2020년 초 발표한 당 중앙위원회 제7기 5차 전원회의에서 미국의 적대시 정책이 철회되고 한반도 평화 체제가 구축될 때까지 전략 무기 개발을 계속 진행해나갈 것이라고 선언하였다. 그리고 10월에는 당 설립 75주년 열병식에서 신형 대륙간 탄도미사일(ICBM)과 잠수함 발사 탄도미사일(SLBM)을 공개하고 '전쟁 억제력'을 확보했음을 공언하였다.[6]

북한이 보유한 핵무기 숫자는 정확하게 공개된 바 없다. 국방부에 의하면, 북한이 보유한 핵 물질은 1980년대 이후 영변의 5MWe 원자로를 가동하면서 현재까지 폐연료봉 재처리를 통해 플루토늄(Pu) 50여kg을 보유하고 있는 것으로 추정하고 있다. 고농축 우라늄(HEU)도 우라늄 농축 프로그램을 통해 상당량 보유하고 있는 것으로 평가하고 있으나 구체적인 숫자는 밝히지 못하고 있다.[7] 미국의 랜드 연구소와 아산정책연구원 공동 연구에 의하면, 북한은 2020년까지 핵무기 67~116개를 보유했으며, 2027년까지 151~242개의 핵무기를 보유하게 될 것으로 판단된다.[8]

북한은 1980년대부터 탄도미사일을 개발해 현재는 단·중·장거리 미사일을 모두 확보하였다고 평가받는다. 단거리인 스커드 미사일은 한반도 전역을, 사거리 1,300km인 노동미사일로는 일본까지 타격할 수 있다. 북한이 보유한 스커드와 노동미사일은 1,000발 정도 되는 것으로 추정된다.

사거리가 4,500km인 2000년 이후 '화성-12'는 수차례 성공적인 시험 발사를 거쳤다. 북한은 화성-12호 로켓을 1단으로 사용하고 추가적인 로켓을 장착한 2단 분리형 '화성-14'를 개발하였으며 화성-14의 사정거리는 6,700km에 달하여 미국 알래스카를 타격하는 능력을 가진 것으로 평가된다. 화성-12를 1단 추진 로켓으로 개발한 화성-15는 사거리가 1만 2,000km에 달하여 미국 본토 서부 지역까지 타격할 수 있을 것으로 평가된다.[9] 북한은 2020년 10월 열병식에서 화성-15보다 더 발전한 형태의 미사일을 공개하였는데, 이는 길이가 더 길고, MIRV 기술을 탑재할 수 있을 것으로 보인다. 이 미사일의 제원과 MIRV 기술은 지금껏 정확하게 분석되지는 않았으나 이 새로운 형태의 ICBM은 그 규모로 볼 때 화성-15 미사일의 개량형일 가능성이 크다. 그리고 북한은 잠수함 발사 미사일(SLBM) 개발을 추진하고 있는데, 2020년대 중반까지는 미국 본토를 공격할 수 있는 대륙간 탄도탄(ICBM)과 잠수함 발사 미사일(SLBM)을 완성하는 것을 목표로 삼은 것으로 보인다.

2019년부터 북한은 '북한판 이스칸데르(Iskander)'라고 하는 새로운 'KN-23' 미사일을 개발하여 시험 발사를 하였다. 고체 연료 기반의 이 미사일은 사정거리가 700km로 한반도가 주 타격 대상이다. 특히 KN-23 미사일은 목표 부근의 하강 단계에서 상승(pull-up) 기동을 하여 요격을 어렵게 하는 것으로 알려져 있으며 전술 핵탄두를 탑재할 수 있는 것으로 평가되고 있다.

북한의 핵과 미사일 위협은 몇 가지 측면에서 군사적인 가치가 과거에 비해 근본적으로 달라졌다. 핵무기의 완성도, 운반 수단인 탄도미사일 능력의 향상으로 인해 북한의 핵 위협은 과거와는 완전히 다른 전략적·전술적 의미를 갖게 된 것이다.

첫째, 북한의 핵 위협은 이제 현존 위협이 되었다. 과거 북한이 핵 개발을 진행하고 있을 때는 북한의 핵 위협이 현존 위협으로 받아들여지지 않는 경향이 강했다. 핵 개발을 추진하고 있을 때 북한은 핵 프로그램을 은폐하거나 부인하는 전술을 구사했다. 그러다 보니 핵 개발이 마치 외교적인 협상 수단인 것처럼 인식되거나 현존 위협이라기보다는 미래에 위협이 될 수도 있는 정도로 인식되었다. 그러나 2017년 6차 핵 실험을 한 이후 북한은 스스로 핵 무력을 완성했다고 공언하고 있고, 비록 핵보유국으로 인정받지 못하고 있지만, 전문가들도 북한의 핵 능력과 위협을 인정하게 되었다. 언론 보도에 따르면 2021년 7월부터 북한이 영변 원자로를 재가동한 징후가 포착되었는데, 만일 삼중수소(tritium) 추출을 위해 재가동한 것이라면 북한 핵 문제의 심각성은 훨씬 더 커지게 된다.[10]

둘째, 핵무기 운반 수단이 다양화되어 전략적·작전적·전술적 목적으로 다양하게 활용될 수 있게 되었다는 것이다. 과거에는 북한이 전략적 차원에서 미국의 핵 위협을 억제하고 한반도에 대한 증원을 차단하기 위해 핵무기를 개발하는 것으로 인식되었다. 그러다 보니 막상 가장 가까운 위치에 있는 남한에서는 우리 국민이 그 위협을 제대로 인식하지 못한 경향이 있었다. 그러나 이제 북한은 미국 본토, 오키나와 및 괌, 일본, 한반도 등 모든 종류의 목표에 대해, 거기에 맞는 사거리의 핵무기로 공격할 수 있게 되었다. 미국 본토에 대해서는 대륙간 탄도탄 혹은 잠수함 발사 미사일 등으로 실제 위협을 하거나 사격함으로써 동북아와 한반도에 대한 미군의 개입을 차단할 수 있게 되었다. 그리고 오키나와 혹은 괌, 일본에 대한 핵 타격 능력을 갖춤으로써 한반도를 고립시키고 증원을 차단할 수 있게 되었다. 또한 한반도에 대해서는 모든 작전 종심에 걸쳐 핵무기를 사용할 수 있는 능력을 가짐으로써 한반도에서의 전쟁 주도권을 행사할 수 있게 된 것이다.

셋째, 과거 북한이 핵무기를 개발하거나 핵탄두 소량을 확보했을 때에는 최악의 경우에 사용하거나 전쟁 억제 수단으로 밖에는 활용될 여지가 별로 없어 보였다. 그러나 북한이 2027년을 목표로 200기의 핵탄두를 가지고 잠수함 탑재 미사일(SLBM)을 보유하게 된다면 2차 보복 능력(2nd Strike Capability)를 가지게 됨을 의미한다. 핵무기 숫자를 더 늘릴 경우 공포의 핵 균형을 달성하고 핵 군축 협상을 요구할 가능성이 커지게 된다.

넷째, 최근 개발하고 있는 '북한판 이스칸데르(Iskander)'나 대구경 방사포에 핵탄두를 탑재하여 전술 핵무기를 운용하게 되면 남북 간의 군사적 충돌이나 제한적 국지전 혹은 전면전쟁에서조차 남한에 대해 압도적인 전력 우세를 달성하게 된다. 가장 우려되는 시나리오는 일본을 포함한 동북아 지역의 미군 기지를 핵무기가 탑재된 탄도미사일로 위협하면서 한반도에서 소규모 전술핵을 사용하는 것이다. 실제 북한은 김정은 집권 이후 지휘 구조를 조정해 전략 로켓 사령부(나중에 전략군으로 이름을 변경)를 별도의 군종으로 독립시킨 바 있다.

북한의 핵은 두 가지 의미를 띠게 되었다. 한편으로는 북·미 간 협상 테이블에서의 의제이기도 하지만 우리 대한민국에 대해서는 가장 위험한 현실적인 위협이 된 것이다. 과거에는 남북 간에 군사적 충돌이 발생하면 북한으로서는 재래식 전력의 질적 열세로 인해 방책의 선택 범위가 넓지 않았다. 그러나 전술핵 투발 능력을 확보한 이후부터 북한은 핵무기를 이용한 협박, 강압, 억제 등 다양한 옵션을 가질 수 있게 되었다. 대한민국으로서는 국민의 안전이 북한의 핵 위협에 노출되어 있다는 사실을 정확하게 인식해야 한다. 그리고 핵은 소규모 전술 핵무기 단 한발로도 막대한 인명과 재산 피해를 줄 수 있기 때문에, 핵 위협에 대해서는 단 한 발도 피격되지 않도록 방호 태세를 구축해야 한다.

미·중 경쟁과 중국의 군사력 증강

① 미국의 국방 혁신과 3차 상쇄 전략

미·중 간 경쟁과 갈등은 정치·경제·군사·사회 전 분야에 걸쳐 진행되고 있다. 미국은 국가 안보 전략(NSS)과 국방 전략(NDS)에서 중국과 러시아를 경쟁 상대로 명시하고 인도·태평양 전략과 함께 미래 전장에 대비한 새로운 개념을 발전시키고 있다.

그에 앞서 미국 헤이글(Charles Timothy "Chuck" Hagel) 국방성 장관은 2014년 '국방 혁신 구상(Defense Innovation Initiative)'의 일환으로 '제3차 상쇄 전략(Third Offset Strategy)' 추진 필요성을 언급하였다.[11] 제3차 상쇄 전략이 필요하다고 인식하게 된 이유는 9·11 테러 이후 미국이 이라크와 아프간 등에서 대테러 작전에 몰입해 있는 동안 중국, 러시아 등 주요 경쟁국들이 적극적으로 군 현대화를 적극 추진하여 미국의 압도적인 군사 우위의 지위가 위협받을 수 있다고 판단했기 때문이다.

이후 미 육군의 주도로 발전된 다영역 작전(MDO)[12] 개념은 미 합참 차원의 합동 전 영역 작전(JADO) 개념으로 확대되었다. 지금 미군은 새로운 개념을 구현하기 위해 필요한 새로운 능력을 식별하고, 그 능력을 갖추기 위해 필요한 육·해·공군과 해병대의 전력 증강을 집중적으로 추진하고 있다.

미국은 인공지능, 로봇 기술, 저비용 소형화 기술, 자율 시스템 3D 프린팅, 첨단 소재 및 제조 기술 등을 활용해 기술적인 우위를 달성함으로써 군사적 우위를 유지하고자 하고 있다. 특히 다양한 로봇 및 자동화 기술을 활용한 유무인 복합 전투 체계 발전에 역량을 집중하고 있다. 이러한 유무인 복합 전투 체계는 육해공군 모두 개발에 열을 올리고 있다.

미 공군은 유인 전투기(F-22, F-35)와 협동 작전을 하는 무인 F-15 전투기를 운용하거나, 유인 전투기를 중심으로 다양한 무인 임무기(Loyal Wingman) 프로그램을 시험하고 있다.[13] 미 해군은 2025년을 목표로 스텔스 구축함과 무인 수상함·잠수정으로 구성된 유령 함대(Ghost Fleet) 창설을 추진하고 있다. 미 육군의 경우에는 육군 현대화 프로그램(Army Modernization Programm)[14] 일환으로 추진 중인 차세대 전투 차량(Next Generation Combat Vehicle) 사업으로 전차와 협동 작전을 수행할 수 있는 중(重: 25톤 내외)·중(中: 10톤 내외)·경(輕: 5톤 미만) 로봇 장갑차를 검토하고 있다. 중(中) 로봇 장갑차의 경우 원격 조종이 가능한 10톤 정도의 전기 장갑차를 개발하여 전투 실험을 진행하고 있다.

최근 3~4년 동안 미국은 국방 사이버 전략(2018년), 국방 클라우드 전략(2019년), 디지털 현대화 전략(2019년), 전자기 스펙트럼 전략(2020년), IT 개혁 전략(2021년) 등 4차 산업혁명 기술을 군사 분야에 활용하기 위한 다양한 전략을 발표하였다. 특히 국방 고등 연구 계획국(DARPA) 주도 하에 혁신적인 개방형 국방과학 기술 연구개발을 추진하고, 국방부 내에 합동 인공지능 센터(JAIC)를 설치하여 인공지능을 군에 접목하기 위한 컨트롤 타워 역할을 하게 하였다. 실리콘밸리에 국방 혁신단(DIU) 사무소를 설치하고, 미 육군의 미래 사령부(AFC)는 텍사스 주도인 오스틴의 대학 건물에 위치[15]하도록 하였으며 미래 사령부 예하의 육군 인공지능 TF는 카네기멜론대학에 설치하는 등 민간 영역의 혁신 기술을 도입하기 위한 다양한 노력을 경주하고 있다.

② 중국의 국방 개혁과 군사력 증강

중국은 2017년 당 대회를 통해 중국 공산당 설립 100주년이 되는 2021년에 샤오캉(小康) 사회 건설, 2035년에는 사회주의 현대화 실현, 중국 국가 건설 100주년이 되는 2049년에는 사회주의 강국을 건설하는 중국몽(中國夢) 실현 로드맵을 제시하였다. 이러한 중국몽을 뒷받침하기 위해 2020년까지 기본적인 기계화와 정보화를 달성하고, 2035년까지 기본적인 국방 및 군 현대화를 달성하며, 2050년까지 세계 최고의 군대를 전면적으로 건설한다는 단계별 강군몽(强軍夢) 추진 목표가 제시되었다. 시진핑은 집권 이후 병력 30만 명을 감축하면서 국방 개혁을 단행하였다. 중국군은 공산당 중앙군사위원회 중심의 연합 작전 지휘 체계[16]를 구축하고, 행정 중심의 7대 군구 체제를 5대 전구 중심의 연합 작전 체제로 전환하였으며, 육군을 별도의 군종 체제로 분리하여 육군·해군·공군·로켓군·전략지원부대 5대 군종 체제로 개편했다.

중국은 4차 산업혁명을 기회로 인식하여 중국이 강점을 보이고 있는 인공지능, 로봇, 양자 컴퓨팅, 드론 등에 집중 투자하여 미국의 기술적 우위를 뛰어넘으려는 노력을 기울이고 있다. 민간 분야의 우수한 기술을 군사 분야에 활용하기 위해 중국 국방부 내에 과학기술위원회를 신설하고 '군민 융합'[17] 전략을 적극적으로 추진하고 있다. 중국은 독자적 위성 항법 체계 구축 등 2045년까지 우주 장비 및 기술 면에서 세계 최고 수준을 달성하겠다는 목표를 가지고 국가 차원에서 우주·사이버·전자기 공간 전략을 수립하여 능력을 확충하는 데 주력하고 있다.

우리는 중국이 미·중 경쟁 과정에서 군사력을 현대화하고 증강함에 따라, 중국과 지리적으로 가장 근접한 우리 대한민국에는 직접적인 군사적 위협이 획기적으로 증대했다는 점에 주목해야 한다. 중국이 대외적으로 표방하는 정책과 무관하게 중국이 보유하고 있는 군사적 능력 자체가 우리에게는 심대한 위협이 되고 있다는 점을 인식해야 한다.

미국 국방부의 연례 「중국 군사력 보고서 2020」에 따르면 중국 해군은 130척의 수상 전투함을 포함해 대략 350척의 함정을 보유하여 수적으로는 세계 최대 규모의 해군력을 보유하고 있다.[18] 지난 15년간 항공모함 2척, 유도 미사일 구축함(DDG) 36척, 프리킷함 30척, 잠수함 26척, 보급 및 지원선 10척 등 총 130척 규모를 진수 혹은 취역시켰다. 이러한 추세로 간다면 강군몽을 실현하는 중간 단계인 2035년까지 거의 250~260척의 신형 함정을 확보한다고 볼 수 있다.

중국 공군의 총 전력은 2,500대 이상으로 보고 있으며 그중 전투기는 1,500대 정도이며 약 800대가 4세대 전투기로 평가된다. 5세대 전투기는 J-20, J-31, FC-31로 최소 1개 여단이 운영 중인 것으로 알려져 있다. 미 국방부에서는 중국의 폭격기 위협에 대해 괌까지 도달할 수 있는 H-6K기, 해상용 H-6G/J기, 드론이나 핵 탄두를 발사할 수 있는 H-6N기 등 다양한 H 계열의 폭격기 위협에 주목하고 있다.

중국의 로켓군은 DF-15/CSS-6와 같은 단거리 미사일(SRBM: 사거리 725~850km), DF-21/CSS-5와 같은 중거리 탄도미사일(MRBM: 사거리 1,500km), DF-26과 같은 장거리 미사일(IRBM: 사거리 4000km), 그리고 2019년 열병식에서 선보인 DF-17과 같은 극초음속 활강 미사일 등을 보유하고 있다.

2015년 창설된 전략지원부대는 중국군의 우주, 사이버, 전자 및 심리전 분야를 관장하며 하부 조직으로 우주 시스템부와 네트워크 시스템부, 311 심리전 부대로 구성된 것으로 알려져 있다. 우주 시스템부는 각종 우주선 발사, 발사 기지 및 연구소 통제, 공중 및 우주 관계, 우주 기반 정보전과 C4ISR 체계 구축 등의 업무를 수행하며, 네트워크 시스템부에서는 사이버, 전자전, 심리전 등을 담당하고 있다. 특히 311 심리전 부대는 네트워크 시스템부와 연계하여 평시부터 사이버 공간에서 심리 홍보, 심리 위협, 심리 강화, 심리 사기 등의 업무를 적극적으로 수행하고 있다.

③ 중국 북부 전구의 군사적 능력

우리에게 가장 직접적인 위협이 되면서 한반도와 서해를 담당하고 있는 전구는 북부 전구로, 우리는 북부 전구의 군사적 능력에 특히 주목할 필요가 있다. 북부 전구의 육군은 3개 집단군으로 구성되어 있으며 각 집단군은 6개 합성 여단, 포병·방공·특작·항공·공정방화·근무보장 각 1개 여단씩으로 편성되어 있다.

북부 전구의 해군은 북해 함대이다. 7개의 항공 여단, 2개의 항모 전단과 부속 2개 항공 여단, 3개 구축함 함대, 2개 잠수함 함대, 1개 특전 여단으로 구성되어 있다. 「군사력 균형 2020」에 따르면 북해 함대는 핵 추진 잠수함(SSN) 4척, 재래식 잠수함 16척, 항공모함 1척, 순양함 1척, 구축함 7척, 프리킷함 11척, 중형 상륙함

7척 등을 보유하고 있다. 우리의 해병대에 해당하는 해군 육전대는 1개 여단을 보유하고 있다.[19]

북부 전구 공군은 랴오닝성 다롄 기지와 산둥성 지난 기지 중심으로 항공단을 편성하여 운용하고 있다. 다롄 기지는 11개 항공 여단을, 지난 기지는 4개 항공 여단을 보유하고 있으며 지대공 미사일 여단이 2~3개 편성되어 있다. 항공 여단들은 대부분 특수 목적기보다는 전투기 위주이며, 4세대 혹은 이전 구형 세대 전투기로 구성되어 있다.

미국의 2020년 중국 군사력 보고서에 따르면 북부 전구를 지원하는 로켓군은 65기지를 중심으로 4개 여단을 보유하고 있다. 다롄에 위치한 651여단(DF–21A)과 654여단(DF–26), 퉁화의 652여단(DF–21C), 라이우에 위치한 653여단(DF–21C/D)으로 모두 한반도와 일본까지 사정거리 안에 두고 있다. 특히 DF–26은 괌 및 미군의 항모 전투단이 운용되는 해역을 목표로 하고 있는 것으로 보인다.

중국이 미국과의 경쟁 과정에서 군사력을 증강하면서 지리적으로 바로 인접한 대한민국에 대한 군사적 위협은 자동적으로 커지게 되었다. 그리고 이러한 위협은 앞으로 더 심각한 수준까지 확대될 것이 확실하다. 따라서 중국군 전체가 한반도에 개입하는 상황보다는 적어도 북부 전구라도 한반도에 개입했을 때를 상정하여 다양한 시나리오를 발전시켜 이에 대한 대비책을 지금부터 강구해야만 한다.

과학 기술의 발달과 4차 산업혁명

최근 4차 산업혁명으로 일컬어지는 기술 혁명은 과거의 산업 혁명으로 인한 기술 발전과 차원을 달리한다. 사물인터넷(IoT), 클라우드 컴퓨팅(Cloud Computing), 빅데이터(Big Data), 모바일(Mobile) 기술은 인공지능(AI)과 결합하여 새로운 플랫폼과 가치를 만들어 내고 있다. LTE를 넘어 5G로 연결되는 초대용량 유무선 네트워크를 통해 모든 기기와 사람, 플랫폼이 연결됨으로써 무한대의 데이터가 클라우드에 수집·저장되고 병렬 컴퓨터를 통해 엄청난 정보가 수요에 맞게 가공되고 처리되는 시스템이 구축되고 있다. 여기에 3D 프린팅, 자율주행 기술, 로봇 기술, 나노 기술, 바이오 기술, 첨단 소재 및 재료공학, 에너지 저장 기술 등 폭넓은 분야에서 새롭게 부상하는 과학 기술과의 융합이 새로운 산업혁명을 촉진하고 있다. 이러한 기술의 혁명은 인간 개인의 삶과 일하는 방식, 사회적 가치, 비즈니스 모델과 방식, 정부와 민간 자본 혹은 기구 및 기업 간의 위상과 역할, 심지어 국제 관계와 안보 문제에 이르기까지 전 분야에 혁명적 변화를 가져오고 있다.

군사 분야도 예외가 아니다. 앞에서 언급한 바와 같이 미국의 3차 상쇄 전략은 이러한 기술 변화를 미리 파악하고 선제적으로 활용한 것으로 이해할 수 있다. 미 육군의 미래 사령부는 저비용 센서, 인공지능, 정밀 타격 기술, 자율화 기술, 로봇 기술, 지향성 에너지, 바이오 기술, 양자(Quantum) 컴퓨팅 및 정보처리 기술은 앞으로 전쟁의 양상을 바꾸고 싸우는 방법에 변화를 가져올 것[20]이라고 예측하고 있다.

　과학 기술의 발전으로 인해 전쟁의 양상은 완전히 다른 방식으로 바뀌어나갈 것이다. 우선 전장 공간이 3차원(지상·해상·공중)에서 우주·사이버·전자기 영역이 더해져 5~6차원으로 확대될 것이다. 전투 형태는 네트워크를 통한 사이버·전자기파 영역 내 다차원 통합 전투가 이루어질 것으로 전망된다. 모든 전장이 초연결 네트워크로 연결되고 모든 센서와 무기 체계, 지휘 통제 체계를 비롯한 전장 기능에 인공지능이 탑재되어 운용될 것이기 때문이다. 앞으로 기술 발전 속도에 따라 전투 수행 주체도 인간 중심에서 유·무인 복합 체계로 발전하고 미래에는 자율화 수준에 따라 무인 중심 체계로 바뀌어나갈 것이다. 국가별로 무기 체계의 치명성을 높이는 노력은 점차 타격 수단의 초장사정화, 초정밀화를 추구하고, 극초음속 무기 체계가 확산될 것이다. 이제 사이버 전자전은 평상시부터 일상화되고 전쟁이 발발하면 상대방의 국가 및 군사 지휘 체계를 일거에 무력화시킬 수 있는 수준으로 발전할 것으로 전망된다.

　이러한 전쟁 양상의 변화는 앞으로 국방 정책을 결정하고 국방력을 건설하는 데 핵심적인 영향을 미칠 것이다. 기술 발전으로 인한 산업혁명이 하루아침에 이루어지는 것은 아니다. 그러나 증기 기관이 발명되어 기계화 혁명으로 이어져 1차 산업혁명이 꽃을 피운 데 약 150년이 걸렸다면, 2차 산업혁명은 전기 에너지를 발명한 후 대량생산 체제로 꽃을 피우기까지 불과 40년이 소요되었다. 컴퓨터와 인터넷 기술이 핵심이 된 3차 산업혁명이 지식 정보 혁명으로 이어지는 데에는 30년밖에 걸리지 않았다. 아마도 4차 산업혁명으로 인한 혁신의 속도는 훨씬 빨라질 것이다. 기술 발전 속도는 점점 더 가속화되며 한 번 혁신 속도에서 뒤처지면 다시 따라잡기는 대단히 어렵다. 미래에 대비한 국방력을 건설하는 데 핵심적으로 고려되어야 할 요소이다.

인구 감소와 사회 변화

우리나라의 출생률 감소로 인한 인구 절벽 문제는 어제오늘의 화두가 아니다. 오랜 기간 국가적 차원에서 출생률을 높이는 노력을 해왔지만, 단기간 내에 해결될 전망은 없다. 출생률 감소로 인한 경제 사회적인 변화와 영향이 많겠지만, 안보 분야에서도 국민 개병제를 바탕으로 군을 유지하고 있는 우리 군에게는 심각한 새로운 도전이다.

상비 병력 50만 명을 기준(현역 판정 비율 90%)으로 할 때, 중·장기 가용 병역 자원 수급 전망을 판단해보면, 2023년 이후 2030년까지 현역병 소요 대비 매년 평균 2만 명이 부족하게 되고 실제 현역 입대율(-4.5%)을 적용하면 병역 자원 부족 현상은 더욱 심화될 것이다. 2030년 이후 2038년까지는 매년 약 4만 명 수준이 부족할 것으로 예상된다.[21]

병역 자원 부족 문제는 자연스럽게 병력 감축 논의로 이어지고 징병제냐 모병제냐 하는 병역 제도 문제로 이어지기 마련이다. 그러나 병역 제도와 함께 논의되어야 할 더 근본적인 문제는 앞으로 우리 군이 더는 병력 의존형 부대 구조와 싸우는 방법에 매달려서는 안 된다는 것이다. 적은 병력으로 최대의 전투력 발휘 효과를 달성하는 방식으로 전략 개념과 작전 및 전투 수행 개념을 바꾸고 그에 맞추어 부대 구조와 편성을 조정해야 한다. 출생률이 낮아지고, 한 자녀 가정의 비율이 절반을 넘고 인명 존중에 대한 인식이 높아진 상황에서 대량 인명 피해를 초래할 수 있는 과거의 전투 방식은 지양되어야 한다. 이제는 전쟁이나 전투에서 승리하더라도 많은 인명 손실을 수반한다면 그 승리는 국민으로부터 환영받지 못할 가능성이 크다.

3) 평화를 지키는 데 필요한 능력

국가 안보를 증진하고 평화를 지키는 방법은 크게 두 가지로 생각해볼 수 있다. 하나는 군사력을 포함한 국가의 능력을 증진시키는 방법이다. 다른 하나는 위험을 감소시킴으로써 안보를 보장하는 방법이다.[22] 후자의 군비 통제의 경우에는 상대 혹은 주변 환경이나 국제 체제의 영향을 받는다는 측면에서 상대적이라고 할 수 있다. 관련 당사국이나 상대의 의도, 이행의 검증 여부와 이를 보장하는 체제의 공고성에 따라 달라질 수 있다. 반면 군사력을 포함한 국가의 능력을 키우는 방법은 그 국가의 의지와 능력에 달린 문제다. 군사력 증강을 뒷받침할 만한 경제적 능력이 있고 국민적 지지와 의지가 있으면 얼마든지 가능한 일이다. 여기서는 후자의 경우는 제외하고 우리의 국방력을 증진하는 첫 번째 방법에 대해서만 제시하고자 한다.

북한에 대한 능력

북한의 위협을 어떻게 인식하는가에 따라 필요한 능력은 다르게 도출된다. 여기서는 모든 군사적 개념과 필요성에 근거한 능력을 망라하기보다는 가장 핵심적인 위협이 무엇이며, 그에 대응하는 데 필요한 핵심 능력이 무엇인지에 초점을 맞추어 제시하고자 한다.

① 북한 핵미사일 위협에 대한 능력

북한의 위협 중 가장 위험하고 시급한 위협은 역시 핵과 미사일일 것이다. 북한의 핵은 단 한 발이라도 대한민국의 영토에 떨어질 경우 치명적인 결과를 초래한다. 대량 인명 손실[23]과 물질적 피해는 물론이고 자칫 심리적인 마비와 혼란으로 이어져 대응 의지 자체를 와해시킬 수도 있기 때문이다. 일본이나 오키나와 혹은 괌

미군 기지, 미국 본토에 대한 위협도 유사한 결과를 초래할 수 있다. 유사시 증원 자산들이 직접 타격을 받아 증원이 불가능한 상황이 되거나, 타격으로 인해 증원 의지 자체에 심각한 악영향을 미칠 수 있다. 따라서 북한의 핵탄두는 어떠한 경우에도 우리 영토는 물론이고 미군의 증원 기지에도 단 한 발도 떨어지지 못하도록 하는 데 목표를 두고 필요한 능력을 식별해야 한다.

북한 핵의 가장 유력하고 유용한 운반 수단은 탄도미사일이다. 전략 폭격기를 포함한 공중 자산은 능력이 제한될 뿐만 아니라 한미 연합 공중 전력의 우세, 촘촘한 방공망 등으로 인해 핵무기를 성공적으로 투하하기는 쉽지 않아 보인다. 반면 북한 입장에서 탄도미사일은 사거리별로 다양한 종류를 보유하고 있고, 발사에서 목표 지점 탄착까지는 시간이 걸리지 않아 대응 혹은 요격하기에도 용이하지 않다.[24] 따라서 북한 핵의 주 운반 수단인 탄도미사일을 발사하지 못하게 하거나 발사하더라도 우리 땅에 떨어지지 못하도록 요격하는 관점에서 필요한 능력을 도출하면 될 것이다. 전자의 경우 킬체인(Kill Chain), 후자의 경우 한국적 미사일 방어 체계(KAMD)로 구분해왔다.

먼저 킬체인에 필요한 능력이다. 북한은 먼저 핵탄두를 저장고에서 꺼내어 탄도미사일 작전 기지(BMOA)로 이동시켜 미사일 탄체와 결합한 후 미사일 발사 작전 수행 절차를 진행할 것으로 예상된다. 이 작전 수행 과정을 분석하여 핵탄두, 탄도미사일 능력을 없애거나 작전 수행 절차를 이행하지 못하도록 하는 데 필요한 능력이 식별되어야 한다. 참고로 북한 핵은 통상 핵물질과 탄두를 별도 장소에 통합적으로 보관하고 있을 가능성이 크다.[25]

가장 먼저 필요한 능력은 감시 정찰 능력이다. 핵탄두 저장 시설, 저장 시설로부터 탄도미사일 작전기지(BMOA)에 이르는 도로, 미사일 작전 기지, 핵 도발 의사결정권자의 위치와 동선을 실시간 파악할 수 있는 능력이 필요하다. 둘째, 실시간 표적 식별 및 처리 능력이다. 이동식 발사대(TEL)와 각종 지휘 및 지원 장비의 이동을 포착함과 동시에 분석을 완료하고 실시간으로 지휘 결심과 작전 지휘에 필요한 지휘소로 보고할 수 있는 능력이 필요하다. 셋째, 결심을 용이하게 할 수 있는 능력이다. 타격을 할 것인지 말 것인지, 타격한다면 수단과 방법은 무엇인지를 최단 시간 내 결정할 수 있어야 한다. 넷째, 실제 타격 능력이다. 결심이 이루어지고 나면 물리적·비물리적 모든 수단을 동원해 타격할 수 있어야 한다. 효율적인 방법으로는 미사일 작전 기지(BMOA) 내에 미사일 발사체를 보관하고 있을 모든 갱도, 지휘 통제와 지원에 필요한 시설 및 장비 등을 다층적으로 타격할 수 있는 능력이 필요하다. 작전 초기에 갱도를 모두 파괴하고 나면 갱도 내의 병력과 미사일 발사체는 외부로 나와 사격할 수 없을 것이고, 갱도 밖에 나와 있던 미사일 동체는 다시 갱도로 복귀하지 못하여 노출된 상태에서 표적화될 수밖에 없을 것이다. 노출된 미사일 동체와 지원 장비들은 우리 공중 자산이나 다른 미사일로 파괴할 수 있게 된다.[26] 이를 위해서는 우리의 미사일 보유량을 획기적으로 늘려 북한의 어떤 작전 기지에 대해서도 충분히 타격할 수 있는 발수를 확보해야 한다.

다음으로 필요한 것은 한국형 미사일 방어 체계에 필요한 능력이다. 탄도미사일의 비행은 대체로 상승-중간-하강 단계로 나누어지는데, 고도별로 상층, 중층, 하층 방어 능력을 갖추어야 한다. 지금까지 우리 군은 주로 하층 방어에 필요한 능력 위주로 갖추어왔는데, 하강 단계 요격은 마지막 수단으로 인식하고 틀을 바꾸어야 한다.[27] 북한의 탄도미사일을 상승·중간 단계에서 조기에 요격할 수 있는 능력이 필요하다. 앞의 킬체인 정찰 감시 능력과 연동된 상승 단계 요격 능력과 현재는 전혀 요격 수단이 없는 상층·중층 방어를 담당할 능력을 조기에 확보해야 한다.

북한 핵미사일 위협에 대한 능력은 적어도 북한이 핵무기를 보유하고 있다고 하더라도 전혀 효과를 발휘하지 못하게 하거나 무용지물화할 수 있을 정도의 능력을 갖추는 것이 핵심이다. 핵무기의 사실상 무용지물화를 달성할 수 있으면, 북한으로 하여금 핵무기 개발에 집착하지 않도록 유도할 가능성도 그만큼 커진다고 할 수 있다.

② 북한 비대칭 위협에 대한 능력

북한의 비대칭 위협은 수도권을 위협하는 장사정포, 특수 작전 부대, 사이버 위협, 생화학무기 등을 들 수 있다.

과거에는 북한이 장사정포를 사격하면 D+3~5일 이내에 장사정포 70%를 격멸하는 것을 목표로 계획을 수립하고 연습을 해왔다. 그러나 이제는 전쟁 개시 첫날에 목표를 달성할 정도의 수준으로 우리 군의 장사정포에 대한 대응 및 대화력전 수행 능력이 향상되었다.[28] 그럼에도 수도권을 안전하게 보호하는 것은 국민의 전쟁 수행 의지를 지탱하고 작전 지속 능력을 유지하는 데 대단히 중요하다. 따라서 수도권 안전은 절대 안전, 완벽 방호를 목표로 방호 능력을 갖추어나가야 한다. 장사정포가 무력화되면 생화학무기를 탑재할 수단이 줄어들게 되므로 생화학무기 위협도 어느 정도 줄일 수 있을 것이다.

북한의 특수 작전 부대 위협에 대해서는 특수 작전 부대의 침투 수단별 효과적인 대응 능력을 갖추어야 한다. 북한 육해공군 특수부대[29]의 침투 수단인 AN-2기, 공기 부양정 등을 조기에 포착하여 격멸하는 능력이 필요하다. 더 중요한 것은 특수 작전 부대의 발진 기지 자체를 타격하여 병력과 침투 수단을 동시에 제거하는 능력을 확보해야 한다.

북한의 사이버 위협은 세계적인 수준이라고 평가된다. 정찰총국 산하에 7,000명에 가까운 병력이 사이버전을 수행하는 것으로 파악되고 있다. 적어도 북한의 사이버 공격을 추적하고 방어할 수 있어야 함은 물론이고 공격을 할 정도 수준의 능력을 확보하는 것이 중요하다. 사이버 공격 능력을 확보해야 사이버 공간에서의 억지 효과도 얻을 수 있다.

지난 2년 동안 진행된 코로나19 팬데믹 상황은 생화학무기 위협에 대한 대응 능력을 평시부터 갖추는 것이 얼마나 중요한지 잘 깨닫게 해주었다.

중국에 대한 능력

중국군 전체의 규모와 능력을 고려할 때 모든 분야에서 중국군과 대등한 수준의 대응 능력을 갖추는 것은 우리 국가 경제 능력을 고려할 때 사실상 불가능하다. 그러나 적어도 중국이 함부로 강압 혹은 도발을 할 수 없을 정도의 억지 능력을 확보하는 것이 중요하다.

첫째, 중국군의 전략 지원군의 능력, 북부 전구의 정보전에 대비해 우주·사이버·정보전·전자전 능력을 획기적으로 강화할 필요가 있다. 중국군은 정보전 공격을 통해 적 C4ISR 체계를 무력화하는 것으로 작전을 시작한다는 교리를 가지고 있다. 지휘 통제 체계를 유지하여 작전 지휘를 가능하게 하려면 방어적인 능력을 갖추고 공격 이후 탄력적이고 회복력이 강한 시스템과 능력을 구비해야 한다. 아울러 우주·사이버·정보 및 전자전 공격 능력을 확보하는 것도 중요하다.

둘째, 북부 전구의 화력 타격 능력에 대비하여 방어적·공세적 장거리 화력을 대폭 보강해야 한다. 중국군의 미사일 발사 기지 혹은 TEL을 추적하여 타격할 수 있는 능력, 발사된 미사일을 요격하는 능력을 강화해야 한다.

셋째, 중국의 정치·경제·군사·심리적 중심을 치명적으로 타격할 수 있는 장거리 화력 능력을 구비해야 한다. 이를 통해 중국 공군과 해군이 공중 우세와 해양 우세를 일방적으로 점하지 못하도록 함과 동시에 해군 및 공군 기지들을 무력화함으로써 중국군 행동의 자유를 박탈하고 국지적인 주도권을 장악하는 데 기여할 수 있게 된다. 장거리 화력을 강화하게 되면 중국 북부 전구의 해군 기지와 공군 기지를 동시에 타격하는 능력을 갖게 됨은 물론, 정치·경제 중심지에 대한 타격 능력을 가지게 된다는 것을 의미한다. 이러한 능력을 갖게 되면 중국에 대해서는 제한적이지만 억지 능력을 가졌다고 볼 수 있을 것이다.

넷째, 육군의 군사력 배치 및 운용을 더 융통성 있게 조정해야 한다. 북부 전구의 육군이 기동력을 높이고 중국 해군이 육전대 상륙 지점을 자신들의 의도대로 결정할 수 있는 만큼, 어느 방면으로 접근하더라도 유연하게 대응할 수 있도록 부대 구조와 배비, 운용의 융통성을 확보해야 한다.

다섯째, 중국군에 대한 체계적이고 본격적인 연구를 통해 중국군에 대한 이해의 능력을 확대해야 한다. 지금까지는 주로 북한 위협에 대비해 북한군에 대한 편성과 교리 연구 등에 집중해왔다.

이제는 실제적 위협으로 다가온 중국군에 대해 군사 전략과 싸우는 개념, 편성과 교리 등 모든 분야에 걸쳐 연구를 시작하여 전문가들을 확대하고 지식과 데이터를 축적해나가야 한다.

4) 국방 정책과 국방력 건설 방향

패러다임 전환: 국방개혁 2.0에서 국방혁신 4.0으로

군은 상황에 맞게 국방 개혁 혹은 군사 혁신이라는 이름으로 나름대로 시대에 맞게 변화하는 노력을 해왔다. 과거 자주국방이라는 기치 아래 본격적인 국산 방위 산업을 시작하였고, 율곡계획을 수립하여 종합적이고 체계적인 전력 증강 시스템을 만들었다. 지금 현재 국방 개혁의 틀은 노무현 정부 시절 만들어진 국방개혁 2020의 틀이다. 이후 이명박 정부와 박근혜 정부를 거치면서 추진 시기와 내용이 일부 수정되긴 했으나 큰 틀은 유지되었다. 국방 개혁에 관한 법률까지 제정하여 개혁 과제의 이행 상황을 국회에 보고하도록 하고 국방부 내에 개혁에 대한 조직까지 만들어 운영하고 있다.

거의 20년이 다 되어가는 국방 개혁의 틀을 오늘날의 상황에 비추어 평가해보면 이제는 완전히 새로운 접근이 필요하다는 결론에 이른다. 오래된 국방 개혁의 틀이 유지되다 보니, 개혁의 본질보다는 계획에 포함된 과제의 이행이 마치 국방 개혁의 본질인 양 잘못 받아들여지고 있다. 국가와 사회, 경제 등 모든 분야에서 4차 산업혁명 기술을 접목하기 위한 노력을 기울이고 있을 때 국방 분야는 과거의 국방 개혁 틀에 머무르고 있다. 실제 2019년 발간된 국회 입법조사처의 국방개혁 2.0에 대한 평가는 이러한 점을 잘 보여주고 있다. 국방개혁 2.0이 한국형 군사 전략과 교리를 명확하게 제시하지 못하고 있으며 위협의 다변화, 잠재적 위협의 증가, 4차 산업혁명 기술 발전으로 인한 국방·전쟁 패러다임 변화에 따른 요구를 반영해야 한다고 지적하였다.[30]

또한 경직된 방위력 개선 시스템으로 인해 지나치게 투명성에 치중하다 보니 빠르게 발전하는 첨단 기술을 적기에 활용하지 못하고 전반적인 시스템의 효율성이 떨어져 있다. 우리나라의 5G, 스마트폰, 디스플레이 등에 대한 기술은 세계적인 수준에 있으나, 군은 20년 전 소요 제기한 전술 통신 체계(TICN)를 이제야 전력화하고 있다. 전력화하는 동시에 이 기술은 이미 구시대 기술이 된 것이다. 인공지능 분야도 군은 2년 전에 비로소 중요성을 인식하고 육군이 교육사령부에 조직을 만들어 개념을 연구하고 소요를 도출하기 시작했다. 민간 분야에서 데이터 댐 사업이 진행될 때 군 내부에서는 보안 규정 때문에 데이터를 저장할 수조차 없는 상황이 계속되고 있다. 군 내에서 인공지능은 구호는 무성하지만 아직 본격적으로 도입할 수 없는 기술이다.

따라서 현재 국방 개혁의 틀로는 4차 산업혁명 기술이나 첨단 과학 기술을 군에 적기에 접목할 수 없다. 더 이상 뒤처지지 않기 위해서는 지금이라도 제2의 창군 수준으로 군 전반을 재설계하고 국방에 대한 패러다임을 바꾸지 않으면 안 된다. 새로운 국방 혁신의 틀을 만들고 모든 자원과 노력을 집중해야 겨우 선진국들을 따라잡을 희망이라도 가질 수 있는 실정이다.

이러한 관점에서 우리 국방은 제2의 창군 수준으로 국방 분야 전반에 걸쳐 현재의 문제점을 정확하게 진단하고 새로운 틀을 짜야 한다. 새로운 국방 정책이 어떤 방향으로 추진되어야 하는지 몇 가지를 제언한다.

첫째, 군사 전략과 싸우는 방법과 개념을 새로이 정립해야 한다. 위협과 도전 요인들을 정확하게 진단하고 근본적인 대안을 모색하는 전략과 개념이어야 한다. 북한의 핵과 미사일, 비대칭 위협에 대해 압도적인 우위를 달성하고 무력화하는 전략과 개념을 도출해야 한다. 당면 위협으로 부각된 중국의 군사 능력에 대해서도 명확한 목표를 세우고 창의적이면서 공세적인 대안을 찾아야 한다.

새로운 군사 전략은 기존의 틀에서 과감하게 벗어나야 한다. 감시권, 방위권, 결전권으로 구분되는 권역별 대응 개념은 이제 낡은 개념이다. 사이버 공간과 우주 공간, 전자기 스펙트럼은 권역별 대응을 차등화할 수 없는 공간이다. 또한 초연결 초지능에 기반을 둔 정찰 감시 수단과 초장사정 타격 수단은 전혀 다른 O-O-D-A

고리를 만들어낼 수 있다. 따라서 한반도에 영향을 미치는 전 영역을 감시와 방위 결전이 이루어지는 공간으로 이해하고 군사 전략을 수립해야 한다.

국가 목표와 이익을 명확히 한가운데 두고 국민 보호와 안전 보장을 기준으로 더 창의적이고 주도적이며 공세적인 접근을 해야 한다. 북한 핵 문제든, 주변국의 위협이든 모두 국가의 명운을 한순간에 결정지을 수 있는 심각한 위협이므로 생존을 기준으로 전략과 개념을 수립해야 한다.

둘째, 육·해·공·전략군 4군 체제로 전환해야 한다. 앞에서 제시한 바와 같이 전장의 영역이 기존의 3차원(지상·해상·공중)에서 5~6차원(우주·사이버·전자기 스펙트럼)으로 확대된 만큼, 새로운 영역을 담당할 새로운 군종을 만들어야 한다. 기존의 육군·해군·공군 3개 군종의 틀 내에서는 나눠 먹기식의 경쟁적인 예산 확보 싸움으로 변질되거나 아무도 책임지지 않는 주인 없는 영역으로 남을 가능성이 크다. 따라서 새로운 군종을 창설하여 종합적이고 체계적인 접근을 하고 자원을 집중시키는 것이 중요하다.

셋째, 첨단 과학 기술이 접목된 부대 구조와 조직 설계를 해야 한다. 군사 전략과 개념이 수립되면 이를 구현할 수 있도록 부대 구조를 바꾸고 그에 맞는 무기 체계와 장비·물자를 확보해야 하는 것은 당연한 일이다. 이때의 부대 구조는 기존의 하드웨어 중심의 부대 구조보다는 인공지능, 네트워크, 사이버, 전자전 능력을 극대화할 수 있는 구조로 과감하게 바꾸어야 한다. 변화하는 상황에 유연하면서 최적의 방식으로 대응할 수 있도록 초연결 네트워크를 기반으로 모자이크화, 모듈화할 수 있도록 해야 한다. 부대 구조 재설계와 함께 새로운 개념과 교리의 준비, 인력·장비·물자의 재배치, 시설과 제도의 개선도 뒤따르도록 종합적인 설계를 해야 한다.

넷째, 핵심 전력 체계를 유·무인 복합 체계 중심으로 바꾸어야 한다. 전투원 한 명이 하나의 소총이나 무기 체계를 운용하는 개념에서 벗어나 소형 드론과 로봇을 운용하게 되면 10배 이상의 전투력 발휘하여 효과를 달성할 수 있다. 이러한 원리가 전 군종과 병과에 확대 적용되도록 해야 한다. 인공지능과 로봇, 자율화 기술은 눈부실 정도의 속도로 발전하고 있다. 육군은 기존의 전차·장갑차·자주포를 무인화하여 유인 체계와 연동하거나, 소형 혹은 중형 로봇 또는 무인 전투 체계를 유인 체계와 연동하여 운용하도록 발전시켜 나갈 수 있다.[31] 해군의 수상함과 잠수함도 소형 무인 전투 체계를 도입하여 작전 반경과 효율성을 높일 수 있으며, 공군도 유인 전투기가 정찰, 방공 무기 제압, 전자전, 공격 등 다양한 기능을 가진 무인 전투기와 협동 작전을 하도록 전환해야 한다. 유·무인 복합 체계로 전환하면 적은 인원으로 전투를 수행할 수 있으며 그만큼 인명 손실도 줄이는 효과를 볼 수 있다.

다섯째, 게임 체인저(Game Changer)에 집중해야 한다. 게임 체인저는 전장의 판도를 바꿀 수 있는 무기 체계를 의미한다. 하나의 무기 체계로도 전장의 판도를 바꿀 수 있고, 여러 가지를 조합하여 융합 효과를 통해 판도를 바꿀 수도 있다. 과거의 많은 다양한 무기 체계에 지속적으로 재원을 분산하여 투자하기보다는 기존 무기 체계들은 소프트웨어를 개선하거나 무인화를 통해 효과를 극대화하고, 국가 과학 기술을 최대한 집중하여 새로운 게임 체인저 개발에 자원을 집중하는 것이 중요하다. 초장사정 타격 체계, 레이저와 같은 지향성 에너지 무기, 사이버 공격 체계, 전자기 공격 체계, 소형 생체 모방 무기 체계, 컨텀 컴퓨팅 및 센서, 우주 ISR 체계, 우주 공격 무기 체계 등이 예가 될 수 있다.

여섯째, 새로운 연구개발 체계를 정립해야 한다. 지금과 같이 국방부와 각 군, 연구개발 조직, 방위 산업체가 분리되어 소요 제기−소요 결정−획득 방법 결정−연구개발−평가를 단계별로 추진해서는 과학 기술 발전 속도에 맞추어 연구개발을 진행하기가 어렵다.[32] 소요와 사업 중심의 연구개발로는 새로운 기술에 대한 연구개발, 어려운 연구에 대한 도전이나 혁신은 기대하기 곤란하다. 투명성을 유지하는 가운데 효율성을 보장하고 적기에 과학 기술을 활용한 무기 체계를 도입하기 위해서는 국방부와 각 군, 연구개발 조직, 방위 산업체 등이 함께 연구 기획을 하고 연구개발 진행 과정에서도 함께 문제를 해결하는 융합형 연구 체계로 전환해야 한다. 그리고 국가적인 차원에서 타 부처 혹은 다른 분야의 첨단 기술이나 연구개발 성과를 국방에서 우선 활용할 수 있도록 제도적인 틀을 만들어야 한다. 민간 분야의 앞서가는 기술을 군에 신속하게 도입하고 국방을 위한 민간 연구개발을 촉진할 수 있도록 개방형 연구개발 혁신 체계를 도입할 필요가 있다. 또한 미래 필요한 핵심 기술을 식별하기 위해서는 학문적 기초 과학 연구 성과를 제대로 활용하는 산학연 생태계를 조성하는 것이 무엇보다 중요하다.

국가적 과제로 추진

국방의 패러다임 전환은 군 혼자서 스스로 할 수 없는 어려운 과업이다. 여러 가지 법률적·제도적 개선 사항을 수반하고, 무엇보다 자원의 집중이 되어야 가능한 과업이다. 성공적인 국방 패러다임 전환을 위해서는 국가적인 차원에서 뒷받침할 수 있어야 한다.

첫째, 국군 리더십의 절대적인 확신과 신념이 있어야 한다. 세계적으로 성공을 거두는 많은 혁신 기업은 CEO가 직접 비전을 가지고 사업을 추진하기 때문에 성공한다고 평가할 수 있다. 국방에 대한 패러다임 전환은 군의 통수권자인 대통령부터 확신과 신념을 가지고 추진해야 한다. 대통령이 관심을 가져야 할 분야는 많지만, 국방은 국가의 생존과 운명을 가르는 분야이므로 직접 확신과 신념을 가지지 않으면 안 된다. 그리고 군 내부에서도 혁신 동력을 만들고 유지하기 위해서는 국방 조직과 군의 리더십이 패러다임 전환과 혁신에 대한 비전과 신념을 가지는 것이 중요하다. 개혁과 혁신은 스스로 살을 깎아내는 고통을 감내할 수 있을 때 가능하다.

둘째, 범정부 차원에서 패러다임 전환을 기획하고 추진해 나
갈 컨트롤 타워를 설치해야 한다. 앞에서 제시한 국방 정책의 패러
다임 전환을 체계적으로 추진하기 위해서는 여러 정부 부처의 협
력이 필수적이다. 필요한 재원을 집중 혹은 전환해주어야 하고, 법
적·제도적인 틀을 만들어야 하며, 첨단 과학 기술 역량을 집중할
체계가 필요하다. 혁신을 추진하는 데 필요한 행정 조직을 보강하
고 과학 기술 인력도 집중해주어야 한다.

셋째, 새로운 제도와 틀을 만들어야 한다. 기존의 기획 관리
체계, 방위력 개선 체계로는 4차 산업혁명 기술을 적기에 활용할
수 없다는 것이 중론이다. 새로운 시대에는 새로운 시대 정신을 담
을 새로운 제도와 틀이 필요한 것이다. 미래의 유망한 기술을 미리
발굴하고 첨단 과학 기술을 신속하게 도입하여 진화적으로 활용할
수 있도록 전반적인 기획 관리 체계와 방위력 개선 체계, 연구개발
체계를 개선해야 한다.

넷째, 자원을 집중해주어야 한다. 국가 운영에 있어 복지가 삶
의 기반을 보장하고 풍요롭게 하기 위한 수단이라면, 국방은 그에
앞서 생존과 기반을 다지는 수단이다. 자칫 선진국과의 국방 혁신
패러다임 경쟁에서 뒤처지지 않기 위해서는 제도를 바꾸는 것 이상
으로 자원을 집중하는 것이 더 중요하다. 패러다임 전환을 위한 초
기 자원 집중은 5~10년 뒤 혁신의 결과로 보상받는다는 생각으로
과감하게 투자할 필요가 있다.

다섯째, 국방 핵심 기술 동맹을 확대해야 한다. 우리나라의 국방 분야 첨단 과학 기술 수준은 최첨단 선진국의 기술 수준을 100으로 볼 때, 전반적으로 75~85 정도 수준의 핵심 기술력으로 다소 뒤처져 있다.[33] 이러한 갭(gap)을 메우고 도약하기 위해서는 군사 동맹의 틀을 국방 핵심 기술 동맹으로 확대시켜 핵심 기술을 공유할 수 있는 체제로 발전시켜야 한다. 미·중이 군사적으로 경쟁하는 현재 상황은 핵심 기술 동맹으로 확대하기 좋은 기회가 될 수 있다. 최근 미국 내에서 '파이브 아이(Five Eyes)' 확대 논의가 진행되고 있으므로 조용하게 여기에 호응할 필요가 있다. 이를 통해 기술 자립이 필요한 분야와 공유 및 신속한 도입이 필요한 분야를 적절히 조합하여 시급한 핵심 기술을 우선 도입하여 기술적 도약을 이루어내는 전략적 접근이 필요하다.

5) 결론

2018년에 우리 군은 건군 70주년을 맞았다. 우리 군은 아직도 병력 집약형 군대이며 과거의 진지전 경험에서 비롯된 관념과 부대 구조를 유지하고 있다. 사회과 군, 해공군과 육군, 각 군 내에서는 병과 간의 심각한 불균형이 만들어지고 있다. 오랫동안 평화가 지속되면서 군의 제도와 구성원들은 점차 관료화되고 변화를 두려워하는 집단으로 변하고 있다. 국방부 관련 조직에는 테크노크라트(technocrat)보다는 행정 관료들이 대부분 보직되어 규정과 방침을 만들고 내세우는 데 더 익숙하다.

일반 국민은 군에 대한 본질적인 문제에 관심을 가지기보다는 본인의 과거 군 생활 경험이나 가족 구성원의 군 생활, 병영 문화에 대한 관심 위주로 군을 바라본다. 언론과 정치 지도자들은 군을 신뢰의 눈으로 바라보기보다는 문제를 발굴하여 이슈화하는 데 관심이 더 크다.

군은 국민의 사랑을 먹고 사는 집단이다. 이제 군은 거듭나지 않으면 도태되는 시점에 서 있다. 국방 혁신을 통해 군이 거듭날 수 있을지는 국민의 관심과 성원이 얼마나 있는가에 달려 있다고 해도 과언이 아니다. 우리 군이 국민적 성원에 힘입어 새로운 시대에 맞게 국방 정책을 추진하고 국방력을 건설하여 세계 초일류 군으로 거듭나기를 기대한다.

제3부

협력으로
만드는 평화

07

남북 대화에서의 평화

김기웅(전 통일부 남북회담본부장)

1) 남북 대화에서 평화 문제 논의 전개

1971년 8월 12일 우리 측 최두선 대한적십자사 총재가 특별성명을 통해 남북 이산가족의 인간적 고통을 덜어주기 위한 적십자회담 개최를 북측에 제의하고 이틀 뒤 8월 14일 조선적십자사 손성필 중앙위원장이 평양방송으로 우리 측 제의를 수용하는 서한을 발표한다. 그리하여 그해 6월 20일 판문점 중립국감독위원회 회의실에서 남북 적십자회담 개최를 위한 1차 파견원 접촉이 열렸다. 이로써 이산가족이라는 의제를 놓고 분단 후 처음으로 남북한의 대표들이 공식적으로 마주 앉게 되었다. 그 결과 제1차 남북 적십자회담이 1972년 8월 30일 평양에서 열렸다. 이를 계기로 남북 당국 간 비공개 접촉이 진행되어 1972년 5월 김일성 당시 수상과 이후락 중앙정보부장 간의 평양 극비 회동이 성사되었으며, 이를 통해 분단 이후 남북 당국 간 첫 합의인 7·4 남북공동성명이 채택·발표되었다.

이후 2021년 7월 현재까지 남북한은 667회의 회담을 개최한 바 있으며, 이 중에 한반도 평화 문제와 상관성이 높은 정치·군사 분야 회담도 그 절반에 가까운 314회나 열렸다. 합의서의 경우도 현재까지 총 258건이 채택되었으며, 정치·군사 분야 합의서는 85건이다. 여기서는 이 중에서도 특히 남북 관계사에서 중요한 의의를 갖는 주요 회담과 합의서를 중심으로 남북 간 평화 문제 논의의 전개 과정과 내용에 대해 살펴보고자 한다.

남북조절위원회(7·4 남북공동성명)

7·4 남북공동성명은 1972년 7월 4일 우리 측 이후락 중앙정보부장과 북한의 김영주 조직지도부장이 발표한 것으로 남북 당국 간 남북 문제, 통일 문제에 대한 최초의 합의라는 점에서 그 의미가 크다. 이 성명은 전문과 7개 항으로 이루어져 있는데, 이 중에 평화 문제와 관련성이 큰 조항은 제1항과 제2항이다. 제1항은 이른바 조국 통일 3대 원칙을 규정하였다. 첫째, 통일은 외세에 의존하거나 외세의 간섭을 받음이 없이 자주적으로 해결한다. 둘째, 통일은 서

로 상대방을 반대하는 무력 행사에 의거하지 않고 평화적 방법으로 실현해야 한다. 셋째, 사상과 이념, 제도의 차이를 초월하여 우선 하나의 민족으로서 민족적 대단결을 도모해야 한다는 것이다.

2항은 정치·군사 문제인데, 긴장 상태의 완화와 신뢰 분위기 조성을 위해 상호 중상·비방과 무장 도발 중단, 불의의 군사적 충돌 방지를 위한 조치의 시행을 담고 있다. 제1항에서 주목할 부분은 통일 3원칙의 하나로 '평화'를 명시했다는 점이다. 이는 말 그대로 무력이 아닌 평화적 방법으로 통일을 해야 한다는 것인데, 모두가 주지하다시피 북한은 이를 주한미군 철수 주장과 연결시키고 있는바, 이는 주한미군이 한반도 평화를 위협하는 근본 원인이라는 북한의 기본 인식을 보여주고 있다. 이와 함께 제2항은 상호 불신 해소, 적대 행위 중지 등 정치·군사적 내용을 담고 있는데, 이는 당시 국제적으로 냉전이 극에 달하던 시점이고 북한의 무장간첩 남파 등으로 남북 간 군사적 긴장과 우발적 군사적 충돌 가능성이 매우 커졌던 시대 상황을 반영하고 있다고 볼 수 있다. 즉 남북한이 내심 어떤 의도를 가졌든, 적어도 외형적으로 남북한 모두 전쟁 방지·평화 정착이라는 이슈에 관심이 높았고, 대내외에도 이를 강조하고 싶었다는 것을 보여준다.

남북고위급회담(남북기본합의서 및 비핵화 공동선언)

1988년 11월 16일 북한의 연형묵 총리가 부총리급을 단장으로 한 남북 고위급 정치·군사회담을 제의한 데 대해 우리 측 강영훈 국무총리가 12월 28일 남북 관계 개선에 관한 문제를 포괄적으로 다룰 남북총리회담을 개최하자고 수정·제의하고 이에 북한이 동의하면서 분단 이후 처음으로 남북 총리 간 회담이 성사되게 된다. 총 8차례의 예비 회담을 거쳐 1990년 9월 남북의 총리를 수석대표로 하는 남북고위급회담이 열리게 되었고 이후 이 회담은 2년여 동안 8차례 열리면서, 남북한 기본 관계를 규정하는 '남북 사이의 화해와 불가침 및 교류 협력에 관한 합의서'(이하 남북기본합의서)를 체결하고, 산하에 정치·군사·교류 협력 분과위원회를 운영하여 3개 분야별 부속합의서에 합의하였다. 이와 함께 북한 핵 문제가 불거짐에 따라 '한반도의 비핵화에 관한 공동선언'(이하 비핵화 공동선언)을 채택하였다.

무엇보다 남북한의 총리를 비롯하여 각 분야의 장·차관급 인사들이 2년여 동안의 대화를 통해 남북 관계의 모든 문제를 포괄적으로 규정한 남북기본합의서와 그 구체적 이행대책인 분야별 부속합의서를 체결했다는 자체만으로 그 의미가 각별하다. 특히 남북고위급회담의 의제가 '정치·군사적 대결 상태 해소'와 '다각적인 교류 협력의 실시'였던 만큼 제1장 '화해' 분야와 제2장 '불가침' 분야 내용은 모두 평화와 직접 관련된 내용으로 구성되어 있다. 중요한 사항들을 살펴보면 우선 남북한은 서문에서 7·4 남북공동성명에서 천명한 조국 통일 3대 원칙을 재확인하면서, '남북 관계가 나라와

나라 사이의 관계가 아닌 통일을 지향하는 과정에서 형성되는 특수관계'라고 명시하고 있다. 이는 분단 이후 처음으로 남북 관계의 기본 성격을 규정한 것이라는 점에서 주목할 만한 내용이다. 본문의 제1장은 남북 화해 분야로서 상호 체제 인정 및 존중, 내부 문제 불간섭, 비방·중상 중지, 파괴·전복 행위 금지, 정전 상태의 평화 상태 전환, 국제무대에서 대결과 경쟁 중지 등이 들어있다. 제2장은 불가침 분야로 상호 무력 불가침, 분쟁의 평화적 해결, 불가침 경계선과 구역, 군사적 신뢰 조성, 남북 군사공동위원회 구성 및 운영, 남북 군사 당국자 간 직통 전화 설치 등을 규정하고 있다. 제3장은 남북 교류 협력 분야로서 평화와 직접 관련된 사항은 없으며 남북 간 교류와 협력의 원칙과 방향, 각 분야에서의 구체적 협력 내용, 협의·이행 기구, 이산가족 등 인도적 분야에서의 협력과 적십자 회담 개최 등으로 되어 있으며 제4장은 수정 및 발효 등에 관한 내용을 담고 있다.

남북기본합의서 내용 중에 평화와 관련하여 주목해볼 부분은 제5조와 제11조이다. 먼저 제5조는 "남과 북은 현 정전 상태를 남북 사이의 공고한 평화 상태로 전환시키기 위하여 공동으로 노력하며 이러한 평화 상태가 이룩될 때까지 현 군사정전협정을 준수한다"는 내용이다. 현 정전 체제를 평화 체제로 전환한다는 내용도 중요하지만 그 평화 체제, 즉 한반도 평화의 당사자가 남과 북이라는 것을 명시적으로 합의한 것은 이것이 처음이며, 이후 정상회담 등 남북 간 어떤 대화나 합의서에도 이 같은 내용이 들어간 사례가 없다. 이런 점에서 이 조항은 한반도 평화의 당사자에 대한 남북 간 유일무이한 합의라는 점에서 그 의미가 지대하다. 제11조는 남북 간 경계선에 관한 것으로 "남과 북의 불가침 경계선과 구역은 1953년 7월 27일자 군사정전에 관한 협정에 규정된 군사분계선과 지금까지 쌍방이 관할하여 온 구역으로 한다"라고 규정하고 있다. 이는 북한이 동·서해 북방한계선(NLL)을 해상 경계선으로 사실상 인정한 것으로, 이 역시 의미가 크다. 이 두 가지 조항은 남북고위급회담 시 우리 측이 제안한 것으로 당초 우리 측은 그동안 북한이 한반도 평화의 당사자는 정전협정 당사자인 북한과 미국이라고 주장해왔고, 서해 해상경계선에 대해 다른 주장을 해왔기 때문에 타결이 쉽지 않을 것으로 예상했었다. 그러나 북한이 최종적으로 이를 수용하면서 남북기본합의서에 우리 측 제안대로 이 내용이 명시되게 되었다.

이와 함께 북한의 핵 문제가 불거짐에 따라 우리 측 제의로 남북한은 협상을 진행하여 1991년 12월 31일 한반도의 비핵화에 관한 공동선언(이하 비핵화 공동선언)을 타결했으며, 이듬해 2월 제6차 남북고위급회담에서 남북기본합의서와 함께 발효시키게 된다. 주요 내용은 핵무기 시험·제조·생산·접수·보유·저장·배비(配備)·사용의 금지, 핵에너지의 평화적 이용, 핵 재처리 시설 및 우라늄 농축 시설 보유 금지, 남북핵통제공동위원회 구성 및 상호 사찰 실시 등이다.

제1차 남북정상회담(6·15 남북공동선언)

2000년 6월, 역사상 처음으로 남북정상회담이 개최되고 그 결과 6·15 남북공동선언이 채택·발표되었다. 공동선언은 5개 조항과 김정은 국방위원장의 서울 방문 약속 등으로 구성되어 있는데 평화나 불가침 등과 직접 관련된 조항은 없다. 제1차 남북정상회담에서 평화 문제에 대한 논의가 없었던 것은 아니지만 공동선언 내용이 보여주듯 제1차 남북정상회담은 합의와 이행이 용이한 문제, 특히 남북 간 교류 협력에 방점이 있었다. 이는 당시 김대중 정부가 지향하고 있던 '햇볕 정책'(포용 정책)이 기능주의적 접근에 입각해 교류 협력을 통한 남북 관계의 실질적 개선을 이루고자 하였고 무력 충돌 방지 등 평화 문제 있어서도 이른바 기능주의적 관점에서 '파급효과(spill over effect)'를 통한 '평화 만들기'를 추진하고 있었다는 맥락에서 이해될 수 있다. 당시 정책 방향을 요약한 16자 '선경후정(先經後政)', '선민후관(先民後官)', '선이후난(先易後難)', '선공후득(先供後得)'이 당시 우리 정부의 기본 입장을 잘 보여준다. 이는 쌍방 간 합의나 이행이 쉽지 않고 대내적인 논란도 예상되는 평화나 정치·군사문제보다는 합의도 용이하고 이견도 적은 경제협력 문제를 중심으로 접근했다고 볼 수 있다.

어쨌든 정상회담 3개월 후 6·15 남북공동선언 이행을 뒷받침하기 위해 분단 후 처음으로 남북국방장관회담이 제주도에서 열렸다. 다만 중점 논의된 내용은 철도·도로 연결 등 경제협력이 원만히 진행되도록 하기 위한 군사적 조치를 마련하는 것이었다. 평화와 군사 문제에 있어서는 남북국방장관회담 공동성명 제2항에 "쌍방은 군사적 긴장을 완화하며 한반도에서 항구적이고 공고한 평화를 이룩하여 전쟁의 위험을 제거하는 것이 긴요한 문제라는 데 이해를 같이하고 공동으로 노력해나가기로 하였다"라는 추상적·방향적 합의가 있다. 이후 후속 조치 이행 등을 위해 남북장성급회담과 군사실무회담 등이 개최되었는데, 이들 회담도 대부분 남북 간철도·도로 연결 등 경제협력을 위한 군사적 보장, 즉 비무장지대의통행, 통신, 통관 등과 관련된 실무적인 군사적 조치들을 협의하기위한 것이었다.

다만 평화 문제와 관련해 한 가지 주목할 회담과 합의서가있는데, 2004년 6월 4일 개최된 제2차 남북장성급회담과 이른바'6·4 합의'이다. 합의 내용을 보면 크게 두 가지 사항을 규정하고있는데, 하나는 서해 북방한계선(NLL) 일대에서의 우발적 무력 충돌 방지를 위한 상호 통신 등 제반 군사적 조치에 대한 것이고, 다른 하나는 육상 군사분계선 일대에서의 전단 살포 등 선전·선동 중지에 대한 것이다.

제2차 남북정상회담(10·4 선언)

2007년 노무현 대통령이 방북하여 두 번째 남북정상회담이 개최되었으며, '남북관계 발전과 평화번영을 위한 선언'(이하 10·4 선언)이 채택·발표되었다. 10·4 선언은 전문과 총 8개 조항으로 되어 있다. 이 선언은 6·15 남북공동선언과 달리 남북 관계 전반에 대해 매우 포괄적으로 다루고 있으며 한반도 평화와 군사적 긴장 완화 문제 등에 있어서도 적극적으로 규정하고 있는 것이 특징이다. 평화 문제와 관련된 내용은 제3조와 제4조에서 다루고 있는데, 제3조는 군사적 긴장 완화와 평화보장을 위한 조치로 분쟁 문제의 대화와 협상을 통한 해결, 불가침 의무 준수, 서해 공동어로수역 지정 및 평화 수역화 등을 규정하고 있다. 또한 국방장관회담을 통한 후속 협의·이행도 규정하고 있다. 제4조는 한반도 평화 체제에 관한 것으로, "3자 또는 4자 정상들이 한반도 지역에서 만나 종전을 선언하는 문제를 추진하기 위해 협력해나가자"는 것과 핵 문제 해결을 위해 "「9·19 공동성명」과 「2·13 합의」가 순조롭게 이행되도록 공동으로 노력하자"는 내용을 담고 있다.

정상회담에 이어 11월 평양에서 개최된 제2차 국방장관회담에서 10·4 선언의 군사 분야 합의 이행을 위한 구체적인 내용을 협의·타결하였다. 합의서 제1조는 군사적 긴장 완화와 평화 보장을 위한 실질적 조치로서 '분쟁의 평화적 처리', '「6·4 합의」를 비롯한 기존 모든 군사합의의 준수', '모든 적대 행위의 중지' 등을 담고 있다. 제2조는 불가침 경계선에 대한 것으로 '지금까지 관할해온 불가침 경계선과 구역 준수', '해상경계선 문제는 군사공동위원회를 구성하여 협의·해결한다' 등을 규정하고 있다. 제3조는 서해 해상 충돌 방지와 관련된 것으로 남북장성급회담을 통해 '평화 수역 설정 문제 협의·해결', '한강 하구와 임진강 하구 수역에 공동 골재 채취 구역 설정' 등을 규정하고 있다. 제4조는 평화 체제를 구축해나가는 문제로 '종전 선언 여건을 조성하기 위한 군사적 협력 추진', '전시 유해 발굴 추진' 등을 규정하고 있다. 제5조는 교류 협력 사업에 대한 군사적 보장 조치로 개성공단, 철도 도로 연결, 금강산 관광, 백두산 관광 등의 원만한 추진을 뒷받침하기 위한 군사적 조치들을 담고 있다.

제3차 남북정상회담(판문점선언)

2018년 4월 문재인 대통령과 김정은 국무위원장은 판문점에서 남북정상회담을 갖고 '한반도의 평화와 번영, 통일을 위한 판문점선언'(이하 판문점선언)을 채택·발표하였다. 이 중에 평화와 직접 관련된 내용은 제2조(군사적 긴장 상태 완화 및 전쟁 위험의 해소)와 제3조(공고한 평화 체제 구축)에 담겨 있다. 그 구체인 내용을 보면 제2조에는 상대방에 대한 일체의 적대행위 전면 중지, 5월 1일부터 군사분계선 일대에서 확성기 방송과 전단 살포 등 중지 및 수단 철폐, 서해 북방한계선 일대를 평화 수역화, 협력과 교류, 왕래와 접촉에 따른 군사적 보장 대책 마련 등을 규정하고 있다. 제3조에는 단계적 군축 실현, 정전협정 체결 65년이 되는 올해 종전 선언 및 평화협정 등 평화 체제 구축을 위한 남·북·미 3자 또는 남·북·미·중 4자 회담 개최 추진, 한반도 비핵화를 위한 국제사회의 지지와 협력을 위한 적극 노력 등을 담고 있다.

　이후 판문점선언은 그해 9월 평양공동선언과 군사 분야 합의서 채택으로 이어지게 된다. 평양공동선언의 경우 군사 문제에 있어 특별히 새로 합의하거나 규정한 바는 없으며, 다만 제5항에서 한반도 비핵화 문제와 관련하여 북측 동창리 엔진 시험장과 미사일 발사대 영구 폐기, 미국이 상응 조치를 취하면 영변 핵시설의 영구적 폐기와 같은 추가적인 조치를 계속 취해나갈 용의 표명 등을 기술하고 있다. 판문점선언의 후속 조치인 군사적 사항들은 남북 군사당국자 간에 체결된 이른바 '9·19 군사합의'에 포괄적·구체적으로 규정되어 있다. 중요한 내용을 살펴보면 먼저 제1조 2항에서 2018년 11월 1일부터 군사분계선 일대에서의 군사훈련 중지를 명시하고 있다. 지상에서는 군사분계선으로부터 5km 안에서 포병 사격 훈련 및 연대급 이상 야외 기동훈련을 전면 중지하도록 규정하고 있으며, 해상과 공중에서의 군사훈련 중지에 대해서도 매우 구체적으로 규정하고 있다. 3항에서는 2018년 11월 1일부터 군사분계선 상공에서 모든 기종의 비행 금지 구역을 설정하기로 합의하고 있다. 제2조는 비무장지대를 평화지대로 만들어나가기 위한 실질적인 군사적 대책으로, 비무장지대 안에 상호 1km 이내 근접해 있는 남북 감시 초소의 완전 철수, 판문점 공동경비구역의 비무장화 등을 담고 있다. 제3조는 서해 북방한계선 일대를 평화수역으로 만들자는 내용으로 시범적 공동 어로 구역 설정, 남북 공동 순찰 방안 마련 등이 규정하고 있다. 제4조는 교류 협력 및 접촉 왕래 활성화에 필요한 군사적 보장에 대한 사항을 담고 있으며, 제5조에서는 군사당국자 간 직통 전화 설치 및 운영을 규정하고 있다.

2) 남북한의 평화 문제에 대한 인식과 접근 방법 비교

우리 측 입장

우리 정부는 한반도에서 또다시 6·25 전쟁과 같은 민족상잔이 일어나서는 안 되며, 남북 당사자 원칙에 입각한 남북 간 평화협정이 체결될 때까지 현 정전협정을 성실히 준수되어야 한다는 기본 입장을 견지해오고 있다. 또한 남북 간 군사적 긴장을 완화하고 우발적 무력 충돌을 예방하기 위한 조치를 해나가는 것이 필요하다고 보고 있으며, 이를 위해 1990년대 유럽에서의 군축 사례 등을 참고하여 군사적 신뢰 구축 조치(CBMs)를 통해 상호 신뢰를 쌓아나가야 하며 군 인사 상호 교류, 군사 정보 상호 공개, 군사훈련 사전 통보 및 참관 실시, 군 고위당국자 간 직통 전화 설치 등을 추진해야 한다는 입장이다. 그다음으로 남북한 군비 감축은 공격형 무력을 방어형 전력 구조로 바꾸고, 동수 보유 원칙에 기반해 균형을 유지하자는 방식을 제시하고 있다.

이와 함께 1990년대 이후, 특히 김대중 정부 들어서는 이른바 기능주의적 접근에 기초하여 '적극적 평화' 또는 '평화 만들기'라는 정책을 군사적 조치와 병행하여 추진해오고 있다. 즉 남북 간 교류 협력, 특히 경제협력을 심화시켜나감으로써 상호 의존도를 높여 나가면 이것이 상호 신뢰를 증진하고 정치·군사적 불신과 적대감을 완화할 것이며 결국 한반도 평화와 안정에 도움을 주리라는 것이다. 이는 유럽에서 유럽 석탄·철강공동체(ECSC)가 점차 발전하여 유럽경제공동체(EEC), 유럽공동체(EC), 나아가 유럽연합(EU)으로 나아간 과정을 참고하고 있다.

북한 측 입장

북한도 사전적 의미에서는 '평화'의 개념에 있어서는 우리 측과 특별한 차이를 보이고 있지는 않다. 북한 *조선말 사전*을 보면 "평화란 전쟁, 폭력 충돌 등이 없는 평온한 상태를 의미한다"라고 기술하고 있다. 그러나 이는 외형적·사전적 정의일 뿐이며, 북한이 성명이나 담화, 남북 대화에서 보여주는 태도는 크게 다르다. 북한은 기본적으로 이른바 '미국의 조선반도 강점'이 평화와 통일을 가로막고 있는 가장 근본적이고 핵심적인 요인이며 한반도에서 평화를 정착시키기 위해서는 미국과 북한 간에 평화협정을 체결하고 주한미군이 철수해야 하며, 남북 간에는 불가침선언을 채택하고 군비 감축을 실시해야 한다는 입장을 고수해오고 있다. 무엇보다 현 정전협정을 성실히 준수하는 가운데 군사적 신뢰 구축 조치(CBMs)를 통해 군사적 긴장 완화와 우발적 무력 충돌 방지를 추진해나가자는 우리 측 입장과 상당히 다르다.

이런 북한의 입장은 남북회담에서도 일관되게 보이는데, 남북 고위급회담 시 제기된 내용을 중심으로 그 구체적인 내용을 살펴보면 다음과 같다. 북한은 크게 '북남 신뢰 조성', '북남 무력 축감', '외국 무력의 철수', '군축과 이후의 평화보장'이라는 네 가지 분야로 나누어 제기하고 있다. 먼저 '북남 신뢰 조성'에서는 외국 군대와의 군사 연습 금지, 비무장지대의 평화지대화 등을 중요 내용으로 제시하고 있다. 다음으로 '북남 무력 축감'에서는 남북의 군대를 3~4년 동안 3단계로 나누어 각각 30만 → 20만 → 10만으로 줄여나가자는 것이다. 또한 '군사 장비의 질적 개선 중지'라는 내용도 있으며, '외국 무력의 철수 부분은 조선반도 비핵지대화, 외국 군대의 철수, 주한미군 기지의 단계적 철폐 등을 주요 내용으로 하고 있다. 끝으로 향후 평화 보장에 대해서는 남북 간 불가침선언 채택, 미국과 북한 간 평화협정 체결, 비무장지대에 중립국 감시군 배치 등을 주장하고 있다.

핵심 쟁점 비교

앞에서 살펴본 바와 같이 한반도 평화 문제에 대해 남북한은 지난 50년 동안 많은 대화와 합의를 한 것이 사실이다. 합의서를 언뜻 보면 남북한 간에 기본 방향이나 내용에 유사점이 많은 것처럼 보이지만, 이는 추상적·외형상일 뿐이며 자세히 들여다보면 기본 인식부터 구체적 방법론까지 유사한 부분보다는 차이점이 훨씬 크다.

먼저 남북한 간 큰 차이 중의 하나는 한반도 평화에 대한 위협 요인 또는 요소에 대한 것이다. 우리 측은 당연히 북한의 대남 적화통일 야욕이 한반도 평화를 위협하는 근본 원인이라고 인식하고 있다. 이런 점에서 북한 태도의 근본적 변화가 없는 한 유엔군, 특히 한미동맹에 기반한 주한미군의 존재는 북한의 도발을 억지하고 한반도에서 평화와 안정을 유지하는 데 필수적인 요소라고 보고 있다. 이외에도 군사적 측면에서 상호 불신과 적대적인 태도, 군사분계선 일대에서의 우발적 무력 충돌이 전쟁 발발로 이어질 요소들이라고 보고 있다. 이에 반해 북한은 이른바 '미국의 남조선 강제 점령'과 미군의 주둔, 그리고 북한에 대한 적대적인 정책이 한반도 평화를 위태롭게 하는 근본 요인이라고 주장하고 있다. 특히 한미 합동 군사훈련은 북한을 위협하고 한반도에서 전쟁을 야기하려는 의도라고 맹렬히 비난하고 있다.

두 번째 큰 차이는 평화의 당사자 문제이다. 이에 대해서는 먼저 북한의 주장을 살펴볼 필요가 있다. 북한은 한국전쟁의 당사자이자 정전협정의 당사자는 북한과 미국이라고 주장한다. 정전협정에 서명한 사람은 유엔군 총사령관(클라크)과 조선인민군 최고사령관(김일성), 중국 인민지원군 사령원(팽덕회)인데, 중국 인민지원군의 경우 중국 국가의 군대가 아니라, 말 그대로 중국 인민의 자발적인 지원에 의해 이루어진 군대이기 때문에 이제 존재가 사라진 상황에서 그 의미를 가질 수 없어 사실상 미국(유엔군 사령관)과 북한이 정전협정의 당사자라고 주장한다. 남한은 유엔 16개국의 군대도 아니고 정전협정 체결을 반대했으며 서명도 하지 않은 만큼 당사자 자격이 없다고 강변한다. 따라서 정전협정 제62조에 의거, 미국과 북한이 전쟁과 평화의 법적 당사자라고 주장한다. 정전협정 62조는 "본 정전협정의 각 조항은 쌍방이 공동으로 접수하는 수정 및 증보 또는 쌍방의 정치적 수준에서의 평화적 해결을 위한 적당한 협정 중의 규정에 의하여 명확히 대체될 때까지는 계속 효력을 가진다"라고 명시하고 있다. 또한 북한은 우리가 군사작전통제권을 주한미군 사령관에게 이양한 점도 우리 측의 당사자를 부인하는 근거로 활용한다. 다만 북한은 남북한의 군대가 대치하고 있는 현실을 고려하여 상황에 따라 남북 간 불가침선언 채택 또는 평화협정에 옵저버로 참여하는 방안 등 여러 가지 주장을 해오고 있다.

그러나 이에 대해 우리 측은 우선 한국전쟁 당시 우리 측의 주된 군사력은 한국군이었다는 것이다. 두 번째로 유엔군의 일원으로 참여했고 클라크 총사령관이 이를 대표하여 정전협정에 서명한 만큼 당연한 당사자라는 입장이다. 특히 우리 군에 대한 작전통제권을 유엔군 총사령관에게 이양한 것 자체가 유엔군의 일원이라는 것을 보여준다고 설명한다. 또한 정전이나 종전의 당사자와 평화의 당사자가 반드시 일치할 필요는 없다는 점도 강조한다. 즉 전쟁의 일시적 중지나 종료는 전쟁을 직접 수행한 군 사령관이나 군 통수권자 사이에 체결되는 것이지만, 평화협정은 평화의 당사자인 국가 또는 정치적 실체의 최고 당국자가 체결해야 하는 주권적 사항이라는 것이다. 특히 한반도 평화의 실질적 당사자는 현실적으로 엄청난 군사력으로 대치하고 있는 남북한인 만큼, 평화협정의 당사자는 남북한이 되어야 한다는 입장이다.

세 번째 큰 차이를 보이는 것은 평화 정착을 위한 방안과 방향이다. 이는 남북한의 평화에 대한 기본적인 시각 차이와 함께 남북한의 지리·지형, 무기 등 군사 기술 등의 차이 등도 영향을 주고 있다고 보인다. 우선 우리 측의 경우 정전협정의 준수가 매우 중요하다고 보고 있다. 이는 현재 한반도에서 남북한 간 군사적 충돌을 방지하고 평화의 유지하는 데 있어 필수적인 최소한의 법적 틀이라고 보기 때문이다. 그러나 북한은 정전협정은 이미 실효되었다고 하면서 이른바 '조미평화협정'의 체결을 주장하고 있다. 실제로 북한은 1994년과 1995년 정전협정 파기를 운운한 바 있고 2013년 3월 5일 정전협정 파기를 선언한 적도 있다. 다만 2015년 "정전협정을 끝내고 평화협정을 체결해야 한다"고 하는 등 북한 스스로도 앞뒤가 안 맞는 주장을 하고 있다. 북한의 이러한 이중적 태도는 정전협정의 효력을 인정하고 이를 준수해야 한다는 태도를 보일 경우, 북한이 사실상 유엔군(주한미군)의 남한 주둔을 수용하는 것처럼 비춰질 것으로 우려하는 데 기인하는 것으로 풀이된다.

이와 함께 군사적 긴장을 완화하고 우발적 무력 충돌을 막기 위한 조치의 경우도 남북 간에 차이가 크다. 우리 측의 경우 가장 먼저 다양한 군사적 신뢰 구축 조치(CBMs)를 취해나가고, 군비 통제에 있어서도 공격적 무력의 후방 배치 등 운용적 측면에 중점을 두는 반면, 북한은 군사력의 실질적 양적 감축, 즉 구조적 군비 통제가 중요하며 먼저 이루어져야 한다고 주장하고 있다.

3) 남북 간 합의의 한계와 문제점

앞서 언급한 바 있듯이 남북한은 1971년 남북 대화가 시작된 후 지난 50년 동안 5차례의 정상회담을 포함하여 667회의 남북 대화를 가졌고 258건의 합의서 또는 공동성명을 채택했다. 평화와 직접 관련된 회담도 314회나 열렸으며 합의한 건수도 85건에 달한다. 그러나 현재 한반도 평화 정착, 군사적 긴장 완화, 상호 신뢰 증진 등 어떤 측면에서건 진전이 있었다고 말할 수 있겠는가. 지금까지 그 많은 합의서 중에 어느 하나라도 실질적으로 이행되어 한반도 평화에 기여하고 있는 것이 있는가? 지금까지 살펴본 역사적으로 중요한 회담과 합의들은 사안에 따라 몇 년 지속된 것도 있지만, 대부분은 길어야 1년도 지나지 않아 무실화 내지 사문화된 것이 사실이다. 가장 최근에 합의된 판문점선언이나 군사합의도 마찬가지다.

이 같은 결과가 초래된 것은 무엇보다 남북 대화나 합의를 대남 통일전선 전술 차원에서 접근하는 북한의 잘못된 태도 또는 앞서 지적한 남북한 간의 근본적인 인식과 입장의 차이에 그 근본 원인이 있다. 이를 남북 대화라는 차원에서 좀 더 세분해보자.

우선 첫째로 짚어볼 수 있는 것이 남북한 모두 자신이 추구하는 평화의 개념과 목적, 체제의 차이 등 본질적인 문제는 유보한 채 일단 합의가 쉬운 일반적·방향적 내용을 적절한 추상적 문구로 타결했던 사례들이 많다는 점이다.

예를 들면 '비방·중상 중지'라는 내용을 논의하려 할 때 가장 중요하게 짚어야 할 대목은 남북한의 체제 차이, 특히 이로 인한 이행에 있어서의 문제들이다. 특히 우리 사회는 자유민주주의 사회이기 때문에 '표현의 자유'는 국민의 기본권으로 존중해야 하며, 따라서 국가가 이를 제한하는 것은 특별한 경우가 아니면 불가능하다. 따라서 1972년 7·4 남북공동성명 때부터 최근까지 같은 내용을 계속해서 반복해 합의해왔지만, 늘 우리 언론 보도, 전단 등 민간의 행위를 놓고 논란이 벌어지면서 결국 합의 이전의 원점으로 돌아가 버린다.

또 다른 예를 들어보면, 남북화해 분야 부속합의서의 경우, 남북기본합의서를 실제 이행할 수 있는 구체적 내용이 되어야 함에도 불구하고 실제로는 대부분의 내용이 남북기본합의서의 내용을 그대로 반복하거나 혹은 일부 부연 또는 보완하는 정도의 문구로 이루어져 있다. 특히 평화 체제를 규정하고 있는 제5장의 경우는 새로운 내용이나 구체적 사항은 없이 기존의 남북기본합의서 제5조를 중언부언하는 선에서 머무르고 있다. "남과 북은 현 정전 상태를 남북 사이의 공고한 평화 상태로 전환시키기 위하여 남북기본합의서와 비핵화 공동선언을 성실히 이행·준수한다"(제18조), "남과 북은 현 정전 상태를 남북 사이의 공고한 평화 상태로 전환시키기 위하여 적절한 대책을 강구한다"(제19조), "남과 북은 남북 사이의 공고한 평화 상태가 이룩될 때까지 현 군사정전협정을 성실히 준수한다"(제20조)가 전부이다. 이러한 결과가 초래된 것은 여러 가지 원인이 있겠지만, 대체로 보면 남북한 모두 이후 제기될 문제를 미처 예상하지 못한 채 합의했거나 혹은 어느 정도 예상하지만 일단 합의 자체가 갖는 정치적 의미나 부수적인 여러 가지 효과 등을 고려했기 때문인 것으로 보인다.

두 번째로는 같은 내용의 문구를 합의했지만, 그 문구에 대한 해석이 전혀 다른 경우도 상당히 많다. 예를 들면 7·4 남북공동성명의 통일 3원칙이 대표적이다. 북한은 자주를 '외세 배격'으로, 평화를 '주한미군 철수'로, 민족대단결을 '국가보안법 폐지' 등으로 연결시켜 주장한다. 그러나 우리 측에서는 자주는 '국제사회와의 협력하에 우리 민족의 뜻과 힘'으로, 평화는 '무력이 아닌 평화적 방법'으로, 마지막 민족대단결은 '민주적 절차와 방법으로'라고 이해하고 있다.

이와는 조금 다르지만, 남북한이 방점을 두고 있는 부분이 다른 경우도 있다. 예를 들면 불가침 부속합의서 제3장 '불가침 경계선 및 구역'의 제10조를 보면 "해상 불가침 경계선은 앞으로 계속 협의한다. 해상 불가침 구역은 해상 불가침 경계선이 확정될 때까지 쌍방이 지금까지 관할하여온 구역으로 한다"로 합의하고 있다. 이 조항은 앞서 설명한 화해 분야 제19조와 제20조와 같은 맥락인데, 우리 측은 '현재의 정전협정과 경계선의 준수'에 방점을 두고 있고, 북한은 '평화 체제든 경계선이든 상호 협의해나간다'는 문구에 방점을 두고 있다. 다시 말하면 우리 측은 일단 합의한 대로 정전협정도 준수하고 현재의 해상 경계선도 지키는 것이 우선이라는 입장인 반면, 북한 측은 남북한 간의 평화 상태, 또 새로운 해상 경계선을 협의하지 않으면, 정전협정의 준수 또는 현재의 관할수역 준수라는 합의는 의미가 없다는 입장이다. 이는 남북한이 같은 문구를 합의했지만 그를 통해 실현하려는 목적이 전혀 달랐다는 것을 보여준다.

세 번째로는 북한이 이행할 의사가 전혀 없으면서 다른 목적을 위해 합의에 응해주는 경우도 있다. 대표적으로 두 가지 사례가 있는데, 우선 남북기본합의서 제5조이다. "현 정전 상태를 남북 간 평화 상태로 전환한다"는 합의인데, 이는 한반도 평화 문제는 그 당사자인 북한과 미국이 협의·해결해야 한다는 북한의 기존 입장을 완전히 뒤집는 것으로서 만일 북한이 이를 이행한다면 이는 한반도 평화 정착에 있어 획기적인 계기가 되었을 것이다. 이 조항은 당시 전략적 목적상 남북기본합의서 타결이 절실했던 북한이 마지못해 응했던 것으로, 역시 북한은 합의 이후 이 조항에 대해 애써 의미 부여를 하지 않거나 폄하 내지 왜곡하려는 태도를 보였다. 또한 이후 남북한 간 어떤 대화나 합의에서도 유사한 합의조차 하지 않는다.

　　다음으로는 이른바 '6·4 군사합의'를 들 수 있다. 이 합의의 주요 내용은 군사적 긴장 완화와 무력 충돌을 방지하자는 취지에서 남북의 군사 당국이 '육상 군사분계선 일대에서의 확성기 방송 등 선전 중지'와 서해 북방한계선(NLL) 인근에서의 우발적 충돌을 방지하기 위한 군사적 조치 등에 합의한 것이다. 그러나 당초 북한의 의도는 군사분계선 일대 우리 측 확성기 방송을 중지시키는 데 있었던 만큼, 합의 이후 초기에는 북한이 서해에서의 남북한 함정 간 군사 통신 등에 협조적 태도를 보였지만 군사분계선에서 우리 측 확성기 방송 시설들이 철거된 이후에는 점차 통신에 응하지 않는 등 비협조적 태도를 보이기 시작했고, 결국 이 합의는 무실화되었다.

지금까지 살펴본 바와 같이, 남북한은 분단 이후 많은 대화를 통해 평화 문제에 대한 많은 합의를 반복해왔지만 이후 제대로 이행되지 않음으로써 실질적인 의미를 갖지 못한 것이 대부분이다. 오히려 남북 상호 간에 비난과 책임 공방으로 상호 불신만을 증폭시켜 왔다. 또한 우리 내부적으로 정치적 이용 논란을 야기하고 국민에게 피로감을 준 것도 사실이다. 어떤 합의들은 충분한 국민적 공감대 없이 추진한 탓에 우리 내부적으로 갈등만 야기한 경우도 많다.

4) 정책 대안: 지속 가능하고 실효성 있는 합의를 위한 제언

남북한은 이질적인 체제 아래 냉전적인 이념 대결을 지속하고 있고 상호 상대방이 자신의 체제 존립을 위협하고 있다고 인식하고 있다. 또한 한국전쟁과 이후의 군사적 충돌은 상호 불신만을 확대·재생산하는 결과를 초래한 것이 사실이다. 더욱이 한반도 평화 문제는 남북한만의 문제가 아니라 유엔이 관여된 한국전쟁의 종결과도 연결되어 있으며, 미국과 중국을 비롯한 주변 국가의 이해관계에도 얽혀 있는 민감하고 복잡한 문제이다.

현재의 국제 정세 흐름이나 남북한의 역학 관계 등 제반 상황을 냉정히 고려해보면 남북한 모두 무력으로 자신의 정책 목표를 실현하는 것은 불가능해 보인다. 그렇지만 한국전쟁의 비극을 겪은 지 70여 년이 지난 지금까지도 남북한은 여전히 평화의 단초조차 찾지 못한 채, 북한의 핵무기 개발로 긴장만 더욱 고조되고 있다. 혹자는 남북한 집권자에게 군사적 긴장이 유리하거나 필요하다고까지 주장하기도 하지만 우리 국민은 물론 7,500만 우리 민족의 입장에서 보면 하루속히 해결해야 할 과제임이 분명하다. 그리고 남북한은 무력이 아니라 대화와 협상을 통해 평화 문제를 풀어가야 하며, 그렇게 하는 것이 가장 쉽고 효율적이라는 것을 인식해야 한다. 또한 남북한 모두에게 실질적으로 이익이 될 뿐 아니라 동북아와 세계 평화·번영에 기여하는 길이기도 하다. 이런 점에서 남북 간 대화와 협상에 초점을 맞추어 앞으로 평화 문제에 대해 어떻게 접근해야 하는지, 어떤 방향에서 절충점을 찾아야 하는지에 대해 의견을 개진해본다.

우선 첫 번째로 협상과 합의에 이르는 방식을 바꾸어야 한다. 앞서 기술한 기존 대화와 합의의 여러 가지 문제점을 고려해보면, 남북한이 평화 문제를 논의하기 위해 마주 앉았다면 본격적인 협상에 앞서 무엇보다 먼저 쌍방이 논의할 의제의 개념과 그것이 추구할 목표에 대해 충분히 의견을 교환하고 명확히 입장을 정리하는 것이 필요하다. 특히 기본적인 방향을 논의하게 되는 남북 정상 간 또는 고위 당국자 간 대화에서는 더욱 그렇다. 쌍방이 자신이 인식하고 있는 위협 요소, 해결 방향에 대해 모두 탁자 위에 올려놓고 열린 대화를 해야 한다는 것이다. 물론 한반도 평화의 본질적인 사안에 대해 남북한 간 입장 차이가 크기 때문에, 또 사안에 따라서는 체제의 정통성과 연관될 수도 있어 그 과정이 결코 쉽지 않고 상당한 진통이 있을 것이다. 그러나 남북한 모두 상호 관계가 더 이상 제로섬게임(zero-sum game)이 아니라는 인식을 갖고 상호주의적 입장에서 해결책을 찾는다면, 그리고 그것이 서로에게 안보와 경제적으로 실질적으로 큰 이익을 줄 수 있다는 것을 인식한다면 그 합의는 성실히 준수·이행될 것이고 한반도 평화에, 나아가 남북한 관계 발전에 크게 기여하게 될 것이다. 예를 들면 북한이 그렇게 집착하고 있는 '한미 합동 군사훈련'의 경우도 우리와 미국 측에 일방적으로 요구만 할 것이 아니라 군사적 긴장 완화와 신뢰 구축 차원에서 우리가 제기하는 북한의 군사훈련이나 여타 군사적 사안과 함께 어떤 방향에서 해결할지 논의해볼 수 있을 것이다.

이와 함께 남북한이 대화하고 합의를 할 때 그것에 대한 쌍방의 해석도 명확히 하고 필요하다면 이것을 합의서에 부기하는 등 기록으로 남겨 놓을 필요가 있다. 대화를 할 때, 합의 자체에 집착하여 타협이 어려운 내용을 배제해버리거나 적당히 추상적 표현으로 대체하거나 혹은 서로 해석이 다른 것을 무시한 채 타결해버리는 경우가 있다. 이는 결국 합의를 무실화하거나 상호 논쟁과 비난을 촉발하는 결과만을 초래한다. 이런 점에서 시간이 걸리더라도 상호 의사를 충분히 교환한 후 가장 적합한 문구를 찾는 노력이 필요하며, 서로 해석에 차이가 클 때는 이를 해소하는 과정이 있어야 한다. 이 좋은 예가 남북기본합의서 불가침 분야 부속합의서에 있다. 제1장 제3조를 보면, "쌍방이 제기한 문제 중에 타협이 이루어지지 않은 사항들을 열거하고 앞으로 협의해나간다"라고 부기 형태로 규정하고 있다. 즉 많은 내용에 합의가 되었지만, 일부 협의가 쉽지 않은 문제가 있다면 무리하게 적당히 타결하기보다는 향후 과제로 남겨놓는 것이 바람직하다.

두 번째로는 남북한 합의 이행에 구속력을 강화하는 방안이 있다. 먼저 남북한 모두 내부적으로 비준 등 발효 절차를 거치도록 하는 방안이다. 지금까지 경협 관련 합의서 몇 종류(이중과세 면제 등)를 제외하고는 정상회담 합의를 비롯하여 대부분의 남북 간 합의서는 '정치적 선언'이나 '신사협정' 정도로 간주되고 있다. 남북한 관계가 국가 간의 관계는 아니지만, 남북 관계발전법에 따라 남북 간 합의도 조약과 유사하게 국내적 처리 절차가 규정되어 있다. 물론 북한도 대내적인 처리 절차가 있지만, 특히 우리의 자유민주주의 체제에서는 더욱 중요하다. 우선 이중과세 면제 등 경협 관련 합의서가 아직도 유효하게 존속하고 있는 것이 보여주듯이 일단 국내 절차를 거쳐 법적 효력을 갖게 되면 그것은 다른 법률로 대체되거나 폐지될 때까지 지속성을 갖는다. 이는 또한 남북 간 협상 과정에서 헌법과 관련 법률 등 우리 국내법과의 충돌 문제, 국회에서의 찬반 논란, 국민 여론 등을 충분히 고려하게 하는 부수적인 효과도 있다.

이와 함께 남북 관계가 국가 간의 관계는 아니지만, 국제법상으로는 개별 국가인 만큼 유엔 헌장 제102조에 따라 남북의 합의서를 유엔 사무국에 등록하는 방안도 고려해볼 만하다. 또는 남북한의 비준서를 기탁하는 방안 등 분야별로 관련 국제기구를 활용하는 다양한 방안도 있을 것이다.

세 번째로는 기존 합의에 대한 검토와 입장 정리가 필요하다. 지난 반세기 동안 남북한은 다섯 번의 정상회담을 비롯하여 고위급회담, 장관급회담 등 수없이 많은 회담을 했고 합의서를 양산해 왔다. 지금까지 남북한이 평화 문제에 대해 논의하거나 합의한 내용은 충분히 많으며, 새로운 합의를 위해 다시 논의한다 해도 그 범주 안에서 유사한 논의를 할 것으로 보인다. 따라서 지금과 같이 '기존 합의 존중'이라는 표현 하에 그냥 덮어둘 것이 아니라, 남북한이 마주 앉아 이들 합의서에 대해 폐기를 할지, 아니면 되살릴지를 검토할 필요가 있어 보인다. 그렇게까지 하지 않더라도 최소한 이 과정을 통해 남북한이 그동안의 협의·이행 과정에서 부딪혔던 문제들을 파악하고 이를 향후 협상과 합의서 타결 시 고려한다면 같은 오류를 범하지 않는 데 도움이 될 것이다.

이와 함께 부차적이기는 하지만 남북한이 '합의 이행 검증단' 같은 기구를 운영하는 것도 고려해볼 수 있다. 구성 방식은 남북한의 당국자 또는 제3국 인사 또는 전문가 등의 참여 등 다양한 방안을 생각해볼 수 있을 것이다. 이 기구는 남북한의 합의 내용 준수·이행 상황을 정기적으로 점검하고 대외에 발표함으로써 남북한의 합의 이행을 감시하고 압박하는 효과를 낼 수 있을 것이다.

08

한반도 평화를 위한 제재와 경협

김병연(서울대)

1) 서론

한반도 평화는 목표이자 과정이다. 남북 관계의 목표로서 평화를 지향하면서 동시에 북한 비핵화와 통일의 과정에서도 평화의 원칙을 지켜야 한다. 특히 전쟁과 군사적 충돌을 막아야 한다는 점에서 '소극적 평화(negative peace)'는 관계 회복과 갈등 해결을 의미하는 '적극적 평화(positive peace)'보다 훨씬 더 중요하다. 남북통일도 평화를 잃으면 의미가 없고, 군사적 충돌을 동반하는 북한 비핵화도 바람직하지 않다.

평화의 당위성에 관해서는 국민 다수의 공감을 얻을 수 있겠지만 그 수단에 관해서는 의견이 첨예하게 엇갈린다. 제재와 경제 협력(이하 경협)은 남북 간 평화를 위한 가장 유력한 수단으로 거론되고 있다. 그러나 이 둘 중 무엇을, 어떻게 사용해야 할지에 대해 이견이 존재한다. 한 편에서는 북한 비핵화를 위해 제재를 강화해야 한다고 주장하는 반면 다른 편에서는 제재보다 남북경협을 우선해야 한다고 강조한다.

우리 사회가 대북 정책을 두고 갈등을 빚은 것은 이번이 처음은 아니다. 그동안 대북 정책에는 분석보다는 이념이 앞선 경향이 있었다. 그러나 이러한 이념형 대북 정책은 의도한 효과를 거두기 어렵다. 그뿐 아니라 정부가 바뀜에 따라 '정지와 출발(stop and go)'을 되풀이함으로써 정책의 일관성을 잃기 쉽다. 그 결과 북한 문제는 더 풀기 어려워진다.

이 글은 현 국면에서 제재와 경협이 한반도 평화에 미치는 효과를 논의한다. 제재와 경협이 한반도 평화에 미치는 영향은 시점과 국면마다 다를 수 있다. 제약 조건을 고려할 때와 그럴 필요가 없을 때의 분석 결과도 달라질 수 있다. 특히 북한 비핵화가 가져온 안보와 국제 환경에서의 변화를 염두에 두고 평가할 때와 그렇지 않을 때의 접근법은 상이할 것이다. 이런 의미에서 이 글은 제약 조건과 국면의 고려 없이 평화 진작을 위해 제재와 경협 중 어느 것이 더 나은 수단인지를 다루는 일반론과는 접근법을 달리한다. 또 이념과 당위가 아니라 가능한 실증적 근거에 기초해 접근한다.

이 글은 다음과 같이 구성되어 있다. 먼저 2절에서는 대북 제재와 한반도 평화, 특히 비핵화와의 관계를 살펴본다. 3절에서는 경협이 비핵화를 포함해 평화에 미치는 효과를 검토한다. 4절에서는 이 글의 내용을 요약하고 그 정책적 시사점을 검토한다.

2) 대북 제재와 한반도 평화

2016년 1월, 북한이 4차 핵 실험을 실행하기 이전까지 필자는 언론 칼럼 등에서 더 활발히 북한 관여 정책을 펴야 한다고 주장했다. 예를 들어 2014년 7월 필자는 「통일 소박 없는 대박론은 통일 도박」이라는 칼럼을 게재했다(김병연, 2014). 2014년 초 당시 박근혜 대통령이 "통일 대박"을 주장하였으며 이어 통일준비위원회를 발족했지만 정작 통일의 구체적인 로드맵을 제시하지 못하고 있음을 비판한 것이다. 필자는 로드맵의 입구로서 목적 있는 남북경협을 통해 북한 내부의 변화를 도와야 한다고 주장했다. 더 나아가 5·24 조치를 해제해야 한다는 칼럼도 썼다(김병연, 2015). 정치적으로는 정당한 조치이지만 실제 효과는 없을뿐더러 남한의 대북 레버리지를 상실한 채 북한 경제의 중국 의존성을 심화하고 있다고 진단했기 때문이다.

대북 관여를 주장하던 필자의 칼럼 논지는 2016년 1월 북한의 4차 핵 실험 이후 크게 달라졌다. 필자는 북한의 핵 실험은 이전의 실험과 달리 더 짧은 간격으로 진행될 것으로 판단했다. 더욱이 대륙간 탄도미사일(ICBM) 실험까지 지속한다면 미국과의 군사 충돌 가능성마저 있다고 생각했다.

북한이 핵과 ICBM 실험을 계속할 것으로 판단한 이유는 2010년 이후 급증한 북한의 외화 수입 때문이다. 2008년 미국의 금융위기 이후 세계 경제의 회복 과정에서 광물 등의 원자재 수요가 늘어나 북한의 주력 수출 품목이었던 무연탄 가격이 크게 올랐다. 중국은 늘어난 광물 수요 중 일부를 북한산 광물로 충족시키기 원했다. 따라서 중국은 북한에 채굴 장비를 선(先)투자하고 북한은 이를 광물 수출을 통해 갚는 방식의 북·중 거래가 급증했다. 특히 광물의 이윤율은 매우 높았기 때문에 광물 수출은 북한 외화 수입의 '황금 거위'가 되었다. 게다가 북한의 저렴한 인건비를 이용하려는 러시아와 중국의 인력 수입도 활발하게 전개되었다. 러시아와 중국에 파견된 북한 근로자는 10만 명 정도로 추산되었고 이들이 '충성 자금' 형태로 북한 정권에 보내는 외화는 개성공단 근로자 총인건비의 몇 배에 달할 정도였다. 이렇게 급증한 외화를 대량 살상 무기 개발에 사용한다면 재정의 제약이 사라진 북한 정권은 이전보다 훨씬 빠른 속도로 핵과 ICBM을 개발할 수 있을 것으로 판단했다. 필자에게는 2016년 1월의 4차 핵 실험이 그 신호탄과 같았다.

어떻게 북한의 도발을 막고 북·미 간 군사 충돌 가능성을 줄일 것인가. 그리고 어떻게 북한을 비핵화 협상으로 불러낼 것인가. 당근을 제시해야 할까, 아니면 채찍을 들어야 할까. 필자는 경협이란 수단이 효과를 내기에는 너무 늦었다고 판단했다. 북한이 핵 보유와 ICBM 개발을 확실히 선택한 이상 경협으로써는 그 경로를 바꾸기 어렵다고 생각했다. 아무리 잘 설계된 경협이라 하더라도 경협이 영향을 발휘하려면 오랫동안 효과가 누적돼야 했지만 우리는 축적의 시간을 갖지 못했다. 전략적 관점에 의한 경협도 제대로 해본 적이 없었다.

평화롭게 북핵 위기를 극복하기 위해 필자는 제재라는 부정적 유인(negative incentives)을 통해 북한의 도발을 멈춤으로써 북·미 충돌의 가능성을 낮춘 다음 북한을 비핵화 협상으로 불러내는 길밖에 없다고 판단했다. 우선 제재를 통해 핵·경제 병진 노선을 핵·경제 상충(trade-off) 구조로 바꿔야 한다고 판단했다. 즉 북한이 핵과 경제를 동시에 갖고자 하는 목표를 세웠다면 우리는 제재를 통해 핵과 경제가 상충 되게끔 만들어야 한다는 것이다. 북한이 핵을 쥐면 경제가 망가지고 경제 발전을 원하면 핵을 포기해야 하는 압박을 가하자는 전략이었다. 제재가 과연 그런 효과를 발휘할 수 있을까. 이론적 가능성은 존재했다.

고난의 행군 이후 일어난 북한 경제의 구조적 변화는 경제 제재가 작동할 환경을 제공했다. 북한 경제는 고난의 행군에 큰 충격을 받았다. 고난의 행군 시기인 1990년 중후반 북한의 경제 규모는 1989년 대비 30~40% 줄었다(Kim, 2017). 그러나 그 이후 2015년까지 북한 경제는 일정한 회복세를 보였다. 이러한 경제 회복을 주도한 동력은 바로 '자본주의에서 수입한 비밀 무기'인 대외 무역과 시장이었다. 남북 교역을 합한 북한의 대외 무역은 1998년 16.6억 달러에서 2015년 99.5억 달러로 급증하였다. 대내적으로도 이전에 거의 존재하지 않았던 시장화가 북한 경제의 대세가 되었다. 북한 주민의 70% 이상이 시장 활동에 종사하였고 이는 공식 경제 참여율인 50%를 훨씬 상회하였다. 그리고 주민 소득의 대부분이 시장 활동에서 유래되었다. 전통적인 사회주의에서는 존재하지 않았던 장사, 밀수를 포함한 무역, 개인 수공업 활동, 수리·식당·운송·이발 등 서비스업이 주민 생계의 원천이 되었다. 1990년대 중후반 이후 북한 경제 성장의 대부분은 바로 무역과 시장 덕분이었다(김병연, 2019a).

필자는 언론 칼럼을 통해 무역과 외화벌이에 직접적인 충격을 미치는 경제 제재를 제안했다. 보다 구체적으로 중국이 북한 광물 수입과 중국에서 일하는 북한 근로자의 고용을 금지하고 대북 석유 수출을 중지하도록 외교적 노력을 기울일 것을 주장했다(김병연, 2016a).[1] 이런 제안은 이후에 채택된 유엔 안보리의 대북 제재 내용과 일치한다. 그러나 2016년 4차 핵 실험에 대응하여 유엔 안보리가 채택한 제재 2270호는 민생용 광물 수출을 제재 대상에서 제외함으로써 제재의 효과를 담보할 수 없게 만들었다. 따라서 필자는 객관적 제재, 즉 광물 수출에 객관적인 상한선을 정하는 방식으로 북·중의 제재 위반 행위를 줄여야 하며, 북한의 두 번째 중요한 수출 품목인 의류 수입도 금지해야 한다고 주장했다(김병연, 2016b).[2] 이런 제안은 이후 채택된 유엔 안보리 제재에 결과적으로 반영되었다. 즉 2321호는 물량과 금액의 상한선을 정하여 유엔 회원국의 북한의 무연탄 수입을 규제했고, 2375호에서는 북한산 의류 수입도 금지하였다.

　국내외 일부 전문가는 이전 대북 제재가 아무 효과를 거두지 못했음을 지적하면서 2016년 이후 채택된 유엔 제재도 그럴 것으로 전망하였다. 그러나 이 지적은 2016년 이전 제재와 이후 제재의 성격 자체가 변했음을 놓치는 경향이 있었다. 2016년 이전의 대북 제재는 대량 살상용 무기(WMD: Weapons of Mass Destruction) 관련 제재였다. 즉 북한이 WMD를 만들지 못하도록 관련 부품의 유입을 막는 제재였다. 그러나 실제 제재 위반을 감시하기는 매우 어려웠다. WMD 부품 중에는 범용적인 제품이 많을 뿐 아니라 북한이 필요로 하는 부품은 지하 거래를 통해 북한 내로 반입되기 때문에 이를 차단하기 힘들었다. 반면 2016년 이후 제재는 경제를 타격하는 제재로 그 성격이 변했다. 제재가 없었던 기간에는 합법적인 기업에 의해 합법적으로 행해지던 무역이 이제는 제재로 인해 불법화되었기 때문에 새로운 거래 비용이 발생한다. 이 거래 비용 중에

<그림 8-1> 북한의 무역 의존도

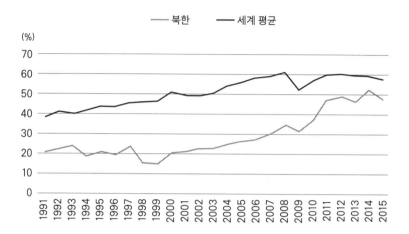

출처: 통일부 남북교류협력시스템. 남북교역통계.[3]

는 미국에 의한 3자 제재를 받을 위험도 포함된다. 또한 관찰이 가능한 수출입과 외화벌이에 대한 일괄적인 제재이기 때문에 WMD 제재보다 감시하기도 쉽다. 이처럼 경제 제재는 기업의 유인 체계를 바꾸어 북한과의 거래를 스스로 줄이도록 유도할 뿐 아니라 감시가 상대적으로 쉽다는 점에서 큰 장점이 있다.

일부 전문가는 북한 경제가 사회주의 경제를 지향하는 이상 유엔과 미국의 무역 제재는 효과를 내기 어렵다고 주장했다. 즉 무역 의존도가 낮은 사회주의 자립 경제는 제재에 영향을 받지 않는다는 견해였다. 그러나 이는 사실 오류(factual error)다. 북한 경제의 무역 의존도는 2010년 이후 급격하게 높아져 2014~2015년에는 전 세계 평균 무역 의존도와 큰 차이를 보이지 않았다. 〈그림 8-1〉에 따르면 2014년의 북한 무역 의존도는 52%로서 같은 해 전 세계 평균 무역 의존도인 60%에 불과 8%p 낮았다. 2015년도 상황이 유사했다. 그리고 이 수치는 공식 무역만 포함된 것으로 만약 북·중 간 밀무역까지 합친다면 제재 직전 북한의 실제 무역 의존도는 전 세계 평균을 상회했을 것이다.

필자는 대북 제재가 북한의 무역과 외화벌이에 직접적인 타격을 주지만 그 영향은 산업 및 농업, 그리고 시장에도 파급될 것으로 분석했다(〈그림 8-2〉). 북한의 산업, 그중에서도 제조업은 원부자재나 자본재, 중간재 수입이 뒷받침되어야 성장할 수 있다. 그런데 제재로 인해 부품과 자본재 수입이 어려워졌다. 또한 수출과 외화벌이 감소로 자금이 줄어들면 수입에도 제약이 따른다. 만약 수출이 감소했음에도 불구하고 수입을 줄이지 않으면 무역수지 적자가

〈그림 8-2〉 제재가 북한 경제에 미치는 영향의 경로

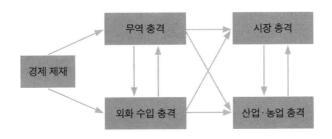

주: 화살표 방향은 충격의 파급 경로를 보여줌.
출처: 김병연. (2019b). 北 전역에 제재 영향 퍼지기 시작…시장 충격 커지면 김정은 협상 나올 것. 조선일보. 2019. 5. 10.[4]

커져 언젠가는 외환 보유고가 고갈된다. 농업도 에너지와 비료 수입에 영향을 받는다.

북한 주민의 생계 터전인 시장도 제재 충격에 노출된다. 시장에 공급되는 재화 중 상당 부분은 중국 등지에서 수입한 수입 소비재와 식량이다. 그런데 외화 획득이 어려워져 소비재와 식량 수입이 감소하면 시장 거래량은 줄고 가격은 올라간다. 무역이나 밀수에 종사하는 주민과 외화벌이와 대외 무역으로 돈을 번 권력층과 돈주[5]의 소득 감소는 시장의 수요 감소로 이어진다. 즉 시장에서 공급과 수요가 동시에 축소되는 충격이 일어나고 그 결과 시장 소득이 감소한다. 대외 무역의 감소가 북한 내수를 진작할 것이라는 주장도 있었다. 그러나 이는 식품업 등 단순한 공정을 특징으로 하는 산업에 국한될 뿐 전반적으로 무역 감소는 내수에 부정적인 영향을 미친다.

관건은 중국의 참여와 의지였다. 북·중 무역은 북한의 전체 무역의 90% 이상을 차지하고 있었을 뿐 아니라 중국 기업에 의한 북한 근로자 고용이나 북한 내 투자 면에서도 중국이 북한 경제에 미치는 영향은 지대했다. 필자는 2016년 3월 서울대 국제문제연구소 세미나에서 이 점을 지적하면서 중국이 제재에 적극적으로 동참하지 않는다면 제재 효과는 미미할 것으로 전망했다. 특히 중국의 중앙정부가 철저한 제재 이행을 강조하지 않을 경우, 기업과 지방정부의 유착으로 말미암아 실제 효과는 기대에 크게 미치지 못할 것으로 진단했다. 먼저 2016년 3월 초에 채택된 유엔 안보리 대북 제재 2270호는 민생용을 예외 규정으로 둔 것으로 미루어 보아 중국 정부의 제재 이행 의지가 약하다고 필자는 평가했다. 그러나 같은 해 6월에 유엔 안보리가 채택한 2321호는 유엔 회원국이 북한산 광물을 수입할 때 총량이나 금액이 일정 상한선을 넘지 못하게 규정한 제재로서 중국이 이 객관적 제재에 동의했다는 사실은 중국의 제재 이행 의사를 명확히 보여주었다고 판단했다. 실제 이 제재를 중국 정부가 2017년 3월부터 이행하면서부터 제재는 작동하기 시작했다.

제재가 북한 경제에 미친 효과는 수치를 통해 확인되었다. 한국은행의 추정치에 따르면 2012~2016년의 연평균 북한 경제 성장률은 1.2%였다. 그러나 제재가 작동하던 시기인 2017~2019년 동안은 연평균 -2.2%로 하락했다. 거칠게 말하면 제재가 경제 성장률을 3.4% 떨어뜨린 것이다. 이 추정치는 북한의 무역(남북 교역 제외)이 2016년 대비 2017년 86%나 감소했으며 2018년에는 다시 49% 줄어들었다는 사실과도 맥을 같이한다. 밀무역이 증가했을 가능성은 있으나 공식 무역의 감소를 일부 상쇄하는 데 그쳤을 것이다. 그러나 다음의 이유로 2017~2019년의 한국은행의 성장률 추정치는 제재 효과를 실제보다 과소 추정 했을 가능성이 크다. 한국은행은 북한의 국민소득을 추정하기 위해 북한의 산업별 생산량 추정치를 사용하지만 서비스업, 그중에서도 시장 활동은 관찰하기 어렵기 때문에 국민소득 추정에서 제외된다. 그러나 김병연(Kim, 2020)에 따르면 2017~2019년 동안 북한 주민의 시장 소득 중간값은 2014~2016년에 비해 25% 감소했다. 즉 한국은행의 북한 국민소득 추정법은 북한의 시장 활동에서의 부가가치를 포함할 수 없으므로, 시장 활동이 이전보다 증가한 연도에는 과소 추정을, 시장 활동이 위축된 연도에는 과대 추정을 하는 경향이 있다. 따라서 제재 이전과 제재 이후인 2017~2019년의 연평균 경제성장률 차이는 5% 이상일 것으로 판단된다.

북한이 2018년 초 평창올림픽에 참여한 후 남북정상회담과 북·미정상회담을 연이어 가진 이유도 제재 때문이었을 것이라는 분석이 지배적이다. 다른 가설로서는 미국의 군사 공격에 대한 우려 때문이었다는 주장도 있다. 그러나 2017년 11월 북한이 화성 15호를 발사한 이후 평창올림픽이 열리기 전까지 2달이 지났지만 미국의 대북 군사 공격이 임박했다는 징후는 없었다. 따라서 추가 도발만 하지 않는다면 미국의 군사작전 가능성이 희박함을 북한도 알고 있었을 것이다. 또 다른 가설도 있다. 북한은 핵 무력을 완성한 다음 대화에 나가겠다는 원래의 계획을 실천에 옮겼다는 주장이다. 그러나 대부분의 군사 전문가는 북한은 ICBM의 대기권 진입 기술을 갖지 못했다고 평가한다. 즉 북한은 핵 무력을 실제 완성하기 이전에 급히 대화에 나와야 했으며, 그 이유는 제재 때문이라는 설명이 가장 타당해 보인다.

제재의 중요성은 북한이 하노이 회담에서 영변과 제재 해제 교환을 제시한 데서 명확히 드러났다. 즉 북한의 최고 관심사는 제재 해제에 있었고, 이를 관철시키기 위해 하노이 회담에 나왔다고 볼 수 있다. 특히 북한이 해제를 요구한 제재는 2016년 이후 북한에 가해진 5개의 경제 제재였다. 당시 북한의 리용호 외무상은 하노이 회담이 무산된 직후의 기자회견에서 북한이 전면적 제재 해제가 아닌, 일부에 대해서만 해제를 요구했다며 다음과 같이 말했다. "구체적으로는 유엔 제재 결의 11건 가운데서 2016년부터 2017년까지 채택된 5건, 그중에서 민수 경제와 인민 생활에 지장을 주는 항목들만 먼저 해제하라는 것입니다." 그러나 실제 이 5개의 경제 제재 이외에는 효과가 없었으며 그 이전의 WMD 제재는 모두 무용지물이었다. 북한이 이렇게 강조하면서까지 제재 해제에 집요하게 매달리는 모습이 바로 제재가 비핵화 협상을 견인했다는 강력한 증거이다.

북한은 하노이 회담이 결렬되자 2019년 말까지 미국이 새로운 계산법을 들고 와야 한다며 미국을 압박했다. 그리고 대내적으로는 자력갱생을 기치로 내세우며 버티기 전략에 돌입했다. 만약 자력갱생이 성공한다면 북한은 비핵화 협상에서 우위를 점할 수 있을뿐더러 실질적인 핵보유국이 될 수 있다고 믿었기 때문에 이런 전략을 시도했을 것이다.

한국과 미국은 북·중 관계의 동학을 제대로 이해하지 못함으로써 결과적으로 제재의 효과를 감소시켰다. 필자는 2017년 하반기에 행해졌던 강도의 제재가 1년 이상 더 지속해야 비핵화의 물꼬가 트일 것으로 전망했다(김병연, 2018). 그러나 한국 정부는 평창올림픽을 계기로 북한을 협상 테이블에 앉히는 데 관심을 집중했다. 2017년부터 시작된 제재의 효과가 채 축적되기 전에 너무 성급히 대화로 나선 것이다. 이는 중국을 자극해 북·중 관계가 밀착되는 결과로 이어졌다. 판문점 정상회담을 전후로 한국과 북한, 특히 미국과 북한이 가까워지는 형국이라고 판단한 중국은 발 빠르게 움직였다. 시진핑 서기와 김정은 위원장은 문재인 대통령과 김정은 위원장의 1차 남북정상회담 전에 중국에서 김정은 집권 이후 처음으로 정상회담을 가졌다. 또 도널드 트럼프 미국 대통령과 김정은 위원장의 1차 북·미정상회담 전에 2차 북·중정상회담을 개최하였다, 더욱이 트럼프 미국 정부는 싱가포르에서 열린 1차 북·미정상회담 이후 바로 전선을 중국으로 돌려 통상 압박을 가했다. 북한 비핵화에 협조함으로써 미국의 대중 압박을 완화할 수 있을 것으로 기대한 중국은 이에 대응해 대북 제재의 뒷문을 열기 시작했다. 북한 카드로 미국을 겨냥하는 전술이었다.

이처럼 한국과 미국의 정책 결정자는 북한 비핵화의 핵심 문제가 지정학적 복잡성임을 이해하는 데 실패했다. 그 결과 대북 제재의 실효성은 2018년 들어 정체 내지 하락하기 시작했다. 중국 정부는 중국 기업의 대북 제재 위반 행위를 눈감아 주었으며 식량 등의 경제적 지원을 제공하고 중국인의 북한 관광을 장려하는 정책을 폈다.

이상의 논의는 현재의 북·중, 미·중 관계와 바이든 정부의 대중 정책 기조로 볼 때 제재라는 수단 하나만으로써 완전한 북한 비핵화를 달성하기에는 한계가 있음을 시사한다. 제재에 관한 다수의 연구 결과도 제재가 원래의 목적을 달성할 확률을 34% 정도로 보았다(Hufbauer et al., 2009). 필자도 대북 경제 제재를 언론 칼럼 등을 통해 제안했을 때 제재만으로써 완전한 비핵화를 달성할 수 있다고 생각하지 않았다. 제재의 1차 목적은 북한의 추가 도발을 억제하고 북한을 비핵화 협상으로 이끌어내는 것이었다. 더 나아가 제재로써 일부 비핵화는 이룰 수 있을 것으로 보았다. 하노이 회담에서 북한이 제시한 제재와 영변 핵 시설의 교환은, 북한에 유리한 조건이기는 했지만, 제재가 일부 비핵화를 추동할 수 있음을 실제 보였다. 이는 향후 비핵화 협상도 등가 교환의 원칙에서 비핵화와 제재의 교환에서 시작될 수 있음을 시사한다.

완전한 비핵화를 위해서는 제재 외에 북한의 경제 개발, 안전 보장 방안도 필요하다. 즉 제재 해제, 경제 개발, 안전 보장이라는 세 영역 각각에 구체적인 모듈을 만들고 이를 하나의 패키지로 엮어 북한과 협상해야 더욱 강력한 비핵화 추동 효과가 나타날 것이다. 이 중 제재 해제 및 경제 개발은 북한의 경제 발전 목표, 그리고 안전 보장은 체제 유지 목표와 각각 상응한다. 체제 유지에 관해서는 하노이 회담 결렬 직후 당시 북한의 외상이었던 리용호도 안전 보장이 북한의 중요 관심사라고 언급한 바 있다. 이처럼 북한의 핵 보유 동기를 낮추는 동시에 북한을 국제경제 질서에 편입하는 것이 북핵 문제의 근원적 해결에 한 걸음 더 다가서는 길이다.

3) 남북경협과 한반도 평화

일반적으로 경협과 평화는 서로를 강화하는 경향이 있다. 먼저 평화는 경협의 필요조건이다. 두 지역 혹은 국가 사이 갈등과 군사적 충돌, 전쟁과 같이 평화가 부재(不在)한 상태에서는 경협이나 교류가 진행되기 힘들다. 경협도 평화에 기여할 수 있다. 경협으로 경제적 의존성이 깊어지면 평화를 깨는 기회비용(opportunity cost)이 증가하기 때문에 평화를 유지하려는 경향이 생긴다. 특히 민주주의에서 경협이 해당 지역이나 국가의 다수 주민에게 편익을 제공할 때 이 경향은 더 커진다. 권위주의 국가에서도 경협이 주요 이해관계자에게 이익이 된다면 평화 유지 가능성은 증가한다.

경협을 통한 평화 창출은 국제관계학에서 기능주의(functionalism) 혹은 신기능주의(neo-functionalism)에 기초한 것이다. 그 요지는 민간의 수요를 반영한 경제 부문의 협력은 정치 부문과 제도에 파급될 수 있다는 이론이다. 기능주의는 제1차 세계대전 후 유엔과 유엔 주도의 기구들이 설립되는 이론적 토대를 마련하였다. 또 기능주의보다 정치 지도자의 의도적 선택, 즉 정치적 결정을 강조하는 신기능주의는 제2차 세계대전 후 유럽 통합의 이론적 기반이 되었다. 이 중 초기 조건과 과정, 그리고 목표의 관점에서 남북 관계와 더욱 유사한 사례는 유엔 창설보다 유럽 통합일 것이다. 유럽 통합은 경협으로 평화를 창출한 가장 대표적인 사례이다. 유럽 통합은 경제 공동체를 만듦으로써 2차 대전과 같은 비극적 전쟁을 막자는 동기에서 비롯되었다. 이런 경험은 남북 간에도 경제를 통해 평화를 형성할 수 있다는 기대와 연결된다. 그리고 유엔과 달리 유럽 국가의 목표는 통합이었다. 이 역시 남북이 경제적으로 통합되고 궁극적으로는 통일되어야 한다는 한국의 비전과 부합한다. 또한 유럽연합 회원국의 정치적 결정으로 제도가 만들어지고 이를 통해 통합이 완성되어간다는 측면에서도 남북 통합에 주는 시사점이 크다.

　　우리 정부의 공식적 통일 방안인 민족공동체 통일 방안도 경제로 시작해서 남북의 정치적 결정을 거쳐 남북이 통합·통일될 수 있다는 과정을 그린 점에서 유럽 통합의 경험과 궤를 같이한다. 보다 구체적으로 민족공동체 통일 방안은 3단계를 거쳐 통일국가가 되는 것을 상정하고 있다. 먼저 화해·협력 단계, 다음으로 남북연합 단계, 마지막으로 통일국가 완성 단계가 그것이다. 이 중 화해·협력 단계는 경협 등을 통해 긴장 완화와 평화 공존을 추구하는 단계로서 이를 기초로 다음 단계에서 남북 간 합의에 의해 남북연합기구를 창설·운영한다. 여기서 남북연합기구는 남북이 주권의 일부를 양도한 일종의 위임 제도로서 유럽연합위원회, 유럽의회나 유럽재판소 등의 기구와 유사할 것으로 판단된다. 즉 민족공동체 통일 방안도 경협이 정치적 위임 제도의 창설로 이어지는 과정을 내다본 점에서 유럽연합과 유사한 방식의 통합을 구상한 것으로 이해된다.

김대중 정부의 햇볕 정책도 남북 간 경제적 의존성을 심화하여 평화를 유지하고 통일을 준비하려는 정책으로 이해될 수 있다. 즉 햇볕 정책은 북한과 화해하고 북한을 포용할 뿐 아니라 남북 사이 교류와 협력을 증대시켜 북한을 개혁·개방으로 유도하자는 전략이며, 이 역시 기능주의 혹은 신기능주의에 따른 접근법이라고 할 수 있다.

기능주의나 신기능주의에 대한 비판도 존재한다. 먼저 경험적으로 볼 때 경협을 통해 평화를 창출하려는 노력이 항상 성공을 거두지는 못했다. 즉 경제적 의존성이 반드시 평화로 이어지는 것은 아니라는 사실이다. 1차 대전의 경험을 보면 글로벌라이제이션이 확대되었을 때 오히려 전쟁이 일어났다. 글로벌라이제이션은 경제 성장을 촉진하지만 국가 사이 또 국가 내부의 갈등을 초래하기도 한다. 글로벌라이제이션의 결과, 승자와 패자가 발생하면 이들 간 대립 격화로 국가적·사회적 긴장이 조성되기 때문이다. 이런 면에서 경협이 평화로 이어질 개연성은 존재하나 그 관계는 복합적이며 조건적이다. 복합적이란 말은 경협이 다른 변수와 상호작용할 가능성을 가리키며, 조건적이라 함은 특정 조건을 충족할 때나 경협이 잘 설계되고 집행되는 경우에 한하여 경협이 평화를 촉진한다는 의미다.

유럽 통합 사례를 남북에 그대로 적용하기도 어렵다. 가장 중요한 이유는 남북과 유럽 국가 사이에 근본적인 차이점이 존재하기 때문이다. 남북의 제도는 민주주의 대(對) 일인 독재, 시장경제 대(對) 사회주의로 크게 대비된다. 반면 유럽 국가들은 회원으로 가입할 당시 모두 민주주의와 시장경제에 기반해 있었고 지금도 그렇다. 이처럼 민주주의와 시장경제라는 근본 제도(fundamental institutions)가 균일해야 회원국 사이 경제적 수요가 정치적 결정으로 이어지고 이 결정으로 통합이 촉진되며 통합은 다시 경제적 수요를 증가시키는 선순환이 일어날 가능성이 크다. 즉 유럽 통합의 사례가 민족공동체 통일 방안이나 햇볕 정책에도 적용되려면 기능주의나 신기능주의 이론의 핵심인 경제의 파급효과가 북한 제도를 남한에 수렴시킬 수 있을 만큼 매우 강력해야 한다.

유럽연합은 근본 제도의 균일성을 통합의 조건으로 내세웠으며 경협으로 근본 제도를 변화시키려고 시도하지 않았다. 즉 유럽연합은 신규 회원국 허입(許入) 조건으로서 다음의 세 가지 조건을 제시한다. 첫째, 민주주의와 법치, 인권과 소수자에 대한 존경과 권리 보장을 담보하는 안정적 제도를 갖춘 국가. 둘째, 작동하는 시장경제와 유럽연합 내에서의 경쟁과 시장의 힘을 감당할 수 있는 역량. 셋째, 정치·경제·화폐 연합을 포함한 회원국의 의무를 지고 이를 효과적으로 실행할 수 있는 역량이 그것이다.[6] 즉 유럽연합은 이런 제도가 이미 안정적으로 운용되고 있는 국가를 회원국으로 받아들였을 뿐, 경협이 근본 제도의 균일화를 가져올 것으로 기대하지 않았다. 이는 기능주의나 신기능주의가 제시하는 변화에는 일정한 한계가 있음을 유럽연합이 인정했다고 해석할 수 있다. 만약 햇볕 정책이 남북 간 경협을 하기만 하면 북한의 정치 및 경제 제도가 변할 것으로 믿었다면 이는 가느다란 나무 막대기로 무거운 바위를 들어 올릴 수 있다고 믿는 것과 유사했다.

서울대 통일평화연구원이 해마다 발표하는 남북통합지수도 이와 관련하여 흥미로운 관찰을 제공한다.[7] 이 지수에 따르면 정치에서 경제로의 파급효과는 드러나지만, 경제로부터 정치로의 파급효과는 제한적이다. 즉 남북 간 정치통합지수가 증가하면 경제통합지수도 동반 상승하는 경향을 보였지만, 경제통합지수의 상승은 정치통합지수의 상승을 일으키지 못했다. 이는 제도적 균일성이 보장되지 않거나 낮은 단계의 경협에서는 경제에서 정치로의 파급보다는 그 역의 파급이 두드러짐을 시사한다.

경협이 북한 체제의 변화를 목표로 했다면 그 수단은 훨씬 정교했어야 했다. 기능주의나 신기능주의가 제도적 환경이 다른 두 지역 혹은 국가 사이 적용되기 위해서는 로컬 조건(local conditions)과 경협의 목표를 충분히 고려하여 정책이 설계될 필요가 있었다. 개성공단의 예를 들어보자. 개성공단에 입주한 한국 기업은 인건비를 북한 근로자가 아니라 정부에 달러로 지급했다. 북한 정부는 사회문화시책금(사회보험료)을 차감한 후 근로자에게 배급을 주고 그 가격만큼을 월급에서 공제하고 나머지 금액을 북한의 공식 환율을 적용하여 근로자에게 북한 원화로 지급했다. 이처럼 북한 정부는 세 단계에 걸쳐 외화 수입을 챙김으로써 근로자에게 돌아가야 할 임금을 낮추어 지급했다. 이런 수준의 경협으로써는 기능주의에 따른 효과를 기대하기는 어렵다. 결국 개성공단은 북한 정부를 위한 돈벌이의 섬으로, 또 다른 지역을 개혁·개방하지 않고 버틸 수 있는 재정 수입의 통로였다는 비판을 면하기 힘들었다.[8]

문재인 정부가 추진하는 남북 철도 연결도 경제에서 정치로의 파급효과가 상대적으로 낮은 경협 사업이다. 경제가 정치로 파급되는 데 있어서 인프라의 역할은 제한적이다. 인프라 개발로 경제가 성장하면 정치적 파급효과가 생기지 않겠냐는 기대도 추상적이며 막연하다. 현재 북한의 상황에서는 인프라 건설이 경제 성장에 미치는 영향도 크지 않다. 북한의 경제 성장을 가로막는 가장 중요한 제약 조건은 사회주의제도다. 그 제도로 인해 사기업이 생겨나기 힘들고 기업가 정신이 발휘되기 어렵다. 남북 철도가 연결되더라도 그 철도 위를 달릴 여객이나 화물이 없으면 건설 원가도 나오기 어려울 것이다. 즉 철도 건설 이전에 철도를 이용해 수송되는 제품을 만드는 것이 더 우선이다. 이처럼 목표의식과 파급효과에 대한 고려 없는 단순한 경협으로 큰 파급효과를 기대하는 것은 연목구어(緣木求魚)와 같다.

경협을 통해 북한의 개혁·개방을 유도하려면 잘 설계된 방안이 필요하다. 만약 북한이 시장경제를 도입하지 않는다면 남북경협은 북한의 장기 성장과 체제 이행이 아니라 사회주의 체제에 기여하는 결과를 낳을 수도 있다. 북한의 구속적 제약(binding constraint)은 기술이나 자본이 아니라 제도의 문제다. 제도의 적자(institutional deficit)로 인해 기술을 개발하고 공장을 건설하는 데 자본이 들어가지 않는다. 외부에서 기술을 제공하고 자본을 공급하면 경제가 일시적으로 나아질 수 있겠지만 시간이 지나면 다시 경제는 나빠진다. 이처럼 북한 경제의 체제 이행 없이 외부 지원만으로써는 북한 경제를 지속 가능한 성장 궤도에 진입시킬 수는 없다.

일각에서는 북한 비핵화가 교착 상태에 빠져 있는 지금 남북경협으로 돌파구를 만들어야 한다고 주장한다. 즉 제재에서 경협으로 대북 접근법을 아예 바꾸거나, 아니면 미국은 제재를, 한국은 경협을 추진하는 방식의 역할 분담이 필요하다고 주장한다. 미국을 포함한 국제사회가 이런 주장을 받아들일 가능성은 거의 없을 것이다. 설혹 가능성이 있다 하더라도 이 주장은 이론적·경험적 차원에서 예비 타당성 검사를 통과할 수 없다.

이 주장에는 세 가지 문제가 존재한다. 첫째, 경협이 어떻게 비핵화에 영향을 미치는지 그 경로를 분명하게 설명하지 못하고 있다. 아마도 설득, 신뢰, 구조적 변화를 경협과 비핵화를 연결하는 경로로 생각할 수 있을 것이다. 즉 경협으로 남북 간 긴장을 완화하고 북한을 설득함으로써 비핵화를 이룬다는 구상처럼 보인다. 그러나 설득만으로써 비핵화를 이룰 수 있을지에 대해 큰 의구심이 존재한다. 핵은 김정은 체제 유지의 가장 중요한 자산인데 이를 설득만으로써 해소할 수 있다고 믿기는 어렵기 때문이다. 마찬가지로 경협을 통한 신뢰 쌓기의 효과도 비핵화를 이룰 만큼 크지 못할 것이다. 체제 유지에 가장 중요하다고 생각하는 핵을 내어줄 정도의 경협이라면 어느 정도의, 어떤 종류의 경협이 되어야 할까. 과연 이 주장의 타당성이 있다고 할 수 있을까. 이상의 가설을 실제 정책으로 옮기기 위해서는 설득과 신뢰가 어떻게 비핵화를 추동할 수 있을지, 그 이론과 사례, 실증적 근거를 구체적으로 제시해야 할 것이다.

둘째, 제재와 경협은 서로 상충하기 때문에 동시에 사용하면 효과가 떨어진다. 앞 절에서 설명한 것처럼 경제 제재의 목적은 북한의 무역과 외화벌이, 시장과 산업에 직간접적 타격을 가함으로써 북한이 비핵화 협상에 나오도록 압박을 가하는 것이다. 그런데 경협의 결과 북한의 외화 수입과 무역이 증가하고 시장과 산업의 충격이 완화되면 제재의 효력은 약화된다. 이처럼 지금 국면에서는 제재와 경협의 상관관계가 음이다. 제재가 제대로 작동하려면 경협을 하지 않아야 하고, 경협을 우선한다면 제재가 완화 혹은 해제되어야 한다. 이런 면에서 경협 우선론은 그동안 실증적으로 검증된, 비핵화의 유력한 수단인 제재를 무력화할 수 있다는 점에서 북한 비핵화를 오히려 저해할 수 있다. 만약 경협으로 북한의 외화 수입이 증가하고 경제가 일부 회복된다면 북한은 비핵화를 하지 않고 버틸 수 있는 경제력을 갖게 된다. 그 결과 북한은 실제적인 핵보유국이 되며 이에 따라 한국 안보에의 위협과 지정학적 딜레마는 커지게 된다. 북한의 핵 보유를 저지할 수 있는 수단을 갖지 못한 채 우선 경협부터 하고 보자는 식의 발상은 한국을 더 큰 위험에 빠뜨릴 수 있다.

셋째, 경협을 통해 북한 내부 변화를 유도함으로써 비핵화에 기여할 수 있다는 주장은 시간적 불일치 문제를 간과하고 있다. 2절에서 언급한 것처럼 북한 핵 문제가 지금처럼 긴박해지기 전, 필자는 관여를 통한 북한 내부 변화가 우리 정부의 대북 정책의 기조가 되어야 한다고 주장했다. 경협의 효과가 쌓여 북한이 핵을 오히려 비용으로 간주하려면 적어도 10년 내외의 시간이 필요하다. 그러나 북한 비핵화에 지금부터 10년이 걸린다면 그동안 북한은 실제 핵보유국이 될 개연성이 높으며 혹은 북한이 붕괴할 가능성마저 있다. 지금은 시간이 없다. 따라서 2016년 이전의 북핵 접근법과 이후의 북핵 접근법은 달라야 하며 다를 수밖에 없다.

266

북한이 핵보유국이 되어도 경협을 하면 평화를 지킬 수 있다고 믿는 자들도 있다. 즉 남한이 경협을 통해 북한에 경제적 이익을 제공하는 한, 북한은 남한에 대해 핵을 사용하지 않을 것이라는 주장이다. 국가 안보에 대한 이런 소박한 사고는 평화의 적이다. 군사적 우위를 가진 북한이 더 큰 이익을 요구할 수도 있고, 북한 통치자가 변심하지 않는다는 보장도 없다. 북한 내 세력 간 충돌이 발생할 때 핵무기가 어떻게 사용될지 예측하기도 어렵다. 따라서 북한 비핵화는 평화의 필수 조건이며 비핵화 없이는 남북 간 항상적(恒常的) 평화를 담보할 수 없다.

제재와 경협은 북한 비핵화를 위해 가장 유력한 수단이다. 비핵화의 국면에 따라 이 두 수단을 적절히 이용할 수 있어야 북한 비핵화 가능성을 끌어올릴 수 있다. 반면 제재와 경협을 이념의 잣대로만 판단한다면 우리가 북한의 핵 보유를 도와주는 꼴이 될 수 있다. 동시에 제재로 북한을 굴복시켜야 한다는 주장이나 경협만 하면 비핵화가 될 것처럼 선전하는 단순·소박한 접근법도 지양해야 한다.

경협은 북한 비핵화 단계에 맞추어, 그리고 목적 지향적으로 진행되어야 한다. 경협으로 북한 스스로 21세기의 시각에서 생존과 번영의 방정식을 찾을 수 있도록 견인해야 한다. 그리고 북한 경제가 국제경제 질서에 편입되어야 한반도에 항구적인 평화가 올 수 있을 것이다. 이런 면에서 제재는 단기적인 응급조치라 한다면 경협은 중장기적인 관점에서 행해지는 치료와 같다.

4) 결론

한반도 평화는 우리의 목표다. 한반도에 사는 그 누구도 남북 사이 군사적 갈등과 충돌을 원하지 않는다. 그러나 이 목표를 지키려면 현실적이고 지혜롭고 냉철해야 한다. 이념과 정치로의 북한 보기를 포기해야 객관적 지식에 기초한 북한 이해가 가능하다. 북한의 경제와 사회, 정치를 체계적으로 이해하고 이 토대 위에서 북한 정권의 의도를 분석해야 한다. 특히 북한 비핵화가 한반도에 가장 중요한 현안인 지금은 더욱 그러해야 한다. 이런 인식을 기초로 다음과 같이 정책을 제안하고자 한다.

첫째, 북한 비핵화의 유력한 수단인 제재와 경협을 주어진 국면에 맞게 사용하면서 시차적 설계와 최적의 조합으로 비핵화의 강을 건너야 한다. 이 수단을 이념으로 덧칠하여 내 편, 네 편으로 가르는 시도는 대북 정책을 실패로 몰고 한반도를 더 큰 위험에 빠뜨릴 뿐이다. 제재가 만능이 아니듯이 경협도 만능이 아니다. 따라서 제재와 경협의 효과, 북한 내부 및 미·중과 북·중을 포함한 국제관계의 흐름, 그리고 비핵화 단계에 대한 이해를 토대로 제재와 경협의 적절한 조합을 구상해야 한다.

둘째, 경협은 북한의 구조적 변화를 목적으로 설계·집행되어야 한다. 북한의 시장경제로의 체제 이행을 촉진하고 주민의 후생 증진에 효과적으로 기여해야 한다. 그리고 북한 스스로 미래지향적 관점에서 생존과 번영의 방법을 터득하고 결단하는 데 도움이 되어야 한다. 따라서 현재까지 제시된 경협 방안을 재평가하여 목적 지향적으로 새롭게 설계할 필요가 있다.

셋째, 현 국면에서는 강력하고 지속적인 제재 없이 비핵화를 달성하기 어렵다. 제재의 유용성은 이미 검증되었다. 또 현실적으로 제재 외에 비핵화를 추동할 유효한 수단이 없는 것도 사실이다. 제재의 실효성은 2018년부터 떨어지기 시작했으나 여전히 제재는 북한 경제에 심각한 충격을 주고 있다. 더욱이 2020년부터의 코로나 감염병 사태는 제재 효과를 한층 증폭시키고 있다. 북한 정권이 핵과 경제 사이에서 진지하게 선택해야 하는 진실의 순간이 다가오고 있다.

넷째, 제재를 통해 의미 있는 비핵화 협상이 일어나고 그 결과 비핵화의 입구가 실제로 열리면 우리는 일부 제재의 완화나 해제를 고려할 수 있다. 이때 가장 중요한 것은 제재와 그 효과에 관한 전문성이다. 모든 제재가 다 똑같은 제재가 아니며 제재가 전부와 전무(all or nothing) 사이에 선택해야 하는 것도 아니다. 따라서 제재의 종류와 효과, 그리고 남북 관계 및 지정학적 복잡성을 면밀하게 검토하여 제재 완화의 최적 순차(optimal sequence)를 만들어야 한다.

다섯째, 비핵화 협상에서는 제재와 동시에 북한의 관심인 안전 보장과 경제 개발 방안 등도 함께 논의되어야 한다. 정책 결정자는 북한 비핵화를 제쳐두고 한반도 평화를 달성할 수 없음을 알아야 함과 동시에 북한 경제가 국제경제 질서에 편입되고 북한 내부의 제도가 바뀌어야 항구적인 평화가 가능함도 이해해야 한다. 미국을 포함해 국제사회가 관여하는 비핵화 협상은 북한이 이 목표로 갈 수 있도록 유도할 수 있는 가장 좋은 기회다. 또 이런 과정에서 북한도 더 실효적이며 항구적인 평화는 핵과 미사일 개발에 있지 않고 경제와 이를 기초로 한 선린에 있음을 깨닫도록 도와야 한다. 이 목표를 달성해야 진정한 의미에서 한반도의 봄이 올 수 있다. 그전까지는 봄이 온 것처럼 외쳐도 진짜 봄이 아니라 겨울을 치장한 가짜 봄일 것이다.

09

한반도 평화 프로세스와 한반도 평화 체제

김인한 (이화여대)

1) 서론

문재인 정부의 대북 정책인 한반도 평화 프로세스의 기여와 한계는 무엇인가? 20대 대통령 선거를 1년도 채 남기지 않은 지금, 차기 정부가 준비해야 할 대북 정책의 밑그림을 그리기 위해서는 지난 4년 문재인 정부의 대북 정책에 대해 냉정히 평가하는 작업이 선행되어야 한다. 이 글은 문재인 정부의 대북 정책 중 보수와 진보 이념의 차이를 떠나 계승해야 할 것은 받아들이며, 동시에 개선해야 할 점들은 고쳐나가야 한다는 문제의식에서 출발하여 다음과 같은 주제들을 다루려 한다. 첫째 문재인 정부의 한반도 평화 프로세스의 구체적 내용을 살펴보고, 둘째 문재인 대북 정책의 기여와 한계점을 파악하고, 셋째 한반도 평화를 위한 다음 정부의 노력에 대한 방향을 제시하고자 한다.

2) 한반도 평화 프로세스

한반도 평화 프로세스라고 알려진 문재인 정부의 한반도 비핵·평화 프로세스의 정책 목표와 구상은 다음의 세 가지를 핵심 요소로 한다. 첫째는 한반도 운전자론이며, 둘째는 북한과의 종전선언 및 평화협정 체결 추구, 그리고 마지막으로 신남방정책과 신북방정책을 포함한 확대된 신경제지도의 수립이다.

한반도 운전자론은 2017년 6월 말과 7월 초에 있었던 문재인 대통령의 워싱턴 방문 및 한미정상회담을 통해 소개되었다. 트럼프 대통령과의 첫 번째 정상회담 후 가진 공동 기자회견에서 문재인 대통령은 트럼프 대통령이 "한반도의 항구적 평화 체제 구축을 위한 한국의 주도적 노력을 지지"했다고 밝혔고, 곧이어 청와대는 한반도 이슈에 있어 한국이 다시 운전대에 앉게 된 계기를 가진 것이라고 해석했다(연합뉴스, 2017). 이는 한반도 평화를 구축하는 데 있어 한국이 적극적으로 임하겠다는 포부의 표현이었다.

두 번째는 한국전쟁을 공식적으로 종료하는 종전선언과 평화

협정을 북한과 추진한다는 것이다. 2017년 7월 독일 쾨르버재단 초청으로 베를린을 방문했을 때 문재인 대통령은 한반도 평화를 위한 '베를린 구상'을 발표한다(청와대, 2017). 다음의 몇 가지가 주목되는 사항이다. 하나는 대한민국 대북 정책의 우선순위는 평화라는 것이다. 북한의 붕괴, 흡수통일, 인위적인 통일을 추구하지 않을 것을 약속했다. 또한 북한 체제의 안전을 보장하는 한반도 비핵화를 추구한다는 것이다. 북핵 문제에 대해 단계적이고 포괄적인 접근을 한다는 의미다. 북한 핵의 완전한 폐기를 추구하면서도 북한의 안보·경제적 우려를 해소하는 방향으로 점진적으로 나아갈 것이라는 약속이다. 여기에 더해 한반도 위의 항구적 평화 구조를 정착시키기 위해 한국전쟁의 공식적인 종전과 더불어 평화협정 체결을 추구한다고 밝혔다.

한반도 평화 프로세스의 세 번째 주요 요소는 남북한 경제 공동체와 신남방정책, 신북방정책을 아우르는 신경제지도 건설이다. 신남방정책을 통해 인도 및 동남아시아 국가와 경제·인적 교류, 그리고 안보 협력을 강화한다고 선언했다. 마찬가지로 중국, 러시아 및 중앙아시아 국가들과도 경제협력을 강화하는 신북방정책을 발표한다. 신남방정책과 신북방정책은 남북 관계가 개선되어 한반도에서 긴장 완화가 이루어지고 경제협력이 가속되면 남북경제 공동체를 건설하고, 이 경제 공동체가 동아시아에서 남방과 북방 경제권을 연결하는 거대 시장에서 교량 역할을 할 것을 꿈꾸고 있다.

위의 핵심 요소들을 통해 본 문재인 정부의 한반도 평화 프로세스는 다음의 두 가지 특색을 가진다. 첫째는 평화 정책이 갖는 지평의 확대다. 기존 평화 정책이 북한과의 관계와 핵 문제에 집중한 반면, 문재인 정부는 대북 관계 개선 이후 남북한 경제 공동체를 건설하는 데 더해 한반도가 남방 경제와 북방 경제를 잇는 교량 역할을 할 것을 상정함으로써 평화 정책의 지평을 넓혔다고 평가할 수 있다.

하지만 더 중요한 것은 김대중 정부의 햇볕 정책에서 박근혜 정부의 신뢰 프로세스까지 기존 정부가 공통적으로 보여줬던 기능주의적 접근을 탈피했다는 것이다. 국제정치학에서 기능주의란 낮은 수준의 협력, 비정치적 분야에서의 국가 간 협력이 이익을 낳으면, 더욱 높은 수준의 협력이나 정치적 분야의 협력으로까지 이어지게 되면서 국가 간 관계가 안정과 평화, 통합을 이룰 수 있다고 보는 시각이다. 유럽이 여섯 나라의 석탄과 철강의 공동 생산과 관리에서 시작하여 오늘날 통합을 이룬 것이 기능주의의 대표적 시사점이 된다.

김대중 정부의 햇볕 정책과 뒤이은 노무현 정부의 대북 포용 정책, 그리고 박근혜 정부의 한반도 신뢰 프로세스가 이 기능주의에 입각한 대북 정책의 예가 된다. 김대중 정부와 노무현 정부는 개성공단을 비롯한 여러 남북한 교류의 확대가 북한 지도층의 대외관을 긍정적으로 변화시키고, 남북 협력의 이점을 경험함으로써 더 많은 협력을 원하게 만들고, 더 나아가서는 남북한 관계의 안정과 평화를 이룰 수 있다고 믿었다. 박근혜 정부는 남북한 관계의 근본 문제는 신뢰 부재이므로, 낮은 수준과 비정치적 분야의 협력을 통해 신뢰를 축적하고 향후 비핵화 이후에는 한국의 북한에 대한 대규모 투자를 통해 양자 관계를 크게 진전시킨다는 비전을 가졌다.

하지만 문재인 정부는 기존 정부의 대북 정책은 교환 가치의 등가성에서 문제점을 가지고 있다고 봤다(박인휘, 2019). 북한의 핵 보유는 북한이 가지는 안보 불안에서 비롯된 것이므로 '경제 이익 대 핵무기 교환'의 공식은 성립하지 않는다고 본다. 대신 '안보 위협 경감 대 비핵화'라는 안보 대 안보의 관점에서 접근해야 효과를 낼 것이라고 본 것이다. 북한이 지금까지 고립과 제재에도 불구하고 핵 개발에 집착했던 것은 경제적 유인에도 불구하고 내려놓을 수 없었던 안보적 이유가 있었다고 해석한다. 북한이 느끼는 대외적 위협의 근원이 정전 상태인 한국전쟁이라는 문제의식 하에 문재인 정부가 북한의 안보 위협을 경감시켜줄 목적으로 내세운 것이 한국전쟁의 공식적 종료를 선언하는 정전협정과 이후 한반도 평화 체제 구축을 위한 평화협정이다.

3) 기여와 한계

문재인 정부는 한반도 평화 프로세스가 한반도 안정에 크게 기여하였다고 자평하고 있다. 물론 긍정적으로 평가할 수 있는 부분들도 있다. 실제로 문재인 정부가 들어서면서 2008년 이후 막혀 있던 남북 정상 간의 만남이 재개되었다. 이명박 대통령과 박근혜 대통령은 당시 북한의 최고 지도자들과 정상회담을 갖지 않았으나 문재인 대통령의 경우 2018년 4월의 판문점회담을 시작으로 2019년 여름 트럼프 대통령과 김정은 위원장과의 잠시의 3자 회동을 포함 총 4회의 만남을 가졌다. 또한 판문점회담과 평양회담을 통해 한반도 긴장 완화를 위한 군사적 조치, 비핵화와 남북 관계 개선을 위한 조치들에 합의했다.

군사적 조치의 경우, 2018년 4월 판문점선언 2조 2항에서 남과 북은 "지상과 해상, 공중을 비롯한 모든 공간에서 군사적 긴장과 충돌의 근원이 되는 일체의 적대 행위를 전면 중지"하기로 하면서, 군사분계선 일대에서 확성기 방송과 전단 살포를 중지하고 비무장지대를 실질적인 평화지대로 만들어나가기로 약속했다(청와대, 2018). 판문점선언에서의 합의 내용은 같은 해 9월 문재인 대통령의 평양 방문 시 이루어진 9·19 군사합의에서 더 구체화한다(성책위키, 2020). 남과 북은 상대방을 겨냥한 각종 군사 연습을 중지하고, 군사분계선 상공에 비행 금지 구역을 설정하였다. 또한 비무장지대를 평화지대로 만들어나가기 위해 비무장지대 안에 있는 남북 감시 초소들을 완전히 철수하고, 비무장지대 내에서 시험적으로 남북 공동 유해 발굴을 진행하기로 하였다.

비핵화 문제의 경우 판문점선언에서는 완전한 비핵화를 통한 핵 없는 한반도 실현이 남과 북의 공동 목표라는 것을 확인했다. 평양공동선언에서는 한반도의 완전한 비핵화를 위해 남북한이 긴밀히 협력해나갈 것을 약속했으며, 북한은 미국이 상응하는 조치들을 취하면 영변 핵 시설의 영구적 폐기와 같은 추가적인 조치들을 취해나갈 수 있음을 시사하기도 했다. 평양공동선언의 경우 북한이 동창리 엔진 시험장과 미사일 발사대를 국제 전문가들의 참관 하에 영구적으로 폐기한다는 내용을 담고 있다. 이는 북한이 비핵화에 대한 선제적 행동을 취하고 이에 대한 미국의 상응 조치를 기대한 것으로 보인다.

문재인 대통령과 김정은 국방위원장 간 공동선언문들은 남북 관계 개선에 대해서도 많은 부분을 할애한다. 판문점선언의 경우 정부와 민간 차원 모두에서 교류를 증진시키자고 약속했으며, 이를 위해 개성에 남북공동연락사무소를 설치하기로 합의했다. 또한 남북 경제의 균형 발전과 공동 번영을 이루기 위해 노무현 정부 때 체결된 10·4 선언에서 합의된 내용을 적극 추진하기로 한다. 이를 바탕으로 평양공동선언문은 동·서해선 철도 및 도로 현대화, 개성공단과 금강산 관광의 재개, 그리고 삼림 분야 및 보건·의료 분야에서 남북 간 협력을 명시했다.

　이러한 합의 사항들 가운데 몇 가지는 실행에 옮겨지기도 했다. 예를 들어 남북한은 2019년 초기까지 감시 초소 11개소를 폐쇄하고, 화살머리고지에서 유해 발굴을 위한 도로 작업을 펼쳤다. 그리고 한국은 대북 적대 행위 금지 차원에서 판문점회담 직후인 5월 1일부터 휴전선 내 대북 방송을 중단했으며, 2021년 초에는 대북 전단 금지법을 입법·시행 중이다. 군사적 조치와 관련하여 긍정적인 평가도 존재한다. 예를 들어 국방부는 상대방에 대한 지상·해상·공중에서 적대 행위를 금지하기로 합의하고, 남북 군대 간의 우발적 충돌 가능성을 제거하였으므로 실질적으로는 적대 관계를 종식시킨 것이나 다름없다고 보고 있다(국방부, 2019). 더 적극적인 평가도 있다. 군사 전문가로 알려진 김종대의 경우, 9·19 군사합의는 "남북 간 군사적 긴장과 전쟁 위협 종식에 합의함으로써, 사실상 남북 간 종전선언으로, 미국까지 포함한 3자 종전선언으로 가는 중간 단계이며, 궁극적으로 평화협정으로 가는 서문"이라고 주장한다(프레시안, 2018).

　하지만 긴장 완화를 위한 군사적 조치에서의 진전은 전반적으로 실망감을 안겨준다. 결국 실제 이행된 것은 부분적 감시 초소 폐쇄와 한국의 일방적인 대북 전단 금지 조치뿐이다. 화살머리고지 공동 유해 발굴 작업의 경우 북한의 호응이 없었던 끝에 결국 2021년 6월 말 서욱 국방장관이 현장을 방문해 발굴 작업 종료를 선언하면서 마무리됐다(뉴시스, 2021). 9·19 군사합의를 통해 공동 발굴을 약속했던 북한은 단 한 번도 참여하지 않았다는 것은 아쉬움으로 남는다. 그리고 대북 전단 금지법의 경우 정부는 북한 지도부에 대한 불필요한 자극을 방지하여 접경 주민 삶에 안정을 가져올 수 있다는 기대 효과를 강조하고 있지만, 북한 동포들에게 북한의 실상을 알리고 외부 세계의 정보를 유입시킬 수 있는 통로가 차단되었으며, 북한 동포들에게 정보를 전달하고자 하는 대한민국 국민의 의사와 표현의 자유가 제한된다는 기본권 침해에 대한 우려를 높였다. 북한으로부터의 무력시위 역시 2018년의 휴지기를 거쳐 재개되기 시작했다. 북한은 2019년 중반부터 2021년 초반에 이르는 시간 동안 여러 차례 방사포 실험, SLBM 실험, 이스칸데르 미사일 실험을 감행했고, 수차례의 열병식을 통해 한국에 대한 무력시위를 해왔다.

이에 더해 9·19 군사합의는 한국의 북한에 대한 양보라는 비판도 만만찮다(연합뉴스, 2019). 한국과 주한미군의 공군이 우세한 정보정찰 감시 능력을 가지고 있었는데, 전방에서의 비행 금지 구역 설정은 남한에 일방적으로 불리한 합의라는 주장이 있다. 또한 북한이 핵무기와 미사일을 보유하고 있으며, 북한 비핵화에 대한 진전이 없는 상태에서 재래식 군사 분야에서 한국의 작전 능력을 제한하는 것은 한국 안보를 저해하는 자해적 합의라는 비판의 목소리도 존재한다.

북한 비핵화의 문제 역시 진전이 없다. 싱가포르 정상회담 이후 현재에 이르기까지 북한 핵 문제에 대한 실질적 진전은 전무하다. 북한은 동창리 시험장의 미사일 발사대를 철거하고, 풍계리 갱도를 폭파하는 행동을 보이기도 했고, 핵 실험 및 미사일 실험에 대한 유예를 선언하기는 했지만, 이러한 행동들이 북한의 비핵화에 대한 진정성 있는 의사를 확인시킨 행동들이라고는 보기 어렵다. 싱가포르 회담 이후의 수차례 실무급 회담과 하노이 정상회담의 실패는 결국 미국과 북한 간에는 신뢰가 부족하며, 양국이 원하는 것에는 큰 간극이 존재한다는 것을 확인시켜주었다. 결국 대화의 불씨는 곧 사그라들었다. 이른바 하노이 노딜 이후 트럼프 대통령이 판문점에서 김정은 위원장과 짧은 만남을 가지면서 대화가 복원될 수 있다는 희망이 되살아나긴 했지만, 결국 북·미 간 대화의 동력은 회복되지 않았다. 곧 김정은 위원장의 인내심도 바닥을 드러내기 시작한다. 스스로 미국에 북한에 대한 정책을 바꿀 수 있는 기한을 2019년 말로 선정했고, 2020년부터는 미국을 자극할 도발에 대한 가능성을 암시하고 있다.

남북 관계 개선 역시 진전이 없기는 마찬가지다. 문재인 대통령의 경우 2017년 대선 캠페인 과정에서 본인을 대북 포용 정책의 계승자로 자리매김하면서 지난 9년간의 보수 정권 하에서 단절되었던 남북 관계의 복원을 약속해왔다. 하지만 남북 관계 개선에 대한 성적표 역시 초라하다. 정상회담을 통해 정부와 민간 차원 모두에서의 교류 확대와 남북 경제협력의 강화를 약속했지만, 실제로 이루어진 것은 전무하다. 북한 핵 능력의 고도화로 대북 제재가 촘촘히 만들어진 상태에서 대한민국은 운신의 폭이 크지 않았기 때문이다.

정부는 금강산 관광이나 개성공단에 대해 유엔 제재의 예외 사유로 인정받기 위해 다각도로 노력해왔다. 미국과 국제사회가 원하는 비핵화에 따른 제재 해제보다는 북한의 점진적 비핵화 조치에 상응하는 대북 제재 완화의 필요성을 강조하기도 했고, 때로는 선제적 대북 제재 완화를 비핵화에 대한 유인으로서 제시하기도 하였다. 하지만 국제사회의 반응은 냉담했다. 무엇보다 대북 제재에 핵심 역할을 담당하는 미국은 한국의 대북 정책이 국제사회와 공조를 이뤄야 하며 미국의 대북 정책과 조화를 이뤄야 한다고 지속해서 강조하면서 문재인 정부의 과속 움직임에 제동을 걸어왔다. 미국이 보내온 메시지는 북한의 실질적 비핵화가 우선이며, 의미 있는 진전 없이는 제재를 해제할 수 없다는 것이었다. 결국 2019년 이후 문재인 정부가 미국과 유럽 국가를 상대로 했던 북한에 대한 이미지 개선을 위한 노력들은 수포가 되었다.

이러한 상황 속에서 북한의 인내심은 바닥나기 시작한다. 특히 하노이 회담 결렬 이후 한국에 대한 비판의 목소리가 점점 거세졌다. 특히 판문점선언과 평양선언에 포함되어 있었던 남북한 경제 관계 복원에 성과가 없었다는 점에 지속해서 불만을 표시해왔다. 가장 대표적인 예는 2019년 문재인 대통령의 광복절 경축사에 대한 반응이었다. 경축사에서 문재인 대통령은 "남북협력을 통한 평화 경제를 건설하고, 한반도 평화 체제를 구축하기 위해 노력하고 있다"라고 발언했는데, 이에 대해 북한은 남북 대화 주무 부처인 조국평화통일위원회 대변인 담화를 통해 "삶은 소대가리도 앙천대소(하늘을 향해 웃는다)할 노릇"이라고 폄훼하고 "남조선 당국자들과 더 이상 할 말도 없으며, 다시 마주 앉을 생각도 없다"라고 주장했다(중앙일보, 2019). 한 발 더 나아가 문 대통령을 "정말 보기 드물게 뻔뻔한 사람"이라거나 "웃겨도 세계 웃기는 사람"이라는 무례한 표현도 서슴지 않았다. 북한은 남한에 대한 실망을 행동으로도 나타내 보였다. 그 대표적인 예는 2020년 6월에 있었던 남북공동연락사무소의 폭파다. 2018년 4월 판문점선언으로 시작된 대북 평화 드라이브가 사실상 좌초했다는 것을 상징적으로 보여준 사건이었다.

혹자는 2017년 중반을 넘어서면서 고조되어왔던 북·미 간 긴장이 완화되고 2018년 외교의 장이 열리게 된 것, 그리고 군사적 충돌이 없었던 것은 문재인 정부가 당시의 위기를 잘 관리해온 덕분이라고 주장하기도 한다. 2017년 9월의 6차 북한 핵 실험 이후 미국과 북한의 관계는 군사적 충돌의 위험성이 높아질 정도로 고조되고 있었던 것이 사실이다. 문재인 정부는 이 긴장 관계를 2018년 초 평창동계올림픽 때 김여정을 비롯한 북한 지도부의 방문과 북한 선수단의 참가를 통해 평화 무드로 전환하는 데 성공하여 이후 이른바 한반도의 봄을 가져왔다고 주장한다. 그렇다. 2018년 초 서훈 국정원장과 정의용 청와대 안보실장이 북한을 방문하여 김정은과 환담하고, 북한의 비핵화에 대한 의사를 받아내고, 그 의사를 트럼프 대통령에게 전달함으로써 북·미 간 대화의 물꼬를 튼 것은 문재인 정부의 기여라고 할 수 있다. 특히 1차 북·미정상회담이 결렬 위기를 맞았을 때 문 대통령이 북한을 전격 방문하여 김정은과 원 포인트 회담을 가지고 북·미 대화의 불씨를 살려낸 것은 중재 외교의 백미였다고 할 수 있다. 이어진 트럼프와 김정은 간의 싱가포르 회담을 지켜보던 빌 클린턴 전 미국 대통령은 "북핵 대화의 진짜 영웅은 문재인 대통령"이라고 칭할 정도였다(중앙일보, 2018).

하지만 이 역시 한반도 평화 프로세스의 가동보다는 다른 설명이 가능하다. 북한의 오랜 계획에 의해 단기간 평화 무드가 조성되었을 가능성도 생각해볼 필요가 있다. 2017년까지 이어진 북한의 빠른 속도의 핵 능력 고도화는 2018년 갑작스러운 핵 실험 유예 선언으로 이어지게 되면서 북한 비핵화에 대한 전 세계인의 기대와 희망을 부풀게 했다. 하지만 이러한 급격한 노선 변경은 북한의 핵 개발에 대한 장기 계획에서 비롯되었다는 해석도 가능하다. 전 주영북한대사관의 고위 외교관이었던 태영호 현 국민의 힘 국회의원의 경우 북한은 이미 2010년대 중반부터 2017년까지 핵 고도화에 박차를 가한 후 2018년부터는 평화 국면을 조성하여 대외적 충돌을 피하거나 압박을 완화시키고 뒤로는 계속해서 핵 무장을 증강해나간다는 계획을 수립해놓고 있었다고 밝힌 바 있다(태영호, 2018: 402-405). 2018년의 평화 무드 이후 2019년 후반부터 날카로워지고 있는 북한의 대외 비방과 무력 과시를 고려해본다면 태영호 의원이 증언한 대로 2018년 잠시 한반도를 찾아왔던 해빙과 평화의 기운은 북한의 위장 평화 전술에 의한 착시 효과였을 수 있다.

문재인 정부의 한반도 평화 프로세스에 대해서는 다양한 평가가 있겠지만, 분명한 것은 2019년 중반 이후에는 사실상 가동을 멈추었다는 것이다. 가장 큰 이유는 물론 하노이 북·미회담의 결렬이다. 2018년 6월 초 싱가포르 회담과 곧이어 성사된 하노이 회담은 트럼프 대통령과 김정은 위원장 간의 톱다운 방식의 협상을 통한 북한 비핵화에 대한 양측의 통 큰 합의가 가능하리라는 기대를 낳기도 하였지만, 결과는 결렬이었다. 미국은 최종적이고 완전히 검증된 비핵화 혹은 완전히 검증되고 불가역적인 비핵화를 제재 해제의 조건으로 제시한 반면, 북한은 영변 핵 시설의 불능화 및 검증과 제재 해제를 맞교환하려 했다. 분명 미국과 북한 간 교환 조건에 대한 기대차가 존재했다. 여기에 더해 통일연구원의 정성윤 연구원과 그의 팀은 북·미 협상 결렬의 원인으로 다음 두 가지를 더한다(정성윤 외 6인, 2020). 하나는 미국과 북한 간 강 대 강 전략의 충돌이며 둘째는 상호 간의 불신이다. 북한은 증강한 핵전략에 비롯된 자신감으로, 미국은 강력해진 대북 제재에 대한 기대감으로 양보의 여지 없이 서로 밀어붙이게 되었다. 또한 양측은 상대방의 협력 의지에 대해 지나친 경계를 하고 있다. 미국과 북한 간에는 정치·외교적 신뢰가 부족하다. 지난 근 30여 년의 협상과 만남을 통해 불신만이 크게 쌓여 있다. 양측 모두 상대방의 선제적 기만 가능성이 크다는 판단 하에 쉽사리 양보하지 않고 있다. 이러한 상황에서 미국과 북한 간의 핵 협상은 장기 교착 국면으로 빠져들고 만 것이다.

북·미 관계가 교착 상태에 접어들면서 남북 관계도 정체 및 경색 국면으로 진입했다. 미국과 북한 사이에서 중재자로서 역할을 담당하려 했던 문재인 정부로서는 운신의 여지가 좁아진 동시에 돌파구를 만들어낼 수 있는 역량의 부족마저도 실감하게 된 것이다. 하노이 회담의 실패와 이후 스톡홀름에서의 실무 회담이 결렬되면서 북·미 간 비핵화 협상은 원점으로 돌아갔고, 그 가운데 문재인 정부가 노리던 남북 관계 개선, 특히 경제협력 복원에 대한 꿈은 실현되기 어려워졌다. 무엇보다 북한이 대남 자세와 언사를 공세적으로 전환하고 있는 것은 문재인 정부로서는 마음 아픈 일이다. 북한이 내세우는 대남 비방의 이유는 남측의 의지와 노력 부족이다. 북한은 남한 당국이 자신들과 합의했던 사항을 이행하지 않고 있으며, 이행에 대한 의지도 부족하다고 주장하고 있다. 남한에 대한 실망을 넘어, 남한이 그들을 기만했다는 분노를 분출하고 있다.

2019년 4월 12일 최고인민회의 시정 연설에서 김정은의 발언이 대표적이다. 그는 이 자리에서 문재인 정부의 중재자론에 대해 "오지랖 넓은 '중재자', '촉진자' 행세를 할 것이 아니라 민족의 이익을 옹호하는 당사자가 돼야 한다", "말로서가 아니라 실천적 행동으로 그 진심을 보여주는 용단을 내려야 한다"라고 원색적인 비난을 쏟아냈다(매일경제, 2019).

문재인 정부의 한반도 평화 프로세스가 좌초된 원인으로는 북·미 교섭의 지체보다는 평화 프로세스가 가지는 근본적 취약성 역시 들 수 있다. 한반도 평화 프로세스는 남북 관계 개선을 통해 북·미 관계 개선을 도모하고, 북·미 간 비핵화 협상의 진전을 통해 남북 관계를 불가역적으로 발전시켜나갈 것을 상정했으며, 미국과 북한 사이에서 한국이 중재자·조정자로서 역할을 담당할 것을 추구했다. 첫 번째 가정은 '쌍선 순환론'이라고 칭할 수 있는데, 이는 북한 핵을 둘러싼 국제적 현실에 대한 냉철한 인식 부재의 결과라고 할 수 있다.

무엇보다 북한의 핵 프로그램의 동인에 대한 인식이 순진하다. 그간 노무현 정부와 문재인 정부의 통일 외교팀은 북한의 핵 개발은 '자위'의 측면으로 이해해왔다. 탈냉전기 우방 세력인 소련과 중국 및 동유럽이 남한과 수교하면서 북한의 고립과 경제위기가 심화되었고, 또한 미국이 동아시아 지역에서 계속 핵심 플레이어로 남으면서 한국과 그 동맹인 미국에 대한 안보 위협을 느끼게 되었다는 것이 그 기본 인식이다. 한국은 경제 강국으로 성장하고 전체적인 국력 차가 현저히 뒤처지게 되자 북한에 자국 안보를 보장할 수 있는 유일한 방법은 핵 개발밖에 없었다는 것이다. 북한의 핵 개발은 북한의 불안정한 안보 환경의 산물이므로 북한의 안보에 대한 걱정을 덜어준다면 핵 개발을 포기할 유인이 충분하다는 것이다. 판문점선언에 포함된 종전선언과 평화협정에 관한 조항들은 이러한 현 집권 세력의 북핵 문제에 대한 기본 인식을 잘 반영한 표현이라고 할 수 있겠다.

하지만 북한의 핵 개발 수준은 이미 소위 말하는 자위의 수준을 넘어서면서 고도화되고 있다. 2020년 말 북한의 핵무기 숫자는 30~40여 기 정도가 될 것으로 추정되고 있으며, 이미 2016년 4차 핵 실험 시기를 즈음해서는 한국과 일본 전역을 핵의 사정권에 두고 있는 것으로 평가받고 있다. 그리고 현재는 몇 개의 기술적 제약만을 극복한다면 미국 본토까지 타격할 핵 능력을 갖추고 있다. 대한민국에 대해서 재래 전력은 열세이지만 비대칭 전력인 핵에서는 압도적 우위를 가지고 있는 상태다.

북한에 있어 핵은 사실상 꽃놀이패다. 핵 개발을 통해 자신의 국력이나 위상에 비해 과도한 국제적 관심을 받고 있으며, 한국을 핵 위협의 인질로 잡고 있으면서 향후 대남 협상에서 우위를 차지할 수 있기 때문이다. 여기에 더해 북한은 미국에 대해 비핵화 협상을 미국과의 군축 협상이라는 의제로 변경시키려 하고 있으며, 한미동맹을 자국 안보의 위협이라고 선전하면서 미국과의 비핵화 협상에서 의제로 상정하려는 의도를 가지고 있다. 북한이 한미동맹의 와해나 미군 철수의 목표를 이룰 때까지 핵을 포기하지 않을 것이라는 비관적 전망의 이유는 여기에 있다. 미국 역시 이러한 북한의 노림수를 잘 이해하고 있다. 미국으로서는 북한의 의도와 주장들을 쉽게 수용할 수 없다. 미국에 있어 핵 비확산 체제의 수호는 핵심 이익이며, 한미동맹 역시 미국의 아시아 안보 전략이나 세계 전략에서 중요한 위치를 차지하고 있기 때문이다. 이러한 국제적 환경이 비핵화 협상의 진전과 북·미 관계의 개선을 어렵게 만드는 주요 원인인 것이다.

또 하나, 현 정부에서 간과한 사안은 유엔 대북 제재의 무게다. 2006년 이후 국제사회는 북한의 핵 실험을 규탄하면서 북한 핵 능력의 진화에 따라 제재의 강도를 더해왔다. 물론 국제사회의 제재에 틈이 있고, 북한 역시 제재의 충격을 버텨오고 있는 것은 사실이다. 하지만 제재의 허점이나 제재가 북한을 굴복시키지 못했다는 것이 제재 완화나 해제의 구실이 되지는 않는다. 국제사회에 있어 핵 비확산 체제는 현대 국제질서를 떠받치고 있는 중요 국제 제도 중 하나다. 여기에 가입했던 북한이 국제 제도의 원칙을 위반하고 일방적으로 탈퇴하는 것은 제도의 안정성에 있어 심각한 위해가 되며 나쁜 선례를 남기게 된다. 이것이 국제사회가 북한에 대해 강경하게 대응하면서 제재를 가했던 이유이며, 이 때문에 전 세계 모든 국가에 제재 이행에 동참할 것을 요구하고 있는 것이다.

여기에 더해 지난 15년간 핵 능력 개발에 있어 북한은 너무 많이 왔다. 그리고 비핵화를 둘러싼 양자 혹은 다자 회담 가운데 보여준 북한의 행동들은 북한의 신뢰를 현격하게 저하시켜왔다. 작은 양보 제스처를 보여주고서 많은 양보를 얻어내왔던 이른바 살라미 전술은 통하기 어렵게 된 지 오래다. 북한의 단기간의 호의적 제스처나 큰 의미 없는 피상적인 비핵화 움직임이 국제사회의 전격적인 제재의 해제를 가져올 수 있다고 생각하는 것은 큰 착각이다.

문재인 정부의 한반도 평화 프로세스가 가진 또 다른 취약성은 중재자론에 대한 허상이다. 전 세계 곳곳에서 분쟁 해결과 평화 정착과정에서 제3자의 중재가 중요한 역할을 해왔던 것은 분명하다. 미국이 이스라엘과 중동 국가 사이에서 혹은 영국과 북아일랜드 독립 세력 간에서 행했던 중재자·조정자의 역할이 대표적인 예가 될 수 있다. 하지만 미국과 북한 간의 비핵화 합의 과정에서 한국 정부가 성공적인 중재자의 역할을 할 수 있는지에 대해서는 냉정한 현실 인식이 필요하다. 성공한 중재자는 분쟁 당사국 간 소통을 장려하여 상호 간의 불신을 완화시키는 능력도 중요하지만 만들어진 합의가 지켜줄 수 있도록 압력을 가하고 때로는 강제할 수 있는 능력과 권위가 필요하다. 중진국의 위치에 있는 한국이 강대국인 미국과 한국을 등한시하는 북한을 상대로 중재자 역할을 지속시켜 나갈 수 있는지는 냉철히 돌아봐야 할 필요가 있다.

4) 한반도 평화 체제에 대한 제언

문재인 정부의 한반도 평화 프로세스는 좌초했다. 북·미 관계가 진전을 보지 못하면서 남북 관계의 발전이 저해 받았던 것은 분명하지만 동시에 형식과 보여주기에 치우치고 실질적 내용에서는 허점이 많았던 문재인 정부식 한반도 평화 프로세스의 취약성 역시 실패의 큰 원인이라고 지적할 수 있다. 그렇다면 차기 정부의 대북 정책은 어떠한 모습으로 그려져야 할까? 그리고 차기 정부가 추구하는 한반도 위의 평화는 어떠한 모습을 가져야 할까?

한반도 평화 체제 논의의 문제점

한반도 평화 체제란 "현 정전 상태가 전쟁 종료 상태로 전환되고, 이것이 남북 관계 및 국제 관계에서 정치적으로 확인되고 군사적으로 보장되며, 남북 간 군사적 충돌의 가능성이 전쟁을 하지 않은 다른 나라들에서 보이는 일반적 수준으로 낮아진 상태"를 의미한다(박건영, 2008). 현 정전 상태인 한국전쟁을 공식적인 종전선언으로 종료하고 당사자들이 평화협정을 맺으면서 한반도 평화 체제를 구축한다고 하는 것은 당연한 말처럼 들린다. 하지만 평화라는 아름다운 말에 현혹되면 안 된다. 다음의 몇 가지를 반드시 짚고 넘어가야 한다.

첫째, 평화 체제로 가는 과정이 녹록지 않다. 평화 체제는 종전선언을 출발로 평화협정을 맺으면서 시작된다. 종전선언 → 평화협정 → 평화 체제는 북한이 오래전부터 주장해오고 있는 내용이다. 그리고 이러한 순서는 현재 판문점선언과 북·미 싱가포르선언문, 그리고 평양선언에서 반복되어 나타나고 있다. 그렇다면 한국은 종전선언과 평화협정으로 움직이기에 앞서 북한이 각각의 단계에서 달성하고자 하는 목표가 무엇인지 잘 점검해봐야 한다.

몇 가지 시나리오는 충분히 예상 가능하다. 종전선언을 통해서는 정전위원회, 중립국감독위원회, 유엔사 등이 무력화될 수 있다. 그리고 평화협정 체결 과정에서는 한미동맹과 주한미군 문제를 평화의 걸림돌로 지적하면서 대한민국 내에서 미국에 대한 반감을 강화하려고 노력할 것이다. 여기에 더해 비핵화 문제는 미국이 도저히 받아들이기 어려운 미국 대 북한 사이의 핵 군축 문제로 전환시키면서 시간을 끌고 난국에 빠뜨릴 것이다. 이외에도 북한이 원하고 달성하고자 하는 목표는 분명히 더 있을 것이다. 한국은 북한의 노림수에 대해 잘 준비하고 있을 필요가 있다. 북한과의 평화, 한반도 위의 평화는 분명 달성해야 할 목표이지만 과속은 위험하며 동시에 평화의 꿈에 낭만적으로 접근하는 것은 금물이다. 1970년대 이후 판문점선언 이전까지 성립되었던 244건의 합의 중제대로 이행된 것은 한 번도 없는 남북한 간의 현실을 목도하면서 종전선언과 평화협정으로 천천히 그리고 과정에서 주의를 기울일 필요가 있다(허만호, 2019).

둘째, 평화협정에서 한국의 입장이 분명히 담겨야 한다. 한국이 생각하고 있고 원하는 평화의 모습, 한국의 국가 이익이 분명히 명시된 평화협정이어야 한다. 한국이 바라는 평화란 튼튼한 안보를 기초로 국민이 자유로움 속에서 마음껏 자신의 잠재력을 개발할 수 있고, 기업이 자신의 역량을 한국과 세계에서 발휘할 수 있으며, 경제적 번영과 발전된 민주주의를 통해 아시아와 전 세계에서 발전의 모범을 제시할 수 있는 상황이 만들어지는 것이다.

셋째, 평화 상태로의 돌입을 위한 환경이 마련되지 않은 상태에서의 평화협정은 의미가 없다는 것이다. 선 평화협정 조인, 후 실질적 조치 강구는 위험하다는 것을 기억해야 한다. 최근 아프가니스탄 정부의 탈레반에 대한 항복은 평화협정은 자칫 의미 없는 종이 한 장이며 결코 평화를 가져다주지 못한다는 국제정치의 냉혹한 현실을 다시 한번 일깨워주었다. 평화협정이 없이도 평화가 유지될 수 있으면 그러한 협정 자체가 없어도 그만인 것이다(현인택, 2000). 한국 정부로서는 종전선언과 평화협정 체결에 대해 압박과 부담을 느낄 필요가 없다. 종전선언과 평화협정 없이도 지난 70년간 눈부신 정치·경제적 발전을 가져왔음을 국내적으로 상기시키면서 진정한 한반도 평화를 위한 조건들에 대한 공감대를 형성하고 그러한 조건들을 만들어나가는 것이 우선이다.

넷째, 종전선언과 평화협정을 통한 평화 체제 구축은 과거 적대 관계의 종식이라는 의미에 더해 곧 새로운 도전의 시작이라는 것을 기억해야 한다. 무엇보다 평화 체제 수립이 안정과 평화의 보증수표가 아님을 유념해야 한다. 예를 들어 북한과의 관계에서 안정과 평화를 이루었다 하더라도 한국은 이후 중국과 러시아, 일본 같은 강대국 관계에서 어떻게 살아남을 수 있을지 또한 기타 아시아의 여러 국제 문제들에 어떤 자세를 취해야 하는지가 숙제로 남게 된다. 그리고 힘의 균형에서의 변화나 여러 여타 변수들로 인해 평화 체제가 위협받고 때로는 파국으로 치달을 가능성 역시 염두에 두어야 한다. 평화협정과 평화 체제에 대한 맹신은 위험하다는 것이다.

진정한 평화 체제의 조건들

차기 정부는 현 정부가 해왔던 것처럼 북한과의 대화에는 적극적으로 나설 필요가 있다. 남북한 간 상호 이해도를 높일 필요가 있기 때문이다. 하지만 대화가 목적이 되어서는 안 된다. 진정한 한반도 위의 평화 체제 구축을 위해서는 다음과 같은 조건들이 있음을 기억하고 준비해나가야 한다.

① 한국 국방력의 강화

평화는 튼튼한 안보에서 시작된다. 한국 자체의 국방력을 강화해나가는 것이 출발점이다. 특히 한국이 내적으로 처한 안보 환경 역시 급변하고 있다는 것을 이해할 필요가 있다. 현재 50만 명에 달하는 한국의 병력은 20년 후 30만 명 이하로 줄어들 것으로 예상되고 있다. 여기에 더해 강력해지는 북한의 핵무장 능력과 급속도로 강화되는 중국의 국방력 역시 한국에게는 큰 도전이다. 내적으로는 인구 절벽에 대비하면서 동시에 외적 안보 위협에 대응하기 위해 군 무기 체계의 첨단화 및 전문 인력 양성에 시급히 나서야 할 것이다. 특별히 북한의 핵 능력을 상쇄할 전략과 무기 체계의 구비는 조속히 시작해야 할 최우선 과제다.

② 한미동맹의 강화

한미동맹은 지속적으로 강화되어야 한다. 한미동맹은 제2의 한국전쟁을 방지해온 동시에 한국의 민주주의 발전과 경제 발전에 밑거름이 되어왔다. 북한과의 평화 정착이 이루어진다 하더라고 한미동맹은 유지되어야 한다. 미래에 중국과 러시아 및 일본을 대상으로 한국의 안보를 지키는 유용한 수단이 될 수 있기 때문이다. 동아시아에서 지역 안정을 위해 일할 수 있는 실효성 있는 다자 안보 협력 기구가 만들어지는 그날까지, 혹은 그 이후라도 한미동맹의 필요성은 유효하며, 종전선언과 평화협정의 과정에서 한미동맹이 흥정의 대상으로 거론되는 것은 결코 바람직하지 않다는 것을 기억할 필요가 있다.

트럼프-문재인 집권기를 거치면서 한미동맹은 예전과는 많이 다른 모습들을 보여왔다. 한미동맹의 주요 이슈는 방위비 분담에 대한 설전이었고, 북한과의 협상을 이유로 동맹에서 가장 중요한 합동 군사훈련이 축소되는 일도 벌어졌었다. 또한 문재인 대통령 초기 방중 이후 소위 말하는 3불(사드 추가 배치 반대, 미국 주도 미사일 방어 참여 반대, 한·미·일 군사 동맹 반대)에 대한 합의 혹은 약속의 논란 속에서 한국이 중국으로 기울어가고 있는 것은 아닌가 하는 걱정들이 팽배해지고 있었다. 물론 바이든 행정부의 등장과 더불어 2021년 6월 초의 한미정상회담을 통해 한미동맹이 강화되어가고 있는 모습을 보여 안도감을 준다. 하지만 공동선언문에 담긴 내용보다 더 중요한 것은 이행이다. 임기 말까지 1년도 채 남지 않은 문재인 정부보다는 향후 들어설 정부가 앞선 미국과의 합의 내용을 성실히 그리고 책임 있게 이행하고 준수할 의무가 있다는 것을 잊지 말아야 한다. 한반도의 안정과 평화를 위해 한미동맹을 강화하고 한국의 동아시아 지역 안정과 번영을 위한 기여에 대한 약속, 그리고 첨단 산업 분야에서 미국과 협력한다는 공언을 지켜나가면서 미국의 신실한 동반자로서 자리매김할 필요가 있다.

이를 위해 차기 정부에서는 그동안 현 정권에서 제대로 다루지 못한 미완의 숙제를 해결하는 용기와 지혜가 필요하다. **시급한 것은 쿼드(Quad) 가입이다.** 문재인 정부는 이미 미국으로부터의 몇 차례 쿼드 가입 요청을 애써 무시해왔다. 가장 큰 이유는 중국이다. 사드 배치 이후 중국이 보여줬던 경제적 보복이 재현되는 것을 두려워하기 때문이다. 하지만 더 늦춰서는 안 된다. 한국은 이미 미국의 동맹인 반면, 쿼드는 안보 협의체다. 미국과 동맹인 한국이 동맹보다 낮은 수준의 안보 협의체에 가입하지 않는다는 것은 어불성설이다. 또한 쿼드 가입은 중국에 대한 지렛대가 된다. 박근혜 정부와 문재인 정부에서 여러 차례에 걸쳐 중국에 친화적인 정책을 취한 적이 있지만, 한국은 중국으로부터 기대했던 대북 문제에 대한 협력을 얻어냈는지는 회의적이다. 중국이 북한과의 문제에 있어 한국의 목소리를 담아내는 방향으로 움직이게 만들려면 한국은 중국에 대한 지렛대를 확보할 필요가 있으며, 이러한 관점에서 쿼드 가입은 긍정적으로 고려해야 할 사항임이 분명하다.

차기 정부에 있어 또 다른 중요한 과제는 **한·미·일 협력의 복원 및 강화다.** 문재인 정부 내내 악화되어 온 한일관계는 한·미·일의 대북 공조에 많은 문제점을 가져왔었다. 한국과 일본 간에는 과거사 문제의 이유로 서로 불편한 관계에 있다는 것을 부인하긴 어렵다. 하지만 대북 억제력과 한반도의 평화를 위해서는 양국의 협력은 필수불가결한 요소다. 일본과의 관계를 어떻게 복원할 수 있는지, 또한 안보 문제에 있어 어떻게 협력을 강화해나갈 수 있는지, 그리고 이 협력에 대해 어떻게 지속성을 확보할 수 있는지에 대해 차기 정부는 심각히 고민하고 준비해나가야 할 것이다. 특히 박근혜 정부 말기 일본과 타결했던 위안부 합의 문제를 부활시켜 과거의 비극은 기억하면서도 양국이 현재의 공통 안보 이익과 미래의 이익을 위해 어떻게 동반자로서 행동할지에 대해 일본과 머리를 맞대고 의논해야 할 것이다.

③ 북한의 비핵화

한반도 평화 체제 구축을 위해 가장 중요한 동시에 가장 어려운 숙제는 북한의 비핵화다. 앞서 언급했듯이 북한은 계속해서 종전선언 → 평화협정 → 비핵화 논의를 고집하고 있기에 북한 비핵화 논의에 있어 진전을 내지 못하고 있다. 하지만 비핵화는 평화협정 이전에 해결해야 할 문제라는 것을 다시 한번 상기해야 한다. 북한은 핵 문제를 주한미군 철수와 한미동맹 와해라는 목표를 이루기 위한 수단으로 생각하고 있다. 종전선언과 평화협정이 조인된 이후라도 주한미군과 한미동맹 문제가 북한이 바라는 식으로 해결되지 않는다면 비핵화에 적극적이지 않을 것이다. 차기 정부가 기억해야 할 것은 북한 핵과 우리가 바라는 한반도의 평화란 양립 불가능하다는 것이다.

비핵화가 한반도 평화 체제로 가는 전제 조건이라는 것을 생각하면, 한국이 북한에 미리 양보할 이유는 없는 것이다. 오히려 튼튼한 대북 제재를 철저히 이행시켜가면서 북한 집권층에게 경제적 고통을 가하고, 북한의 저강도 혹은 중강도의 도발에 대해서는 미국과의 협력을 통해 단호한 대처를 가함으로써 그들의 도발 의지를 꺾어 한국을 얕볼 수 없게 만들어 비핵화를 위한 대화로 나올 수밖에 없게 유도해야 한다.

④ 여러 가지 시나리오 대비

차기 정부는 대북 정책과 한반도 평화에 있어 여러 가지 시나리오를 상정하고 이에 대한 대응책을 마련할 필요가 있다. 다음의 몇 가지 시나리오가 중요하다. 첫 번째는 북한의 도발이다. 과거 행했던 목함 지뢰 같은 지엽적 도발에서부터 시작하여 서해 5도 상에서의 도발, 그리고 미사일 발사 실험이나 핵 실험 등의 도발 등 북한이 행할 수 있는 다양한 형태의 도발들에 대해 여러 가지 가상 시나리오를 준비하고 여기에 어떻게 대응해야 할지 준비할 필요가 있다. 그리고 도발에 대한 대응은 단호할 필요가 있다.

둘째, 급변 사태에 대해서도 준비할 필요가 있다. 북한은 오랜 시간 강한 체제 내구성을 보여왔기에 체제의 붕괴 같은 위험은 일어나지 않을 수 있다. 하지만 2020년대 북한은 지금까지 경험해보지 못한 위기를 보내고 있다. 강력한 제재 하에 놓여 있고, 여기에 더해 코로나 대유행병으로 인해 국제적 고립과 경제난은 한층 더 고조된 것으로 알려져 있다. 기아와 대유행병이 동시에 일어난다면 북한 정권의 생명은 큰 위기를 겪을 수 있다. 그날은 도둑같이 갑자기 찾아올 수 있다. 이에 대한 철저한 준비가 필요하다.

셋째, 북한의 비핵화 진전에 대해서도 준비가 필요하다. 북한이 비핵화의 길로 들어선다면, 어느 정도의 진전 수준에서 남북경협의 길을 열어줄 수 있을지, 그리고 어느 정도로 남북경협을 확대하고, 국제경제기구나 다른 국가들이 북한 경제에 투자나 협력을 시작할 수 있도록 도울지에 대해 준비를 하는 것이 필요하다.

⑤ 체제 우월성에 입각한 대북 정책과 평화에 대한 국민적 공감대 형성

마지막으로 차기 정부의 대북 정책은 북한의 급격한 변화를 가져오지는 않을 수도 있지만 원칙적인 접근을 통해 북한을 현재 세계에서 통용되는 행동 양식이나 국제적 규범에 노출하는 긍정적 효과가 있다는 것을 국민에게 알릴 필요가 있다. 갑작스럽고 극적인 쇼는 없겠지만 장기적인 관점에서 봤을 때 내실 있는 남북 관계로 진입하게 됨을 알릴 필요가 있다.

물론 남한의 신중한 대응에 북한은 거친 도발로 대응할 것이다. 그리고 표면적으로 돌파구가 없는 남북 관계의 모습은 국민에게 자신감의 저하를 가져올 수도 있다. 하지만 오히려 자유민주주의 체제의 우월감을 고취하고 현재의 큰 진전이 없더라도 결국은 자유민주주의 체제가 폐쇄된 권위주의나 전체주의 체제에 승리할 것이라는 믿음을 굳건히 할 필요가 있다.

5) 결론

한반도 평화 구축은 지난한 작업이다. 문재인 정부 4년이 가르쳐준 교훈은 평화는 선언만으로는 이루어지지 않는다는 것이다. 정상이 만나고 북한의 한국에 대한 직접적 무력 사용이 없었던 것은 긍정적이다. 하지만 한반도 안정에 근본적 위협이 되는 북한 핵 문제는 그대로이며, 정상 간 합의했던 실무 회담이나 다른 차원의 교류 역시 진전은 없다. 그리고 북한의 대남 적대적 언사나 무력시위는 지속되고 있다. 북·미 간 핵 협상이 교착 상태에 빠지면서 한반도 평화 프로세스는 올 스톱이 된 상태다. 남북 간 긴장 완화와 평화 구축이 양자만의 문제가 아닌 외부 요인 역시 심대한 영향을 미친다는 것을 보여준 것이다.

그렇다면 한반도 위의 평화는 어떻게 만들어지는가? 평화는 대규모 무력 충돌의 가능성이 감소한 상태를 말한다. 남북 간 긴장의 장기화로 남북한 간 평화를 바라는 목소리를 들어야 하지만 동시에 한반도상의 평화는 남북한 대치의 완화로는 단지 하나의 목적만이 달성된 것이라는 기억할 필요가 있다. 우리에게 다가올 수 있는 안보 위협은 한반도를 넘어서 도처에 있기 때문이다. 남북한 간의 긴장 완화와 대치의 종식은 한반도 평화의 끝이 아니라 더 큰 평화를 위한 노력을 우리에게 요구하게 된다는 것을 기억할 필요가 있다.

다음과 같은 원론적인 방향을 차기 정부에게 던지면서 이 글을 마무리하고자 한다. 첫째, 튼튼한 국방력 건설이 우선이다. 한국의 내적 문제와 북한으로부터의 도전 및 장기적 관점에서의 한국 안보에 대한 위협을 상정하고 한국의 군사력이 이에 대비할 수 있도록 점검하고 준비해야 한다. 둘째, 북한과는 인내심을 갖고 대화해야 한다. 북한과의 대화를 통해 북한의 의도를 파악하고 한국이 가지고 있는 의도 역시 오해하지 않도록 전달해야 한다. 셋째, 대북 협력의 가능성을 열어놓지만, 북한 비핵화의 실질적 진전이 우선 조건임을 명심해야 한다. 넷째, 국제적 공조 역시 강화해야 한다. 이를 위해 한미동맹을 강화하며 한·미·일 협력을 심화시켜 한국의 안보를 굳건히 하고 한반도 주변의 급변 사태에 대해서도 준비해야 한다. 또한 이 세 나라의 협력은 한반도 위의 평화 구축 이후 동북아시아의 안정과 평화 구축에도 근간으로 삼아야 한다. 마지막으로, 국제기구와의 협력도 강화할 필요가 있다. 북한의 도발에 대해, 북한 내의 잠재적 급변 사태에 대해, 그리고 최상의 시나리오로서 북한이 비핵화에 적극 나선다면 북한에 어떠한 도움을 줄지에 대해 다양한 국제기구들과 협의하고 협력할 필요가 있다.

위에서 언급된 제안들에 대한 세부 각론들은 더욱 많은 전문가와 머리를 맞대며 논의와 토의를 거듭해야 할 것이다. 많은 시간과 재원을 요하는 작업이 될 것이다. 그리고 국내 정치적으로 인기 없는 작업일 수도 있다. 하지만 한반도상의 진정한 안정과 평화를 위하여, 그리고 장기적 관점에서 한국의 안보에 대한 더 큰 그림을 위하여 반드시 수행해가야 할 작업임을 명심해야 한다.

제4부

평화 구축을
위한 외교

북한 핵 문제의 평화적 해결

황태희(연세대)

1953년 7월 27일 한국전쟁 중단을 위해 유엔군 사령관 클라크, 북한군 총사령관 김일성, 중공군 총사령관 펑더화이는 휴전 협정서에 서명했다. 휴전 협정 이후 남북한은 크고 작은 대치를 반복했지만, 한국전쟁 규모의 전면전은 벌어지지 않았다. 안정적 억지가 유지됐지만, 분쟁은 끊이지 않았고 남북 상호 적대 관계는 여전하다. 특히 2017년 말 북한 핵 무력의 실질적 완성으로 한반도는 새로운 국면으로 접어들었다. 2021년 7월을 지나고 있는 현재 한반도 평화의 현주소는 어떠한가? 핵을 가진 북한을 마주해야 하는 우리에게 '핵 문제의 평화적 해결'은 어려워진 만큼 더욱 중요한 과제다.

국제정치에서 평화는 전쟁과 같은 군사적 충돌의 부재에서부터 완전한 적대 인식 청산을 통한 공존과 협력의 단계로 크게 나눠 생각해볼 수 있다. 전자는 '불안정한 평화(unstable peace)', 후자는 '안정된 평화(stable peace)'로 명명되기도 한다(Galtung, 1969; Boulding, 1979). 계량 분석을 사용한 전쟁 연구에서 널리 사용되는 COW(Correlates of War) 데이터는 평화를 전쟁의 부재, 더 정확히는 전사자 1,000명 발생 여부를 기준으로 측정한다(Sarkees, Reid, and Wayman, 2010). 이 글에서는 국가 간 평화의 개념을 지난 논의를 기준으로 폭넓게 규정할 것이다. COW가 규정한 규모의 무력 충돌이 발생하지 않는 경우부터 더 나아가 상호 안보 관련 갈등 요소를 종식한 상황까지를 평화로 규정한다. 이렇게 정의한 평화에서 주목할 만한 점 두 가지가 있다. 첫째, 안보 없이 평화가 불가하다는 점에서 안보와 평화가 대립적 개념이 아니라는 것이다. 둘째, 한반도 현재 상태는 북한 핵 무력의 실질적 완성으로 안보 불균형이 구조화됐고 평화의 필요조건을 충족하기 어려워졌다는 것이다.

이러한 평화의 개념과 현실 인식에서 출발했을 때 남북한 핵 문제의 평화적 해결을 위해 어떤 로드맵을 생각할 수 있을까? 핵 문제의 평화적 해결을 원한다면 북한 핵 문제의 핵심이 정확히 무엇이고 남한의 최적 대응은 무엇인지 전략적(strategic)으로 사고할 필요가 있다. 평화 정책을 논할 때 북한의 의도와 능력을 고려하지 않고 남한의 일방적 협조로 일관한다면 이는 반평화적이다. 동서고

금을 막론하고 전략적 고려 없이 무장해제로 평화를 얻은 사례는 없다.

북한 핵 문제의 평화적 해결을 위한 첫 번째 질문은 '북한 비핵화 가능성'이다. 북한 비핵화의 핵심을 약속 이행(commitment problem) 문제로 이해했을 때 북한 비핵화가 현실적으로 난망할 수 있다는 결론에 이를 수 있다. 북한이 더 이상의 핵무기 도발을 감행할 유인이 없고 미국은 북한이 핵 도발을 멈춘다면 적극적으로 핵 폐기를 압박할 이유가 없다. 더 중요한 것은 압박하더라도 북한이 핵을 포기하도록 설득할 방법이 없다. 미국의 국내 정치나 글로벌 전략 등의 제약으로 약속 이행의 문제를 해결할 믿을 만한 조처(credible commitment)를 북한에 제시할 수 없기 때문이다.

두 번째 질문은 '북한 비핵화가 현실적으로 어렵다면 어떻게 북한 핵 문제를 평화적 해결할 수 있을까'이다. 이에 답하기 위해 피어론과 래이틴(Fearon and Laitin)이 1996년 논문에서 제시한 두 가지 균형(equilibrium)을 통해 두 단계의 평화를 개념화할 수 있다. 첫 번째 단계에서는 남북한 비대칭적 핵전력의 문제가 단순 안보를 넘어 북한과의 모든 외교 협상으로 확대될 것임을 분명히 이해하고, 현재보다 더 믿을 만한 남북한 핵 균형 정책으로 이를 해결해야 한다. 적대성이 청산되지 않은 상태에서 한반도 핵 불균형이 균형으로 굳어지는 것은 북한이나 미국의 선호와 독립적으로 우리에게는 최악의 시나리오이기 때문이다.

전쟁 억지에서 한 걸음 더 나아간 두 번째 단계 평화는 남북한이 평화와 협력을 최적 선택으로 받아들이는 단계로 갈등이 발생하면 남북한 내 갈등 조정 능력이 각 진영을 통제하여 해결할 수 있다. 신뢰 회복과 적대적 인식 해소를 통해 오랫동안 이어온 갈등을 종식하는 단계로 비핵화와 군축 논의는 두 번째 평화 단계에서 자연스럽게 논의될 것이다.

다음 절에서는 북한 핵 문제의 역사와 현황을 조망한다. 2절에서는 첫 번째 질문 즉 북한 비핵화 가능성에 대해 진단한다. 3절에서는 북한 비핵화가 쉽지 않다는 전제 하에 핵 문제의 평화적 해결을 위한 두 단계 균형을 제시한다.

1) 북한 핵 문제 어디까지 왔는가?

본 절에서는 북한 핵무기 개발의 역사와 현황을 조망하고 남한을 비롯한 주변국의 대응을 정리한다. 북한 핵 문제의 현주소를 이해하는 것은 뒤에 이어질 북한 비핵화와 한반도 평화를 설정하는 데 필수적 정보를 제공한다. 2021년 7월 현재 북한 핵무기와 대륙간 탄도미사일의 제조 수준은 어떠한가? 이란과 같은 비슷한 상황의 국가에 비해 상당한 정도의 완성 단계에 있다는 데 많은 전문가가 동의하고 있다. 아산정책연구원과 미국 랜드(RAND) 연구소는 미국 정보기관 추정치를 통해 북한이 2017년 30~60개의 핵무기를 보유한 이후 매년 12~18개씩 늘려왔을 것으로 예측한다(연합뉴스, 2021. 4. 13).

북한 핵무기와 탄도미사일의 급속한 발전은 2013년 김정은 위원장이 경제와 핵 개발을 모두 추진한다는 '병진 노선'을 국가 전략으로 천명한 이래 일사천리로 이뤄졌다. 북한 핵 개발의 역사는 김정은 위원장의 업적으로 마무리됐지만, 김일성 주석부터 시작하여 김정일·김정은 위원장으로 이어지는 3대 세습을 통해 꾸준히 이어졌다. 한국전쟁 직후인 1956년 소련이 핵무기 기술을 전수하기 시작한 이래 북한은 영변 원자력 연구소와 원자로(흑연감속로)를 만들고 1990년까지 약 70회의 핵폭발 장치 개발에 성공했다. 핵 개발 과정에서 북한의 선택을 놓고 보면 북한이 핵의 평화적 이용보다 핵무기 개발에 무게를 두고 있었다는 것을 알 수 있다.

1985년 북한은 핵비확산조약(NPT: Nuclear Non-Proliferation Treaty)에 가입했고 1991년 12월 31일 '한반도 비핵화에 관한 공동선언'을 발표함으로써 핵무기 개발 의사가 없음을 보였다. 그러나 국제원자력기구(IAEA: International Atomic Energy Agency)가 북한이 신고한 플루토늄 생산량에 이의를 제기하면서 특별 사찰을 요구했고, 북한이 이에 강력히 반발하여 1993년 3월 12일 NPT를 탈퇴하면서 제1차 북핵 위기가 시작됐다. 북한과 미국은 1994년 10월 21일 '제네바 협약(Agreed Framework)'을 통해 위기를 해결했는데, 북한은

NPT 복귀와 사찰 수용, 핵시설 동결을 받아들였고, 미국은 경수로 2기 공급과 중유 제공에 합의했다.

클린턴 정부는 당시 의회 다수당이던 공화당의 비판을 받으며 경수로 비용 승인 등에 큰 어려움을 겪었고 미국의 제네바 협상 실행 의지를 의심할 수밖에 없었다. 미국 국내 정치가 얼마나 북·미 간 합의에 영향을 줄 수 있는지 알 수 있는 대목이다. 2000년 말, 북·미 고위 당국자의 상호 방문으로 북·미 간 우호적인 분위기는 회복되고 있었다. 그러나 2001년 미국 부시 정부의 등장으로 북핵 문제는 또다시 위기를 맞았다. 특히 2002년 10월 미국 동아태 차관보 제임스 켈리(James Kelly)의 방북 때 북한은 플루토늄 핵무기를 능가할 우라늄 농축 기술의 보유 사실을 털어놨고, 그 결과 북·미 제네바 협약은 폐기되어 제2차 북핵 위기가 시작됐다. 위기를 타개하려는 노력은 1차 위기 때와 달리 북·미를 포함한 다자 협상으로 전개됐는데, 2003년 4월 미국, 중국, 북한의 3자회담에 이어 같은 해 8월 남북과 미국, 중국, 일본, 러시아가 참여하는 6자회담이 시작됐다. 4차에 이르는 회담 끝에 2005년 9월 19일 '9·19 공동성명'이 체결되고 제2차 북핵 위기는 일단락됐다. '9·19 공동성명'은 북한이 핵을 사찰·검증·신고·동결하여 궁극적으로 폐기하는 대가로 경수로와 중유 제공을 재개하고, 한반도 평화 체제를 구축하며, 미국 일본 한국과의 관계를 정상화하는 구체적인 로드맵을 제시하였다.

이후 북핵 위기는 2006년 7월 장거리 미사일 대포동 2호 발사 실험과 첫 번째 핵 실험으로 최악의 국면을 맞게 됐다. 그 이후 2017년 말까지 10년 넘게 위기 국면은 지속됐는데, 북한이 핵 혹은 미사일 실험을 단행하면 유엔과 미국 등이 이에 대응하여 경제 제재를 부과하고 강도를 높이는 대립이 톱니바퀴처럼 고조되어왔다. 물론 6자회담을 통한 비핵화 노력은 계속됐다. 2007년 방코델타아시아(BDA: Banco Delta Asia) 제재 해제를 지렛대로 '2·13 합의'와 더 구체적인 '10·3 합의'와 같은 성과로 비핵화 과정과 대가에 대한 불확실성을 제거해갔지만, 검증과 사찰 단계에서 북한의 거부로 번번이 실패했다. 결국 1기와 달리 다자적 협상을 통해 비핵화를 모색하던 미국 부시 2기 행정부의 노력은 실패로 돌아갔고, 북한에 대한 미국의 불신은 커져만 갔다.

2009년 4월과 5월 미국 오바마 정부가 출범하자마자 북한은 장거리 미사일 발사 실험과 두 번째 핵 실험을 단행했다. 그러나 오바마 정부는 당시 이슬람 수니파 무장 단체 IS와 테러와의 전쟁 그리고 이란 핵 개발에 집중하면서 북핵 문제를 우선순위에서 제외했다. 북·미 간 공식 대화를 통한 협상 노력이 거의 없었다는 사실이 이를 증명한다. 오바마 정부는 '전략적 인내'라는 기치 아래 북한 정부의 선행적 비핵화 조치를 바라며 소극적 제재 정책으로 일관했고 사실상 북한 핵 개발을 방치한 셈이 된 것이다. 미국 국내 정치뿐 아니라 외교 정책 전략의 우선순위가 북한 비핵화 협상에 미치는 영향이 얼마나 큰지 알 수 있는 대목이다. 남한 정부도 북한과 우호적인 관계를 갖지 못했다. 2008년 금강산 관광객 피격 사망 사건을 비롯하여 2010년 3월과 11월 천안함 피격과 연평도 포격으로 남북 관계는 급격히 경색됐다. 2011년 12월 김정일 위원장의 사망과 김정은 위원장 체제의 시작으로 북한 비핵화를 위한 기존의 모멘텀은 그 동력을 상실했다.

김정은 위원장은 2012년 핵 보유를 공식 천명하고 핵무기 개발에 전력을 다했다. 북한은 2006년부터 2017년까지 총 6번의 핵실험(2006년, 2009년, 2013년, 2016년, 2016년, 2017년)을 그리고 총 5번의 미사일 발사 실험(2006년, 2013년, 2017년, 2017년, 2017년)을 실행했다. 각 실험이 있고 나서 항상 유엔은 새로운 결의안을 채택하여 경제 제재의 수위와 범위를 강화했고 미국도 세컨더리 보이콧과 같은 독자 제재를 통해 북한의 북핵 관련 자금줄과 공급 경로를 차단하는 데 노력을 기울였다. 그러나 북한은 2017년 11월 29일 대륙간 탄도 미사일 화성-15형을 성공적으로 시험 발사한 후 핵무기 개발 완성을 선포했다. 그 이듬해 2018년 김정은 위원장은 비핵화로 국가 전략 노선을 설정하여 남한·미국과 적극적인 대화를 시작했다.

미국 트럼프 정부의 등장으로 북한 핵 문제는 새로운 전기를 맞게 됐다. 북한 핵 능력이 고도화되면서 미국에 실질적 위협이 됐기 때문에 북핵 문제는 트럼프의 외교 정책에서 중요한 역할을 차지하게 됐다. 트럼프 대통령은 오바마 정부를 비롯한 기존 워싱턴 대북 외교 문법에서 탈피하여 압박과 위협의 강도를 최대한 끌어 올리되 북한이 원하는 체제 보장을 명확히 제시하는, 그리고 북한이 미국의 의지를 신뢰할 수 있게 정상회담 형식으로 하향식(top-down) 협상을 진행했다. 2017년 상반기 북한이 마지막 핵과 미사일 실험을 쏟아낼 당시, 미국은 경제 제재에서 한 걸음 더 나아가 군사적 선제 타격을 본격 논의했고, 북한 체제 보장에 관해서는 적대적 정책·군사적 공격·정권 교체·인위적인 통일을 추구하지 않겠다는 4노(No) 정책에 합의했다. 채찍과 당근을 분명히 제시하면서 김정은 위원장과의 개인적 협상으로 북핵 문제의 일괄 타결을 시도했다. 트럼프 리더십은 국내외 정책 모두에서 일관되게 민주당과 공화당 의견을 살피고 중의를 모아 비핵화 협상에 임하는 설득형 권력이 아닌 대통령의 독자 리더십으로 위기를 타개하려는 일방형 권력으로 설명될 수 있었다.

2018년 6월 12일 김정은 위원장과 트럼프 대통령은 싱가포르에서 역사적인 1차 북·미정상회담을 가졌다. 양 측은 완전한 비핵화(complete denuclearization)와 북한 체제 안전 보장(security guarantee)을 약속하고 한반도에서 지속적이고 안정적인 평화 체제 구축을 위해 노력하기로 합의했다. 미국에선 '완전하고 검증 가능하며 돌이킬 수 없는 폐기(CVID: Complete Verifiable Irreversible Dismantling)' 명문화와 같은 구체적인 성과가 부재한 상태에서 북한이 오랫동안 원하던 정상회담 카드를 내어줬다는 비판이 거셌지만, 양국 정상이 만나 비핵화를 논의하는 모습은 역사적 상징성을 갖기에 충분했다. 그러나 이듬해 2019년 2월 27일 하노이에서 열린 2차 북·미정상회담은 구체적인 비핵화 합의를 끌어내지 못하고 실패로 끝났다. 북한은 영변 지역의 플루토늄과 농축 우라늄 생산 시설을 모두 폐기하는 대신 2016년 이후 부과된 유엔 제재 5건의 해제를 요구했다. 이 5건은 석탄, 철광석, 섬유, 수산물, 석유 등 북한 최대 교역 품목을 포함하는 것으로 사실상 전면적 제재 해제에 해당했다. 북한의 요구는 그 당시 예상했던 '작은 거래(small deal)'에 걸맞지 않은 과한 요구였다. 트럼프 대통령은 이에 대해 영변 외 다른 지역에서도 핵물질 생산이 이뤄지고 있다고 주장하면서 이 지역 농축 우라늄 시설 폐기를 제안했고 회담은 결렬됐다. 트럼프 대통령은 당시 러시아 스캔들 등으로 최악의 정치적 위기를 겪고 있었기 때문에 협상을 통해 섣불리 북한 핵 보유를 공식화해주기보다 차라리 결렬로 인한 '노딜(No deal)'로 매듭짓는 전략을 택했다. 북한 비핵화가 미국의 국내 정치와 얼마나 밀접하게 연관돼 있는지 알 수 있는 대목이다.

2021년 집권에 성공한 미국 바이든 정부는 트럼프 정부의 빅딜 형식의 하향식(top-down) 협상에서 벗어나 6자회담 국가와의 조율과 단계별 실무 협상 결과를 중요시하는 상향식(bottom-up) 정책으로 복귀할 것이다. 오바마 정부 당시 성공한 이란과의 포괄적 행동 계획(JCPOA)과 비슷하게 북한 비핵화를 단계별로 검증해나가는 협상 전략을 취할 것이다. 조정 비용(coordination cost)이 큰 다자 협상의 특성상 북핵 문제의 우선순위가 트럼프 정부에서와 같은 정도로 다뤄지지 않을 가능성이 있다.

북한 핵 문제의 현주소는 어떠한가? 2018년 이후 2021년 7월 현재까지 북한은 핵과 대륙간 탄도미사일 도발을 멈춘 상태다. 비핵화와 한반도 평화 체제 구축 등의 실질적 진전은 없었지만, 남북 간, 북·미 간 정상회담을 거치면서 더 이상의 위기 사태는 발생하지 않았다. 그러나 한국전쟁 후 정전 상태에서 북·미 간, 남북 간 군사적 대치는 여전하고 한반도 핵 불균형 또한 그대로며 제네바 협상, 9·19 공동성명, 2·13 합의, 10·3 합의, 1, 2차 북·미정상회담에서 여러 차례 논의된 의미 있는 비핵화 이행은 없었으니 여전히 북한발 핵위기는 현재진행형이다.

북한 핵 도발과 유엔과 미국의 제재로 이어지는 위기의 악순환이 멈추고 현재 상태가 진행된다면, 우리는 이를 '북한 핵 문제의 평화적 해결'이라고 말할 수 있을까? 간단히 답하자면 북한은 그렇고 미국은 그럴 수 있다. 그러나 우리는 결코 현 상황을 평화적 해결이라고 부를 수 없을 것이다.

첫째로 북한은 1956년 이후 시작한 핵무기 경쟁에서 숱한 고비를 넘기며 사실상 승리했다. 북한은 2017년 말 자체 핵 무력 완성을 선포했고, 현재 상황에서 핵을 포기하지 않으면서 유엔의 제재 해제를 비롯해 길게는 체제 보장을 원할 것이다. 현 상황은 핵

보유국으로서 더 이상의 도발은 자제하면서 병진 노선의 다른 축인 경제 발전을 위해 노력할 시간이다. 현 상황이 나쁠 리 없고 핵을 포기할 이유는 더욱 없다. 둘째로 미국은 현 상태를 조건적으로 선호할 것이다. 트럼프 정부는 국내 정치에 집중하느라 2019년 하노이 회담 결렬 이후 더 이상의 협상을 시도하지 않았다. 바이든 정부도 북한이 더 이상의 핵 도발을 하지 않는다면 북핵 문제를 굳이 시급한 과제로 다루지 않을 것이다. 오바마 정부의 '전략적 인내'까지는 아니더라도 북한 핵 문제를 다자 협상을 통해서 단계적으로 해결하려 할 것이기 때문이다. 북한은 핵 도발을 할 유인이 없고 미국은 그런 상황을 평화로 받아들여 북한 비핵화를 위해 적극적으로 협상에 나설 유인이 없다.

북한 비핵화 주요 당사자인 북·미로선 현 상황을 '균형(equilibrium)', 즉 북·미 간 상호 최적 대응의 결과 선택을 바꿀 유인이 없는 안정적(stable) 상태로 볼 수 있다. 북·미 협상에 결정적인 영향력을 발휘할 수 없는 남한을 비롯한 주변국 또한 현 상황을 적극적으로 바꿀 유인이나 능력이 부족하다. 균형은 각 당사국이 가장 선호하는 선택의 조합으로 만들어지는 상황이 아니다. 북한은 병진 노선의 완성과 체제 보장을, 미국은 완전한 비핵화를 이룬 북한을 각각 현재보다 더 선호하기 때문이다. 그러나 균형 개념은 왜 현재와 같은 상황이 바뀌지 않고 지속되는지 설명하는 데 유용하다. 결론적으로 북한은 오랫동안 전면전 없이 지속된 위기 속에 핵

보유국으로 성장했고 이후 도발을 자제하면서 균형 상태로 진입한 것으로 볼 수 있다.

2) 북한의 비핵화는 가능한가?

2017년 이후 '조용한' 핵보유국 북한과 마주한 우리는 어떠한가? 우리는 북한 비핵화의 최대 수혜자이자 비핵화 실패의 최대 피해자이다. 우리는 현 상황을 '북한 핵 문제의 평화적 해결'이 이뤄졌다고 볼 수 없을 것이다. 남한 관점에서 볼 때 북한 도발의 부재로 남북한 핵전력 비대칭이 해소된 것도 아니고, 남북한 신뢰 구축을 통한 선린 관계가 뿌리내린 것도 아니기 때문이다. 현 균형 상태가 지속되면 남북한 핵 불균형으로 남한에 불리한 상황이 초래될 가능성이 크다.

그렇다면 이제까지 북한 비핵화가 이뤄지지 못한 이유는 무엇인가? 더 중요하게 현 상황을 균형이라 가정한다면 어떤 조건에서 북한의 비핵화를 끌어낼 수 있을까? 간단히 답하자면 북한의 비핵화는 어려웠고 지금은 더 어렵다. 북한의 핵 능력은 고도화됐고 이를 완전히 무력화하기에 너무 늦었으며 그 대가로 지급해야 할 정치적·경제적 비용이 너무 크기 때문에 미국은 이를 감당할 수 없다. 앞서 설명했듯이 더 이상의 핵 도발을 하지 않는 한·북·미 모두 혹은 어느 한 국가라도 적극적으로 비핵화 협상에 나설 유인은 없다.

북한 비핵화 실패 원인은 무엇인가? 많은 연구와 보고서에서 북·미 협상 시 비핵화를 위한 조건을 제시했다. 예를 들어 단계적 접근 vs. 일괄 타결 동시 이행, 양자적 vs. 다자적 접근, 제재 해제, 평화협정 그리고 비핵화 조치의 선후 문제, 강력한 제재와 더불어 다양한 지원과 원조, 북한 개혁개방 유도 등 여러 해결 조건과 최적 선택에 관한 논의가 있었다. 그러나 이 논의는 대부분 절차적으로 극복해야 할 문제로 협상 테이블에서 오가는 전술적 방안일 뿐 북한이 핵을 포기할 근본 메커니즘을 설명하지 못한다.

먼저 북한 핵 문제와 북·미 협상에서 범위를 넓혀 다른 핵 포기 국가의 비핵화 조건을 살펴보자. 핵무기 개발 추진 중에 혹은 개발 완료 후 포기한 국가의 경우를 바탕으로 북핵 사례에 적용해볼 수 있을 것이다. 새이건(Sagan, 2011)은 "왜 핵무기 개발을 포기하는가?"라는 질문에 핵 포기(nuclear reversal) 국가를 중심으로 다음의 결정 요인을 제시했다. 강력한 외교적 압박(타이완, 남한), 무장해제(이라크), 국내 정권 교체(루마니아, 브라질, 남아프리카공화국), 동맹과의 공동 핵무기 개발 프로그램의 종료(이탈리아, 독일)이다. 여기서 이라크의 경우를 제외하고 대부분의 핵 포기는 핵무기를 보유할 유인이 사라진 시점에 자발적으로 이뤄졌다. 레비트(Levite, 2002)는 핵 포기 국가들의 공통점으로 핵무기가 가지고 있는 효용의 감소를 지적하면서 ① 외부적인 안보 환경의 변화(예를 들어 냉전 종식), ② 국내 정치 환경의 변화(예를 들어 정권 교체), ③ 구조적 혹은 국가적 유인의 변화(예를 들어 비핵화 국제규범)를 원인으로 설명했다.

　레비트의 세 가지 핵 포기 조건은 국제적·국내적 환경이 핵 보유를 필요로 하지 않게 하거나 NPT와 같은 규범이 내재화되면서 비핵화를 스스로 선택한 경우라는 점에서 새이건의 결정 요인과 일맥상통한다. 또한 1970년대 남한과 타이완에 대해 미국이 경제 제재 위협을 동원한 외교적 압박으로 핵 포기를 이룬 적은 있었으나, 핵무기가 사실상 완성에 다다랐으면 제재만으로 자발적 비핵화를 달성하긴 어려웠다. 마지막으로 새이건은 같은 논문에서 NPT와 같은 비핵화 국제규범은 핵확산 방지의 결과이지 원인이 아님을 분명히 하고 있다. 양적 그리고 질적 연구를 하는 핵 안보 관련 학자 모두 NPT가 핵확산에 미치는 영향이 미미하다는 데 동의하고 있다는 것이다. 레비트가 지적한 세 번째 요인 즉 '구조적 혹은 국가적 유인의 변화'는 비핵화를 설명하는 데 중요하지 않다고 볼 수 있다.

　만약 북한이 핵을 포기한다면 어떤 결정 요인을 적용할 수 있을까? 우선 북한이 핵 보유를 필요로 하지 않을 조건을 이해하기 위해 애초에 핵을 가지려는 이유를 살펴볼 필요가 있다. 제1차 북핵 위기를 거치면서 북한이 핵무기를 체제 보장에 필수불가결한 요소로 보는지, 아니면 미국과의 협상 카드로 보는지에 대해 많은 논의가 있었다(Cha and Kang, 2003). 전자의 경우 비핵화의 정치적·경제적 대가는 후자보다 비쌀 것이다. 또한 핵무기 개발이 완성 단계에 이른 지금 자발적 비핵화를 위해선 더 많은 대가가 필요할 것이다. 단순 협상 카드로 보기에 완전한 비핵화는 너무나 큰 대가가 필요하다. 경제 개발과 투자 등의 협상 목적으로 핵 포기를 사용한다고 해도 최소한 김정은 정권 유지를 위해 핵 보유는 필수불가결하다는 것에 이의를 다는 사람은 없을 것이다. 여기서 정권 유지는 대내적인 권력 공고화가 아니라 미국으로부터의 체제 보장을 뜻한다. 그렇다면 레비트가 지적한 세 가지 결정 요인 중 첫 번째, 즉 외부적인 안보 환경의 변화가 유일하게 북한 비핵화를 견인할 수 있는 요인이 될 수 있다는 결론에 이른다. 두 번째 즉 국내 정치 환경의 변화를 초래할 북한 내 김정은 위원장의 경쟁자는 아직 찾아보기 어렵기 때문이다. 여기서 외부적인 안보 환경의 변화를 제공할 수 있는 주체는 유엔도, 중국도, 한국도 아닌 바로 미국이다. 결론적으로 북한 비핵화는 미국이 북한에 어느 정도의 환경 변화를 제공할 수 있는지에 달렸다고 봐야 한다.

미국이 제공할 수 있는 환경 변화는 무엇이고, 그리고 가능한 것인가? 이 질문에 답하기 위해 약속 이행의 문제(commitment problem)를 이해할 필요가 있다. 약속 이행의 문제는 북한과 미국이 마주한 핵 협상의 핵심 메커니즘이다. 약속 이행의 문제는 피어론(Fearon)의 1995년 논문 '전쟁의 합리주의적 설명'에서 국제정치에 처음 소개됐다. 피어론은 전쟁이 큰 비용과 희생을 초래하기 때문에 전쟁 전 협상을 통해 갈등의 평화적 해결이 항상 가능하다고 봤다. 협상의 결과가 어느 한 국가에 조금 더 유리하거나 불리할 수 있지만, 그 평화적 해결 영역(bargaining zone)에 존재하는 어떤 협상 결과도 전쟁으로 인한 피해보다 항상 선호될 것이기 때문이다. 그런데도 현실에서 전쟁이 일어나는 이유는 무엇일까? 평화적 해결 영역을 사라지게 하는 세 가지 이유, 즉 불완전 정보(incomplete information), 약속 이행의 문제, 그리고 이슈 불가분성(issue indivisibility) 때문이라고 봤다.

이 세 가지 중 약속 이행의 문제는 국가 간 협상에서 '오늘' 협상을 통해 합의한 약속이 '내일' 깨질 것이라는 합리적 믿음이 있으면 협상 가능한 평화적 해결 영역이 사라져 전쟁 가능성이 커진다는 것이다. 시간의 흐름에 따라 최적의 선택이 달라지는 동태적 비일관성(time inconsistency)의 문제가 발생하는 것이다. 예를 들어 선제 전쟁(preemptive war) 혹은 예방 전쟁(preventive war) 사례에서 혹은 투키디데스의 펠로폰네소스 전쟁의 원인에서도 약속 이행의 문제는 거론된다. 북한의 경우를 보자. 미국은 '오늘' 북한에 비핵화를 대가로 체제 보장을 약속할 수 있다. 그러나 '오늘' 북한에 한 미국의 체제 보장 약속이 약속 당시는 최적 선택이었다 해도 북한이 비핵화를 실행에 옮긴 '내일' 미국의 최적 선택이 아닐 가능성이 크다는 것을 북한과 미국 모두 잘 알고 있다. 사찰과 폐기 등의 절차를 거쳐 비핵화가 완료되면 북한은 안보상 무방비 상태에 노출될 것이고 북한과 오랜 기간 적대 관계에 있던 미국은 북한 정권을 무너뜨릴 좋은 기회를 맞이하게 되기 때문이다. 예컨대 북한이 핵을 포기하고 난 뒤 김정은 위원장에게 위협이 되는 상황이 발생하면 반대파를 지원하는 방식으로 미국은 손쉽게 북한 정권을 전복시킬 수 있다. 리비아에서 카다피가 핵을 포기하지 않았다면 2011년 비참한 최후를 맞이하지 않았을 것이다. 존 볼튼의 회고록에서도 김정은과 트럼프가 핵 포기 이후 미국이 핵 포기 이전에 한 약속을 과연 지킬 것인가를 묻는 장면이 나온다. 미국이 북한 핵 포기 이전에 진정 체제 전복을 바라지 않았다 하더라도 핵 포기 이후 미국은 다른 유인을 가질 가능성이 크다. 그것을 아는 북한은 핵을 포기할 수 없다.

그렇다면 약속 이행의 문제를 해결하고 북한 비핵화를 이룰 방법은 무엇인가? 답은 앞서 레비트가 언급했던 '미국이 제공할 수 있는 환경 변화'에 '북한이 충분히 믿을 수 있는'을 추가하면 된다. 즉 미국은 비핵화 이후 체제 보장 약속이 파기되지 않고 계속 이행될 만한, 즉 북한이 믿을 만한 조치를 제공해야 한다. 만약 미국이 핵 포기 후 체제 보장 약속에 대해 믿을 만한 조처(credible commitment)를 하지 않는다면, 그렇게 북한을 설득시키지 못한다면 북한은 핵을 포기할 이유가 없고 이는 합리적 선택이다. 미국이 '오늘' 제시한 체제 보장 약속을 '내일' 파기할 합리적 의심이 있는 한 미국이 오늘 어떤 언급을 통해 체제 보장, 적대성 청산, 평화 체제 구축을 약속한다고 해도 북한이 이를 믿을 이유가 없기 때문이다.

만약 미국이 믿을 만한 조처 없이 약속한다고 이야기하면 어떨까? 약속은 대부분 말로 이뤄진다. "Talk is cheap"이란 문장에서 알 수 있듯이 말은 쉬우나 실제 행동으로 옮기는 것은 어렵다. 2017년 8월 틸러슨 국무장관은 BBC 인터뷰 등에서 북한에 대해 "We don't seek regime change" 혹은 "We are not your enemy"라고 공식 언급하면서 협상의 진정성을 보이려고 노력했다. 그러나 이러한 약속은 비밀 협상이 아니라 공식적인 발언이었다고 해도 추후 파기한들 큰 비용이 발생하지 않을 것이다. 공식적 약속을 저버린 미국 지도자에 대한 청중 비용(audience costs)이 발생한다고 해도 미국 국민이 북한에 대해 가지고 있는 기본적인 적대감 때문에 비핵화 후 북한 정권 붕괴를 더 선호하게 될 가능성이 크기 때문이다. 또한 공화당과 민주당 간 정권이 바뀌어 약속 폐기에 대한 명분이 생기면 전 정권의 믿을 만한 조처는 언제든지 바꿀 수 있다. 북한이 공식 혹은 비공식 언어로 이뤄진 약속을 믿을 수 없는 이유이다.

단순히 말이 아닌 미국이 제공할 수 있는 그리고 북한이 믿을 수 있는 실질적 조처는 여러 가지가 있을 수 있다. 실질적 조처의 필요조건은 미국이 약속을 어겼을 때 심각한 정치적 혹은 경제적 피해를 보도록 하는 것이다. 이를테면 미국이 스스로 손발을 묶어 약속의 진정성을 증명하는 방법이다. 이렇게 '미국이 제공할 수 있는 환경 변화'의 실행 의지를 북한이 알고 인정한다면 약속 이행의 문제를 해결할 수 있다. 첫째로 북한이 비핵화 후 갖게 될 안보 불안을 줄일 수 있는 조처다. 트럼프 대통령은 한미 연합 군사 훈련 중단, 주한미군 감축 혹은 철수, 한미동맹까지 이와 관련한 과격한 카드를 제시할 의향을 보여 논란이 됐다. 이러한 조처는 우리에겐 또 다른 약속 이행의 문제를 발생시켜 돌이킬 수 없는 피해를 줄 수 있다. 둘째로 북한이 믿을 만한 경제적 담보 혹은 믿을 만한 포로(hostage)를 제공하는 방법이 있다. 예를 들어 북한에 대한 대규모 직접투자를 단행하거나 교역을 통해 약속 파기 시 미국이 막대한 경제적 손해를 입을 수 있도록 하는 것이다.

이러한 조처를 고안하고 실행하는 것은 미국의 몫이다. 그러나 북한이 신뢰할 수 있는 조처(credible commitment)가 현실적으로 미국에 의해 제공되기는 쉽지 않다. 앞서 나열한 조처까지 갈 필요도 없이 우린 그간 북·미 협상에서 미국이 노정한 문제를 경험했다. 예를 들어 미국의 국내 정치에서 오는 제약은 비교적 간단한 경수로 제공 비용의 승인조차 어렵게 만들었다. 제네바 협상 타결 이후 미국 의회 내 공화당의 반대로 난항을 겪었던 경험이 이를 증명한다. 오바마 대통령은 미국이 가진 다른 글로벌 우선순위 때문에 핵 개발이 본격화되기 시작한 때 북핵 문제에 집중할 수 없었다. 트럼프 대통령과 같이 새로운 방식으로 하향식 접근을 한 경우도 국내 반대와 트럼프 대통령 자신의 정치적 문제 때문에 비핵화 협상이 믿을 만하게 진행될 수 없었다. 숱하게 많은 북·미 협상을 겪어오면서 미국의 대전략(grand strategy)과 국내 민주주의의 문제를 잘 아는 북한은 언젠가부터 미국의 비핵화 관련 모든 약속을 믿지 않게 됐을 가능성이 크다.

미국 바이든 정부 또한 대북 정책에서 북한에 제공할 수 있는 실체적 '당근'에 대해 명확히 밝히고 있지 않다. 바이든 정부 내에서 북한이 원하는 적대 정책 철회나 체제 보장, 한반도 비핵화, 평화 체제 구축 등 여러 요구에 대한 폭넓은 논의가 이뤄지겠지만, 북한이 신뢰할 수 있는 조치가 무엇일지 미국이 실행에 옮길 수 있는 조치가 무엇일지는 어려운 숙제로 남아 있다. 바이든 정부의 북한 비핵화 단계적 접근의 성공은 이러한 숙제를 얼마나 믿을 만하게(credibly) 해결하는지에 따라 달라질 것이다. 만약 북한을 설득할 핵 포기의 대가를 제시하지 못하거나 그 대가를 실행에 옮길 수 없다고 북한이 판단하게 된다면 현재와 같은 균형이 지속될 가능성이 크다. 그리고 현재로선 안타깝지만 그럴 가능성이 더 크다.

3) 핵무기를 가진 북한과의 평화는 가능한가?

북한 핵 보유를 국제적으로 공인(de jure)하는 것과 사실로(de

facto) 받아들이는 것은 엄연히 구분될 일이다. 북한 핵무기는 비핵 국가에 핵무기 개발과 보유를 금지한 핵확산금지조약과 국제규범에 반하는 것이 명백하고 북한이 공식(de jure) 핵보유국으로 인정받을 일은 없다. 그러나 2017년 이후 '조용한' 북한과 북한 비핵화를 적극적으로 해결하지 못한 미국을 중심으로 현재의 균형이 지속되면, 우리로서는 북한 핵을 사실로(de facto) 인정하고 그 이후 평화를 생각해야 할 처지에 놓일 것이다. 본 절에서는 이러한 평화를 위해 단계적 접근을 제시한다.

피어론(Fearon)과 레이틴(Laitin)이 내전에 대해 1996년에 쓴 논문 「American Political Science Review」는 게임이론 분석을 통해 적대성을 가진 두 집단이 전쟁을 피하고 평화를 유지할 수 있는 두 가지 균형을 제시한다. 두 가지 균형은 각기 독립적 메커니즘에 기반한 평화를 설명하는데, 우리에게 시사하는 바가 크다. 무엇보다 한반도 비대칭 핵전력 상황에서 남한이 취해야 할 평화 전략을 두 균형에 기반해서 생각해볼 수 있다. 두 균형은 각 상황에서 무력을 통해 평화를 해치려는 집단 내 구성원의 시도를 독립적 메커니즘을 통해 통제한다. 첫 번째 균형(spiral equilibrium)은 적대적 관계가 청산되지 않은 상태에서 평화를 해치는 행동이 가져올 피해가 너무 크기 때문에, 두 번째 균형(in-group policing equilibrium)은 우호적 관계에서 혹시 있을 평화를 해치는 행동이 있더라도 자체적으로 통제 가능하므로 평화가 유지된다.

구체적으로 두 균형 개념을 적용해서 핵 보유 북한과의 평화를 두 단계로 나눠 생각할 수 있다. 첫 번째 단계 평화는 적대적 균형으로 '전쟁 억지'를 통한 평화다. 필요조건은 한반도의 핵 불균형을 북한도 인정할 수 있는 수준으로 해결하는 것이다. 상호 신뢰가 구축되지 않고 불신이 팽배한 상황에서 평화를 이루는 방법으로 피어론과 레이틴은 이를 나선형 균형(spiral equilibrium)이라고 설명하고 있다. 두 번째 단계 평화는 우호적 균형으로 전쟁 억지를 이룬 후 '평화 선호'의 상태로 진입하는 것이다. 필요조건은 남북한 상호 신뢰를 회복하고 적대성을 청산하는 것이다. 여기에서 평화는 두 국가 간 신뢰 관계가 구축되고 내부적 단속을 통해 영구적으로 갈등이 종식되는 상황에서 평화를 이루는 방법으로 피어론과 레이틴은 내부 통제 균형(in-group policing equilibrium)으로 설명한다.

피어론과 레이틴의 논문에서는 두 균형이 독립적으로 존재한다. 평화의 메커니즘이 첫 번째 균형은 집단 간 위협(out-group punishment), 두 번째 균형은 집단 내 통제(in-group punishment)로 각각 독립적이기 때문이다. 그러나 두 평화는 남북한 간 평화를 논할 때 연결 지어 개념화될 수 있다. 남북한이 현재와 같이 서로를 신뢰하지 못하는 상황에서 곧바로 내부 통제 균형으로 대표되는 '평화 선호'의 두 번째 단계로 갈 수 없기 때문이다. 현재 이뤄지고 있는 통일과 평화의 담론이 현실적이지 않은 이유도 남북한 간 북·미 간 오랫동안 합리적인 이유로 생겨난 상호 불신을 인정하고 있지 않기 때문이다. 북한이라는 상대는 어떤 의도를 가지든 어떤 행동을 하든 상수로 간주하고 신뢰 구축을 명분 삼아 남한만 무장해제를 하겠다는 것은 '평화 선호' 단계로 가기 전 '전쟁 억지' 단계에서도 실패할 가능성이 크다는 점에서 반평화적이다. 결국 상호 신뢰가 형성될 때까지는 불가피하게 공포의 균형을 통한 '전쟁 억지'에 기댈 수밖에 없다. 그러므로 핵무기를 가진 북한과의 평화는 첫 번째 적대적 평화에서 시작하고 두 번째 우호적 평화를 지향해야 할 것이다. 서로를 불신하지만, 공포의 균형으로 감히 무력 도발을 자제했던 '적대적 균형'에서 서로를 이해하고 평화를 선호하는 '우호적 균형'으로 진일보할 수 있도록 남북한 모두 노력을 지속해야 한다는 뜻이다. 비핵화를 비롯한 군축과 같은 주제는 두 번째 단계 균형에서 본격적으로 논의될 것이다.

북한의 핵무기는 두 단계 평화에서 어떤 역할을 하는가? 한반도 비대칭 핵전력이 고착화될 가능성이 큰 현 상황은 남한이 취해야 할 평화 전략에 큰 영향을 미친다. 첫 번째 '전쟁 억지' 단계에서 평화의 필요조건은 남북한 간 핵 불균형을 해소하는 것이다. 이를 통해 공포의 균형을 이루고 상호 전쟁과 무력 도발을 억지할 수 있다. 국제정치에서 핵 균형을 통한 전쟁 억지는 상호 확증 파괴(MAD: Mutually Assured Destruction) 개념으로 설명되어왔다. 상호 확증 파괴는 남북 양국 모두 2차 타격 능력(second strike capability)을 갖고 서로가 이를 인지할 때 가능하다. 상호 확증 파괴를 통한 전쟁 억지는 단순한 핵무기 보유로 충족되지 않는다. 선제 핵 공격을 받더라도 상대를 궤멸시킬 수 있는 정도의 핵 능력을 가지고 있고 그 사실을 모두 알고 있을 때 그 결과에 대한 끔찍함으로 공격을 자제하게 되는 억지(deterrence)의 논리다. 냉전 초기 시작된 상호 확증 파괴에 관한 많은 찬반 격론이 있었다. 예를 들어 냉전 시기 미국의 서유럽 보호나 소련의 아프가니스탄 침공과 아프리카 대륙에서의 영향력 확대 등 이론적으로 그리고 실제로 상호 확증 파괴가 국가 간 전면전 외 다양한 갈등을 효과적으로 막을 수 없다는 의문이 제기됐다. 또한 미사일 방어 능력으로 상대의 핵 공격을 상당 부분 막을 수 있다면 상호 확증 파괴는 성립되지 않을 수 있고, 이에 착안하여 미국 레이건 대통령은 1983년 전략 방위 구상(SDI: Strategic Defense Initiative)을 수립하고 소련의 핵미사일 요격 시스템 구축을 추진했다. 억지(deterrence)가 아니라 방어(defense)로 충분히 전쟁을 막고 이길 수 있다는 계산이었다. 이 두 가지 비판은 미국과 소련이라는 두 국가의 패권 경쟁과 전쟁을 가정하고 있는데, 목전에서 비대칭 핵전력이 심화하고 있는 우리에겐 적용할 수 없다. 남한은 미국과 같은 초강대국도 아니고 북한의 위협은 미사일 요격을 논하기에 너무 가까이 있으며, 무엇보다 핵 불균형이 초래할 파급효과는 안보 외 일상 외교에서의 협상력의 약화로 이어져 우리에게 불리한 국면을 초래할 것이기 때문이다(Bell, 2015; 김태형 외, 2021).

결국 남한 정부도 유사시 충분한 정도의 핵무기를 사용할 수 있는 혹은 그에 준하는 믿을 만한 조처가 필요하다. 현재 북한이 보유한 핵무기 수나 강도로 볼 때 그것을 능가하는 남한 자체의 핵무장으로 핵 균형을 이룬다는 계획은 국내외 정치적 제약을 고려할 때 쉽지 않다. 현 상황을 정확히 이해하고 우리의 최적 대응에 대해 확실한 믿음을 가진, 그리고 전략적으로 협상에 임할 지도자가 필요한 이유다. 최소한 이른 시일 안에 2차 타격 능력에 준하는 군사적 수단을 보유하는 작업은 필요하다. 지금과 같은 한반도의 균형이 지속될수록 남한에 불리한 비대칭 핵전력 환경이 초래될 것이기 때문이다. 구체적인 핵 균형의 방법론은 여러 가지 전략적 고려, 핵확산 국제규범과 배치 문제, 국내의 사회적인 공감대가 필수적인데, 이 글에서 다루기엔 분량의 제약이 있어 상술은 생략하겠다.

핵무기를 보유한 국가의 행동이 정말 다를까? 외교 정책과 핵의 관리에서 핵보유국 행태의 변화와 문제는 이미 많은 연구에서 지적하고 있다(Sagan and Waltz, 1992; Gartzke and Jo, 2009; Bell, 2015; Bell and Miller, 2017; 황지환, 2020; Sukin, 2021). 비대칭 핵전력이 핵보유국을 상대하고 있는 비핵 국가에게 얼마나 불리하고 치명적일 수 있는지 보여주는 연구와 사례가 적지 않다. 이들 연구의 요점은 핵무기 보유가 단순한 체제 방어적 목적 이상의 효과를 가진다는 것이다. 예를 들어 마크 벨(Mark Bell) 교수는 2015년 「International Security」 논문에서 핵보유국은 보유 전과 비교해서 더 공격적이고

(aggressive) 팽창적이며(expansionary) 독립적인(independent) 외교 정책을 펼 것이라고 주장했다. 핵무기가 가지는 상징적 효과가 전면전보다 낮은 수준의 외교에서 더 대담한 협상(emboldenment)을 가능하게 한다는 것이다. 이미 북한은 남한에 대해 직접 무력 도발 외에 교류나 협력에 있어서 개성공단 내 남북공동연락사무소를 폭파하는 등 전보다 과격한 언행을 보여왔다. 또한 핵보유국 북한이 중국의 영향력과 통제로부터 독립적으로 변할 것이란 예측도 있다(Bell, 2015; Pollock, 2011). 결국 핵보유국 북한과의 평화에서 핵 불균형을 해소하는 것은 우리의 안보를 포함해 북한과의 모든 관계에서 필요한 과제다.

이와 같은 상황 해석과 진단에 대해 세 가지 반론을 생각해 볼 수 있다. 첫째, 현재 한반도 핵 불균형을 과장되게 본다는 비판이다. 하지만 남한은 한미동맹의 약속 하나를 통해 2차 타격 능력을 대신하고 있다. 과거 냉전 시기 주한미군은 전술핵무기를 1,000여 발 가까이 한국에 배치했지만 1991년 부시 대통령의 핵 군축 정책에 따라 모든 전술핵무기를 철수시켰다. 1968년 이후 한미는 연례 안보협의회(SCM: Security Consultative Meeting)에서 핵을 포함한 미국의 확장 억제를 공식 성명으로 채택해왔다. 이처럼 한미동맹의 약속을 통해서, 혹은 냉전 때와 같이 전술핵무기를 들여와서, 혹은 최근 활발히 논의되고 있는 나토(NATO) 방식 혹은 새로운 핵 공유를 통해서 혹은 신속 핵 선택 전략(nuclear hedging)이나 저위력 핵무기(Low Yield Nuclear Weapon)와 같은 소극적인 방법을 통해서 혹은 첨단 과학 기술을 통해서 현재 핵 불균형의 문제 해결을 시도할 수 있을 것이다. 요컨대 북한의 핵 무력 완성은 한반도에 새로운 패러다임을 요구하고 있다. 미국의 안보협의회 장관급 성명보다 더 확실하고 믿을 만한 안보 보장을 위해 스스로 노력해야만 첫 번째 단계의 평화를 이룰 수 있다. 시간은 지금도 핵무기를 꾸준히 개발하고 있는 북한의 편이기 때문이다.

둘째, 남한이 핵 균형을 달성한다고 해도 과연 얼마나 억지(deterrence)의 효과를 달성할 수 있을까 하는 비판이다. 크레폰(Michael Krepon) 교수가 2003년 소개한 안정-불안정의 역설(stability-instability paradox)에 따르면 핵 균형을 이룬 두 국가 사이에 핵을 사용한 전면전의 가능성은 줄지만, 전면전이 불가하다는 사실이 오히려 국지전과 같은 낮은 강도의 갈등을 초래할 수 있다고 전망한다. 북한 핵 문제를 적용한 이근욱(2020)의 연구에 따르면 핵 균형은 현실적으로 어렵고 달성해도 억지 효과가 낮다고 한다. 냉전 기간 미국의 전술핵이 북한의 도발 억지에 실패한 사례나 핵 균형을 이룬 인도와 파키스탄 사이에 완벽한 억지가 이뤄지지 않고 무력 충돌이 이어지는 사례가 증거로 제시된다. 핵 균형이 어렵고 억지의 효용이 낮다면 오히려 북한의 국지적 도발을 안정적으로 관리하는 것이 효율적이라는 주장이다. 그러나 이러한 주장은 억지의 대상에 대한 오해에서 비롯된 것으로 핵 균형으로 모든 불안정성을 해소할 수 있다면 그것은 지나친 낙관이라는 것을 이해해야 한다. 핵 안정 여부와 무관하게 저강도 무력 충돌은 가능할 수 있지만 한반도 비대칭 핵전력 해소를 통해 적어도 도발의 테두리는 분명해지고 그 수위는 조절될 것이다. 북한이 어떤 '의도'를 가지고 있다고 해도 그 의도를 달성할 '능력'의 한계를 분명히 함으로써 전면전의 위험을 감소시킬 것이다. 반면 핵 불균형은 구조의 문제를 초래하는데 저강도 불안정성은 물론 북한의 '의도'와 '능력' 모두에서 북한에 프리 패스를 주는 결과를 가져올 것이다. 구조의 불균형을 해소하는 것은 안보의 첫걸음이다. 믿을 만한 핵 균형이 현실적으로 어렵고 많은 정치적·경제적 비용을 수반할 수 있지만, 그것이 우리 안보에 중요하다는 사실을 변하지 않을 것이다.

셋째, 북한이 더 이상의 도발을 멈춘다면 문제 될 것이 없다고 주장할 수 있다. 문재인 대통령도 북핵 '동결'과 탄도미사일 개발 중단을 대화의 시작으로서 중요한 의미를 부여했다. 또한 북한 핵무기는 처음부터 남한을 무력 침공하기 위해 만든 것이 아니라 미국으로부터의 체제 보장용이고 대륙간 탄도미사일 개발이 그 증거라고 주장할 수 있다. 북한이 남한을 침공하려면 핵무기 없이 재래식 무기로도 얼마든지 가능하다고 주장할 수 있다. 북한 핵 보유 목적에 대한 오해로 엉뚱하게 핵 균형이라는 처방을 한다면 오히려 남북한 안보 딜레마(security dilemma)에 빠질 것이란 주장이다. 그러나 이러한 주장은 틀렸다. 북한은 체제 보장을 바라지만 이를 보장하는 주체는 미국이다. 북·미 간 약속 이행의 문제는 어디까지나 북·미 간의 문제라는 것이다. 북한이 미국에 바라는 것은 분명할지 몰라도 남한에 바라는 것이 똑같이 체제 보장인지는 알 수 없다. 더 양보해서 안보 딜레마의 가정에서처럼 북한이 한반도의 현상 유지(status quo)를 선호한다는 사실도 증명된 바 없다. 백번 양보해서 북한이 남한에 대한 적화 야욕을 접었다고 해도 핵무기를 보유한 북한의 남한에 대한 최적 선택은 그 전과 다를 것이다. 핵우산을 미국으로부터 매년 보장받아야 하는 우리에겐 충분히 우려스러운 결과다.

만약 한반도 비대칭 핵전력을 극복하고 첫 번째 단계 평화를 이룬다면 핵 불균형으로 야기된 남북한 대규모 전쟁의 위험은 줄어들 것이다. 또한 대등한 협상력을 갖게 된 남북한은 서로에 대해 적대적이라 하더라도 모험적이거나 무모한 요구·발언·행동을 제한적으로 행사할 가능성이 크다. 이때부터 두 번째 단계 평화, 즉 신뢰 구축과 적대적 관계 청산, 남북한 내 자체 조정 능력을 통한 갈등의 종식을 위해 노력해야 한다. 오랜 시간이 걸리겠지만 북한 비핵화는 이런 과정에서 자연스럽게 논의될 것이다.

현 정부가 주장하는 여러 비전과 목표, 그리고 실천 방안은 첫 번째 단계 평화가 정착된 이후 두 번째 단계에서 실행 가능할 것이다. 예컨대 한반도 평화 체제 구축을 위해 제시된 평화협정, 군비 통제, 상호 인식 변화는 우호적 균형을 위한 두 번째 단계 평화를 위해 본격적으로 논의될 수 있을 것이다. 그러나 현재 논의되고 있는 평화 비전과 협상 담론은 모두 북한 비핵화와 핵보유국 북한이 가져올 문제에 대한 고민을 건너뛰고 두 번째 단계 평화를 논의하고 목표로 하고 있다. 그러나 북한의 의도와 행동을 고려하지 않고 북한의 선의에만 기대어 남한의 선제적 조치를 주장하는 것은 이론적으로도 현실적으로도 평화에 역행한다. 북한 비핵화 가능성과 비대칭 핵전력이 가져올 난제에 대한 해답과 대책 없이 신뢰 회복과 적대적 인식 해소는 현실적으로 공허한 논의가 될 것이기 때문이다.

북한의 의도와 행동에 불확실성이 존재한다는 것이 우리만이라도 선행적 평화 조처를 하자는 주장의 근거가 될 수 없다. 아울러 우리가 전략적으로 북한의 핵전력에 대응하는 것이 전쟁을 원한다든지 반평화적이라는 비판의 근거가 될 수 없다. 현재 상황의 엄중함을 이해하고 북한의 비핵화를 위해 노력하되 첫 번째 평화를 위한 준비를 해야 한다. 두 번째 평화는 이상적이지만 핵 불균형 구조의 해결 없이는 불가하다.

4) 우리의 대응 전략은 무엇인가?

지난 2019년 2월 27~28일 하노이에서 개최된 제2차 북·미정상회담에서 양국 정상은 북핵 문제 해결에 대한 견해 차이를 분명히 드러냈다. 미국은 최종 단계 비핵화와 협상 목표를 명시한 '포괄적 합의와 단계적 이행'을 주장했으나 북한은 영변 핵 시설과 제재를 협상 테이블에 놓고 '단계적 합의와 단계적 이행'을 주장하며 상호 합의 도출에 실패했다. 2021년 현재 북·미 양국의 비핵화 방식에 대한 입장은 2019년과 크게 다르지 않다. 북한 핵 문제의 평화적 해결은 우리의 생존을 결정할 중차대한 안보 문제다. 북·미 양국의 핵 문제 해결 방향을 정확히 이해하고 우리의 대응 전략을 다음과 같이 생각해 볼 수 있다.

첫째, 북한 핵에 대한 전략적 접근이 필요하다. 북한의 핵 보유를 명목(de jure)과 실질(de facto)로 구분하여, 대외적으로 인정 불가함을 분명히 하면서도 핵무기 보유를 사실로 인식하고 이에 능동적으로 대처해야 한다. 공식적으로 '불법적' 핵무기를 폐기시키기 위해 유엔 경제 제재와 같은 국제사회 노력에 적극적으로 동참해야 한다. 이와 동시에 북한이 '실질적'으로 핵무기를 가지고 있음을 인식하고 이로 인해 초래된 한반도 안보 불균형 해소를 위해 노력해야 한다. 한반도 비대칭 핵전력은 '구조'의 문제로 이를 이해하고 조정하는 것은 북한 핵 문제의 평화적 해결을 위한 첫걸음임을 명심해야 한다.

둘째, 북한 핵 협상의 핵심이 약속 이행의 문제(commitment problems)임을 이해하고, 이를 해결하기 어렵기 때문에 현실적으로

북한 비핵화 가능성이 작음을 인식해야 한다. 약속 이행의 문제가 해결되기 어려운 이유는 약속 이행의 주체인 미국이 북한에 믿을 만한 핵 포기의 대가를 제시할 수 없기 때문이다. 1990년대 이후 북·미 핵 협상의 경험을 통해 드러난 미국의 협상력의 한계를 이해해야 한다. 미국은 핵 포기 이후 약해진 북한을 무너뜨리지 않을 거란 약속을 하겠지만 북한을 이런 약속의 진정성을 의심할 합리적 이유가 충분하다. 오랜 기간 굳어진 상호 불신은 문제를 더욱 악화시키고 있다. 미국의 체제 보장 약속이 핵 포기 후 변할 것이라고 보는 한 북한이 핵무기를 포기하지 않는 것은 합리적 선택이다. 이러한 현재 상황은 우리에게 불리하다. 미국은 북한이 핵과 미사일 도발을 하지 않는 한 적극적으로 비핵화 협상에 나서지 않을 것이다. 북한은 이미 핵무기를 보유한 상태이므로 미국이 분명하고 믿을 만한 조처를 하지 않는 한 핵을 포기할 유인이 없다. 무력 도발을 하더라도 유엔 제재 레드 라인을 넘지 않는 선에서 할 것이다. 한국은 핵 불균형을 받아들여야 할 처지다. 북·미 협상에서 약속 이행의 문제를 풀기 위해 제시될 핵 포기의 대가 대부분은 우리 안보와 경제의 희생을 토대로 이뤄질 것이라는 점을 명심해야 한다. 예를 들어 북한 체제 보장을 이유로 한미동맹이 약화되고 경제적 비용이 우리에게 집중되는 결과는 우리가 바라는 바가 아닐 것이다. 마지막으로 북·미 협상이 북한의 부분적 핵 포기와 일부 제재 해제와 같은 스몰 딜로 마무리된다면 오히려 한반도의 구조적 핵 불균형은 심화될 수 있다. 북·미 핵 협상이 우리에게 일방적 희생을 강요하지 않도록 철저한 대비가 필요하다.

셋째, 핵을 가진 북한과의 평화를 위한 장단기 전략을 수립해야 한다. 첫 번째 단계 평화는 비대칭 핵전력 구조를 해결하여 '전쟁 억지'를 이루는 것이다. 핵 불균형으로 기울어진 운동장을 바로 잡는 작업은 평화의 전제 조건이다. 한반도 핵 불균형이 굳어질 가능성이 큰 현 상황에서 우리는 현재 한미동맹의 보호 수준을 한 단계 올려서 북한과 대등한 수준의 상호 억지력을 구현해야 한다. 이를 위한 모든 방안을 열어놓고 논의해야 한다. 북한의 의도와 행동에 대한 고려 없이 북한의 선의에 기댄 선제적 정책은 평화에 역행할 수 있다. 비대칭 핵전력 하에서 일방적으로 평화 체제나 군축과 같은 적대성 청산 실행 방안을 논하는 것은 오히려 평화에 역행할 수 있다. 전쟁을 피하기 위해 스스로 무장해제한다면 전쟁도 없이 패하게 될 것이다.

넷째, 핵을 가진 북한과의 두 번째 단계 평화는 신뢰 구축과 적대적 관계 청산을 이루고, 이를 통해 '평화 선호'가 상호 정착되는 것이다. 이는 남북한 내 자체 조정 능력을 통한 영구적 갈등의 종식으로 가능하다. 그러나 남북 간 상호 신뢰가 형성될 때까지는 오랜 시간이 필요하다. 그 전까지는 불가피하게 공포의 균형을 통한 '전쟁 억지'에 기댈 수밖에 없다. 섣부른 평화 정책은 좋은 의도와 다른 결과를 가져올 것이다. 그러므로 핵무기를 가진 북한과의 평화

는 첫 번째 적대적 평화에서 시작하고 두 번째 우호적 평화를 지향
해야 할 것이다. 서로를 불신하지만 공포의 균형으로 무력 도발을
자제했던 '적대적 균형'에서 서로를 이해하고 평화를 선호하는 '우호
적 균형'으로 진일보할 수 있도록 남북한 모두 노력해야 한다는 뜻
이다. 남북 비핵화를 비롯한 군축과 같은 논의는 두 번째 단계에서
자연스럽게 이뤄질 것이다.

11

미·중 관계와 한반도 평화

박병광(국가안보전략연구원)

1) 강대국 정치와 한반도 평화

역사적으로 한반도는 주변 강대국들이 주도하는 권력 정치(power politics)에 자유롭지 못했다. 고대로부터 중세까지 중국과 일본이라는 동아시아 강국들에 의해 한반도는 잦은 침략과 간섭의 대상이 되었다. 근대 이후에도 한반도 주변에는 미국, 중국, 러시아, 일본 등 강대국이 자리 잡고 있으며, 그들은 한반도 정세에 막대한 영향력을 행사해왔다. 한반도는 독특한 지정학적 위치와 전략적 중요성으로 인해 오랫동안 강대국들 사이에서 이권(利權)의 집결지이자 쟁탈의 대상이 되어왔다. 대륙 세력과 해양 세력의 접점에 위치한 한반도의 지정학적 치명성으로 인해 한반도의 운명은 동아시아의 복잡한 강대국 관계에 자유로울 수 없었던 것이다.

돌아보면 동북아를 둘러싼 강대국들의 권력 교체기에 한반도는 항상 국가 세력 혹은 진영 간의 전쟁터가 되고는 했다. 중국대륙에서 원(元)나라가 쇠하고 명(明)나라로 교체되던 시기에 한족 반란군인 홍건적 세력이 득세하였다. 홍건적 잔당은 두 차례에 걸쳐 고려를 침략했고(1359년, 1361년), 고려는 수도 개경(開京)이 함락당하는 수모를 겪은 바 있다. 한편 일본에서는 도요토미 히데요시(豊臣秀吉)가 수백 년에 걸친 전국 시대의 혼란을 마무리하고 통일을 이룬 뒤, 명나라를 정복한다는 명분으로 '정명가도(征明假道)'를 내세우며 조선을 침략하였다. 조선은 임진왜란(1592)과 정유재란(1597)을 거치며 7년간 전쟁의 화마에 휩쓸리기도 했다. 또한 명(明)나라가 쇠하고 청(淸)나라가 발흥하는 시기에도 한반도는 만주족의 침략을 받아 정묘호란(1627)과 병자호란(1636)을 당했다. 당시 수십만 명의 백성들이 포로가 되어 후금(後金)의 수도인 심양으로 끌려가기도 했다.[1]

근대 이후 서양 세력이 아시아로 몰려오는 '서세동점(西勢東漸)'의 시기에도 한반도를 둘러싼 강대국들의 권력 투쟁은 우리에게 치명적인 상처와 아픔을 주었다. 동아시아의 맹주이자 세계의 중심으로 자처하던 청나라는 영국을 위시한 서양 세력과의 충돌에서 패배하였고 '양무운동'을 통해 근대화에 역점을 두었지만, 봉건 체제의 한계 속에서 실패했다. 그러나 일본은 메이지유신(明治維新)으로 근대화에 성공했고 다시 제국의 열망을 키우면서 청일전쟁(1894)에서 승리했다. 중국과 일본이 맞붙은 청일전쟁의 싸움터는 둘 중 어느 나라도 아닌 한반도가 격전장이었다. 일본은 청일전쟁에서 승리함으로써 조선을 보호국으로 삼았고, 뒤이어 러일전쟁(1904)에서도 승리하여 한반도에 대한 정치·군사·외교·경제의 모든 분야를 장악하였다. 그리고 일본은 1910년 8월 한일합병조약을 통해 조선을 식민지로 삼았다.

제2차 세계대전 직후에도 한반도는 미국과 소련이 동북아에서 경쟁적으로 세력 범위를 확대하는 바람에 결국 냉전의 희생양이 되고 말았다. 한반도는 식민 통치를 벗어나 항일 투쟁의 승리를 맛보기 무섭게 분단과 전쟁의 소용돌이에 빠져들고 말았던 것이다. 국제정치적 시각에서 살펴봤을 때 한반도 분단과 전쟁에 관련된 강대국 정책의 주안점은 한반도에 대한 자국의 이익을 확대하고 유지하면서 타국의 한반도 지배를 봉쇄하는 것이었다. 한반도는 지정학적으로 강대국의 전략적 요충지에 자리 잡고 있기 때문에 주변 강국들은 한반도의 단독 지배라는 적극적 개념의 개입은 불가능할 것이라는 인식 하에 한반도가 상대 진영의 세력권에 편입되는 것을 막기 위한 소극적 개입 정책을 추진하였다. 특히 38선에 의한 한반도의 분할은 미국과 소련이 서로가 상대방의 한반도 독점 지배를 방지하고 세력 균형을 이루기 위하여 '분할 통치'의 개념에 대한 이

해가 맞아떨어진 결과였다.[2]

　한반도 분단 이후 점령 과정에서 미국과 소련은 동맹, 국내 정치 개입, 분할 통치의 개념을 활용하여 자국의 영향권을 유지함으로써 세력 균형을 이루었다. 한반도에 개입한 미국과 소련은 점령 이후 이익 및 세력의 분배와 균형을 도모했으나 북한의 지배자였던 김일성은 무력을 사용해서라도 통일을 해야겠다는 생각을 하게 되었다. 결국 전쟁이 발발했고 미국은 공산주의 세력의 한반도 독점 기도를 봉쇄하기 위해 한국전쟁에 참여하였다. 미국을 중심으로 하는 유엔군이 반격에 성공하여 북·중 국경까지 진격하자 중국은 서방측의 한반도 독점을 막기 위하여 '중국인민지원군'이라는 이름으로 군대를 파견하였다. 결국 군사적 방법에 의한 전쟁 종결이 어렵게 되자 양측은 정치적 종결을 모색하기 위해 휴전 협상을 시작하였고, 1953년 7월 27일 한반도를 재분단시키는 휴전협정에 서명하였다. 휴전협정은 한반도에서 다시 강대국 세력이 평형을 이루면서 힘의 분배를 이룩한 것을 의미했지만 한민족에게는 분단 고착화와 불완전한 평화의 시작이기도 했다.

　결국 광복 이후 한반도는 미국과 소련의 헤게모니 투쟁 속에서 분단의 아픔을 맞이해야 했고, 냉전의 최전선이 되었다. 냉전 상태의 지속과 미소 간 대립은 한반도에서 남북한이 장기적으로 분열과 갈등을 유지하도록 만든 결정적 배경이 되었으며, 아직도 이념 대립과 상호 불신 등 냉전의 잔재에서 벗어나지 못하고 있다. 오늘날 한반도가 직면하고 있는 분단과 대립, 그리고 갈등과 전쟁의 위협은 어찌 보면 강대국 정치의 산물인 것이다. 따라서 한반도의 진정한 평화와 안정을 이룩하기 위해서는 역사적·구조적 맥락에서 강대국 정치와 한반도 평화의 상관관계를 이해하는 것이 매우 중요하다. 그리고 국제정치의 본질과 강대국 정치의 변화를 세심히 관찰하면서 한반도 평화의 좌표를 설정하고 접근해나가는 것이 필요하다.

전술한 바와 같이 19세기 중엽부터 냉전 종식 전까지 근대 100여 년의 역사가 입증하는 것은 한반도가 강대국들의 '경기장(arena)'이었고 강대국들이 서로 쟁탈하려는 전리품이었다는 것이다. 강대국들의 쟁탈전으로 인해 한반도는 일본의 식민지로 전락했고, 이후에는 분열과 전쟁의 화염에 휩싸이게 되었다. 남북한 국민은 형용하기 어려운 고통과 피해를 감내해야만 했으며, 아직 이어지고 있는 분단 상태는 한반도에 거주하는 모든 사람에게 엄청난 물질적 피해와 정신적 고통을 안겨주고 있다.

그러나 냉전 종식 후 한반도는 강대국 정치의 통제에서 벗어날 수 있는 역사적 기회를 가지게 되었다. 강대국 정치가 한반도에 미치는 영향력은 여전하지만, 그 정도와 성격, 방식에 있어서 중요한 변화가 발생했고 한반도는 스스로 화해 무드를 조성하기 위한 의지와 능력, 그리고 조건들을 갖추기 시작했다. 무엇보다 이제 한반도는 더 이상 동서 양 진영이 대립하는 최전방 전선이 아니며, 한국은 자체의 종합 국력과 국제사회에서의 영향력이 그 어느 때보다 증대되었다.

그 결과 주변 강대국들의 영향력도 과거보다 상대적으로 약해지기 시작했다. 구소련이 해체된 이후 러시아는 자기 자신을 돌볼 여력이 없어서 한반도에 대한 영향력이 급격히 약화되었다. 미국의 힘은 상대적으로 쇠퇴기에 접어들었으며 복잡한 국내 문제와 중동에 발목이 잡힌 채 부상하는 중국에 대응하느라 한반도에 대한 영향력이 예전만 못하다. 일본은 1980년대의 전성기를 지나 이제는 한국과 경쟁하는 수준이 되었으며 군사력과 경제력에서 월등한 우위를 점유하지 못하고 있다. 중국은 개혁개방을 통해 경제 건설에 매진하고 있으며 한반도에 대한 영향력을 유지하려 들지만 한국은 이미 중견국이 되었고 중국의 영향력은 옛날과 비교할 수 없다.

강대국 정치는 한반도의 분단 구조를 양산했고 갈등 구조를 고착화했다. 한반도의 평화를 실현하고 정착시키기 위해서는 강대국 정치로부터 유리된 상태에서 남북한만의 노력으로는 불가능하다. 다행히 과거에 비해 강대국 정치가 한반도 정세에 미치는 영향의 성격과 방식도 바뀌었다. 한반도의 평화와 안정을 수호하는 것이 강대국 모두의 공감대가 된 것이다. 또한 냉전 시기에 비해 강대국 관계의 성격 역시 변화하여 과거의 대립과 대항 위주에서 이제는 경쟁과 협력의 단계로 전환되었고 이데올로기적 속박에서 자유로워졌다. 다만 구소련이 해체된 이후 중국이 부상하면서 최근에

격화되고 있는 미·중 패권 경쟁의 양상은 동아시아와 한반도의 평화에도 부정적 영향을 미칠 수 있는 변수로 떠오르고 있다.

2) 미·중 경쟁의 성격과 양상

미·중 관계의 기본 구조와 성격을 가장 간명하게 규정하자면 '갈등 속의 협력'과 '전략적 불신 속의 협력'으로 규정할 수 있다. 미·중 관계는 1972년 관계 정상화 이후 현재까지 기본적 갈등 구조의 바탕 위에서 선택적 필요와 국가 이익에 따라 협력을 추구하는 '갈등 속의 협력'으로 보는 것이 타당하다. 또한 미·중 관계는 협력에도 불구하고 기본적으로 상호 전략적 불신을 저변에 깐 상태에서 현실적 필요에 의한 협력의 양상을 보인다는 점에서 '전략적 불신 속의 협력'으로 묘사될 수 있다.[3] 그럼에도 미·중 양국이 상호 협력의 필요성을 강조하고 실제로 이슈와 영역에 따라 선택적 협력을 추구했던 것은 갈등으로 증폭된 대립과 마찰이 상호이익과 평화를 파괴하는 것을 원치 않았기 때문이다.

한편 20세기와 달리 21세기에 확연히 드러나는 미·중 간 종합국력 차이의 축소는 양국 관계를 훨씬 복잡하게 만드는 요인으로 작용한다. 중국의 경제 규모는 2010년부터 일본을 제치고 세계 2위로 올라섰고, 2012년 말 기준 세계 1위 외환 보유국(3조 3,000억 달러)

연도	주요 사안
1949	신중국 수립, 주중 미국 대사관 대만으로 철수
1950	중국, 한국전쟁 참전
1972	닉슨 대통령 방중, 미·중 상하이 공동성명 발표
1978	미·중 연락사무소 상호 개설
1979	미·중 수교, 상주 대사관 설치
1982	8·17 공동성명(중국 유일 합법 정부 인정)
1989	천안문 사건 발생, 미국 대중 제재 실시
1997	장쩌민 주석 방미, 전략적 동반자 관계
1999	미국 등 나토군 유고 주재 중국 대사관 폭격
2001	중국 WTO 공식 가입, 미 해군 정보기(EP-3) 충돌 사건
2006	후진타오 주석 방미, 중국 인권 개선 압박
2009	오바마 대통령 방중, 중국 국제사회 역할 인정
2012	시진핑 부주석 방미, 신형 대국 관계 제시
2017	트럼프 대통령 방중, 중국 대미 수입 확대 천명
2018	미·중 상호 관세 부과, 무역 전쟁 개시
2019	신중국 성립 70주년, 미·중 수교 40주년
2020	COVID-19 발생, '중국 책임론'으로 미·중 관계 악화

자료: 박병광. (2020. 2). 미·중 패권경쟁과 우리의 대응방향. *INSS 전략보고*. 국가안보전략연구원. p.5.

이 되었으며, 2013년에는 세계 최대 교역국(4조 2,000억 달러)으로 부상하였다. 국제통화기금(IMF)의 자료에 따르면 중국의 경제 규모는 이미 2014년에 PPP 기준으로 미국을 추월했다. 그리고 명목 GDP를 기준으로 보더라도 2019년 중국의 GDP는 14조 5,000억 달러로 미국의 GDP 21조 4,390억 달러의 67% 수준에 도달했다. 중국의 총 GDP는 2020년에 100조 위안(약 15조 달러)을 돌파했고, 이미 미국(약 21조 달러)의 70% 수준까지 육박하였다. 두 나라의 GDP 성장률 차이가 매년 3% 이상일 경우 2030년경에는 중국의 GDP가 미국을 뛰어넘을 것으로 예상된다. 이렇게 될 경우 1인당 GDP 역시 2만 달러를 돌파하여 개인 소득도 선진국 반열에 오르게 될 것이다.[4]

중국은 군사 부문에서도 2009년부터 세계 2위 국방비 지출 국가가 되었으며, 세계 두 번째로 스텔스 전투기(J-20)를 실전 배치하고, 자국 기술의 항공모함을 보유했으며, 미국 본토를 직접 타격할 수 있는 다량의 ICBM과 SLBM을 보유하고 있다. 특히 시진핑 집권 시기에 들어서면서 중국은 '강군의 꿈(强軍夢)'을 내세우면서 "결심하면 전쟁을 벌일 수 있고, 일단 전쟁에 나서면 싸움에서 이기는 군대"를 목표로 하고 있다. 또한 중국은 시진핑 집권 이후 국방백서에서 "남이 나를 건드리지 않으면 나도 남을 건드리지 않고, 남이 나를 건드리면 나도 반드시 남을 손봐준다(人不犯我, 我不犯人, 人若犯我, 我必犯人)"라고 강조하고 있다.[5] 이는 후진타오(胡錦濤) 시기에 발표된 2011년 국방백서에서 "중국이 평화 외교 정책과 방어적 국방 정책을 펴는 가운데 영원히 패권을 추구하지도, 군사적 확장을 하지도 않겠다"라면서 주변국을 안심시키는 내용이 주를 이루었던 것과는 대조되는 것이다.

미·중 관계는 경제 부문에서의 상호 의존과 별개로 군사 부문에서는 경쟁과 대립 구조가 훨씬 명확해지고 있다. 중국은 이른바 '사해문제(四海問題)'로 불리는 남중국해(남사군도·서사군도 영토 분쟁), 동중국해(조어도 분쟁), 대만해협(양안 갈등), 서해(북핵 문제) 등에서 군사적 긴장이 지속되고 있으며 이는 본질적으로 미·중 군사적 대립을 핵심으로 하고 있다.[6] 이에 따라 중국은 미국의 대(對)아시아 군사 개입을 차단하기 위해 '반접근/지역 거부(A2/AD)' 전략을 추구하고 있다. 결국 미국과 중국의 양자 관계는 갈등과 협력의 혼재 속에서 국제질서에 대한 '동상이몽'의 전략적 고려가 작용하며 아태 지역에서의 주도권 경쟁을 피하기 어려운 구조적 한계를 지니고 있다. 미·중 양국의 갈등과 대립은 단순히 양자 관계의 범위를 넘어서 지역적·세계적으로도 매우 커다란 파급 영향을 미치는 사안이다. 특히 동아시아와 아태 지역의 국가들은 미국과 중국 사이에서 때때로 "누구 편인지 확실히 하라"는 유·무언의 압박을 느끼고 있다.

돌아보면 미국의 대중국 정책은 상당 기간 '봉쇄(containment)'와 '개입(engagement)' 사이에서 다소 어정쩡한 모습을 취해왔다고 볼 수 있다. 일각에서는 이를 두고 미국이 중국에 대해 이중 경로 정책을 취하고 있다면서 '봉쇄적 개입(congagement)'이라고 표현하기도 했다. 그러나 오바마 집권 2기에 들어서면서 미국은 중국의 도전에 대응하기 위해 아시아·태평양 지역에 대한 '재균형 정책(rebalancing)'을 펼치기 시작했고, 이는 트럼프 행정부에 들어서면서

'인도·태평양 전략(Indo-Pacific Strategy)'으로 발전하였다. 트럼프 행정부는 인도·태평양 전략과 별개로 미국, 인도, 일본, 호주를 연결하는 '쿼드'를 구성하였으며, 더 나아가 '쿼드 플러스' 구상을 통해 중국에 대한 군사·안보적 압박과 견제를 더욱 강화하고자 시도하였다.

이러한 구상은 바이든 행정부에서도 계승·발전되고 있다. 바이든 대통령은 인도·태평양 전략의 구체적 집행을 위해 커트 캠벨(Kurt Campbell)을 백악관 NSC 인도·태평양 조정관으로 임명하여 아시아 정책을 총괄하도록 하고 있다. 커트 캠벨은 중국에 대한 견제와 대응을 위한 방안으로 한국을 포함한 민주주의 10개국 연합체

〈표 11-2〉 미국과 중국의 인도·태평양 지역 패권 경쟁 양상

미국	경쟁 영역	중국
'미국 리더십의 회복'을 강조하며 미국의 경제·군사적 우위 유지	기본 입장	'중국의 꿈'을 강조하며, 신형 국제 관계 수립 추구
'공급망 재편'과 '탈동조화'를 내세우며 중국에 대한 고립화 정책 추구	경제	'일대일로' 전략을 추구하면서 아세안(ASEAN)과의 경제협력 강화. 한·중·일 FTA 추진
'힘에 의한 평화' 등 트럼프 행정부의 대중국 군사 우위 전략을 계승	군사	스텔스 전투기 젠-20(J-20) 실전 배치 및 첫 자체 개발 항모 진수
동맹 관계 복원, 다자 외교 활성화, 국제 협력 메커니즘 회복을 통한 리더십 추구	외교	중·러 우호 협력 조약 연장 및 주변국 관계 개선 추진
'인도·태평양 전략'을 추진하면서 중국 견제 강화	안보 전략	접근 거부/지역 거부(A2/AD) 전략을 통한 대미 개입 대응

자료: 박병광. (2020. 2). 미·중 패권경쟁과 우리의 대응방향. *INSS 전략보고*, No.67. 국가안보전략연구원. p.3.

인 'D10(Democracy 10)'과 쿼드(Quad) 확대를 주장하고 있다.[7] 이는 오바마 집권 2기부터 미국의 대중국 정책이 적어도 군사·안보 분야에 있어서만큼은 봉쇄 정책의 방향으로 전환했음을 의미한다.

한편 최근의 유례없는 미·중 간 갈등의 격화는 양국 간 분쟁의 성격이 무엇이고 향후 어떠한 방향으로 전개될 것인지에 대한 국제적 관심을 고조시키고 있다. 미국에 있어서 "부상하는 중국을 어떻게 다뤄야 하는가"에 대한 문제는 역대 행정부에서 적잖은 고민거리였으며 전략적 숙제로 작용해왔다. 미국은 시간이 갈수록 군사, 안보, 외교, 경제, 과학 기술 등 다방면에서 중국의 도전에 직면했으며 지금 이를 막아내지 않으면 '세력 전이(power transition)'를 피할 수 없다는 위기의식을 느끼고 있다. 중국의 종합 국력이 성장하고 경제·군사적 힘이 미국의 턱밑까지 추격하면서 미국 내에서는 중국의 부상에 대해 더 적극적이고 공세적인 대응 전략을 취하기 시작했다고 볼 수 있다.

자세히 들여다보면 최근 심화되고 있는 미·중 대립 구도는 단순한 '전략적 경쟁(strategic competition)'이 아니라 장기적 차원의 '패권 경쟁(hegemonic competition)'으로 진입했다는 점을 보여준다. 패권(hegemony)이란 국제질서의 수립과 운영에서의 '독점적 주도권'을 의미하는 것으로 특정 국가가 힘의 우위를 바탕으로 국제 체제의 안정성 유지에 긴요한 가치, 목표 및 제도들을 선도적으로 제시하고 유지해갈 수 있는 역량을 의미한다. 그런 점에서 우리가 현재 목도하는 것은 미국과 중국의 '전략적 경쟁'이라기보다 '패권 경쟁의 서막(the prelude of hegemony competition)'이 열렸다고 규정하는 것이 더 타당하다. 왜냐하면 미국은 더 이상 중국을 동반자(partner)로 규정하지 않고, 경쟁자(competitor), 수정주의자(revisionist), 심지어 적(adversary)으로 규정하기 때문이다.[8] 한편 과거 이데올로기 대결을 벌였던 미소 관계와 마찬가지로 이제 미국은 인권, 자유, 민주주의 등을 내세운 가치와 제도의 측면에서도 중국과 대립하고 있다. 또한 오늘날 미·중 갈등은 단순한 무역 갈등을 뛰어넘어 그 영역이 금융, 군사, 기술, 안보 등 무한 대결의 양상으로 비화하고 있으며, 공급망 재편과 탈동조화를 통해 '상호 의존'이 아닌 '상호 결별'의 시대를 향하고 있다.

본질적으로 신흥 강대국의 부상은 기존 패권국으로 하여금 언제나 위기의식을 불러일으키고 대응 전략을 모색하도록 만들었다. 그것은, 첫째 부상하는 강대국의 부상을 좌절시킴으로써 자국의 상대적 이익과 권한을 지속적으로 유지하고자 하거나, 둘째 부상하는 강대국의 부상 자체를 좌절시키기 어려울 경우 부상의 속도를 최대한 늦추고자 하며, 셋째 부상하는 강대국의 부상 과정과 결과를 자국의 이익에 맞도록 조절하기 위해 관여하는 전략을 취할 수 있다.[9]

최근 우리가 목도하는 미국과 중국의 경쟁은 갈수록 다방면에서 복합적으로 격화되는 추세이다. 그리고 이는 마치 트럼프가 주장했던 '미국 우선주의(America First)' 또는 바이든이 외치는 '미국의 귀환(America is Back)'과 시진핑이 주창하는 '중국의 꿈(中國夢)'이 부딪히는 양상이다. 미·중 경쟁에 나선 바이든 행정부의 목적은 결코 중국에 패권의 일정 지분을 넘기는 데 있는 것이 아니라 도전하는 중국의 의지와 능력을 '굴복' 또는 '좌절'시키는 데 있다고 보아야 할 것이다. 미·중 경쟁과 갈등은 갈수록 치열해질 것이다. 한국은 미·중 대립 관계의 본질을 정확히 파악하여 강대국 정치로부터 다시 전쟁 위협과 불안정의 상태에 빠져들지 않도록 관리하고 대응해나갈 필요가 있다.

3) 미·중 경쟁이 한반도 평화에 미치는 영향

오늘날에도 한반도의 위기와 갈등의 배경에는 미·중·일·러를 비롯한 역내 강대국들의 전략적 계산과 영향력이 작용하고 있다. 그중에서도 세계 패권을 두고 경쟁하는 미국과 중국의 대립은 한반도 평화에 미치는 영향이 지대할 수밖에 없다. 무엇보다도 분단된 한반도에서 남한은 미국과, 그리고 북한은 중국과 각각 동맹 관계를 맺고 있다는 사실을 고려하면 더욱 그러하다. 미·중 경쟁 관계가 한반도 평화에 직접적으로 영향을 미치는 것은 다음과 같은 점들을 배경으로 한다고 본다.

첫째, 미국과 중국의 대립 및 경쟁 심화는 동아시아의 지역 정세 불안을 가중시키고 이는 궁극적으로 한반도의 안보 불안으로 연결된다는 점이다. 역사적으로 모든 강대국은 먼저 자신이 위치한 지역에서 주도적 지위를 차지한 뒤 이를 발판으로 뻗어 나가 세계적 차원의 패권국이 되었다. 중국 역시 '중화민족의 위대한 부흥'으로 대변되는 강대국 지위의 달성을 위해서는 먼저 동아시아를 중심으로 하는 아시아·태평양 지역에서 주도권을 장악하지 않으면 안 된다.[10] 그러나 중국의 이러한 영향력 확대 시도는 미국의 대응 전략과 부딪히면서 이른바 '사해문제'의 위기를 자극하고 있다. 서해 문제로 대표되는 한반도 역시 미·중 대립에 연루되면서 결국 미·중 갈등이 야기하는 동아시아 안보 불안의 파고가 자연스레 한반도 평화에도 영향을 주는 모양새다.

둘째, 한반도가 지정학적으로 대륙 세력과 해양 세력의 접점에 위치해 있다는 것이다. 해양 세력을 대표하는 미국과 대륙 세력을 대표하는 중국은 서태평양을 사이에 두고 치열한 군사 안보적 대립을 벌이고 있는데 그 접점에 한반도가 위치하고 있다. 미국은 중국을 압박하고 봉쇄하는 데 있어서 한반도를 중요한 전략 거점으로 활용할 수밖에 없다. 반면 중국에 있어서 한반도는 미국과의 직접적인 대결을 회피할 수 있는 일종의 완충지대(buffer zone)일 뿐 아니라 서태평양으로 진출하는 도약대로서의 의미를 지닌다고 할 수 있다. 미국과 중국의 지정학적 고려와 전략에 따라서 한반도의 안정과 평화도 요동칠 수밖에 없다.

셋째, 한국은 미국과 동맹 관계를 맺고 있고, 북한은 중국과 동맹 관계를 맺고 있다는 사실 역시 미·중 대립이 한반도 평화에 중대한 영향을 미치는 요인이다. 이는 과거 냉전 체제에서 발견되던 미소 대립의 양상이 탈냉전기인 오늘날에는 미·중 대립의 양상으로 바뀌었고 냉전 시기의 대립 구도가 과거에 비해 약화되었다고는 하지만 한반도에서는 아직도 근본적인 진영 간 대결 구조에 변화가 없다는 점을 의미한다. 따라서 미·중 양측은 한반도에서 유지하고 있는 동맹 구조를 쉽사리 약화시키거나 포기할 수 없으며, 남북한으로 갈라진 한반도에서의 긴장과 마찰을 적절히 관리할 수만 있다면 불안정 상태로 지속되는 한반도에서의 현상 유지를 선호할 수밖에 없다.

미·중 분쟁과 패권 경쟁의 도래는 역내 국제정치 지형에서 남북한을 포함한 한반도의 입지와 선택지를 좁히는 결과를 낳고 있다. 특히 한국의 경우 미·중 관계가 갈등과 견제의 방향으로 진행됨에 따라 미·중 양측으로부터 선택을 강요당하는 상황이 빈번해질 전망이다. 실제로 미국은 인도·태평양 전략, 쿼드, 클린 네트워크(clean-network), 5G 화웨이 배제, 동맹국 간 공급망 협력 등 미·중 갈등의 주요 이슈와 관련하여 한국 측의 참여를 공식·비공식적으로 요구하고 있다. 반면 중국은 한국에 쉽사리 미국 편에 기울지 말 것을 경고하거나 최소한 한국이 미·중 대결 구도에서 중립적 입장을 고수해줄 것을 내심 바라고 있다. 이러한 상황은 이제 더 이상 한국이 과거와 같이 '안보는 미국, 경제는 중국'이라는 이분법적 논리로 접근하는 것이 성립되지 않는다는 것을 보여준다.

한국이 미·중 갈등 이슈에서 어느 한쪽을 쉽사리 택하지 못하는 데에는 미·중 사이에 '끼인 국가'라는 한계와 더불어 한국만의 특수한 배경이 작용한다고 볼 수 있다. 그것은, 첫째 한국에 미국은 지난 70여 년간 동맹국으로서 안보를 유지하는 가장 든든한 지원 세력이고, 중국은 한국의 대외 교역에서 무려 25%의 비중을 차지하는 가장 중요한 경제적 동반자라는 사실이다. 이러한 현실은 한국으로 하여금 미·중 갈등에서 어느 일방을 쉽게 지지하거나 편승할 수 없는 현실로 작용한다. 둘째, 한국은 미·중 갈등 이슈에 연루되었다가 중국 측으로부터 경제 보복을 당한 '트라우마'가 작용한다는 점을 지적할 수 있다. 한국은 주한미군의 사드(THAAD) 배치 과정에서 미·중 강대국의 대립에 연루되어 중국의 보복 대상이 된 경험이 있다. 그러나 미국은 한국을 대변하거나 보호하는 데 소극적이었다. 이러한 아픈 경험은 한국 정부가 미·중 갈등 이슈에서 전략적 모호성을 유지하는 배경이 되고 있다. 셋째, 한국 정부는 북한 비핵화와 한반도 평화 정착을 실현하기 위해서 미국과 중국의 협조가 불가결하다고 보기 때문이다. 특히 한국으로서는 북한에 대해 식량과 전략 물자를 제공하며 영향력을 유지하는 중국의 역할이 매우 중요하다고 보기 때문에 동맹 관계에도 불구하고 미국으로의 경사를 쉽사리 결정하지 못하는 측면이 있다.

전술한 바와 같이 한반도는 끊임없이 미·중 갈등의 소용돌이에 휩쓸리기 쉽고 때로는 원치 않는 '선택의 딜레마'에 빠져 각자의 길을 걸음으로써 한반도 평화 역시 심각한 도전에 직면할 수 있다. 그중에서도 한국이 미·중 대립 구도로 인해 당장 직면하고 있는 고민거리는 인도·태평양 전략과 쿼드 등 미국과 중국이 주도하는 다자주의와 지역 네트워킹에 대한 참여 문제이다. 미국과 중국은 동아시아에서 주도권을 놓치지 않기 위해 자국 중심의 국제질서 아키텍처를 구축하고자 한다. 이 과정에서 미국과 중국은 패권 경쟁이 가속화·장기화될수록 안보는 물론이고 가치와 규범을 매개체로 역내 협력과 역외 협력자 확보에 나설 것이다. 대표적으로 중국이 추진하는 '일대일로'와 미국이 주도하는 '인도·태평양 전략'은 이러한 상황을 반영하는 것으로 평가된다.

냉정하게 보자면 미·중이 주도하는 자국 중심의 다자주의는 결국 역내 국가들에 대한 '편 가르기'를 통해 동북아의 갈등 구조를 고착화하는 성격을 지니고 있다. 본래 다자주의(multilateralism)는 국가 간의 정책을 조정할 수 있는 협상의 장을 제공하여 다양한 참가국들 사이의 협력을 수월하게 해줌으로써 국가 주권과 국제질서 사이에 새로운 조정과 조화의 틀을 제공하는 것이다.[11] 그러나 미·중 경쟁이 구조화되고 상시화되면서 미국과 중국은 각자가 주도하는 '지역 다자주의'를 이용하여 자국 중심의 '지역 아키텍처'를 구축하고자 한다. 대표적인 예로 미국이 강조하는 '인도-태평양 전략'과 '쿼드' 등은 중국의 '일대일로' 전략에 대한 견제이고 대응이다. 실상 미국과 중국은 모두 '다자주의'라 쓰고 '진영 경쟁'이라 읽는 것이다. 문제는 미국의 다자주의에는 중국이 포함되지 않고, 중국의 다자주의에는 미국이 없다는 점이다. 각자 우아하게 다자주의를 주장하지만 실제로는 상대를 배격하는 치열한 진영 경쟁이 미·중 간 패권 경쟁의 한 양상을 차지한다. 미국과 중국이 다자주의를 통해 추구하는 지역 네트워킹화는 상대방의 동맹을 훔치고 친구를 뺏는 치열한 싸움을 의미한다. 미·중 양국은 세계무대에서 각자 자기편 모으기 전략을 펼치고 있으며, 이에 따라 안정적인 세계질서의 재편은 교란되고 있다.

인도·태평양 지역은 남중국해의 해양 주권의 문제, 중국의 일대일로 이니셔티브의 적극적 전개, 미국의 동맹 축 변화, 북한과 북핵 문제 등과 맞물린 새로운 균열선(fault line)으로 간주된다. 미국은 인도·태평양 지역에서 중국의 영향력을 최대한 억제해 사활적 이익을 확보하고자 하며, 이를 위해 과거 규범 중심 전략을 군사 안보 전략으로 전환하고 있다.[12] 미국이 인도·태평양 전략을 제기하게 된 속내는 이 지역에서 중국으로부터의 위협 인식에 기초하며, 새로운 안보·경제 질서의 아키텍처를 구축하고 자국 주도의 네트워킹을 통해서 미국의 국가 이익을 증진하며 중국을 견제하려는 의도와 목적을 내포하고 있다.[13]

한국은 이러한 미·중 갈등의 파고 속에서 기존의 '전략적 모호성'을 벗어나 미국 쪽으로 기우는 '전략적 경사'의 모습을 보이기 시작했다. 대표적으로 지난 2021년 5월 워싱턴에서 열린 한미정상회담에서 한국은 대북 정책에 대한 미국의 공조를 약속받고, 한반도 평화 프로세스의 재가동을 위한 모멘텀을 마련하는 대가로 미국이 원하는 대중국 견제 전선에 본격적으로 한 발을 내디뎠다. 당시 한미정상회담에서는 미·중 간 쟁점을 포함하는 중국 이슈가 그 어느 때보다 폭넓게 다루어졌다. 공동성명에서는 중국이 민감하게 반응하는 '쿼드'를 언급했으며, 규범에 기반한 국제질서를 옹호하고, 포용적이고 자유롭고 개방적인 '인도·태평양' 지역을 유지할 것을 약속하였다. 한편 양국 정상은 '남중국해' 및 여타 지역에서 평화와 안정, 합법적이고 방해받지 않는 항행·비행의 자유를 포함한 국제법 존중을 유지하기로 했다.

특히 한미정상회담에서는 중국이 핵심 이익(核心利益)으로 간주하는 대만 문제가 처음으로 언급되었다. 양국 정상은 '대만해협'에서의 평화와 안정 유지의 중요성을 강조하였다. 정상회담 공동성명에서는 '중국'을 적시하지 않았고 쿼드 참여에 대한 확답을 회피하는 등 수위 조절을 위해 노력했지만, 실질적으로는 미국의 요구와 의도를 대부분 반영한 것으로 볼 수 있다. 중국 정부는 한미정상회담에서 대만 문제가 처음 언급된 것을 두고 "내정 간섭을 용납할 수 없다"라며 반발했다. 중국 외교부 대변인은 정례 브리핑에서 "대만 문제는 순수한 중국 내정"이라면서 "어떤 외부 세력의 간섭도 용납할 수 없다"라고 했다. 또한 "관련 국가들은 대만 문제에 대해서 언행을 신중히 해야 하며 불장난하지 말아야 한다"고 강조했다. 중국 외교부 대변인이 밝힌 입장 표명은 한국에 대해 미국의 장단에 휩쓸리지 말고 언행에 신중하라며 분명한 경고의 메시지를 보낸 것이다.

한국은 앞으로도 계속하여 미·중 관계에서 원치 않는 진퇴양난과 선택의 딜레마에 직면할 것이다. 그리고 남북 관계 개선과 한반도 평화라는 전략적 목표를 기준으로 미국과 중국 사이에서 양다리 걸치기를 하거나 필요에 따라 어느 일방으로의 전략적 경사를 선택하며 나아갈 수도 있다. 그러나 한국의 희망과 의도대로 과연 북한이 남북 관계 개선과 접촉의 길로 나오고 이를 디딤돌 삼아 북·미대화로 가는 전략에 편승할 것인가는 미지수다. 또한 남중국해와 대만 문제 등 중국이 핵심 이익으로 간주하는 사안에 대한 한국의 입장 표명이 언젠가 몰고 올지도 모르는 후폭풍에도 대비할 필요가 있다. 중국으로서는 한국에 대한 기대를 접고서 직·간접적인 압박과 보복의 위협 등 '한국 흔들기'를 펼칠 수 있다. 아울러 비핵화와 대북 협상에서 중요한 조력자 중 하나인 중국이 미국에 경사되는 모습을 보인 한국의 비핵화 셈법을 얼마나 지지하고 협조할 것인가 하는 점도 불투명하다.

결국 이 모든 것들은, 미·중 대립 양상과 한반도 평화를 향한 한국 정부의 고민이 어쩌면 같은 배를 타고 있는지도 모른다는 것을 잘 보여준다. 한국으로서는 강대국 정치가 한반도 평화에 미치는 역사적 경험 및 현재적 의미를 정확히 이해하는 것이 매우 중요하다. 그리고 오늘날 펼쳐지는 미·중 대립 관계 속에서 외교적 유연성과 명민한 판단력으로 한반도 평화를 이뤄내는 것이 중요하다. 무엇보다도 한국은 미·중 대립 관계의 본질을 정확히 파악하여 강대국 정치로부터 다시 전쟁 위협과 불안정의 상태에 빠져들지 않도록 관리하고 대응해나갈 필요가 있다.

4) 우리의 대응 방향

국제질서의 대전환과 미·중 간에 벌어지는 전략적 각축의 시기에 한국은 과연 어떠한 대응 원칙과 정책 방향을 추구함으로써 한반도의 평화를 지향해야만 하는 것일까. 우리의 전략적 선택은 냉정하고 균형적인 가운데서도 가능한 '독자적 운신의 폭'을 확보하는 방향으로 나아가야 한다. 사물의 변화 과정에서 '외적인 요소는 변화의 조건이고 내적인 요소는 변화의 근본'이기 때문이다. 다시 말해 한반도의 평화, 통일과 번영을 실현하기 위해 결정적인 작용을 하는 내적인 요소는 바로 남북한 당사자이고 그것을 주도하는 것은 한국이어야 한다는 것이다. 근현대사에서 강대국의 간섭과 영향력으로 인해 한반도는 자주·자립·평화를 달성하기에 필요한 충분조건들을 제대로 갖추지 못했다. 그러나 오늘날의 한반도는 강대국의 영향 속에서도 스스로 자주와 평화 건설을 위한 최소한의 조건과 능력을 갖추었으며, 한국은 그것을 주도할 수 있는 의지와 전략적 지혜를 발휘해야만 한다. 시간이 갈수록 더욱 가열될 것으로 보이는 미·중 대립 구도 속에서 우리가 한반도 평화를 달성하기 위해 취해야 할 원칙과 대응 방향으로 다음과 같은 점을 지적하고 싶다.

첫째, 국제 정세 및 미·중 관계 변화에 관한 '정확한 상황 인식'을 바탕으로 냉정하게 '판세의 변화'를 읽어나가야만 한다. 먼저 미·중 대립이 단기간에 끝날 사안이 아니고, 단순한 무역 통상 분쟁이 아니라 장기적 차원의 '패권 경쟁의 서막'이라는 분명한 인식을 지닐 필요가 있다. 현재 우리가 목도 하는 미·중 경쟁은 무역 통상 → 금융 → 군사 안보 → 하이테크 기술 → 가치 등 전역에 걸친 패권 경쟁의 초입이라는 점을 직시하고, 그에 상응하는 엄중함과 신중함 그리고 중장기 전략 모색의 태도를 갖춰야만 한다. 미국과 중국은 이미 새로운 아키텍처를 건설하기 위해 자국 중심의 '포석'을 깔기 시작했는데 우리나라만 아직도 이를 읽어내지 못한다면 그 결과는 참담할 수밖에 없을 것이다.

둘째, 미국과 중국 사이에서 어느 한 나라를 반드시 택해야만 한다는 '양자택일'식 논리와 주장을 지양해야 한다. 미국과 중국 사

362

이에서 조급하고 어설픈 '일방적 편승'은 지극히 위험하다는 점을 직시해야만 한다. 지난 70여 년 동안 '한미동맹'을 축으로 삼았던 우리의 대외 전략이 이제는 '한중 전략적 협력 동반자 관계'라는 새로운 요소와 공존을 추구해야만 하는 숙제를 피할 수 없기 때문이다. 한국은 일본과 달리 어느 한쪽에만 올인(all in)하기 어려운 지정학적·역사적·정치경제적 배경이 복합적으로 작용하고 있다. 한미동맹이 우리의 안보 지주로서 매우 중요한 의미를 지닌다는 점을 누구도 부정할 수 없다. 마찬가지로 중국과의 적대적 관계 아래서 미래 한반도의 생존과 번영, 그리고 평화는 담보하기 어렵다. 중국과의 비적대적 공생도 불가피한 것이기에 섣부르게 '동맹 제일주의'를 내세우거나 중국의 부상을 바라보며 조급하게 '중국 편승'을 주장하는 것은 모두 단견일 수밖에 없다.

셋째, 우리의 양보 불가한 '핵심 이익'에 대한 내부적 규정을 시도하는 것이 필요하다. 우리나라는 세계 10위권의 중견국으로서 한국의 양보 불가한 '핵심 이익'에 대한 개념 규정과 가이드 라인을 내부적 또는 대내외적으로 수립할 필요가 있다. 중국이 '핵심 이익(core interest)'을 강조하고, 미국이 '사활 이익(vital interest)'을 주장하듯이 중견국으로서 한국의 양보할 수 없는 '핵심 이익' 또는 '전략적 이익'이 무엇인지 규정하고 그에 따른 기준과 원칙을 고민할 필요가 있다. 미국과 중국은 상호 간의 첨예한 갈등 이슈를 놓고서 정당성 확보와 세(勢) 불리기를 하는 과정에서 주변국에 "어느 편이

냐"고 선택을 요구하는 사례가 증가할 것이다. 그러나 우리의 국가적 핵심 이익을 중심으로 하는 외교적 원칙과 기준의 부재는 우리 정부로 하여금 상황 전개에 따른 임기응변식 대응의 유혹을 불러일으킬 것이며, 이는 강대국의 제로섬게임(zero-sum game)에 깊숙이 연루되는 위험에 빠질 수 있다. 그런 점에서 안보·주권·북핵·통일 등 국제사회에서 보편적으로 인정할 수 있고 우리 국민도 지지할 수 있는 우리만의 핵심 이익 개념을 수립하고 대응해나가는 것이 필요하다.

넷째, 미·중 대립과 마찰이 부각되더라도 가능한 '사안별 지지'와 '원칙의 일관성'을 통해 '자율 공간'을 확보해나가는 노력이 필요하다. 다시 말해 미·중 분쟁 사안의 성격 및 우리의 국익을 중심으로 특정 국가 중심 지지와 선택이 아닌 사안에 따른 지지와 우리만의 고유한 원칙의 일관성을 유지할 필요가 있다는 것이다. 이는 미국과 중국 사이에서 분쟁 이슈의 성격과 명분을 파악한 뒤, 특정 국가 지향이 아닌 사안에 따른 지지를 추구해나가는 것이다. 그리고 이를 위한 원칙 기반으로 우리의 국가 이익, 국제적 포용성, 국제규범의 합치, 동맹국에 대한 고려 등을 견지하는 것이 필요하다. 그래야만 미·중 간에 갈등과 마찰이 발생해도 사안별 지지를 추구할 수 있고, "한국의 정책은 원래 그랬다"며 강대국의 영향을 덜 받을 수 있는 공간을 확보할 수 있다. 특히 안보·주권·북핵·통일 등 우리의 '핵심 이익'과 관련된 레드 라인(red line)을 분명히 함으로써 원칙의 일관성을 유지해나가는 노력을 경주하고, 이를 통해 주변국 관계에서의 자율성을 확대할 필요가 있다. 또한 필요할 경우 원칙 견지에 따른 외교적 손실도 과감히 감내함으로써 '흔들리지 않는 나라' 이미지를 구축하고, 중장기적 국익에 부합한다고 판단될 경우 일정 부분 국내 정치적 비용을 감수하더라도 정부 원칙의 일관성을 유지해나가야만 한다.

다섯째, '중견국 외교'와 '소다자주의'를 강화함으로써 우리 주도의 외교 공간을 확장해나가는 것이 필요하다. 한국은 강대국에 끼인 지정학적 현실을 부정할 수 없지만, 결코 약소국이 아니며 언제까지나 강대국의 영향권에 갇힌 '그림자 국가(shadow state)'로 존재해서는 안 된다는 점을 자각하고, 주변국 및 중견국 연대의 외교 공간을 확장하는 노력이 필요하다.[14] 한국은 '소다자주의'를 활성화하고 '중견국 연합'을 주도함으로써 미국과 중국의 영향력 경쟁으로 인한 소용돌이에서 '제3의 목소리'를 창출하려는 노력을 시도해야 한다. 미·중 패권 경쟁에 따른 거대 게임 변화에 우려를 지닌 다수 국가가 존재하므로 이들과의 협력 가능성도 증대되고 있다는 점에 주목하면서 우리 주도의 중견국 외교를 통해 미·중 주도의 국제질서 하에서 외교 다변화를 추구해야만 한다. 한국은 중견국 외교를 통해 미국과 중국이 반박하거나 보복의 근거로 삼기 어려운 구체적인 정책 목표를 선제적으로 제시하고, 어느 경우이거나 강대국 중심주의를 배격하고 중견국·약소국 모두를 아우르는 포괄적·참여적 규칙 기반 질서를 강조할 필요가 있다.

여섯째, 한국은 신중해야 하지만 단기적으로는 미·중 사이에서 한미동맹을 기반으로 하는 대외 전략과 선택을 추구할 필요가 있다. 우리는 신중함도 필요하지만 그렇다고 미·중 분쟁 상황 속에서 선택으로 인해 일방적 보복을 당할 것이라는 '두려움(phobia)'에 빠지는 것도 지양해야 한다. 패권 경쟁은 주변국들을 자기편으로 끌어들여야 하는 '관중(audience)의 국제정치'가 작용한다는 점에서 우리의 전략적 가치를 높이는 방안을 고민할 필요가 있다. 다만 미국과 중국이 서로 양보하기 어려운 '핵심 이익'을 둘러싸고 무력 사용의 국지 분쟁까지도 불사하는 방향으로 나아간다면 어쩔 수 없이 어느 일방을 선택하는 상황에도 대비해야 할 것이다. 이와 같은 경우 우리는 단기적으로는 한미동맹을 기반으로 하는 대외 전략과 선택을 추구하고, 중국에 대해서는 '제한적 손실'을 외교적 목표로 설정하는 것이 바람직하다. 그 이유는 적어도 10년 내에 미국 주도의 패권 질서가 붕괴되고, 중국 중심의 패권 체제로 전환될 가능성은 희박하기 때문이다.

일곱째, 청와대와 외교부에 상설 기구로 '미·중 관계 대응팀'을 조직해야 한다. 우리나라는 향후 계속해서 이슈와 영역을 달리하며, 미·중 패권 경쟁에 따른 선택의 딜레마와 안보 위기를 마주할 것이다. 따라서 청와대 국가안보실과 외교부에 상설 기구로 '미·중 관계 대응팀'을 조직하는 것이 필요하다. 우리나라의 외교 안보 정책 결정 구조상 청와대는 가장 중요한 조직이며, 중국 문제의 중요성과 미·중 갈등의 장기화를 고려할 때 반드시 중국 전문가를 보강하여 '미·중 관계 대응팀' 조직을 구성하고 운영해나가야 한다. '미·중 관계 대응팀'은 정부와 정책 연구 기관의 실력 있고 권위 있는 전문가들을 선발하여 국가 안보실에 상설 조직으로 만들거나 불가할 경우 비상설 플랫폼의 형태로 조직하여 현안 이슈 및 중장기 전략을 수립할 수 있도록 운영하는 방안을 고려해야 한다.

12

인도·태평양 지역의 평화를 위한 다자 협력 추진

신범철(경제사회연구원)*

1) 서언

다자 협력(multilateral cooperation)은 다수의 국가 간 정치, 외교, 군사, 경제, 사회, 문화 등 제 분야의 현안들을 협의하여 분쟁 요인을 사전에 제거하고 나아가 분쟁 예방과 분쟁의 평화적 해결을 도모하는 노력이다.[1] 또한 이를 통해 기존의 동맹이나 집단 안보(collective security)를 보완하고자 하는 시도다. 따라서 분쟁을 예방하는 데 중점을 두며 침략 행위나 도발을 억제하는 환경 조성을 위한 노력이 주를 이루고 있다.

지금까지 한국 정부는 지역적 차원에서, 그리고 주변국과의 관계 개선 차원에서 다자 협력을 추진해왔다. 지역적 차원에서는 아시아·태평양이나 아세안과의 협력과 같은 광역 협력 차원에서는 아태경제협력체(APEC)와 동아시아정상회의(EAS)가 있었고, 동북아 차원에서는 박근혜 정부에서 추진한 동북아평화협력구상과 문재인 정부의 동북아플러스책임공동체까지 존재했다. 협력 분야 역시 안보와 경제를 포괄하는 광범위한 영역에서 이루어지고 있는데, 다만 협력의 수준이 낮아 다자 협력으로 인한 실질적 성과는 미흡한 실정이다.

한국의 다자 협력의 범위를 구상하는 데 가장 중요한 지역은 동북아시아다. 미·중 전략 경쟁과 북한의 위협이 상호 영향을 주고받으며 우리의 사활적 이익에 큰 영향을 미치고 있기 때문이다. 하지만 세계 10위권의 경제 강국으로 발돋움한 한국에 있어 다자 협력의 범위가 동북아로 국한된다면 이 역시 바람직하지 못하다. 아세안, 인도 그리고 남태평양 국가들과의 협력의 폭을 확대해야 한다. 특히 최근 인도·태평양 지역이 새롭게 부상하고 있기에 다자 협력의 범위 역시 보다 광역화될 필요가 제기된다.

한편 다자 협력의 영역을 구상하는 데 가장 중요한 것은 안보 협력이다. 경제적 영역에서는 양자나 다자 간 자유무역협정(FTA)을 통해 협력이 이루어지는 측면이 있다. 그 밖에도 코로나19가 촉발한 팬데믹, 대규모 자연재해나 사고 등과 같은 재해·재난 등 다양한 협력의 기제가 만들어지고 있다. 그러나 남북이 군사적으로 대치하고 있는 한반도의 특성상 안보 협력의 중요성이 가장 큰 의미를 지닌다. 그럼에도 미·중 전략 경쟁과 남북 관계 악화 등의 현실적 상황을 고려할 때 역내 다자 안보 협력의 진전이 더딜 수밖에 없는 상황이다. 따라서 이 글에서는 협력의 범위를 조금 더 넓혀 다양한 기능별 협력을 모두 포괄하기로 한다.

2) 역내 다자 협력 현황 및 평가

한국이 참여하고 있는 역내 다자 협력 기구는 적지 않다. 크게는 인도·태평양 지역과 아세안 지역이 존재하는데, 다음 〈표 12-1〉과 같다. 그 밖에도 쿼드와 같이 미국의 인도·태평양 전략의 일부로 추진되는 다자 협력이 존재한다. 다만 쿼드는 한미동맹 차원의 이슈로 보아 논의를 생략하기로 한다.

아세안이나 인도·태평양 지역을 대상으로 하는 광역 협력의 경우, 그간 한국 정부는 다양한 다자 협력에 참여했으나 체감 효과는 크지 못하다. 10개국으로 구성된 아세안 국가들의 '아세안 중심주의'로 인해 한국이 특정 의제를 주도하기가 제한되었다. 그 결과 실질 협력의 진전에 한계가 존재했다.

역대 정부들은 APEC과 같은 광역 다자 협력은 물론이고, 아세안과의 협력, 그리고 동북아 차원에서도 다양한 다자 협력을 추

<표 12-1> 주요 아태 협력 기구 출범 시기 및 참여국

기구명	출범 시기	주목적	참여국 수	참여국
아태경제 협력기구 (APEC)	1989년	경제 협력	21개국	한국, 미국, 일본, 호주, 뉴질랜드, 캐나다, 말레이시아, 인도네시아, 태국, 싱가포르, 필리핀, 브루나이, 중국, 홍콩, 대만, 멕시코, 파푸아뉴기니, 칠레, 러시아, 베트남, 페루
ASEAN+3	1997년	경제 협력	13개국	ASEAN+한국, 중국, 일본
동아시아 정상회의 (EAS)	2005년	경제 안보 협력	18개국	ASEAN+3, 호주, 뉴질랜드, 인도, 미국, 러시아
아세안 지역포럼 (ARF)	1994년	안보 협력	27개국	ASEAN+한국, 미국, 일본, 중국, 러시아, 호주, 캐나다, 뉴질랜드, 인도, EU 의장국 + 몽골, 파푸아뉴기니, 북한, 스리랑카, 파키스탄, 방글라데시, 동티모르

진했다. 범위를 동북아로 좁혀보면 먼저 북핵 문제 해결을 위한 6자회담에서 '북한 비핵화에 따른 다자 안보 협력'이 추진된 바 있다. 하지만 북한의 핵 개발로 인해 6자회담 자체가 역사 속에 사라지게 되었고, 그 결과 다자 안보 협력 역시 성과 없이 중단되었다. 이후 박근혜 정부의 동북아 평화 협력 구상, 문재인 정부의 동북아 플러스 구상[2] 등에서 연성 안보 협력이 추진된 바 있으나, 실질적 성과는 제한되었다. 원자력 안전, 보건 등 연성 안보 협력을 중심으로 추진했으나, 관련국의 소극적 입장으로 성과가 미진했던 것이다. 문재인 대통령은 2021년 삼일절과 광복절에 '동북아 방역 공동체'를 제안한 바 있으나 별다른 공감대를 형성하지 못하는 상황이다.

이처럼 지난 시절 역내 동북아 다자 협력 추진 과정에서 확인된 교훈은 다음과 같다. 첫째, 한국 정부의 일관된 의지와 노력이 필요하다. 과거 다자 협력 추진 과정을 돌아보면 정부 출범 초기에는 다자 협력의 중요성을 강조하다가, 어느 시기가 지나면 별다른 관심을 보이지 않았다. 범위를 동북아로 좁혀보면 이러한 문제점은 극명히 드러난다. 동북아 국가 중 한국과 몽골을 제외한 어떠한 국가도 동북아 차원의 다자 협력에 관심을 기울이지 않고 있다. 따라서 한국이 다자 협력에 대해 노력을 기울이지 않으면, 동북아에서 다자 협력이 자리 잡기 어려운 상황이다.

둘째, 역내 다자 협력에 대한 각국의 입장을 확인하며, 현실적인 정책을 추진해야 한다. 최근 각국의 입장을 살펴보면 다자 협력의 범위와 내용에 상당한 차이가 있음을 볼 수 있다. 미국은 인도·태평양 차원의 다자 협력을 희망하고 중국은 미국의 동맹 네트워크를 이완시키려고 노력한다. 일본은 다자 협력을 선호하면서도 한국이 주도하는 협력이라면 한일 관계 개선 요구를 협상 조건으로 활용한다. 러시아의 경우 역내 다자 협력을 환영하면서도 자신들이 주도하기로 되어 있는 6자회담 체제 하의 동북아평화안보대화 워킹그룹과의 연계성을 중요시하고 있다. 이러한 각국의 입장을 잘 활용하면서 관련국의 참여를 유도해내는 지혜가 필요하다.

셋째, 일관성 있는 정책 전개를 통해 다른 국가들의 불필요한 오해를 해소해야 한다. 그간 한국은 단임 정부 체제에서 각 정부가 고유 브랜드를 공약으로 내놓았다. 그러다 보니 오랜 기간 지속되는 일관성 있는 정책이 드물다. 향후 새로운 정부가 들어서면 자신들의 전략적 판단에 따라 새로운 다자 협력 정책을 내놓을 것이다. 하지만 가능하면 과거의 정책을 부정하기보다는 기존 성과를 이어가면서 추가적인 개선 사항을 반영하는 일관된 정책이 바람직하다. 이를 통해 주변국에 한국 정부 정책에 대한 신뢰를 심어줄 수 있기 때문이다.

넷째, 정부 주도형에서 민간 주도형으로 넘기는 타이밍과 여건을 조성해야 한다. 지금까지 한국의 다자 협력을 돌아보면 정부가 주도해왔고 민간으로 확산되지 못한 아쉬움이 존재한다. 하지만 다자 협력의 주체가 민간으로 확산되지 않고서는 지속 가능성이 확보되지 않는다. 정부는 인력과 예산의 한계가 존재하기 때문이다. 정부 간 협의회 하나 하는 데에도 많은 인력이 소요되며, 다른 협력을 추진하기에는 벅찬 것이 현실이다. 따라서 민간의 참여를 유도해야 하고, 민간 협력이 정착될 때까지 예산을 지원하는 편이 더 효율적이다.

3) 동아시아 다자 협력의 필요성과 한국의 역할

동아시아 다자 협력의 필요성

동아시아 다자 협력의 필요성은 다음과 같은 역할과 기능에 기반하여 오늘날 널리 인정받고 있다. 첫째, 군사, 정치, 사회, 경제, 환경, 테러, 마약, 사이버 등 지역 분쟁의 원인이 될 수 있는 다양한 안보 영역에 대한 협의를 통해 실질적으로 정세를 안정시키고 분쟁을 예방하는 역할을 수행한다. 둘째, 다양한 논의를 통해 상호 관심 사항을 확인하고, 이를 통해 상대국의 입장을 더 이해할 수 있는 기반을 조성한다. 셋째, 다양한 토의 과정에서 상대 정부기관 주요 인사들과의 교류가 이루어지고, 이를 통해 신뢰와 투명성을 확보한다. 즉 다양한 안보 위협 요인들이 되는 사안들을 함께 논의함으로써 국가 간의 분쟁을 방지하고 이를 평화적으로 해결하며, 위기를 관리하고 나아가 이를 차단하는 순기능을 인정받고 있다.

물론 다자 협력이 국가가 체감하고 있는 중대한 안보 위협을 해결해주는 데 한계가 있기 마련이다. 그 결과 다자 협력이 활성화된 탈냉전 이후에도 강대국 간 경쟁은 지속되고 있다. 많은 국가가 다자 협력을 통해 각국이 처한 공동의 안보 문제를 실질적으로 해결하려 들기보다는 단지 자국의 입장을 홍보하려는 태도도 여전히 목격되고 있다. 그 결과 어려운 과정을 통해 탄생한 다양한 다자 협력 기구들이 제대로 된 역할을 하지 못하는 경우를 목격하게 된다.

현재 다자 협력에서 나타나고 있는 문제들은 관련국의 관심이 저조하기 때문이지, 다자 협력의 필요성이나 중요성이 낮아졌기 때문으로 볼 수 없다. 따라서 당장의 성과만을 보기보다는 장기적인 안목으로 다자 협력의 기회 요인을 바라보며 일관성 있게 참여하고 투자해나가는 노력이 필요하다.

동아시아 다자 협력 방향

다자 협력은 광범위한 지역을 대상으로 하는 만큼 우리 역량의 종합 시험장과도 같다. 동시에 우리의 역량에 한계가 있기에 정부의 장기적이고 일관성 있는 추진에 대한 강력한 의지가 뒷받침되어야 한다. 동시에 다자 협력을 효율적으로 추진하기 위해서는 정책의 방향성을 상실하지 않도록 하게 하는 원칙이 필요하다.

첫째, 다양한 분야에서의 상호 의존성 확대를 위한 전방위 협력을 강화해야 한다. 이를 위해서는 다자 협력의 영역을 차별화하지 않고 협력의 영역이 존재할 경우 한국이 참여하고 또한 기여한다는 자세를 견지해야 한다. 여기에서 중요한 점은 한국 주도에 집착해서는 안 된다는 점이다. 특정국이 주도한다는 인식에서 벗어나 관련된 역내 모든 다자 협력에 적극적으로 참여해야 한다. 더불어 다자 협력에 있어 유사한 입장을 가진 국가들과의 광범위한 협력도 병행되어야 한다.

예를 들어 전통적으로 다자 협력에 관심이 많았던 일본과의 더욱 광범위한 협력도 추구해야 한다. 일본은 동아시아 공동체 구축을 모색하는 등 탈냉전 이후 역내 다자 협력에 수많은 노력을 기울여온 국가이다. 다만 일본과의 협력에서 유의할 점은 최근 일본의 대외 정책의 방향을 고려할 때, 다자 협력을 자국의 안보 이익이라는 정치적 목적으로 활용하지 않도록 유의하고, 대신 역내 신뢰 구축의 조치로 활용하도록 유도하는 노력이 필요하다. 그리고 일본의 성숙한 시민사회의 역할에 주목하며, 의견을 같이하는 일본 내 다양한 기구들과 연대를 강화해야 한다.

둘째, 정치·경제적 상호 의존 관계의 선순환 구조를 창출해야 한다. 유럽의 사례와 같이 경제적 상호 의존이 정치적 상호 의존에 영향을 주고, 정치적 상호 의존이 다시 경제적 상호 의존에 선순환적인 영향을 미칠 수 있도록 각 협력의 파급효과를 상호 연계하는 노력이 필요하다.[3] 물론 개념적으로는 다자 협력의 범위를 정치와 경제로 나누어 접근할 수밖에 없겠으나, 실질적인 협력에서는 정치와 경제 분야를 구분할 필요가 없다. 사이버나 환경 문제와 같이 정치적으로나 경제적으로 파급효과가 큰 이슈들에 적극적으로 참여하고 협력을 주도하면 그 효과가 더욱 클 것이다.

다자 경제협력이 진전될 경우 역내 신뢰 구축에 기여할 수 있다는 점에 착안하여 다양한 협력 프로젝트를 구상해야 한다. 이같이 다양한 정치 및 경제 상호 선순환 프로젝트를 만들다 보면, 그 진행 과정에서 서로에게 보완적인 입장이 되어 시너지가 만들어질 수 있다. 그 결과 연성 안보 이슈를 넘어 경성 안보 이슈 분야에서도 진전을 볼 수 있을 것이다.

셋째, 점진적이고 다층적인 협력을 추진해야 한다. 다자 협력이 단기간에 성과를 내기 어렵고, 아태 지역이 광범위하다는 특성을 고려하여, 쉬운 협력에서부터 점진적이고 다층적으로 추진해나갈 필요가 있다. 특히 미·중, 일·중, 미·러 등 역내 구조적인 경쟁 요인이 쉽게 해소되지 않는다는 현실적 제한을 인식하고, 협력이 잘 이루어질 수 있는 영역에서부터 동시적으로 다양한 협력을 진행할 필요가 있다.

점진적으로 협력을 확대하는 경우 처음부터 고위급 협력을 지향하는 대신, 초기의 탐색을 위한 회동이나 시범 사업을 전개하고, 그 성과에 기반해 정기적인 협력 사업을 발전시키며, 다시 이를 기반으로 전면적인 협력을 추진하는 접근이 필요하다. 다층적 협력 차원에서는 민간과 민관, 그리고 정부 차원의 협력을 동시다발적으로 모색할 필요가 있다.

넷째, 개방적 협력으로 참여국 모두의 주인의식을 함양해야 한다. 아태 지역 모든 국가가 모든 협력에 참여할 것을 기대해서는 안 된다. 현실적으로 관련 협력에 관심이 있을 소규모의 국가들을 중심으로 그 범위를 확장해나가야 할 것이다. 중요한 것은 참여국의 수가 아니라 참여국의 의지이며, 모두가 관련 협력의 주인의식을 갖도록 하는 것이다. 참여국들이 특정 사업에 대해 한국이 주도하는 사업이라는 인식을 갖기 시작할 때 참여국들은 자신들의 참여에 대해 한국에 채권의식을 갖게 된다.

다른 국가들이 주도하는 협력 사업에 한국이 오히려 적극적으로 참여함으로써 상대국이 부채의식을 갖도록 하고, 이를 다시 한국 주도의 사업에 주인의식을 갖고 참여하도록 하는 지혜가 필요하다. 따라서 실질적인 협력에 있어 한국이 더 많은 기여를 한다 해도 한국이 주도한다는 사실을 대외적으로 강조해서는 안 된다. 한국이 가야 할 길은 성과의 홍보가 아닌 실질적 협력의 진전이어야 한다.

한국의 역할

과거 한국은 동아시아정상회의(EAS) 출범에 기여하고 신아세안 외교 등 아세안 지역과의 협력 확대를 추진했으나, 국가 역량의 한계와 정책의 일관성 부재로 역내 다자 협력에서 제한된 역할만을 수행해왔다. 그러나 세계 10위권의 국력을 보유한 한국이 동아태 지역에서 협력의 촉진자·주도자·설계자 역할을 해나간다면 역내 다자 협력에 의미 있는 기여를 할 수 있을 것이다.

다자 협력의 촉진자·주도자·설계자 역할은 유럽에서 다자 협력이 싹트게 한 프랑스와 독일의 역할을 들 수 있다. 특히 프랑스는 외교장관이었던 로버트 슈망이 독일과의 관계 청산을 추진하며 유럽 국가들이 석탄과 철강을 공동 관리하자고 제안함으로써 유럽 석탄·철강공동체(ECSC)가 출범할 수 있는 기반을 조성했다. 이를 계기로 프랑스, 서독, 이탈리아, 네덜란드, 벨기에, 룩셈부르크 등 6개국의 다자 협력이 시작되었고 마침내 EU에까지 이르게 된 것

이다.[4]

협력의 촉진자는 국가 간 이해의 교량 역할을 담당한다. 미국과 중국의 이해가 일치하지 않을 때 제3자가 양국 사이에서 선량한 중개자(honest broker) 역할을 감당함으로써 두 강대국 간 긴장의 확대를 예방하고 분위기를 환기시킬 수 있다. 협력 촉진 역할은 비단 강대국 간의 교량 역할뿐만 아니라 강대국과 개도국 사이에서도 더욱 중요한 의미를 지닌다. 한국은 동아태 지역 내 개도국에서 선진국의 문턱에 성공적으로 진입한 거의 유일한 국가이다. 그 결과 개도국의 내부적인 사정도 그 어느 나라보다 잘 이해하고 있다. 따라서 아세안이나 오세아니아 국가들의 구체적인 요구 사항을 강대국에 전달하는 역할을 잘 수행할 수 있기 때문에 각종 기능 협력에서 교량 역할이나 촉진자 역할을 잘 수행할 수 있다.

협력의 주도자는 중견국 한국이 다자 협력의 모든 분야는 아니더라도 특정 분야에 있어서 협력을 주도할 힘을 가진다는 점에 착안한다. 협력의 주도를 위해서는 예산이 뒷받침되어야 하기 때문에 모든 협력에서 주도하기는 어렵다. 선택과 집중의 원칙을 기반으로 특정 분야에서 국제적 기여를 주도하고 역량 배양을 지속해나간다면 그 분야만큼은 한국이 협력을 주도할 수 있다. 어떤 분야에서의 협력을 주도할 것인지 판단하고, 이에 대한 집중적이고 지속적인 투자가 이루어져야 한다.

끝으로 설계자의 역할이다. 현재 동아시아 지역에서는 다양한 지역 협력 기구가 존재하고 다수의 회의를 개최하지만, 그 성과는 매우 미진한 딜레마 상황을 마주하고 있다. 따라서 역내 협력에 새로운 활기를 부여할 필요성이 제기되고 있다. 이를 위해서는 역내 다자 협력의 방향을 제시하면서 각 다자 협력 기구들의 활동이 중복되지 않도록 협력 영역의 조정이 필요하다. 한국은 이러한 역할 조정을 통해 지역 협력의 수준을 한 차원 격상시킬 수 있다.

4) 한국의 다자 협력 추진 과제

중층적 다자 협력 추진

동북아와 동남아 지역을 중심으로 중층적 다자 협력을 추진한다. 우리의 역량과 지역적 중요성을 고려할 때, 동북아는 너무 협소하고 유라시아와 아태 지역은 너무 넓다. 동북아와 동남아를 중심으로 다자 협력을 확대해나갈 필요가 있다.

중층적 다자 협력 추진과 관련하여 먼저 고려할 것은 기존의 다자 협력 메커니즘에서 한국의 역할을 확대하는 것이다. 현재 아태 지역 차원의 다양한 다자 협력 기제가 존재한다. APEC에서의 경제협력은 물론이고, ASEAN+3, EAS, ARF 등 수많은 기구가 존재하기에 동아태 지역 외교를 추진하면서 새로운 협력 기구를 만드는 것은 불필요하다.

다만 기존의 협력 기구들이 잘 작동하고 있지 않거나 한국의 역할이 제한되고 있기에 한국이 협력의 촉진자가 될 수 있다. 정부 외에도 민간의 역량을 배양해서 함께 협력할 경우 더욱 큰 시너지를 낼 수 있을 것이다. 따라서 민간이 주도하고 있는 동북아협력대화(NEACD: Northeast Asia Cooperation Dialogue)나 아태안보협력이사회(CSCAP: Council for Security Cooperation in the Asia Pacific) 등을 활성화하는 것도 좋은 방법이 될 수 있다.

중층적 다자 협력을 추진함에 있어 자연스럽게 경성 안보 이슈와 연성 안보 이슈를 병행해서 추진한다. 연성 안보 분야에서 주도적 역할을 할 수 있는 재난 관리 분야를 적극 발전시켜야 한다. 경성 안보 이슈의 협력이 어렵다 해서 이를 포기하거나 우회한 채 방기해서는 안 된다. 군사적 충돌 방지, 북한 핵 등 비확산 문제, 다자 군비 통제 등 지역 공통의 문제가 될 수 있는 경성 안보 이슈에 대한 논의 필요성을 환기하고 협력을 적극적으로 추진해야 한다. 연성 안보 이슈의 경우 협력이 가능한 영역에서 실질적 성과를 내는 데 주력해야 한다.

중점 협력 분야 중심의 선택과 집중

북한 핵 문제, 역내 군비 통제 등과 같은 경성 안보 이슈들은 한국이 주도하기가 어렵다. 강대국들의 영향력이 더욱 강하게 작용하기 때문이다. 반면 비전통 안보 분야는 역내 협력이 상대적으로

용이하고, 이를 주도하려는 국가도 제한적이다. 현재 EAS와 ARF에서 환경, 재난, 사이버 등 다양한 기능별 협력 사업을 추진하고 있다. 이러한 협력 영역 중 한국이 주도할 중점 협력 분야를 선택하고 역량을 집중해야 한다.

예를 들면 재난·재해의 경우 아세안 국가들은 그들 간의 협력 외에도 미국, 중국, 일본, 한국 등의 경제적 지원을 중시하고 있다. 이 과정에서 단순한 경제적 지원 외에도 역량 배양(capacity building)이 이들에 대한 중요한 협력 사업이 될 수 있다. 아세안 국가들을 설득해서 역량 배양과 같은 협력을 추진할 경우 실질적 성과에 근접할 수 있다.

방역이나 환경, 그리고 사이버 문제 역시 협력의 필요성이 존재하지만 국가 간의 입장 차가 있다. 자국의 정보를 투명하게 공개하려는 국가들이 적기 때문이다. 반면 재난 관리의 경우 관련국이 부담 없이 참여할 수 있고 협력의 이익도 매우 크다. 그간 한국은 필리핀, 네팔 등 재난이 일어난 국가에 지원단을 파견함으로써 높은 평가를 받아왔으며, 국내적으로도 경주 지진 등의 경험으로 재난 대비 필요성이 점증하고 있다. 따라서 관련국의 재난 구호 대응 능력이 배양되고 상호 신속 지원 역량이 배가된다면 한국도 상황에 따라 수혜를 볼 수 있다.

현재 재난 관리는 EAS 및 ARF가 공동으로 식별한 기능별 협력 영역을 중심으로 대응책이 마련되고 있으며, 아세안 국가들은 경제적 여력 부족을 이유로 협력을 주도하기보다는 피지원에 중점을 두고 있다. 미국이나 중국 등은 관심 분야가 다대하여 재난 관리에 집중하기 어려운 측면이 있으므로 한국에는 재난 관리 분야가 기회가 될 수 있다.

한국이 집중해야 할 영역으로 동아시아의 재난 관리 협력이 선정된다면, 관련 교육 센터를 한국에 설치하여 동북아, 동남아, 오세아니아 국가들의 역량 배양을 지원할 수 있다. 이 경우 재난 관리와 관련한 역내 의제를 한국이 실질적으로 주도할 수 있을 것이다. 보다 구체적으로는 EAS나 ARF 개최 시 재난 관리 협력 강화 필요성을 강조하고, 협력 기구의 상설화, 교육 및 훈련을 추진해야 할 것이다. 이를 위해 정부 주도로 '동아태 재난 대응 센터' 설립을 추진할 필요가 있다.

정부 내 다자 협력 인프라 강화

이상 살펴본 중층적 다자 협력을 위해서는 먼저 정부 내 인프라가 갖추어져야 한다. 외교부 외에도 각 기능 협력과 관련된 부처에 다자 협력을 이끌 수 있는 인재들이 존재해야 한다. 하지만 그간 한국이 추진해온 다자 협력의 내용을 돌아보면 관련 전문가들이 배양되지 못해 어려움을 겪어왔다. 따라서 이러한 도전을 풀기 위해 인적·물적 인프라를 강화해야 한다.

외교 정책 성공은 하루아침에 이루어지는 것이 아니다. 긴 시간을 통해 숙성시켜야 하는 과제이며, 이를 이행할 역량 있는 인재들이 필요하다. 하지만 복잡한 다자 협력을 수행할 국내 인적자원은 매우 제한되어 있다. 외교부 내에서도 다자 업무는 주로 유엔 등 국제기구를 선호하지 역내 다자 협력과 관련한 전담 부서도 없는 실정이다. 동시에 민간의 경우 역량 있는 인사들을 확보하기가 매우 제한되어 있다. 소위 생태계가 존재하지 않고 있기 때문이다.

외교부와 기능별 협력을 담당할 관계 부처와의 협업 체계를 잘 구축해야 한다. 경성 안보 협력은 국방부, 연성 안보 협력은 원자력안전위원회, 환경부, 미래부, 법무부 등 다양한 부처와 연계되어 있다. 이들 부처에서 기능별 협력을 추진함에 있어 외교부는 컨트롤 타워가 되어야 한다. 외교부는 역내 다자 협력의 목적과 기능별 협력의 방향성을 끊임없이 확인하고, 관련 부처가 관련 협력을 발전시키는 데 도움을 주어야 한다. 동시에 이러한 기능별 협력의 진전 사항과 제한 사항들을 확인하고, 어려운 문제들은 관련국의 외교부가 참여하는 정부 간 협의회를 통해 정치적 차원에서 문제를 해결해나가는 지혜가 필요하다.

다자 협력 제반 영역에서의 전문성 부족도 개선되어야 할 과제이다. 일반 공무원을 중심으로 한 관료제를 유지하는 국가로서 불가피한 상황이라 할 수 있다. 그나마 민간 영역에서는 일부 전문가들이 존재했지만, 다자 협력을 통해 생계를 유지할 수 있는 직종이 절대 부족함을 확인할 수 있었다. 그 결과 다자 협력을 한국이 주도하기에는 민간 차원의 역량도 크게 부족한 상황이다. 따라서 정부 주도로 관련 민간 단체를 지원하는 데에도 많은 관심이 필요하다.

민간 협력의 확대

다자 협력의 확대를 위해서는 민간 주도로의 진화도 염두에 두어야 한다. 정부가 모든 협력을 주도하는 것은 한계가 있다. 각 분야에 존재하는 다양한 연구·학술·집행 인력들이 자발적으로 협력을 할 수 있는 기반을 조성하는 것이 필요하다. 물론 초기에는 적절한 예산을 확보함으로써 민간이 관련 협력을 해나가는 데 필요한 지원을 하는 것이 중요하다. 더욱 장기적인 민간 협력 촉진 차원에서는 역내 다자 협력을 위한 기금 마련도 고려해야 한다.

민간 협력을 확대하는 첫 단계로 민관 네트워크를 구축하는 것도 시급하다. 정부와 민간이 다양한 분야에서 다자 협력을 위한 협조를 강화해나간다면, 우리가 주도할 수 있는 협력의 영역과 수준이 증대될 것이다. 민관 네트워크는 관련국 정부와 민간 전문가들 간의 협력망이다. 아쉬운 점은 박근혜 정부에서 구축이 시도되던 민관 네트워크 협력이 문재인 정부에 들어서며 별다른 진전을 보이지 못한 것이다. 정부와 정부를 이어가며 민관 협력 네트워크를 지속적으로 발전시켜나가야 한다.

동시에 장기적인 역내 다자 협력 발전을 위해서는 민간에서도 관련 인력들이 전임으로 업무를 수행할 수 있는 여건을 조성해주어야 한다. 당분간 해당 기능 분야의 일자리 창출 효과를 고려한 예산 지원이 필요하며, 이러한 전문 인력을 통해 역내 다자 협력의 속도를 더욱 끌어올릴 필요가 있다.

한편 민관 네트워크를 활용하여 개별적으로 추진하는 기능별 협력도 적어도 일 년에 한 번 정도는 종합적으로 성과를 정리하고 방향성을 제시하는 종합 회의를 개최할 필요가 있다. 이를 통해 협력이 제한되는 분야에 대해서는 동기 부여를, 그리고 협력이 촉진되고 있는 분야에 대해서는 추가 발전 방향을 모색해나갈 경우 큰 틀에서 다자 협력의 수준을 제고하는 데 큰 도움이 될 것이다.

제5부

인간과 평화

한반도 평화와 북한 인권

이금순(통일연구원)

1) 서론

북한 인권 문제는 핵 문제와 함께 한반도 평화를 위협하는 중대한 사안이다. 1990년대 중반부터 식량난으로 인한 탈북민이 급격히 증가하면서, 북한 내 인권침해 실태가 본격적으로 알려지기 시작하였다. 유엔 인권 메커니즘을 통해 북한 인권 상황에 대한 결의 채택이 지속되어왔고, 유엔 차원에서 구성된 북한 인권조사위원회는 북한 내 '조직적이고 광범위하게 이루어지는 인권침해'가 '인도에 반한 죄(crime against humanity)'에 해당할 수 있다고 평가하였다. 이와 같이 유엔이 북한 내 인권침해를 평화를 위협하는 '인도에 반

제5부 인간과 평화 389

한 죄'의 가능성을 제기했기 때문에 가해자에 대한 형사 책임을 규명하기 위한 기록 수집 활동도 이루어져 왔다.

북한은 미국이 주도하는 국제사회의 인권 압력이 북한 체제를 위협하는 '대북 적대시 정책'이며 경제 제재가 오히려 북한 당국의 인권 증진 노력을 어렵게 하고 있다고 주장해왔다. 이러한 상황에서 우리 정부는 남북 관계 발전 및 한반도 평화 정착 노력과 함께 북한 인권 증진 노력을 어떻게 병행해나갈 수 있을지에 대한 입장을 정립해야 한다. 이 글에서는 북한 인권 문제가 국제사회의 공동 관심 사안으로 부각된 배경과 의미를 살펴보고자 한다. 이와 함께 국내적인 차원에서 북한 인권 문제가 정치적 갈등을 유발해온 구조를 분석해보고자 한다. 이를 통해 한반도 평화 구축을 위해 우리 정부가 어떠한 입장과 논리로 대북 인권 정책을 재검토하고 국제사회와 협력할 수 있을지를 제시해보고자 한다.

이 글은 북한의 최고지도자에 대한 형사 책임 규명 필요성까지 제기한 국제사회와 인권 문제가 남북 관계를 저해할 것이라는 우려를 지닌 국내 입장을 동시에 설득할 수 있는 정책 대안을 모색해보고자 한다. 이는 우리의 북한 인권법에는 명시되어 있으나 제대로 실행되지 못하고 있는 남북 관계 발전 및 한반도 평화 정착 노력과 병행하는 북한 인권 증진 정책을 구체화하기 위한 것이다.

2) 북한 인권, 과연 평화를 위협하는가?

북한 인권 국제 공론화 배경

북한 인권 문제가 국제사회에 알려진 배경에는 국제사면위원회(Amnesty International)의 양심수 캠페인이 있었다. 1966년 북한의 초청을 받아 북한에서 국제 홍보물 발간에 관여하던 베네수엘라 알리 라메다(Ali Lameda)[1]와 프랑스 쟈크 세디로(Jacques Sedillot)[2]가 1967년 간첩죄로 구금되었고, 구금 시설에서의 가혹 행위가 알려지면서 국제사면위원회가 개입하게 되었다.[3] 1979년 2월 24일 발간된 알리 라메다의 보고서(Ali Lameda: A personal Account of the Experience of a Prisoner of Conscience in the DPRK)는 국제사회에 북한 인권 상황을 구체적으로 알리는 주요한 자료가 되었다.

미국은 카터 행정부 들어 인권을 대외 정책의 주요 의제로 설정하고, 1977년부터 자유권을 중심으로 미 국무부 연례 인권 보고서를 발간해왔다.[4] 1979년 연례 보고서에서 미국은 북한을 폐쇄적인 전체주의 국가로 규정하고, 스탈린 시대와 유사한 정도의 엄격한 주민 통제가 이루어진다고 평가하였다. 또한 이 보고서에 따르면, 북한 헌법과 법률이 국제사회가 존중하는 인권 조치에 대해 인정하고는 있으나 북한 당국은 사회주의 혁명을 기치로 내세운 지도자에 대해 충성과 복종을 강요하고 정치적 범죄에 대해 엄격하게 처벌한다는 것이다. 또한 미국은 성분에 따른 주민들의 차별적 대우와 외부 정보 통제뿐만 아니라 북한 내 정보 접근 어려움에 대한 우려를 표명하였다. 이 보고서에 명시된 바와 같이, 북한은 1968년 푸에블로(Pueblo) 승조원[5]의 경우와 같이 외부 접근을 정치적 침투로 규정하고, 승조원에 대해 구타 및 기아 등 가혹 행위를 가하였다. 1980년대 말부터 아시아워치와 미네소타법률가위원회도 북한 정치범, 러시아 내 북한 벌목공 등 인권 문제를 제기하였다. 또한 1992년 출간된 찰스 휴마나(Charles Humana)의 「세계 인권 가이드(World Human Rights Guide)」[6]에도 북한이 포함되었다.

북한 인권 상황이 본격적으로 알려지기 시작한 것은 북한의 인권 상황을 직접 증언한 탈북민들의 규모가 늘어나게 되면서부터이다.[7] 북한 정치범 수용소는 1982년 입국한 탈북민 김용준의 증언으로 알려졌으나, 이후 1990년대 초반 탈북민의 증언[8]이 추가되면서 더욱 관심을 받게 되었다. 유엔 차원에서 북한 인권 문제가 거론된 것은 1992년 제42차 유엔인권소위원회[9]로, 미국 위원은 북한 인권 상황을 전체주의 체제로 비판하였다. 1994년에는 영국의 위원들이 시베리아 벌목공 문제를 1995년에는 미국 위원이 북한의 양심수 문제를 제기하고, 북한 당국에 대해 정보 접근 허용을 촉구하였다.[10]

북한은 1992년 조선인권연구협회를 만들고 비전향 장기수 송환 문제를 국제화하면서, 인권 문제 비판에 대해 적극적으로 대응하였다. 이와 함께 우리 정부도 국제사회에 북한의 인권 상황을 알리기 위한 구체적인 노력을 체계화하게 되었다. 정부 출연 연구 기관인 통일연구원에 '북한 인권정보자료센터'를 설치(1994년 12월)하고, 정부 내 북한 인권 기록을 바탕으로 1996년 2월부터 매년 국·영문 북한 인권백서[11]를 발간하게 되었다. 1996년 북한백서에는 "나치의 아우슈비츠, 시베리아 유형장을 능가하는 가혹한 인권침해 지역"으로 묘사된 북한 정치범 수용소, 전후 납북자 명단, 정치범 수용소에 수용된 북송 교포[12] 등이 포함되었다. 이러한 북한 인권침해 상황은 유엔 인권기구 및 미 국무부 연례 인권 보고서에 인용되었다. 한편 우리 정부는 1996년 9월 유엔 총회에서 공노명 외무부 장관이 최초로 북한 인권 문제를 공개적으로 제기하였다. 이는 1994년 유엔 인권최고대표사무실이 출범하면서, 국제사회의 인권 문제에 대한 대응 필요성이 강조된 상황을 반영하고 있다. 1997년 8월 제49차 유엔 인권소위원회[13]는 북한 인권 문제의 심각성을 바탕으로 결의를 채택했다.

정부 차원의 노력과 함께 북한 인권 문제를 집중적으로 다루는 민간의 활동이 나타나기 시작하였다. 1995년 11월 '북한의 인권 실상과 국제사회의 역할'을 주제로 국제 학술 심포지엄[14]이 열렸고, 1996년 5월 북한 인권시민연합이 창립되었다. 북한 인권시민연합은 뉴스 레터 등을 통해 국내외에 북한 인권 상황의 심각성을 적극적으로 알리고, 1999년부터는 정기적인 북한 인권 국제회의 개최 등을 통해 북한 인권 국제 연대 활동을 강화해왔다.

1990년대 중반에 악화된 북한의 식량난은 북한 인권 문제에 대한 우려를 더욱 심화시키는 계기가 되었다. 민간 단체들을 통해 북한 내 기아 상황, 중국 내 탈북민 강제 송환 등 인권 유린 상황에 대한 정보가 크게 늘어났다. 또한 1990년대 후반 활동이 본격화된 대북 인도적 지원 단체 및 기구들을 통해서도 북한 내 인도적 위기 상황 등 간접적인 인권 정보들이 수집되었다. 이러한 가운데 2000년 6·15 정상회담 이후 유럽연합 국가와 북한의 수교 과정에서 인권 의제가 반영되었고 인권 대화도 진행되었다. 미국에서는 2001년 10월 미 북한 인권위원회(The Committee for Human Rights in North Korea)가 설립되어 적극적으로 북한 인권 문제를 다루기 시작했으며, 2004년 북한 인권법이 제정되어 민간 단체에 대한 재정 지원이 이루어졌다.

유엔 차원에서도 2003년 이후 대북 인권 결의 채택이 지속되었으며, 2004년에는 북한 인권 특별보고관이 임명되었다. 2006년 유엔 인권위원회가 유엔 인권이사회 체제로 바뀌었으나, 이후에도 지속적으로 유럽연합과 일본 등을 중심으로 북한 인권 결의가 지속적으로 제안되어 채택되었다. 북한 인권 특별보고관은 매년 유엔 총회에서도 북한 인권 상황을 지속적으로 보고하여 왔다. 비팃 문타폰(Vitit Muntarbhorn) 초대 특별보고관은 북한 내 인권침해 상황을 파악하기 위한 방북 필요성을 지속적으로 제기했으며, 임기 후반부에는 가해자에 대한 책임 규명이 필요하다는 의견을 제시하였다. 다루즈만 특별보고관은 북한 내 인권 가해자에 대한 비처벌(impunity)의 문제를 적극적으로 제기하였다. 2011년 9월 북한 반인도범죄철폐국제연대(International Coalition to Stop Crime Against Humanity in North Korea, ICNK)[15]가 결성되어, 북한 내 인권침해 가해자에 책임 규명 필요성을 집중적으로 조명하였다.

2013년 유엔 북한 인권조사위원회 설립은 파격적인 조치로 '북한 인권침해의 정도와 범위가 무력 충돌 시 상황만큼이나 매우 심각하고 광범위하다'는 국제사회 공감대가 형성되었다는 것을 의미하였다.[16] 조사위원회는 공청회 등 1년의 활동을 통해 북한 내 인권침해가 체계적이고 광범위하게 이루어졌으며 '인도에 반한 죄'에 해당한다고 규정하였다.

평화를 위협하는 '인도에 반한 죄'

2014년 유엔 북한 인권조사위원회는 북한 내에서 국가 최고위급에서 수립한 정책에 근거하여 "인도에 반한 죄가 자행되었고, 여전히 자행된다고 판단할 만한 합당한 근거가 있다"고 결론을 내렸다.[17] 조사위원회가 '평화를 위협하는 인도에 반한 죄'[18]로 규정한 것은 '정치범 수용소 및 기타 구금 시설 수용자, 탈북자, 종교인 등에 대한 가해', '체제 유지만을 고려하여 일반 주민들의 기아(starvation) 상태를 적극적으로 해결하지 않고, 비정상적인 국가 예산 배분 및 차별적 배급 시행, 국제 원조 제한 등으로 대규모 희생자를 초래', '외국인의 납치 및 강제 실종' 등 인권침해가 체계적이고 광범위한 공격(systematic and wide-spread attack)으로 이루어졌다는 점이다.[19] 유엔은 '평화에 대한 위협' 해석을 확대하고, 인도적 개입을 강조해왔다. 대규모 인권 유린이 발생하는 경우 난민 유발 등으로 국제 평화 및 안보에 중대한 위협을 줄 수 있다는 논리다. 스탠리 호프만(Stanley Hoffmann)은 "인권 문제에 있어서 적극적인 국제 개입이 필요하다"라고 주장했으며, 이와 관련하여 "도덕적·정치적·윤리적인 지침이 있다"라고 설명하였다.[20] 윤리적 차원에서 인권에 대한 심각하고 방대한 침해가 존재할 경우 평화에 대한 위협으로 간주하고 유엔이나 유엔이 허락하는 지역 기구의 일방적인 개입을 합법화해야 한다는 것이다.[21]

이를 토대로 조사위원회는 북한 인권 상황을 국제형사재판소에 회부하거나, 임시 국제재판소를 설립할 것을 유엔안전보장이사회에 촉구하였다. 이후에 북한 인권 특별보고관, 북한 인권조사위원회, 유엔 총회와 사무총장도 북한 인권침해 관련 책임 규명 추진을 촉구해왔다.[22] 또한 조사위원회는 책임 규명을 위해 북한 내 인권침해에 대한 모니터링과 기록 강화를 위한 현장 사무소 설치를 요청했으며, 이에 따라 2015년 서울 사무소가 개설되었다. 그리고 조사위원회의 결의에 따라 실질적인 책임 규명 메커니즘을 권고할 수 있는 독립 전문가 그룹이 구성되어, 향후 형사 재판을 준비하기 위한 독립적인 중앙 저장소(repository)가 설립되었다. 또한 인권이사회의 위임 권한(mandate)에 따라 2017년 책임 규명 조사 전담팀을 구성하고 서울 사무소를 중심으로 탈북민에 대한 하나원 내 인권 조사 등을 진행해왔다. 이와 같이 유엔은 북한 내 인권침해가 '인도에 반한 죄'라는 차원에서 평화에 대한 중대한 위협이라고 규정하고 있다. 또한 유엔 인권최고대표사무소는 인도에 반한 죄에는 공소시효가 없기 때문에 침해 규명이 필요하고, "침해 행위가 종식되고, 진실, 정의, 배상에 대한 피해자 권리가 실현되고 재발 방지가 보장되어야 한반도에서 영속적인 평화를 이룩할 수 있다"라고 규정하고 있다.[23]

대북 제재

북한 내 인권침해 상황이 '인도에 반한 죄'로 평화를 위협할 수 있다는 차원에서 2014년부터 2017년까지 유엔안전보장이사회 공개회의에서 북한 인권 문제가 지속적으로 논의되었다. 2018년과 2019년에는 안보리 공개 회의 의제 채택 조건(15개 이사국 중 9개국 찬성)을 충족하지 못했고, 2020년에는 비공개 회의에서 북한 인권 문제를 논의하였다. 유엔 헌장 제7장(평화에 대한 위협, 평화의 파괴 및 침략 행위에 관한 조치)에 따른 안보리의 결정은 인권이사회나 총회의 결의와 달리 회원국에 대해 법적 구속력을 갖고 있다. 유엔 국제법위원회(International Law Commission)는 제재를 "특정 국가가 국제 공동체 전체의 안전을 위협할 만한 정도로 국제규범을 위반할 경우 유엔 헌장에 따라 국제 평화와 안전을 수호하기 위해 취하는 조치"로 규정하였다.[24] 유엔 안보리 대북 제재 결의는 핵무기와 대량 살상 무기 개발이 평화에 위반되며 주민 복지 및 주민의 존엄을 존중하기 위에 필요한 재원을 전용하는 것에 대한 우려를 표명하고 있다. 2016년 제2270호 결의, 제2321호 결의, 2017년 제2356호 결의, 제2371호 결의. 제2375호 결의, 제2397호 결의에 "북한 주민들이 처한 심각한 고통에 대한 깊은 우려", "국제사회의 여타 안보 및 인도적 우려", "주민들의 복지와 고유의 존엄성 및 권리 존중 필요" 등으로 표현되어왔다.[25] 안보리는 북한 주민의 인권 상황에 대한 깊은 우려를 지속적으로 표명하고 있으나, 대북 제재 결의에 명시적으로 인권이라는 용어를 사용하지는 않고 있다.[26]

인권침해 상황을 근거로 한 대북 제재는 양자 간 차원에서 구체화되었다. 미국은 북한의 비민주적 정권에 의한 인권침해, 무력 강화와 정권 유지를 위한 노동력 착취, 인신매매, 정치범 수용을 근거로 인도주의 목적이 아닌 원조, 문화 교류, 국제 금융기관을 통한 지원을 제재하고 있다.[27]

2016년 미국의 북한 제재 및 정책 강화법은 북한의 비인권적 행위에 관여하거나 책임 있는 사람을 제재 대상으로 규정하고, 북한의 강제 노동 수용소와 정치범 수용소 운영과 관리를 위해 필요한 금속, 알루미늄, 철강, 석탄, 소프트웨어를 북한 정부나 사람에게 판매, 제공, 이전하는 행위 금지, 북한 노동자를 고용하여 생산한 물품 미국 유입 금지를 시행하였다.[28] 또한 행정명령 제13722호를 통해 북한 해외 노동자(강제 노동) 송출을 금지하고 인권침해 관련 제재를 명시하였다. 미 국무부는 「북한의 심각한 인권 유린과 검열 보고서」(2016년)를 발표하고, 김정은 위원장과 조연준, 김경옥 조직지도부 제1부부장을 포함해 지도부 15명과 8개 기관에 제재를 부과하였다. 이어 2017년에는 북한 주민 표현의 자유를 억압하는 김여정 선전선동부 부부장, 김원홍 국가안전보위부장 등을 제재 목록에 추가한 바 있다.[29] 이와 함께 미국은 대북 제재의 유예 조건[30] 및 해제 조건[31]에서 인권 관련 사안들을 구체적으로 명시하고 있다.

영국은 2020년 대북 인권 제재 대상으로 국가 정치범 수용소 관련 국가보위국 7국과 교화국 등 2곳을 제재 대상으로 지정하였다. 유럽연합은 인권 개선[32]을 위한 수단으로 인권 대화 및 인권 옹호자에 대한 지원 등을 활용하나, 이러한 조치가 별다른 효과를 거두지 못하는 경우 제재를 부과하기도 한다. 유럽연합도 미국의 국제마그니츠키인권문책법(2016 Global Magnitsky Act)을 원용하여 2020년 12월 개별국 차원보다는 주제별 대응을 중시하는 새로운 세계인권제재체제(EU Global Human Rights Sanction Regime)를 발표하였다.[33] 이에 따라 2021년 3월 22일 유럽연합은 북한 정경택 국가보위상과 리영길 사회안전상, 중앙검찰소를 제재대상으로 지정하였다.[34] 또한 호주 의회도 북한 인권 가해자에 대한 제재를 권고한 바 있다.

1997년 유엔 사회권위원회는 '경제 제재와 경제적·사회적·문화적 권리 존중의 관계'에 대한 일반 논평 제8호를 통해 제재가 사회권에 미치는 부정적인 영향들을 지적하였다.[35] 유엔 북한 인권특별보고관도 이사회와 총회 보고에서 북한에 부과된 제재가 인권에 미치는 영향에 대한 우려를 지속적으로 표명해왔다.[36] 북한은 2017년 7월 제재피해조사위원회를 구성하고, 대북 제재의 부당성을 부각해왔다.

3) 북한 인권, 정치적으로 논쟁할 사안인가?

국내적으로 북한 인권 문제는 갈등과 논쟁의 사안이 되어왔다. 분단 상황에서 한반도 내 '인권 문제는 인권 논리가 아니라 이념과 권력의 논리'에 따라 접근되어온 것이다.[37] 이로 인해 북한의 인권 문제에 대한 논의는 이념 편향성을 가지게 되었다. 분단과 전쟁을 경험한 남북한은 상대를 적대시하면서 체제 우위를 보여주기 위한 경쟁과 동시에 민족적 과제로 설정된 통일 지향성을 강조해왔다. 기본적으로 남북한 모두 상대방을 이롭게 하는 행위를 범죄로 규정하면서, 정치적으로 엄격하게 처벌해왔다. 이처럼 상호 충돌적인 상황에서 북한 인권 문제도 다루어져 왔다. 남북한은 유엔의 회원국인 동시에 유엔 인권레짐의 당사국으로서 인권 의무를 강조하지만, 상대방의 인권 문제는 순수한 인권의 문제가 아닌 정치적으로 매우 민감한 사안이 되었다. 또한 북한 내 심각한 인권침해 상황에 대해서는 공감하더라도, 인권침해가 이루어지는 구조에 대한 해석은 매우 다르게 이루어졌다. 예를 들어 북한 인권침해 상황에 대한 책임에 대해서도 북한 정권 아니면 외부적 요인으로 양분화하여 전가하게 되었다. 이에 따라 북한 인권 개선 방식에 대한 논의도 압박과 관여 중 하나를 선택하도록 강요되었다. 박명림은 북한 인권 문제가 남북한의 정체성과 관계가 지닌 이중성이 4중으로 충돌하는 상호 모순성을 안고 있다고 설명하였다.[38] 남북한이 유엔의 회원국으로서 독자 국가인 동시에 분단국가로서의 '잠정적인 특수관계'이면서, 전쟁을 경험한 적대 대상인 동시에 정통성으로 '통일 지향'을 규정하고 있는 관계 하에 처해 있다는 것이다. 이러한 상황에서 북한 인권 개선 문제는 '과잉 정치화'되었다.[39]

보편성 대 특수성

북한 인권 논의에서 나타난 갈등은 보편성 대 특수성 논쟁이다. 2004년 미국 의회가 북한 인권법을 제정하자, 국내에서도 북한 인권을 둘러싼 논쟁이 본격화되었다. 초반에는 식량난으로 인한 아사 및 북한 내 인권침해 관련 증언이 신뢰할 만한 것인지에 대한 의문조차 제기되었다. 이와 함께 북한 인권 문제를 논의할 때 보편적 가치 차원에서 접근해야 하는지, 북한이 처한 상황을 고려하면서 특수성을 강조할 것인지에 대한 논쟁이 이루어졌다. 보편성을 강조하는 측에서는 유엔 등을 중심으로 규범화된 국제사회의 보편적 가치인 인권 기준을 중요시하고, 이러한 기준에 기반으로 북한의 열악한 인권침해 상황에 대한 문제를 제기하였다. 반면 특수성을 강조하는 차원에서는 북한이 처해 있는 경제·사회적 상황을 감안하여 북한 인권 문제에 접근해야 한다는 것이다.

자유권 대 사회권

북한 인권을 다룰 때 어떠한 사안에 주안점을 두고 접근해야 하는지에 대한 논쟁이 지속되었다. 특히 다양한 인권 문제 가운데 특정 인권 사안에만 선별적으로 대응하는 편향을 보였다. 처음 북한 인권 문제가 제기된 사안은 공개 처형, 정치범수용소, 성분 제도, 탈북민 인권 상황 등이었다. 또한 성분 구분을 통한 구조적인 차별의 문제[40]도 부각되면서, 주로 자유권을 중심으로 열악한 인권 상황이 다루어지게 되었다. 1990년대 중반 북한의 식량난에 대한 구체적인 정보가 탈북민들을 통해 알려지고, 대북 인도적 지원이 추진되면서부터 사회권 상황도 주목을 받았다. 그러나 자유권을 중심으로 북한 인권을 다루는 북한 인권단체와 대북 인도적 지원을 중시하는 지원 단체가 대북 정책 관련 큰 시각 차이를 보여왔다. 국제사회는 인권의 불가분성, 상호 연계성, 상호 의존성을 강조하면서, 통합적인 접근을 강조하였다. 또한 북한과 국제사회가 합의한 유엔 전략계획(UN Strategic Framework: 2017–2021)에도 '인권에 기반한 접근'이 주요 원칙으로 설정되었다. 그러나 국내적으로 북한 인권 문제를 둘러싼 갈등은 주요한 관심사 및 우선순위를 중심으로 크게 부각되어왔다. 이로 인해 인권 개선을 위한 방안도 차이를 보이게 되었다.

이는 북한 인권법 제정을 둘러싼 법안 발의 과정에서도 뚜렷하게 나타났다. 2005년 한나라당은 납북자 및 탈북자인권특별위원회를 만들어 북한 인권법 제정을 포함한 '북한 인권 개선 5개항'을 발표하였다.[41] 이후 한나라당 의원들이 북한 인권법안을 발의했고, 북한 인권 개선 방안을 자유권 위주로 접근하였다.[42] 반면 민주당은 미국과 일본의 북한 인권법 제정과 유엔 북한 인권결의 채택을 북한에 대한 정치 공세로 평가하면서, 북한에 대한 인도적 지원 등을 통한 북한 주민의 생존권 개선을 강조하였다. 또한 민주당은 북한 인권법 제정이 남북 관계를 악화시켜 오히려 북한 주민들의 상황을 어렵게 만들 것이라고 주장하였다. 이러한 차원에서 '북한민생인권법안', '북한 영유아 지원에 관한 법률안', '북한 주민에 대한 인도적 지원에 관한 특례법안', '북한 주민 모자보건 지원에 관한 법률안', '북한 인권증진법안' 등이 발의되었다.[43] 이와 같이 정치권은 복합적인 북한 인권 사안을 자유권과 사회권으로 구분하여 접근하면서, 개선의 방식도 외부 정보 유입을 통한 북한의 민주화 혹은 외부 지원을 통한 사회권 개선 등을 우선 추진 사안으로 규정하면서 갈등하였다. 2016년 북한 인권법이 여야 합의를 통해 추진되었으나, 북한 인권을 둘러싼 이견은 좁혀지지 않은 상황이다.

정치권뿐만 아니라 시민단체도 북한 인권 문제를 다룰 때 매우 다른 입장을 보이며 대립해왔다. 북한 인권단체들은 국제사회와 연대하여 정치범수용소 및 구금 시설 내 가혹 행위, 공개 처형 등 사안들을 집중적으로 부각하면서, 북한의 근본적인 체제 개혁 및 정권 교체 없이는 인권 개선이 불가능하다는 입장을 취해왔다. 반면 진보 단체들은 남북 관계 발전을 고려하여 북한의 인권 문제를 공식적으로 다루지 않거나, 인도적 지원을 통한 '생존권' 증진을 우선시하는 입장을 보여왔다.

평화권

국제사회에서 새로운 권리로서 평화권과 발전권의 논의가 지속되어왔다. 유엔 차원에서 1984년 '발전권 선언'과 2016년 '평화권 선언'이 이루어졌으나, 여전히 발전권과 평화권은 선언적인 성격이 강하며 구체적인 국제규범으로 확립되지는 못한 실정이다.[44] 북한 인권 문제 관련해서도 인권, 개발, 평화의 상호 연계성에 대한 논의가 활발하게 이루어지고 있으나, 원론적인 개념 확인을 넘어선 정책 적용에 대한 입장은 구체화되지 못하고 있다. 특히 평화권을 북한 인권 문제를 포함한 한반도 상황에 적용하는 방식에 대해서도 상당한 입장 차이를 보이고 있다.

국제사회는 북한의 중대한 인권침해 상황이 '인도에 반한 죄'에 해당하며, 핵 개발 등 대량 살상 무기와 함께 한반도 및 국제 평화를 위협하는 것으로 규정하였다. 이러한 차원에서 북한에 대한 유엔과 양자 간 제재도 시행되어왔다. 그리고 유엔은 '인도에 반한 죄'를 처벌하기 위한 국제형사재판소(international criminal court)를 상설 기구화하고, 인권침해 가해자에 대한 형사 처벌을 통한 사법적 정의를 강조하고 있다. 그러나 평화를 강조하는 차원에서는 가해자 처벌 방식이 오히려 위협 및 갈등 상황을 악화하여 군사적 충돌과 인권침해를 초래할 수 있다는 것이다.[45] 또한 일부에서는 평화권과 발전권을 차용하여 북한에 대한 인권 압력, 한미군사훈련, 대북 제재가 평화를 위협하고 발전을 저해하는 요인으로 작동하고 있다고 비판하고 있다.

남북 관계와 북한 인권

북한 인권 문제 관련 갈등과 논쟁의 요인으로는 북한 인권 문제 제기가 남북 관계에 어떤 영향을 미칠지에 대한 평가가 다르기 때문이다. 이는 인권 관련 북한의 대응을 반영하고 있다. 북한은 1997년 유엔 인권소위원회 결의가 채택되자, 1981년 가입한 자유권 협약 탈퇴를 발표하였다. 북한은 '우리식 인권' 개념을 중심으로 국제사회의 북한 인권 문제 제기가 '내정 간섭'이며 미국이 주도하는 '대북 적대시 정책'의 일환이라는 점을 강조해왔다.[46] 이러한 북한의 반발은 2014년 유엔 북한 인권조사위원회가 '인도에 반한 죄' 차원의 책임 규명을 강조하면서 더욱 강화되었다. 2014년 9월 조선인권연구협회가 보고서를 발표하면서, 북한은 인권 문제를 포함한 미국의 대북 적대시 정책이 "인권 보장을 가로막는 주요 난관들"이라고 주장하였다. 정치적인 차원에서 미국이 북한의 평화협정 요구를 외면하면서, 수교 거부 등을 통해 북한을 국제사회의 공존 상대로 인정하지 않고 있다는 것이다. 이와 동시에 군사적으로는 한미 군사훈련 등을 통해 북한에 대한 침략 위협을 하고 있다는 점이다. 또한 미국이 "경제 제재와 봉쇄를 통해 북한 내부를 불안정하게 만들어 제도 전복을 실현"하고자 한다는 것이다.[47]

북한은 미국의 핵 위협에 대처하기 위해 핵을 보유할 수밖에 없다는 입장이다. 국제사회의 인권 압력은 미국이 군사적 위협으로 북한 체제를 붕괴시킬 수 없다는 입장에서 "인권 분야에서의 국제적 협력과 협조 제도를 악용하여 주권 국가들의 자주권을 유린·말살하기 위한 제도 전복 책동"이라고 주장하였다.[48] 북한은 우리 정부의 '남북 관계발전기본계획'에 대해서도 인권 개선 노력이 포함된 것을 비판하기도 하였다.[49] 북한은 인도적 지원을 인권과 연관시키려는 것에 대해서도 주권 국가에 대한 압력이라고 반발해왔다.[50] 이로 인해 국내적으로 남북 관계 발전과 인권 개선 노력이 병행될 수 없다는 인식이 강하게 제기되어왔다. 예를 들어 대북 화해·협력 정책은 북한에 대한 인권 압력이 오히려 북한 주민의 실질적 인권 개선과 이산가족 문제 등 남북 간 인도주의 사안 해결을 위한 남북 간 화해·협력을 저해할 수 있다는 전제를 바탕에 두고 이루어졌다.

4) 인권과 평화, 통합적 접근이 가능한가?

정책 기본 방향

첫째, 국가 정책 추진의 보편 가치로서 인간 존엄 존중의 인권 가치를 강조하고, 이를 외교 정책과 함께 대북 정책에서도 중요한 원칙으로 설정해야 한다. 북한 인권법 제1조(목적)에 명시된 바와 같이 북한 주민의 인권 보호 및 증진을 위한 노력은 유엔 세계인권선언 등 국제인권규약에 규정된 권리를 추구하는 것이어야 한다. 북한 인권법은 자유권과 생존권을 추구한다고 명시하고 있다.[51] 따라서 정부는 인권의 불가분성, 상호 연계성, 상호 의존성을 감안하여 북한 인권 문제를 통합적으로 접근함으로써 포괄적인 개선 노력을 강화해야 한다.

둘째, 북한 인권법 제2조는 "국가는 북한 주민이 인간으로서 존엄과 가치를 가지며 행복을 추구할 권리가 있음을 확인하고, 북한 주민의 인권 보호 및 증진을 위하여 노력하여야" 한다고 국가 책무를 명시하고 있다. 또한 향후 정부가 "북한 인권 증진 노력과 함께 남북 관계 발전과 한반도 평화 정착을 위해서도 노력하여야" 한다고 적시하고 있다. 따라서 대북 인권 정책은 북한 주민의 인권 보호 및 증진 노력이 남북 관계 발전과 한반도 평화 정착과 병행될 수 있도록 해야 한다.

셋째, 우리 정부는 대북 관계 관련 국내 행위자와 국제 행위자의 특징을 동시에 갖고 있어, '국내외 연계 국가 행위자'로서 북한 인권 관련 의무를 안고 있다. 즉 국제행위자로서 국제인권레짐을 중심으로 유엔 및 정부 간 기구, 민간 단체와 협력할 의무, 북한 주민의 권리 주체성과 북한 당국의 의무 주체성이 강화될 수 있도록 국제사회의 개입을 조율하고 조정할 권리를 안고 있다. 또한 국내 행위자로서 북한 인권 관련 갈등이 국내 인권 상황을 초래하지 않도록 관리할 의무,[52] 인권 모범 이행국으로서 역량을 강화하는 적극적 의무, 인권과 민주주의 면에서 선도적 역할 수행 의무를 준수해야 한다.[53]

넷째, 정부는 기존의 인권 해결 패러다임[54]과 인권 조건 형성 패러다임[55] 간의 적절한 조합을 병행해야 한다. 이를 위해서는 유엔을 중심으로 국제사회가 강조하는 인권침해 가해자에 대한 책임 규명(accountability)에 대한 입장을 재정립할 필요가 있다. 국제 관계에서 "인권침해 책임자에 대한 비처벌(impunity)을 절대로 허용해서는 안 된다는 신념에서 형사 사법적 정의를 최선의 해결책으로 강조하는 것은 법적 낭만주의(judicial romantism)"로 '인권 정책'이 아닌

'도덕적 접근'이라고 볼 수 있다.[56] 우리 정부는 국제사회와의 협력을 통해 다양한 방식의 인권 개선 정책을 추진해야 하지만 이미 국제사회가 북한 인권 관련 제일 강력한 수준의 압력 수단을 채택한 상황이다.

그리고 이에 대해 북한 당국이 '체제 전복'으로 인식하고 있다는 점에서, 남북 관계 개선을 통해 남북 간 인도적 사안을 해결하는 우리 정부의 입장에서는 최고 지도자의 책임 규명을 실행하기에는 어려움이 있다. 따라서 북한 주민의 인권 보호를 위해 침해 상황에 대한 기록 수집을 통해 인권침해 상황을 모니터하고 이를 국제사회와 비공개로 공유하는 노력은 매우 중요하다. 그러나 침해 기록의 활용은 중장기적인 과제로 설정하도록 하는 것이 바람직하다. 평화 구축 차원에서 본다면 가해자에 대한 단죄보다는 진실 화해 차원에서의 진실 규명이 현실적인 방안이 될 것이다.

다섯째, 정부는 북한 인권 논의가 가능하도록 하는 환경을 조성해야 한다. 단순히 남북한 인권을 동시에 논의하는 '코리아 인권' 담론이 아니라, 유엔 회원국으로서 인권 개선을 위한 북한의 자발적인 참여를 독려하는 분위기를 만드는 것이 바람직하다. 인권이 비난보다는 문제 해결을 위한 건설적인 대화와 협력의 의제가 될 수 있도록 해야 한다. 또한 북한의 인권 개선 조치에 대한 적극적인 인센티브를 마련해야 한다. 북한과 같이 내부 통제력이 높지만, 국제경제 편입도와 의존도가 낮은 '고립 국가'의 경우에는 경제 제재가 지배 엘리트의 행동 변화를 유도하지는 못하는 경향을 보인다.[57] 따라서 북한 당국이 국제 인권 개선 권고에 호응하는 경우 합리적 보상 제시, 교환을 기대할 수 있는 국제 관계의 신뢰 환경 조성, 압력에 대한 반응과 보상 인센티브 사이의 지속성에 대한 제도적 보장이 이루어져야 한다.[58] 이는 비핵화를 포함 한반도 긴장 완화 및 평화 구축, 북한 주민의 생활수준 향상의 안정적 보장 등을 의미한다.[59]

실행 과제

① 북한 인권법 실행

2016년 북한 인권법이 여야 합의를 통해 제정되었으나, 여야의 의견 대립으로 인해 북한 인권재단이 출범하지 못했고, 북한 인권 특임대사도 임명되지 못하고 있다. 다만 통일부 내 북한 인권기록센터와 법무부 북한 인권기록보존소는 북한 인권 기록과 정보를 수집·보존하는 역할을 담당하고 있다. 이와 같이 북한 인권법 제정 이후 5년여 기간이 지나도 제대로 집행되지 못하는 이유는 북한 인권을 둘러싼 정치적 견해의 차이에 기인한다. 가장 근본적인 입장 차이는 남북 관계 발전과 북한 인권 문제 제기가 양립할 수 없다는 입장과 북한 주민의 인권 개선 없이 남북 관계 발전을 추진하는 것은 의미가 없다는 입장 간의 충돌이다. 그러나 법에 명시된 바와 같이 정부는 북한 인권 증진 노력을 남북 관계 발전과 한반도 평화 정착 노력과 병행하여 추진해야 한다. 따라서 정부는 관련 업무들이 법에 명시된 기본 원칙에 충실하게 이루어질 수 있도록 재설정하는 것이 바람직하다. 정부는 북한 인권재단이 제대로 역할을 할 수 있도록 하는 체제를 구축하는 것이 필요하다. 필요하다면 법을 개정하여 '남북인권협력재단'으로 명칭을 변경하고, 북한 인권 보호 및 증진을 위한 다양한 논의가 재단의 틀 내에서 활발하게 이루어질 수 있도록 해야 할 것이다.

또한 무엇보다 중요한 점은 북한 인권 문제가 '정치적 비방'으로 인식되지 않도록 하는 것이다. 현재까지 북한 인권침해 기록은 국내 입국 탈북민 조사를 통해 이루어져 왔다. 탈북민들이 함경도 및 양강도 등 특정 지역, 특정 계층, 여성에 집중되어 있다는 점에서, 전반적인 북한 인권 상황을 파악하기에는 한계를 안고 있다. 물론 개별 탈북민이 경험한 인권침해 실태는 소중한 자료이지만, 북한 내 지역별, 계층별, 시기별 인권 실태를 체계적으로 파악하기에는 한계를 가질 수 있다. 따라서 정부 내에서 최대한 다양한 방식으로 수집된 인권 기록 및 정보를 통합적으로 관리하는 것이 중요하다. 북한 인권법에는 통일부 장관이 요청할 경우 정부 부처들이 인권 기록 및 정보와 관련해 협조하도록 명시되어 있다. 통일부 북한 인권기록센터 출범 이후 국내 입국 탈북민들에 대한 전수조사가 이루어지고 있으나, 그 이전의 기록과 탈북민 이외의 다른 정보원을 통한 북한 인권 상황에 대한 기록 및 정보들이 통합적으로 관리되지 못하고 있는 실정이다. 북한 인권기록센터가 인권 기록 수집 과정에서 윤리 지침[60]을 준수하면서, 침해 기록 수집을 체계적으로 지속할 수 있도록 해야 한다. 그러나 정부 차원에서 수집된 자료 및 정보 활용 방안은 전반적인 법의 취지를 고려하도록 해야 한다. 북한 인권기록센터가 조사 결과를 매년 공개 보고서 형태로 발간하도록 하는 것은 남북 관계에 미칠 파장 등을 감안할 때 현실적으로 적절하지 않다. 다만 정부는 기록센터의 조사 기록을 비공개 방식으로 유엔 인권기구 및 관심 국가들과 주기적으로 공유하는 것이 바람직하다.

② 인도적 사안 해결을 위한 남북 협력

남북은 분단과 전쟁으로 인해 이산가족, 납북자, 국군 포로의 문제를 안고 있으며, 2000년 남북정상회담 이후 인도적 문제 해결 노력에 합의했다. 그러나 이산가족 상봉 등 남북 간 인도적 협력은 남북 관계에 따라 결정적인 영향을 받게 되었다. 이미 이산가족들의 고령화가 심각한 상황이라는 점을 감안하여, 상봉 희망자 전원에 대한 생사 확인 및 서신 교환을 전격적으로 추진하는 것이 필요하다. 북한의 참여를 유도하기 위해 '남북 적십자사 간 인도적 협력'을 제도화하는 것이 바람직하다. 이를 위해서는 대북 지원의 규모와 내용 면에서 이전과는 다른 방식으로 인도 협력을 추진하는 것이 효과적이다. 재난 예방 및 대응, 혈액 사업 등 적십자사의 고유 업무를 중심으로 남북 간 협력 사업을 제도화하는 것이 필요하다.

납북자 관련해 정부는 관련 법률을 제정하여, 전후 납북자와 전시 납북자에 대한 실태 파악, 피해 보상 및 지원, 명예 회복 등의 사업들을 추진해왔다. 남북 간 인도적 사안을 해결하기 위한 남북 협력을 위해서는 과거에 대한 책임 소재 논의 방식보다는 당사자들의 자유 의사를 통한 해결의 방식을 찾기 위한 것이어야 한다.

이인모 등 미전향 장기수 송환 등의 사례를 감안하여 당사자들이 희망하는 지역으로의 장기 방문의 방식으로 미전향(전향) 장기수 송환과 북한 내 억류 주민의 교환을 추진하는 것도 적극적으로 검토해야 할 것이다. 남북 간 인도적 문제 해결 과정에서 미국 등 해외 거주 이산가족의 생사 확인, 화상 상봉 등도 병행하여 추진하는 것이 필요하다. 또한 남북 합의를 통해 추진되었던 공동 유해 발굴 및 송환 사업을 확대하며, 유해 신분 확인 및 가족 인도 작업은 전쟁의 상처를 치유하기 위한 차원에서 이루어져야 한다. 이와 같이 분단과 전쟁으로 인한 상처라는 차원에서 인도적 문제 해결을 위한 남북 간 대화와 협력의 중요성이 강조되어야 한다.

③ 북한 참여 확대

다수의 전문가는 북한의 참여 의지 등 수용성을 감안하여 유엔의 지속가능발전목표(SDGs)를 통한 북한 인권 개선을 현실적인 방안으로 강조하고 있다. 지속가능발전목표에는 빈곤 종식(1), 기아 종식(2), 양질의 교육 보장(4), 성 평등(5), 평화롭고 포용적인 사회 증진, 정의, 효과적이며 책임성 있는 제도 구축(16) 등 실질적 인권 개선 사안들이 포함되어 있다. 특히 목표 16의 10개 실행 지표에는 폭력 감축, 아동에 대한 학대, 인신매매 및 폭력 예방, 법치, 정의에 대한 동등한 접근 보장, 조직 범죄·불법 자금 및 무기 거래 근절, 부패 및 뇌물 축소, 정보 접근 실현 및 기본적인 자유 보장, 비차별적인 법률 및 정책 증진 등의 인권 관련 내용이 명시되어 있다. 북한이 2021년 자발적 국별 리뷰(VNR: Voluntary National Review)를 통해 지속 가능 개발 목표 17개를 국가 발전 목표(NDGs)에 반영하는 등의 실행 노력을 밝히고 있으나,[61] 인권 관련 중요한 지표인 16번의 경우(사회주의 체제 강화)를 보아도 실제 SDG가 추구하는 목표 및 지표와는 상당한 차이를 보이고 있다.[62]

북한이 적극적으로 참여한 세 차례에 걸친 보편적 정례 검토(Universal Periodic Review)를 통해 북한이 수용한 권고 사항들이 제대로 이행될 수 있도록 하는 것이 바람직하다. 북한이 수용한 권고에는 여성, 아동, 장애인의 권리 증진을 위한 내용뿐만 아니라 사법일군을 위한 인권 교육 등도 포함되어 있다. 국제사회의 권고가 북한이 체제에 위협을 주는 사안이 아니고, 북한 당국의 인권 개선 노력을 부각시킬 수 있다고 판단하면 북한의 수용성은 커질 수 있다. 따라서 북한이 적극적 수용 의지를 보인 보편적 정례 검토와

SDG 국가 계획을 감안하여, 북한의 참여 확대 환경을 조성하는 것이 중요하다.

④ 인권 역량 강화

북한 인권 문제에 대한 '과잉 정치화'를 극복하기 위해서는 보편적 인권 국가로서 우리 내부의 역량을 강화하는 노력이 매우 중요하다. 인권 의제가 도구화되지 않고, 실질적인 인권 개선을 위한 방식으로 추진될 수 있도록 하기 위해서는 인권 가치에 충실한 접근이 이루어져야 한다. 남북한이 적대적 대결을 지속하는 상황에서, 인권 가치는 국가 안보 논리에 귀속될 수밖에 없을 것이다. 따라서 남북이 상대를 적대 대상으로 규정하고 있는 구조에 대한 재조명이 이루어질 필요가 있다. 예를 들어 북한은 '국가반역죄' 또는 '민족반역죄'라고 규정하면서 정치 범죄를 처벌하고 있으나, 매우 모호하고 불확실하며 광범위한 범주의 행위를 포함하고 있다.[63] 우리의 국가보안법은 인권적 차원에서 국내외적으로 지속적으로 문제 제기가 이루어져 왔다. 이러한 차원에서 반인권적 법률과 규정들을 개폐하는 것이 실제 남북 간 인권 대화 및 협력의 환경을 조성하기 위해서도 바람직할 것이다. 이는 한반도 인권 문제와 평화 정착을 위한 과제가 남북 적대 관계 및 북·미 적대 관계를 풀어가는 것과 연계되어 있기 때문이다.

북한 인권 개선을 위해서는 권리의 주체로서 북한 주민을 인정해야 한다. 북한 주민을 대상화하는 오류를 넘어서서 북한 주민의 진정한 인권 욕구를 적극적으로 탐색해야 한다.[64] 이는 북한 당국이 강조하는 '우리식 인권'과는 구분되어야 하며, 권리 주체인 북한 주민들이 장기적인 차원에서 권리 형성을 할 수 있도록 하는 것이 중요하다. 북한 주민이 유엔헌장과 세계인권선언, 북한이 가입하고 비준한 국제 인권 기준에 명시된 권리를 누릴 수 있도록 하는 것이 필요하다.[65] 이러한 차원에서 북한 주민들에게 직접적인 영향을 주는 외부 개입에 대한 정보, 제재로 인한 영향, 평화를 누릴 권리(평화권) 차원에서 북한 주민들이 자국의 핵무기 개발로 인한 대내외적 위험으로부터 자유로울 권리 요구, 북한 당국에 대한 반핵·평화 요구 권리, 핵 개발로 인한 긴장 고조로 위한 외부 개입에 반대할 권리 등이 포함될 수 있다.[66] 이와 함께 북한 인권 문제를 해결할 의무 주체로서 북한 당국을 인정하고, 북한 당국이 전반적인 제도를 친인권적으로 변화시키는 등 국가 의무 사항들을 준수하기 위한 노력을 강화하도록 유도하는 것이 필요하다.[67]

14

지속가능발전 시대의 북한의 발전 전략과 한반도 평화[1]

김태균(서울대)

1) 서론: 보편성과 특수성의 발전론적 교차 분석 필요성

지금까지의 한반도 평화에 관한 연구는 대부분 북한이 처한 특수한 상황을 상수로 간주하고 평화 프로세스에 북한의 특수성을 한국을 포함한 모든 관련 국가들이 고려해야 한다는 경향이 강하다. 이른바 민족주의 또는 북한의 내재적 접근에 기반한 특수성 중심의 접근법은 기존 북한 연구뿐만 아니라 한반도 평화 연구의 주류로 자리 잡아왔다. 같은 민족이라는 특수한 시각에서 북한의 정치 체제와 대외 관계를 연구하는 접근법을 제1세대 연구 방법이라고 정의한다면, 기존 정치 중심의 연구 주제부터 일상생활 연구 및 북한 문화 연구와 같은 비정치 영역까지 전문화된 시각으로 북한의 특수성을 강조하는 내재적 접근법을 제2세대 연구 방법이라 정의할 수 있다(이종석, 2002). 제1세대와 제2세대 연구 방법이 북한의 특수성에 기반하여 진행되어왔다면, 인류 보편적 가치에 입각하여 북한을 국제사회에서 통용되는 보편적 기준에 맞게 재해석하고 한반도 평화 구축을 위한 하나의 변수로 북한을 재인식하는 제3세대 연구 방법이 대두되고 있다(서보혁, 2017; 김태균, 2014).

북한의 핵 문제를 비롯하여 대북 제재 및 인도적 지원 등 글로벌 기준과 직접 연결되는 이슈들에 대해 북한의 특수성만을 고려한 연구 방법론으로는 한반도가 처한 안보 위기와 평화 체제에 관한 적절한 대응 방안을 제시하기에 역부족이다. 북한 상황이 특수하기 때문에 대응 방안도 특수해야 한다는 동어 반복(tautology)적 논리와 접근법은 현실에 타당한 이론적·경험적 연구를 제시하는 데 특수성이라는 자기 제한적 한계에 항상 노출되기에 십상이다. 따라서 북한의 특수성을 북한 연구의 절대적인 상수로 전제하는 기존의 접근법을 지양하고 인류 보편적 기준으로 북한을 평가하며 국제사회의 보편 규범을 북한과 적극적으로 공유하고 이를 통해 국제사회의 보편성과 한반도의 특수성을 상호 보완적(inter-complementarity)으로 교차시키는 대안적 연구 방법이 시도되어야 한다.

보편성과 특수성이 상호 교차될 때 북한의 특수한 상황을 글로벌 시각에서 객관적으로 재조명할 수 있고 동시에 국제사회의 보편적 규범이 북한의 특수한 상황에 어떻게 적용될 수 있는가를 상보적으로 고찰할 수 있다는 방법론적 이점을 기대할 수 있다. 북한의 특수성과 국제사회의 보편성이 교차하는 지점을 북한이 어느 정도 국제사회가 보편적으로 주창하는 가치와 규범을 특정 이슈 분야에서 수용할 수 있다는 절충의 공간으로 인식할 수 있다. 또한 이 교차 지점을 한국이 전략적으로 선택·집중하여 남북한이 공동으로 추진할 수 있는 당면 과제를 교차 지점 범위에서 논의할 수 있다면, 북한이 글로벌 차원과 한반도 차원에서 동시에 남한과 협력할 수 있는 시공간이 열릴 가능성이 커진다.

본 장은 글로벌 규범과 북한의 특수성이 교차하는 지점을 2015년 유엔 총회에서 의결한 '지속가능발전목표(SDGs: Sustainable Development Goals)'의 이행 과제를 중심으로 SDGs라는 국제사회의 보편적인 규범과 북한의 내부 발전 전략과 연계된 특수한 SDGs 이행 간의 교차 영역으로 상정한다. 유엔 회원국은 예외 없이 SDGs의 국내 이행을 위하여 제도 확충과 추진 체계를 준비하고 이에 관한 보고서를 4년 단위로 한 차례씩 유엔 고위급정치포럼(HLPF: High-Level Political Forum)에 제출하도록 합의한 바 있다. 따라서 북한도 HLPF에 북한의 첫 SDGs 이행 보고서인 '자발적 국별 리뷰(VNR: Voluntary National Review)'를 2020년 7월에 제출하기로 약속했었다가 코로나19 때문에 2021년 HLPF에 제출하기로 연기했고 약속대로 같은 해 6월에 제출하였다.[2] 북한도 유엔이 권장하고 있는 SDGs라는 글로벌 규범을 준수하려고 노력하는 흔적이 보이고 있으며, 자국의 경제 발전 전략과 SDGs를 적극적으로 연계하여 북한이 글로벌 규범을 지키면서 자국의 특수한 상황을 반영하려는 교차 지점이 확인되고 있다.

이에 본 장에서는 2015년부터 2030년까지 15년 동안 국제사회가 이행하기로 공유한 글로벌 규범으로서 SDGs가 과연 무엇인지 분석하고, SDGs와 개별 국가의 발전 전략이 어떻게 연계되고 있는가를 비교·분석한다. 이를 바탕으로 북한이 지금까지 준비해온 SDGs 이행 과정과 북한의 발전 전략이 어떻게 SDGs와 연계되고 있는가를 북한이 제출한 VNR과 북한의 로동신문 및 북한이 유엔 아시아태평양경제사회위원회(UNESCAP)과 같은 국제회의에서 발표한 자료를 토대로 연결 고리를 찾아낸다. 마지막으로 북한의 발전 전략과 국제사회의 SDGs가 교차하는 지점에서 한국이 취할 수 있는 전략적 선택의 제안으로 결론을 갈음하고자 한다.

2) 글로벌 규범으로서 지속가능발전목표(SDGs)

국제사회의 구성원인 주권 국가들이 글로벌 수준에서 인류 공동의 발전 패러다임으로 2015년 유엔이 승인한 SDGs를 적극적으로 수용해서 국내 수준에서 SDGs가 반영된 발전 전략을 정립하고 추진하는 경향이 나타나고 있다. 주권 국가에 따라 SDGs의 국내 이행 정책이 차별적으로 제도화되지만, 중요한 공통점은 국가의 주권과 관련 없이 글로벌 규범인 SDGs가 표방하는 보편적 가치가 일정 정도 국내 발전 전략에 흡수되어 있다는 사실이다. 이는 선진국으로 대표되는 글로벌 북반구(Global North)뿐만 아니라 개도국과 저개발국이 위치한 글로벌 남반구(Global South)까지 공통적으로 나타나는 글로벌 현상이다.

2000년대 후반까지 글로벌 발전 패러다임으로 자리 잡았던 신자유주의적 발전론이 2008년 미국발 금융위기에 점차 추동력을 잃어가고 2019년 12월 중국 우한에서 발생한 신종 감염병 코로나19로 인하여 미국과 유럽을 비롯한 주요 국가들은 자국의 방역 조치와 보건 안보에 집중하는 경향이 늘어나고 있다. 이러한 국제 환경의 변화에 따라 자국 경제의 지속 가능성에 대한 글로벌 규범으로 SDGs를 반영하려는 동시다발적인 노력이 UN HLPF에 4년에 한 번씩 제출하게 되어 있는 VNR에 대략적이나마 담겨 있다. UN 회원국으로서 북한도 예외가 아니기 때문에 자국의 VNR 제출 준비를 꾸준히 해왔고, 북한이 제출한 VNR 분석을 통해 SDGs라는 글로벌 규범이 북한의 발전 전략과 어떻게 연계가 되는가를 명확하게 파악할 수 있을 것으로 기대한다. 이러한 글로벌 규범으로서 SDGs와 북한의 경제 발전 계획 간의 연계 분석 이전에 글로벌 규범으로서 SDGs의 주요 핵심 특징과 가치를 이해하는 것이 선행되어야 한다.

글로벌 규범으로서 SDGs의 보편적 가치

① SDGs의 주요 특징

SDGs는 2000년에 UN에서 승인된 '새천년개발목표(MDGs: Millennium Development Goals)'를 승계한, 2016년부터 2030년까지 15년 동안의 인류 공통의 개발 목표이다. MDGs와 달리 여러 측면에서 포용성과 다양성 등이 반영된 SDGs는 여러 측면에서 MDGs를 차별적으로 승계하고 MDGs의 경계선을 확장하였다. MDGs에서 SDGs로 전환하는 과정에서 개도국과 선진국 간의 새로운 MDGs 대체 목표를 둘러싸고 갈등을 빚어 2012년부터 복잡한 'post-2015 development agenda'를 위한 논의가 다층적으로 이루어졌다(Desai et al., 2018). 2012년 반기문 유엔 사무총장이 선임한 26인의 개발 전문가들 중심의 '포스트-2015 개발 의제를 위한 고위급 패널(High-Level Panel on the Post-2015 Development Agenda)'에서 2015년 이후 개발 의제로 12개 목표가 선정되어 2013년 유엔 총회에 보고가 되었고, 2012년 '리오+20(Rio+20)'로 알려진 유엔 지속가능발전정상회의에서 개도국의 다양한 요구가 분출되어 12개 목표보다 많은 수의 목표가 개진되었다.

이 과정에서 글로벌 북반구의 선진국들은 이른바 '공동의 책임 (shared responsibility)'을 강조하여, MDGs처럼 더 이상의 식민지 배상과 저개발국의 개발에 책임을 선진국이 도맡는 것이 아니라 모든 국가의 공동의 책임으로 주장하여 글로벌 남반구의 책임을 일정 정도 요구하게 된다. 반대로 개도국들은 '공동의 그러나 차별화된 책임(CBDR: common but differentiated responsibility)'의 모토를 제기하며 모든 국가가 공동으로 책임을 질 의제와 선진국이 아직 책임을 져야 할 의제가 동시에 존재한다는 반론을 펴게 된다(김태균·김보경·심예리, 2016). 이렇게 복잡다단한 프로세스가 진행되면서 최종적으로 '2030 Agenda for Sustainable Development' 사무총장 보고서가 2015년 9월 제70차 유엔 총회에서 17개 목표(goals)와 169개 세부 목표(targets)로 의결되었다. SDGs라는 별칭으로 유엔 회원국들이 2030년까지 국내외 이행을 위한 목표로 공유하고 이행에 관해 실제로 구체적인 정책을 제도화하고 있다. SDGs의 주요 특징은 MDGs와 차이점을 중심으로 포용성·보편성·혁신성·다주체성·재원 다양성의 크게 다섯 가지로 정리할 수 있다(김태균·김보경·심예리, 2016).

포용성이라는 특징은 이행 목표의 범위와 관련되고 목표가 집중하는 이슈 영역의 포괄성과 직결된다. 즉 MDGs의 경우 주로 빈곤·교육·여성·보건·환경 등 사회 개발에 국한되는 경향성을 보이는 한편, SDGs는 사회 개발을 포함하여 포용적 경제 성장·생태계·도시화·소비·평화·거버넌스 등 한 국가가 관리해야 하는 포괄적인 이슈 영역이 총망라되어 있다. MDGs가 8개 목표를 가지고 있다면, SDGs는 MDGs의 두 배 이상인 17개 목표로 그 포용성을 확장하고 있어 다양한 정책 이슈가 포괄되어 있다. 따라서 한 국가가 달성해야 하는 발전 패러다임으로 SDGs를 인식할 수 있는 정당한 이유가 바로 모든 국가 정책을 아우를 수 있는 SDG 포용적인 프레임워크에서 나온다.

SDGs의 보편적인 특징은 SDGs 이행 대상이 선진국과 개도국을 모두 포함하고 있다는 점이며, 그리고 SDGs 모토가 '누구도 뒤처져서는 안 된다(No one should be left behind)'는 점에서 MDGs와 차별성을 갖는다. MDGs는 목표 이행의 대상이 선진국이 아닌 개도국으로 한정되어 있었기 때문에 다분히 MDGs 이행의 의무와 주체는 선진 공여국에 집중되었다. 이에 반해 SDGs는 유엔 회원국이라면 선진 공여국과 개도국 구분 상관없이 이행해야 하는 인류 공동의 보편적인 목표이기 때문에 북한도 이행 대상국에 포함되는 것이다. 특히 후자의 경우 SDGs의 수혜 대상과 이행 주체가 특정 국가와 집단을 배제해서는 안 된다는 SDGs의 강력한 보편적인 적용을 강조하고 있다는 점에서 북한에 시사하는 함의가 크다.

셋째, MDGs에 비해 SDGs는 개발 목표를 지속 가능하게 전환하는 혁신적인 사고와 정책이 대규모로 동원될 수 있는 '실현 가능한 환경 구현(enabling environments)'이 필요하다. 우선 8개 목표의

MDGs에서 17개 목표의 SDGs으로 전환은 사회 개발에서 국가의 모든 국정 과제로 개발 영역의 확장을 요구하며 동시에 전 사회가 지속 가능하게 전환하는 목표를 사회 구성원이 지지하는 새로운 '사회 계약(social contract)'이 필요할 정도로 사회적 혁신이 요구된다. 또한 개별적인 SDGs의 목표 내용에서도 혁신성을 발견할 수 있다.

넷째, 이행 주체의 다양성이라는 측면에서 MDGs와 SDGs 간의 차별성을 찾을 수 있다. MDGs의 경우, 8개 목표를 이행하는 대표 주체가 선진 공여국의 국가 또는 정부, 그리고 원조를 받아 이행하는 협력 대상국의 정부로 압축되고 민간 부문과 비정부 기관 등의 시민사회단체는 국가 기관을 지원하는 보조적인 역할에 한정된다. 반면 SDGs는 '다주체(multi-stakeholder)'로 요약되는 이행 주체의 다변화를 추구하고 있으며, 다주체에는 기존의 국가 및 정부를 비롯하여 비정부 기구, 민간 기업, 재단, 국회 등 개발과 관련된 모든 주체가 독립된 행위자로 인정받고 SDGs 이행 과정에 참여하는 것을 의미한다.

마지막으로 MDGs와 SDGs 간의 차별성은 개발 재원 동원의 다양성에 있다. MDGs가 목표 이행에 필요한 재원을 대부분 공여국의 ODA에 의존했다면, SDGs는 17개로 확장된 목표 이행을 위해 기존 ODA뿐만 아니라 ODA 외부에서 다양하게 동원이 가능한 민간 재원까지 포함하여 재원의 다양화를 표방하고 있다. 이에 따라 민관 협력(PPP) 등의 새로운 방식의 혼합 재원을 사용하는 이행

기제가 도입되기 시작했고, 이러한 하이브리드 형태의 재원과 이행 추진 체계가 주류화되고 보편화되어왔다.

② 보편적 SDGs의 이행 조건과 프로세스

SDGs 이행 프로세스를 이해하고 이행 과정이 보이는 보편성을 확인하는 것은 북한의 발전 레짐을 분석하는 데 대단히 중요한 시사점을 제공한다. 이유인즉, 북한이 2020년 7월에 HLPF에 제출하기로 한 VNR을 코로나19로 인해 1년 연장하여 2021년 HLPF에 제출하기 때문이다. 북한이 보편화된 제도적 과정인 VNR의 HLPF에 제출 프로세스를 다른 유엔 회원국과 동일하게 밟을 예정이기 때문에 최소한의 국제화되고 보편화된 글로벌 규범을 이행한다는 중요한 의미를 내포하게 된다.

SDGs 이행을 위한 각 유엔 회원국의 계획서이자 국내외 지속가능발전목표의 지침서인 VNR은 UNECOSOC 산하의 HLPF에 4단위로 회원국 정부가 한 차례씩 제출하기로 되어 있다. 2015년에 선포된 SDGs는 2016년부터 2019년까지인 첫 번째 VNR 제출 사이클이 이미 지났기 때문에 VNR을 제출한 회원국 기록을 찾아볼 수 있다. VNR 보고는 2016년 22개, 2017년 43개, 2018년 46개, 그리고 최근 2019년 47개 국가에서 이루어졌으며 한국 정부는 2016년에 VNR을 제출하였다. 2016년부터 2019년까지 4년간 도합 158개의 VNR이 보고되었고, 이 중 15개국은 2회 이상 제출하였다.

2020년 보고 의사를 밝힌 국가는 50개국이며, 10개국이 2021년 VNR 제출을 계획하였고 이 중 북한이 포함되었는데 실제로 보고서를 제출하였다.

VNR 제출 과정에서 두 가지 특징을 인지할 수 있다. 첫째, 4년 단위의 VNR 제출이 의무 사항이 아니라 자발적으로 제출하는 권고 사항이라는 특징이다. 대부분의 글로벌 규범과 원칙이 자발적 참여라는 제한적 조건이 항상 붙어 있어서 사실상 규범만으로 주권 국가들의 행위를 관리하고 통제하기에 역부족이다. 따라서 VNR 제출 첫 사이클 동안 제출하지 않은 회원국들이 나오고 있는데, 대표적으로 미국, 러시아, 북한 등의 회원국들이 여기에 속한다. 북한은 2021년에 VNR을 제출했지만 미국과 러시아와 같은 안전보장이사회 이사국들은 아직 자국의 보고서를 언제 제출할 것인지 명시적으로 밝히고 있지 않다. 둘째, 아직 한 번도 제출하지 않은 회원국들에 비해 일부 15개 회원국은 VNR을 2019년까지 두 번 제출하였다. 이들은 대부분이 ODA를 받는 저개발 국가들로서 VNR을 적극적으로 제출함으로써 SDGs 이행에 관한 국가 이미지를 제고하고 중장기적으로 SDGs 이행을 통해 해외 원조와 투자를 지속 가능하게 유치하려는 전략일 가능성이 크다.

북한도 2021년 VNR 제출을 위해 적극적으로 UNESCAP 지역 회의에 참석하고 북한의 VNR 준비를 국제사회와 논의하여 공유하는 등 글로벌 규범을 준수하려는 노력을 적극적으로 보여주었다. 2021년 6월에 HLPF에 보고된 북한의 VNR을 분석함으로써 더욱 자세한 북한의 SDGs 이행 전략을 파악할 수 있다.

3) 북한의 SDGs 자발적 국별 리뷰(VNR)와 국가 발전 계획-SDGs 연계 분석

지금까지 분석한 발전 패러다임으로서 SDGs를 토대로 북한의 VNR, 북한의 국가 발전 계획과 SDGs 간의 연계를 분석하고자 한다. 먼저 현재까지 북한이 어떻게 글로벌 규범인 SDGs를 북한의 특수한 맥락에 맞게 수용하는 노력을 보여왔는지를 분석한다. 이와 함께 북한이 국가 발전 전략으로 SDGs를 어떻게 인식하고 있는가를 로동신문을 통해 분석한다.

코로나19로 인해 북한이 약속했던 2020년 7월에 제출하지 못했던 VNR을 2021년 6월 유엔 HLPF에 제출하였다. 실제로 로동신문의 분석에서 북한은 2015년 유엔이 SDGs를 선포하기 전부터 국제사회가 논의해온 포스트-2015 개발 의제 프로세스에 관심을 보여왔으며, 2015년 이후에도 SDGs를 이행하기 위한 다각도의 노력을 국제사회, 특히 UNESCAP 회의를 중심으로 추진해왔다는 것을 여러 경로로 확인할 수 있다.

우선, 북한 외무성과 유엔 기구 간에 체결된 2017-2021 유엔 전략 프레임워크(UN-DPRK Strategic Framework)에서 북한 지원의 핵심 목표가 모두 SDGs와 연계되어 있다는 점에서 북한이 일정 정도 SDGs의 중요성을 인정하고 유엔 기구가 북한과의 협력 사업을 할 경우 SDGs를 적극적으로 활용할 수 있도록 허용하고 있다는 점을 확인할 수 있다. 둘째, 북한은 2015년 이후 SDGs 이행을 위한 VNR 제출을 유엔 HLPF에 약속한 바 있고, 이를 수행하기 위하여 UNESCAP이 주최하는 아시아태평양 지역 포럼에 최소 4차례 참여하여 북한이 현재까지 국내적으로 준비하고 있는 SDGs 이행과정을 발표한 바 있다. 2017년 10월 중국 베이징에서 개최된 UNESCAP 주최 North-East Asian Multistakeholder Forum on Sustainable Development Goals에 북한 대표가 참석하여 북한이 준비하고 있는 SDGs 주요 목표와 이행 방안을 발표했고, 2019년 10월에는 베트남 다낭에서 UNESCAP이 개최한 Regional Workshop on SDG Indicators 회의와 같은 달 러시아 블라디보스토크에서 UNESCAP이 개최한 North-East Asian Multistakeholder Forum on Sustainable Development Goals에서 북한 대표가 참가하여 북한의 준비 상황을 발표하였다. 이외에도 UNESCAP에서 주최한 SDGs 관련 지표 구성과 통계 방법에 대한 교육 과정과 회의에 북한 대표가 참석한 것으로 알려져 있다. 2021년 북한이 제출한 VNR 서문에 보면, 보고서 작성을 위해 많은 도움을 준 UNESCAP에 감사하는 표현이 적시되어 있다는 점에서 북한과 UNESCAP 간의 협력의 정도를 예상할 수 있다. 셋째, 2012년부터 2018년까지 로동신문 분석을 통해 북한 내부에서 지속가능발전에 관해 어떠한 논의가 진행되고 얼마나 국제사회에서 논의되는 SDGs에 관심을 보여왔는가를 분석해서 교차 검토할 수 있다.[3]

이를 토대로 북한의 SDGs 이행에 관한 준비와 VNR의 내용이 2016년 제7차 로동당 대회에서 제시한 '2016−2020 국가 경제 발전 5개년 계획'과 어떻게 관계되어 있는가를 분석하여 경제 발전, 삼림 문제, 에너지 문제 등 북한이 국내적으로 처한 중요한 국정 과제가 글로벌 규범인 SDGs와 연결되어 있다는 것을 찾아낼 수 있다. 아직 로동신문이나 다른 경로로 파악되고 있지는 않지만, 2020년 초 발생한 코로나19 팬데믹이 북한 내부에 일정 정도 영향을 미칠 것이라는 가정 하에 북한이 감염병 재난 대응을 중요한 당면 과제로 인식하고 있다면 앞으로 감염병 대응을 남북 협력의 핵심적인 이슈로 강조하여 SDG 3번 목표에 해당하는 글로벌 원칙과 규범을 활용하여 국제협력까지 유도해낼 수 있을 것이다. 이를 통해 한국이 가지고 있는 방역 경험과 장비 등을 북한과 공유하면서 협력과 평화의 기회 공간을 SDGs라는 글로벌 규범으로 확장하는 전략적 방안도 모색할 수 있다.

SDGs를 중심으로 북한과의 협력 가능성을 타진하여 이를 전략화하는 방안을 앞서 논의했듯이 글로벌 규범의 보편성과 북한의 특수한 당면 과제, 그리고 한국의 당면 과제가 교차하는 공간에서 전략화해야 할 것이다. 더 이상 남북 관계의 민족적 관점에서 접근하는 특수성에 기반하는 전통 방식이 아닌 글로벌 규범을 한반도에 적용하여 북한의 특수성을 국제사회의 보편성과 조우하게 하고 국제사회에서 보편적으로 인식되는 SDGs와 같은 규범 틀 안에서 북한에 인도적 지원, 개발 협력 및 인권 기반 접근을 동원하는 것이 장기적인 한반도 평화 구축을 위해 바람직하다.

유엔 전략 프레임워크

2019년까지 북한 개발 협력과 SDGs 간의 관계에 대한 분석 및 전망은 대부분 제2차 유엔 전략 프레임워크(2017–2021)를 토대로 이루어진 것이 대부분이다. 소위 '사업 원칙'이라 하여 유엔 전략 프레임워크가 제시한 대북 지원의 원칙이 ① 지속가능발전목표 적용, ② 인권 중심 접근법 채택, ③ 성 평등과 여성 권리 강화, ④ 환경 지속 가능성 추구, ⑤ 제도의 지속 가능성 추구, ⑥ 성과 기반 관리 적용, ⑦ 복원력 강화로 제시되어 있고, 이러한 원칙에는 기존 대북 사업에서는 상상하기조차 어려운 글로벌 규범이 포함되어 있다. 특히 인권 중심 접근법과 성과 기반 관리 적용은 대단히 전향적인 변화라고 볼 수 있다. 북한에서 보편적 인권을 개발 사업과 인도적 지원에 적용한다는 것은 이전에 상상할 수 없는 가치였는데 반해 유엔 전략 프레임워크에서는 이를 주요 이행 원칙으로 상정했다는 점에 주목할 필요가 있다. 또한 성과 기반 관리를 표면화하여 지원 사업이 이루어지는 현장 모니터링과 점검을 유엔 기관이 원할 때 북한 당국이 같이 현장에 참여하거나 유엔에 현장 방문을 허용한 다는 조건이 프레임워크에 반영되었다는 사실도 대단히 중요한 변화라고 평가할 수 있다.

유엔은 적극적으로 SDGs를 프레임워크에 반영하고 있으며, 북한에 우선적으로 필요한 4대 전략으로 ① 식량·영양 안보, ② 사회 개발 서비스, ③ 복원력과 지속 가능성, ④ 데이터 개발 관리를 선정하여 각각의 전략에 SDG 목표를 연결하여 최종적으로 북한의 지속 가능하고 복원력 있는 인간 개발을 추구하고 있다. 이러한 전략을 수행하는 데 있어 범분야 이슈와 같이 공히 적용되는 이행 원칙이 바로 위에 정리한 7가지의 사업 원칙이다. 이로써 제1차 유엔 전략 프레임워크보다 제2차 프레임워크는 북한의 특수성을 강조하기보다 국제사회의 보편적인 규범인 SDGs를 주요 플랫폼으로 사용하고 있고, 이를 북한 외무성도 공식적으로 인정한 것이라 해석할 수 있다. 따라서 북한은 국제사회와 소통하고 원조를 요청하며 대북 제재를 경감하기 위해 차후 지속적으로 SDGs와 같은 국제규범을 활용하고, 이를 이행하기 위한 국내외 조치에 일정 정도 성실히 수행하는 모습을 보일 것으로 예상된다.

북한의 SDGs 준비 과정 분석

북한의 SDGs 이행 및 준비 과정의 분석은 크게 북한이 내부적으로 중요하게 추진해온 경제 재건 과정과 SDGs 이행을 위한 국내외 준비 과정 간의 정합성을 찾는 노력으로 환치할 수 있다. 우선 2016년 제7차 로동당 대회에서 선포한 국가 경제 발전 5개년 계획의 내용을 파악하고, 이 5개년 계획이 단순히 국내 수준에서 자력갱생과 경제 재건을 위한 결과가 아니라 글로벌 규범인 SDGs와의 정합성을 고려하거나 SDGs를 이용하여 자국의 경제 발전 노력이 국제사회의 규범과 일관되게 연결되어 있다는 점을 강조하고 있다는 연계성에 주목해야 한다.

〈표 14-1〉에서 확인할 수 있듯이, 건국 이래 지속적으로 경제 발전에 대한 국가 전략을 세워왔으며, 최근에 들어와 북한 정부는 국가 발전 전략을 경제·핵 병진 노선에서 경제 건설 중심으로 전환하는 등 안보와 군사력 강화에서 경제 사회 발전으로 초점이 옮겨가는 변화를 보이고 있다. 이에 따라 북한은 1987년에 설계했던 '인민 경제 발전 3차 7개년 계획'을 마지막으로 30여 년 동안 공식화하지 않았던 경제 발전 전략을 2016년 제7차 로동당 대회에서 발표하게 된다. 그러나 2016년 제7차 로동당 대회에서 발표한 '국가 경제 발전 5개년 전략'이 2020년에 종료되기 때문에 북한은 새로운 국가 경제 발전 전략을 2021년 1월 발표하게 된다. 2020년 8월 당중앙위 제7기 6차 전원회의에서 김정은은 경제 실패를 자인했으며 2021년

〈표 14-1〉 북한의 경제 발전 전략 변화 과정

명칭	기간	논의/발표
인민 경제 2개년 계획	1949~1950년	내각 제10차 전체회의에서 논의, 결정
인민 경제 복구 발전 3개년 계획	1954~1956년	북한 로동당 중앙위원회 제6차 전체회의 (1953년 8월 5일)에서 구상
제1차 5개년 인민 경제 계획	1957~1961년	북한 로동당 제3차 대회에서 발표 (1956년 4월 23일)
인민 경제 발전 7개년 계획	1961~1967년	북한 로동당 제4차 대회에서 발표 (1961년 9월 11일)
인민 경제 발전 6개년 계획	1971~1976년	북한 로동당 제5차 대회에서 발표 (1970년 11월 2일)
사회주의 경제 건설 10대 전망 목표	1980년대	북한 로동당 제6차 대회에서 발표 (1980년 10월 14일)
인민 경제 발전 2차 7개년 계획	1978~1984년	최고인민회의 제6기 제1차 회의에서 채택 (1970년 11월 2일)
인민 경제 발전 3차 7개년 계획	1987~1993년	최고인민회의 제8기 제1차 회의에서 채택 (1986년 12월 30일)
국가 경제 발전 5개년 전략	2016~2020년	북한 로동당 제7차 대회에서 발표 (2016년 5월 6일)
국가 경제 발전 5개년 계획	2021~2025년	북한 로동당 제8차 대회에서 논의 (2021년 1월 5일)

출처: 일본 동아시아무역연구회의 자료를 KOTRA에서 인용.

1월 제8차 당 대회를 소집해 '새로운 국가 경제 발전 5개년 계획을 제시'하여 지난 5년간 정책 성과를 종합 평가하면서 새로운 국가 노선을 제시하였다.

2021년 1월 5일부터 개최된 제8차 로동당 대회에서 김정은 위원장은 국제사회의 대북 제재와 코로나19로 어려워진 대외 환경 속에서 국내 경제 정책의 실패를 인정하면서도 이를 극복하는 방안으로 주체사상을 통한 '우리식 사회주의'로의 회귀와 핵심 구호로 이민위천, 일심단결, 자력갱생을 강조하였다. 이민위천은 김정은 본인의 총비서 추대에 대해 인민의 충복으로 최선을 다하겠다는 다짐을 강조한 구호이고, 적대 세력에 대응하기 위한 총비서에 대한 충성심을 인민들에게 요청하는, 즉 일심단결을 강조하였다. 아울러 자력갱생을 통해 새로운 5개년 계획을 반드시 수행해야 한다는 의지를 표명하면서 그것이 사회주의 경제 건설과 직결된다고 언급하였다. 국방력 강화는 어느 정도 완성되었다고 보는 한편 경제 최우선 강조로 이번 당 대회의 목표가 경제 전반의 혁신에 있다는 점을 부각하고 있으며, 제7차 당 대회에서 선포한 국가 경제 발전 5개년 전략의 맥을 이어가는 경향성을 보이고 있다. 제7차 당 대회의 5개년 전략에서 나온 주요 내용은 이미 지속가능발전목표라는 글로벌 규범과 적극적으로 연계하려는 북한 정부의 전략적 노력이 확인되고 있어 아직 섹터별로 구체화되지 않은 제8차 당 대회 5개년 계획보다 2020년에 마무리된 제7차 5개년 전략을 토대로 보편성의 글로벌 규범과 특수성의 북한 국가 발전 전략과의 연결에 관해 분석하는 것이 실질적인 의미가 있을 것이다.

북한이 국제사회의 발전 규범을 전략적으로 국내 국가 경제 발전 계획과 연동시키려는 노력은 이미 2012년 로동신문에 나온 아래 기사에서 확연히 인지할 수 있다.[4]

"공화국 정부가 최첨단 과학 기술에 의거하여 가까운 앞날에 우리나라를 지식 경제 강국으로 전변시킬 데 대한 목표를 내세우고 그 실현을 위하여 우리 식의 **발전 전략과 혁신적 방도들을 제시하고 있는 것은 지속 개발을 지향하는 세계적인 추이에도 부합된다.**"

또한 북한 대표가 UNESCAP 지역 회의에서 SDGs 준비 과정을 발표한 자료에서도 북한이 국가 경제 발전 계획과 SDGs를 전략적으로 연동시키고 있다는 것을 확인할 수 있다. 2017년 10월 중국 베이징에서 개최된 UNESCAP 회의에서 북한은 국내 경제 발전 계획의 핵심 내용을 구체적으로 SDG 목표들과 연결시키는 노력을 발표하였는데, 대표적으로 경제 발전을 위한 에너지 문제와 SDG 7, 인민들의 식수와 위생 문제와 SDG 6, 숲의 사막화 방지 및 토지 파괴 방지와 SDG 16, 지속 가능한 도시와 거주지 조성 문제와 SDG 11, 북한 경제의 지속 가능한 소비와 생산 양식의 안정적 강화와 SDG 12, 그리고 북한의 SDGs 달성을 위한 수단으로서 국제사회와의 파트너십을 SDG 17과 연결하여 자국의 문제해결을 글로벌 규범과의 연계를 통해 도모하려는 노력이 지속되었다.

2019년 10월 블라디보스토크에서 개최된 UNESCAP 회의에서는 더욱 구체화된 북한의 SDGs 이행 과정과 준비 사항, 그리고 SDGs 이행을 위한 추진 체계 제도화를 확인할 수 있다.[5] 북한이

〈표 14-2〉 북한의 SDGs 및 VNR 준비 내용 요약

① 북한이 설정한 SDG 목표는 17개로 유엔과 같으나, 세부 목표는 89개, 지표는 130개로 유엔이 설정한 수와 큰 차이를 보이고 있음.
② 북한 내부의 경제 발전 전략과 SDGs가 밀접하게 연결되어 있다는 점을 명확하게 강조함.
③ SDGs 가운데 가장 시급하게 추진하려는 목표로는 식량 생산과 농업 개발을 통한 기아 문제 해결인 SDG 2, 식수 및 위생 이슈인 SDG 6, 에너지 문제인 SDG 7, 지속 가능한 숲 관리 및 토지 문제인 SDG 15 등으로 수렴됨.
④ 북한 외무성, 국가기획위원회, 통계국이 북한 SDGs 이행 추진 체계의 주축이 되어 추진할 계획임.
⑤ 2019년과 2020년 유엔이 주최하는 아시아 지역 회의에 참석해서 VNR 준비 진행 계획.

출처: https://www.unescap.org/sites/default/files/Session%201-3.%20Country%20Presentation_DPRK.pdf

국내 경제 재건과 국제 협력의 핵심 과제로 선정한 에너지, 삼림 및 토지 관리, 식량, IT 및 과학 기술을 토대로 SDGs 전반에 걸쳐 북한이 자국의 대응 방안을 발표하였다. 위의 〈표 14-2〉는 북한 대표가 블라디보스토크 UNESCAP에 제출한 발표문에 명시되어 있는 내용을 정리한 것이다.

북한의 VNR 분석

이를 토대로, 2021년 6월 HLPF에 제출한 북한의 VNR을 분석해보면, 지금까지 UNESCAP과의 긴밀한 협력 관계를 유지하면서 북한 당국이 대외적으로 선전해 온 SDGs 국내 이행의 내용이 대부분 VNR에 수용되었다는 것을 알 수 있으며, VNR이 유엔에 제출되었다는 행위는 −정치적 목적과 전략은 차치하더라도− 공식적으로 글로벌 발전 규범을 북한 스스로 내재화하려는 노력으로 이해할 수 있다. 북한 VNR의 인사말에서 이미 북한은 VNR과 SDGs를 국가 발전 목표와 부합하도록 설계했고, 부합한다고 판단했기 때문에 VNR 준비와 제출에 적극적으로 임했던 것을 알 수 있다. 북한은 SDGs가 "강력한 사회주의 국가 건설이라는 북한의 국가 개발 목표와 부합한다고 판단"했으며, '2030 의제'의 국내외 이행을 위하여 지속가능발전 국가 태스크포스(NTF)와 기술위원회(TC)를 구성하여 글로벌 수준의 SDGs 세부 목표와 성과 지표를 북한 맥락에 맞게 국내화하는 작업을 추진하였다.[6] 또한 북한 VNR은 김정은 총비서의 지도 하에 2016년에 수립된 '경제 발전 5개년 전략'과 2018년 4월 새로이 선포된 '경제 건설 집중 노선' 하에 SDGs 이행을 위한 북한식 목표와 성과 지표를 확정했고, 이를 토대로 VNR을 유엔에 제출하였음을 명확하게 강조하였다.

북한은 이번 VNR을 통해 북한식 SDGs는 과학과 교육이 선도하는 자급자족 경제 기반의 건설, 그리고 에너지, 농업, 식수 및 위생과 환경 분야 개선을 통한 모든 인민의 삶의 질 향상을 주목표로 하고 있다. 북한은 베트남과 중국과 마찬가지로 SDG 17개 목표, 95개 세부 목표, 그리고 132개의 지표로 구성되어 있어서, 유엔이 설정한 17개 목표, 169개의 세부 목표, 232개의 글로벌 지표와는 차이가 있지만 중요한 사실은 유엔의 17개 목표를 모두 북한식으로 재설정했다는 점이다. 북한의 SDGs 국내 이행 목표 중 유엔

SDGs	유엔	북한
북한 국가 발전 목표 1: 인민의 정부로서 책무성 강화와 인민 대중 제일주의 구현		
16 PEACE, JUSTICE AND STRONG INSTITUTIONS	모두를 위한 포용적이고 공평한 양질의 교육 보장 및 평생 학습 기회 증진	모든 인민 대중의 지식 노동자화
4 QUALITY EDUCATION	회복력 있는 사회 기반 시설 구축, 포용적이고 지속 가능한 산업화 증진과 혁신 도모	주체사상과 과학 기반 국가 경제 수립 및 인프라 현대화
9 INDUSTRY, INNOVATION AND INFRASTRUCTURE	지속가능발전을 위한 평화롭고 포용적인 사회 증진, 모두에게 정의를 보장, 모든 수준에서 효과적이며 책임감 있고 포용적인 제도 구축	사회주의 체제 강화

출처: https://sustainabledevelopment.un.org/content/documents/282482021_VNR_Report_DPRK.pdf

의 목표와 달리 북한식으로 재해석한 목표를 북한의 국가 발전 전략과 연계하여 분석하면 〈표 14-3〉과 같이 정리할 수 있다.

북한의 국가 발전 목표 중 가장 핵심적인 사항이 "인민의 정부로서 책무성 강화와 인민 대중 제일주의 구현"이라 볼 수 있다면, 북한은 이 국가 목표를 SDG 4·9·16과 연계하면서 철저하게 북한식으로 재해석하고 있다(〈표 14-3〉 참고). 유엔의 SDG 4인 양질의 교육은 '모든 인민 대중의 지식 노동자화'라는 국내 목표로 재해석했고, SDG 9인 산업화·혁신·인프라는 '주체사상과 과학 기반 국가 경제 수립 및 인프라 현대화'로 주체사상을 적극적으로 소환했으며, 북한에 가장 불편한 내용이 담긴 SDG 16(법치·책무성·평화)은 '사회주의 체제 강화'로 대응하면서 강력한 체제 유지의 의지와 유엔이 강조하는 법치와 제도 개선을 통한 국가의 책무성 강화는 결국 사회주의 체제의 강화로 환치된다는 재해석을 시도하고 있다. 이밖에도 국가 발전 목표 2인 '과학과 교육을 통한 모든 개발 목표 이행'은 SDG 4·5·9·12·14·17과 연결하고 있으며, 국가 발전 목표 3인 '자력갱생과 지식 기반 경제 구축'은 SDG 1·2·3·4·7·8·9·10·11·12·13·14·15와 연결하고, 국가 발전 목표 4인 '완전한 사회주의 문화 구축'은 SDG 1·3·4·9·13·14와 연결하며, 마지막으로 '모든 국가 발전 목표와 연계되는 공통의 목표'로 SDG 4·5·9·17을 강조하고 있다.

구체적인 내용으로 들어가면, 글로벌 규범으로서 SDGs가 표방하는 목표의 내용과 북한이 표방하는 목표의 내용에 차별성이 보이는 목표들이 있으며, 이는 북한이 글로벌 목표를 현지 상황에 맞게 재해석하여 이를 북한 맥락에 맞게 재설정한 것이다. 대표적으로 SDG 9의 글로벌 공동 목표인 "복원 가능한 인프라 건설, 포용적이고 지속 가능한 산업화 및 혁신 촉진"을 북한식으로 재해석하여 "주체사상을 토대로 현대적이고 IT와 과학 기술에 기반한 국가 경제 건설"이라는 특수한 북한식 SDG 9를 만들어내었다. 또한 SDG 4인 포용적 양질의 교육 제공의 글로벌 목표가 모든 인민을 높은 지능이 갖춰진 노동자로 재탄생시키기 위한 역량 발전 제공이라는 북한식 목표로 전환되었다. SDG 10이 글로벌 목표로 불평등 감소를 설정하고 있는 반면, 북한 내부의 불평등 문제를 강조하기 어려운 북한 정부는 모든 인민을 동등하게 국가와 사회 주인으로 대우한다는 목표로 바뀌게 된다. 앞에서도 계속 강조되었듯이, SDG 15인 육상 생태계 보호 목표는 북한이 가장 당면한 과제인 지속 가능한 숲 관리 및 토지 파괴 방지로 환치되어 재설정된다. 마지막으로 SDG 16인 평화·정의·제도의 글로벌 목표가 북한에 적용될 때 평화와 정의 및 법치를 북한 내부에서 개혁의 목표로 삼기에 정치적인 무리가 있기 때문에 북한식 16번은 '사회주의 체제 강화'라는 목표로 재해석되었다. 실제로 유엔 회원국 각각이 자국의 맥락과 조건에 맞게 SDGs를 재해석할 수 있으며 필요에 따라 17개 목표, 169개 세부 목표를 모두 이행할 필요가 없고, 이 중 자국에 가장 중요하다고 판단되는 목표와 세부 목표를 자국의 맥락에 맞게 재설정하고 있다.

마지막으로, 유엔 회원국이 HLPF에 자국의 VNR을 제출할 때 보고서에 반드시 포함되어야 하는 내용 중 하나가 SDGs 국내 이행을 위한 추진 체계인데, 북한 역시 SDGs 이행 추진 체계를 〈그림 14-1〉과 같이 소개하고 있다. 북한이 블라디보스토크에서 발표한 SDGs 이행 추진 체계도는 현재 어느 선진국이 제도화하고 있는 SDGs 추진 체계보다 훨씬 체계적으로 조직되어 있는 것으로 해석할 수 있으며, 북한의 발표가 사실이라면 북한의 최고 국가 기관부

〈그림 14-1〉 북한의 SDGs 국내 이행 체계도

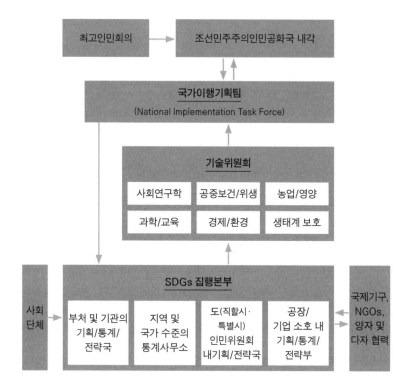

출처: https://www.unescap.org/sites/default/files/Session%201-3.%20Country%20
Presentation_DPRK.pdf

터 최말단의 풀뿌리 조직에 이르기까지 북한 사회 전체에 SDGs와
연계한 네트워크망이 제도화될 것으로 판단된다.

북한의 SDGs 인식 분석: 로동신문을 중심으로

북한이 실제로 SDGs의 중요성을 어느 정도까지 인식하고 있

〈그림 14-2〉 2012-2018 로동신문에 나온 '지속가능발전'에 관한 기사 수 비율

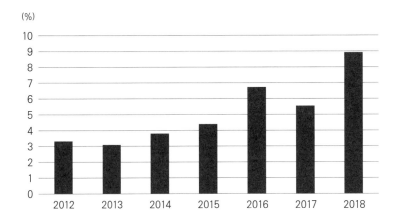

출처: 로동신문. (2012-2018).

는가에 대한 분석을 2012년부터 2018년까지 수집한 로동신문을 통해 시도한다. 6년에 걸친 기간 동안 로동신문에 지속가능발전과 연관되는 용어 또는 표현을 사용한 기사를 수집하여 그 횟수와 내용 분석을 통해 북한의 SDGs 인식도를 분석한다. 〈그림 14-2〉에서 확인할 수 있듯이, 2012년에 로동신문이 지속가능발전을 다룬 기사 수가 2014년까지 일정 수준(평균 3.4%)에 머물다가 2015년 이후 그 수가 급증하는 것을 알 수 있다. 2018년에는 8.9%를 기록하여 2012년 3.3%의 거의 3배에 육박하는 빈도수를 보이고 있다. 이는 북한 사회 내부에서 지속가능발전에 대한 논의가 2015년 이전보다 그 이후에 활성화되고 있다는 사실을 방증하는 것이다.

주요 내용을 살펴보면, 북한이 구체적으로 그리고 적극적으로 지속적인 개발을 중요한 가치이자 목표로 이미 내부 발전 전략과 연계해서 공론화하고 있었다는 사실은 여러 군데에서 확인할 수 있다. 아래는 대표적인 기사의 주요 내용이다.

"지금 조선민주주의인민공화국에서는 당과 국가, 군대의 최고 령도자이신 경애하는 김정은 원수님의 현명한 령도 밑에 경제 발전과 인민 생활 향상에서 전례 없는 새로운 혁신이 일어나고 있다. 공화국 정부는 인민 생활 향상에 선차적인 힘을 넣으면서 나라를 지식경제형 경제 강국으로 전변시키기 위한 새 세기 산업혁명을 힘차게 벌리고 있다. **지속적인 개발**을 지향하는 세계적인 추이에 부합되게 자체 실정에 맞는 경제구조와 발전 방식을 부단히 개선 강화하고 있으며 이와 관련한 국제적인 교류와 협조를 적극 장려하고 있다. 조선민주주의인민공화국 정부는 앞으로도 정의와 평등, 공정성에 기초한 새로운 경제 관계 수립을 위한 77개 집단의 공동의 위업을 실현하는 데 적극 기여해나갈 것이다."[7]

"그는 현 시기 유엔이 내세운 3대 목표의 하나인 지속개발 분야에서는 지난 6월 브라질의 리우데자네이루에서 진행된 **지속개발**에 관한 유엔 대회에서 합의된 대로 공정한 국제경제 무역

관계 수립, 공식 개발 원조공약 리행, 발전 도상 나라들에로의 환경상 깨끗한 기술 이전과 재정 지원 강화 등 문제들을 해결하기 위한 실천적인 대책들이 마련되여야 한다고 강조하고 다음과 같이 계속하였다. (…) 조선민주주의인민공화국은 앞으로도 자주, 평화, 친선의 대외 정책적 리념에 따라 우리의 자주권을 존중하는 모든 나라들과의 친선 협조 관계를 더욱 강화 발전시키며 세계 평화와 안정을 수호하고 **지속 개발**을 실현하기 위한 유엔 성원국들의 노력에 적극 합세할 것이다."[8]

로동신문에 나온 '지속 개발' 등의 내용을 다각도로 분석할 필요가 있으며, 무엇보다 로동신문의 자료를 통해 북한이 '2030 의제'가 선포되기 전인 2012년부터 지속적으로 유엔 및 국제사회의 움직임을 면밀하게 관찰하고 있었음을 알 수 있다. 북한은 국제적으로 SDGs 국내 이행을 강조함으로써 보편적 규범을 준수하는 국제사회 및 유엔의 일원임을 대대적으로 홍보할 수 있다. 이를 통해 현재 대북 제재로 꽉 막힌 해외 원조 및 국제 협력을 SDGs 이행을 통해 북한의 국가 발전 전략과 연계하여 어느 정도 숨통을 열 수 있는 계기로 활용할 수 있다는 계산이 깔려 있음을 가정할 수 있다. 국제적으로 북한의 발전 전략이 북한 특유의 폐쇄적인 경제 발전 노선이 아니라 글로벌 수준의 보편적 규범인 SDGs와 맥락을 같이 한다는 점을 강조할 수 있다는 장점이 있다. 한편 북한 내부에는 국가 발전 전략의 정당성을 홍보하는 데 SDGs라는 글로벌 규범과의 연결성을 강조함으로써 북한의 발전 전략의 가치와 중요성이 부각될 수 있다는 전략적 이점도 북한 정부는 챙길 수 있다.

5) 결론: 북한의 특수적 보편성과 한반도 SDGs를 위한 제언

결론적으로, 본 장 서론에 제기하였던, 글로벌 규범인 SDGs의 보편성과 북한의 특수한 당면 과제인 국가 발전 전략이 연계되는 교차 공간에서 한국이 남북협력을 시도할 만한 이슈 영역을 SDGs를 통해 찾고 이를 전략화하여 한반도에 평화적인 협력 방안을 도출할 수 있다. 북한이 당면 과제로 기획하고 있는 SDG 목표를 중심으로 한국이 제공할 수 있는 낮은 수준의, 그리고 대북 제재 하에서도 추진이 가능할 것으로 예상되는 기술 협력 및 지식 공유 사업을 제3자(주로 국제기구)와 함께 북한이 선호하는 남남 협력을 활용하는 삼각 협력(triangular coopartion) 방식을 취하여 추진할 수 있다.

SDGs의 핵심 모토인 '어느 누구도 뒤처질 수 없다(No one will be left behind)'와 코로나19로 인한 인도적 지원을 결합하여 대북 제재 국면을 피해가면서 글로벌 규범을 적극적으로 활용할 수 있는 방안도 모색할 수 있다. 대북 제재 대상 국가이지만 유엔 회원국이고 인도주의 측면과 SDGs 기본 정신에 입각해서 기본적인 생활을 지원하는 사업은 구상할 수 있을 것이다. 다만 북한이 인도적 지원은 2004년부터 공식적으로 받지 않겠다고 선언을 했고 자국의 발전 전략과 부합하는 개발 협력 사업을 선호하고 있기 때문에 대북 제재라는 변수를 피하면서 북한이 원하는 당면 과제를 해결하고 동시에 보편적 글로벌 규범인 SDGs를 전략적으로 활용할 수 있는 접근이 필요하다.

북한은 더 이상 이전에 폐쇄적이고 은자의 왕국이 아니다. 나름대로 적극적으로 글로벌 규범을 이행하기 위해 노력하고 대북 제재의 탈출구를 국제 협력을 통해 찾으려고 한다. 북한의 국제 협력 언어가 SDGs 언어로 바뀌고 있고 다자 외교를 적극 활용하려는 모습이 발견된다. 중국을 중심으로 글로벌 남반구 연대를 강조하고 유엔의 글로벌 규범인 SDGs를 이행하려고 노력하는 보편적인 전환성에서 한국은 북한의 특수한 요구를 찾아내고 한반도라는 특수한 맥락에서 평화적인 협력 방안을 전략화해야 할 것이다.

글로벌 보편성을 강조하는 SDGs와 특수성을 강조하는 북한식 사회주의 발전 전략이 교차하는 낮은 수준의 사회 경제 발전 이슈들(에너지, 삼림, 보건 등)에 관한 남북 협력의 가능성을 이른바 '한반도 SDGs' 구상으로 현실화하는 방안이 필요하다. 한반도 SDGs를 통한 평화 구축 프로세스가 북한의 특수성에 의해 왜곡되지 않으며 한반도 특수성을 무시한 채 글로벌 가치와 규범만을 이식하는 문제를 회피할 수 있는 중요한 전략이 될 것이다. 이러한 한반도 SDGs를 한국과 북한이 공동으로 한반도 VNR를 작성해서 유엔 HLPF에 제출하는 방안도 한반도 평화 구축의 일환으로 고려할 수 있다. 한국과 북한이 자국의 VNR을 개별적으로 HLPF에 제출하는 동시에 한반도 SDGs 이행을 위해 남북한이 공동으로 한반도 VNR 을 HLPF에 제출하는 것도 이러한 보편성과 특수성을 연계하는 하나의 방안이 될 수 있을 것이다.

15

이산(離散)을 넘어 평화로 가는 길

모춘흥(한양대)

1) 들어가며

고향을 지척에 두고도 오도 가도 못하며 부모와 형제의 생사조차 알 수 없는 이산가족과 탈북민의 애환을 어떻게 달래고 풀어줄 수 있을까? 누군가는 이산가족 상봉 대상자로 선정되지 못해서, 다른 누군가는 2박 3일의 상봉 이후 상실감과 죄책감으로 후유증을 겪고 있다고 한다. 그리고 또 다른 누군가는 이산가족 상봉의 대열에 자신들도 함께 서게 될 날을 기원하고 있다.

분단은 이산(離散)을 낳았고, 이산에 따르는 고통과 애환은 기약 없이 지속되고 있다. 2021년 현재, 한편으로는 이산가족 생존자들이 사라져가고 있지만, 다른 한편으로는 새로운 유형의 이산가족이 늘어나고 있다. 고통을 해소하지 못한 채 세상을 떠나고 있고, 또 다른 고통이 켜켜이 쌓여가고 있다. 이산가족의 문제에 대해 정병호 교수는 "이산은 야만"이며, 남북이 "민족통일을 주장하면서 국제 관계만도 못한 비상식과 야만의 현실을 70년 이상 방치했다"라고 평가하였다.[1]

이산의 문제는 북한 핵 문제와 인권 문제와 함께 한반도 평화와 통일에 있어서 매우 중요한 사안이다. 이 글에서 다룰 이산가족, 탈북민, 납북자는 분단이 낳은 이산으로 고통받는 대표적인 사람들이다. 북한 핵 문제와 인권 문제는 주된 행위자와 가해자가 존재하지만, 이산은 분단, 전쟁, 냉전의 해체, 경제난 등이 주된 원인이라는 점에서 부작위에 의한 폭력에 해당한다고 할 수 있다. 이러한 속성으로 인해, 이산가족, 탈북민, 납북자 문제는 그것이 가지고 있는 중요성에도 불구하고, 한반도 평화와 인권문제에서 많은 관심을 받지 못했다.

그러나 통일과 한반도 평화를 이벤트가 아닌 상식을 되찾고 정상적 관계를 회복해가는 과정으로 본다면, 이산의 한을 품고 살아가는 평범한 사람들의 절박한 호소에 귀를 기울일 필요가 있다. 이산가족, 탈북민, 납북자 문제는 상대를 무너뜨려야만 해결할 수 있는 사안이 아니다.[2] 이 문제의 근본적인 해법은 문제를 푸는 데 있어서 소극적이었던 국가와 고통받는 사람들에 대해 무관심했던 우리들의 내적 성찰에서부터 시작할 필요가 있다.

이 글의 목적은 이산가족 교류와 탈북민 문제의 본질을 검토하고, 이 문제들을 풀어나가는 데 있어서 고려해봐야 하는 정책 대안을 제시하는 데 있다. 이산가족 교류와 탈북민 문제는 그들만의 문제가 아니다. 이들이 겪는 고통을 해소함으로써 우리 모두는 분단의 굴레에서 벗어나 평화에 좀 더 가까워질 수 있으며, 그 과정에서 그들은 평화롭게 살 권리를 보장받을 수 있을 것이다.

2) 이산가족 교류, 근본 해법은 없나?

이산의 아픔과 이산가족 교류의 당위성

"아버지의 애절한 고통을 대신해서… 올리게 되었습니다. 앞으로 10년, 20년 후에도 가족들을 만나게 될 희망이 있을지 모르겠습니다."[3] 2018년 8월 금강산에서 열렸던 이산가족 상봉 행사를 앞두고 한 시민이 아버지의 이산의 아픔을 토로하고자 통일부에서 운영하는 남북이산가족찾기 이산가족정보통합시스템 '나의 이산가족 이야기'에 올린 글의 일부이다. 짧막한 글에는 아버지가 이산가족 '상봉 대상자'에 선정되지 못한 아쉬움이 담겨 있다. 이렇듯 2015년 10월 이후 3년 만에 열렸던 2018년 8월 이산가족 상봉 행사는 누군가에는 '안도감'을 주었지만, 또 다른 누군가에는 '아쉬움'을 안겨주었다.

많은 한계에도 불구하고 이산가족 상봉은 분단의 아픔을 뒤로하고 남북이 화해와 평화의 길로 한 걸음 나아갈 수 있는 중요한 계기를 마련해준다. 이에 역대 정부는 이산가족 문제를 해결하기 위해 수많은 노력을 해왔으며, 이 점에서는 문재인 정부도 예외는 아니다. 2018년 4월 27일 문재인 대통령과 김정은 국무위원장은 정상회담 이후 발표한 「한반도의 평화와 번영, 통일을 위한 판문점선언」 제1조 5항에 "8·15를 계기로 이산가족·친척 상봉을 진행"한다고 합의했다.[4] 또한 남북은 6월 22일 금강산에서 적십자회담을 하고 8월 20~26일 이산가족 상봉 행사 개최를 골자로 한 공동 보도문에 합의했다. 당시 남북은 향후 "합의되는 시기에 적십자회담과 실무 접촉을 가지고 이산가족 상봉을 비롯한 인도적 문제들을 계속 협의해나가기"로 했지만,[5] 2018년 8월을 마지막으로 벌써 3년째 이산가족 상봉 행사는 열리지 못하고 있다.

이런 상황에서 이산가족 문제를 어떻게 해결할 것인가를 고민해야 한다. 물론 남북관계가 경색 국면에 놓여 있는 현시점에서 이산가족 상봉을 논하는 것은 다소 비현실적인 주장처럼 들릴 수 있다. 그러나 해마다 고령화로 수천 명의 이산가족이 세상을 떠나는 있는 안타까운 현실을 고려한다면, 이산가족 상봉은 남북 관계가 좋아질 때를 무작정 기다려 논의할 사항이 아니다.

그간 이산가족 상봉은 분단으로 발생한 인도적 문제를 해결하기 위한 방안으로 개진됐으나, 이산가족 문제는 보편적 인권의 문제이자, 헌법상 기본권에 해당한다.

이제는 이산가족 문제를 이산가족의 아픔을 해소하기 위한 전면적인 생사 확인, 상봉 행사 정례화, 상시 상봉, 서신 교환, 고향 방문, 우편물 교환 등 다양한 방안과 더불어 이산가족의 인권 보장과 이를 실현해야 하는 국가의 헌법적 과제의 측면에서 다룰 필요가 있다.

이산가족 교류에 대한 국가적 책무

국제인도법상 이산은 전쟁이나 무력 충돌로 인해 가족과 친지가 헤어지게 된 경우를 의미하나, 한반도에서의 이산은 한반도 분단과 6·25 전쟁이라는 특수한 상황이 자리하고 있다. 남북 이산가족 교류 업무를 담당하는 대한적십자사는 이산가족을 "1945년 9월 이후 동기 여하를 불문하고 남북한 지역에 분리된 상태로 거주하고 있는 자와 그들의 자녀"라고 말한다. 이 정의에 따르면, 이산가족은 6·25 전쟁으로 발생한 실향민과 납북자 및 월북자, 정전협정 이후의 납북자 및 월북자와 탈북민 등을 포함한다.[6] 「남북 이산가족 생사 확인 및 교류 촉진에 관한 법률(이하 이산가족법)」은 이산가족을 "이산의 사유와 경위를 불문하고, 현재 군사분계선 이남 지역과 군사분계선으로 흩어져 있는 8촌 이내의 친척·인척 및 배우자 또는 배우자이었던 자"라고 정의한다.[7] 이산가족의 범위는 2000년

6·15 남북공동선언 이후 확장되었다. '특수 이산가족' 또는 '광의의 이산가족' 개념이 등장하면서 과거에는 이산가족의 범위에 포함되지 않았던 비전향 장기수, 납북자, 월북자, 탈북민, 미송환 국군포로 등과 함께 납치자, 미송환 포로, 미귀환 공작원이 '특수 이산가족'으로 분류되어 이산가족에 포함되었다.[8] 특히 2000년 12월 1일 제2차 이산가족 상봉에서 1987년 1월 납북된 것으로 알려진 동진 27호 갑판장 강희근 씨가 남한에 있는 어머니 김삼례 씨를 만나게 되면서 국군포로와 납북자 문제를 광의의 이산가족 상봉의 틀에서 풀 수 있는 계기가 마련되었다.[9]

위와 같이 다양한 이유로 발생한 이산가족들의 생사 확인과 교류는 국가의 책무에 해당한다. 「이산가족법」 제4조에 따르면, "국가는 남북 이산가족 생사 확인 및 교류를 촉진하기 위한 법적·제도적 장치를 마련하고 필요한 정책을 수립·집행"해야 한다. 또한 「이산가족법」 제6조는 통일부 장관으로 하여금 이산가족 생사 확인 및 교류 촉진을 위한 실태 조사를 하고, 관련 자료를 수집하고 효율적인 관리·이용을 위한 이산가족 정보 통합 관리 체계를 구축할 의무를 부여하고 있다. 이외에도 「이산가족법」은 통일부 장관에게 이산가족의 생사 확인 및 소재 파악(제8조), 가족관계 파악을 위한 유전자 검사(제8조의 2), 이산가족 교류 촉진(제9조), 이산가족 실태 조사 및 생사 확인을 위한 북한에 대한 지원(제10조), 민간 차원의 남북 이산가족 교류 경비 지원(제11조), 이산가족 교류 관련 민간

단체 지원(제12조) 등에 관한 의무를 부여하고 있다.

인도적 차원에서 이산가족 상봉에 대한 국가적 책무에 대한 강조는 「남북 사이의 화해와 불가침 및 교류협력에 관한 합의서(이하 남북기본합의서)」에도 담겨 있다. 「남북기본합의서」 제18조는 "남과 북은 흩어진 가족·친척들의 자유로운 서신 거래와 왕래와 상봉 및 방문을 실시하고 자유의사에 의한 재결합 …에 대한 대책을 강구"하고 있으며, 「남북기본합의서의 부속합의서」 제3항(제15조-제18조)은 남북 쌍방 적십자 단체들로 하여금 이산가족 교류에 관한 세부 사항에 대한 대책을 협의·추진할 것을 요구하고 있다. 또한 이산가족의 교류와 생사 확인의 문제는 「국제인권법」과 「국제인도법」 등에서 '실향민의 권리(Rights of the Displaced)'와 '가족권(Family Rights)'으로 규정되어 있다.[10] 유엔 북한인권결의안 또한 이산가족 상봉을 "매우 절박한 인도주의적인 관심"이 필요한 사안으로 규정하고 있다.[11]

이렇듯 이산가족 문제는 남북 당국은 물론 국제적으로 매우 중요하게 고려되고 있는 인도주의적 사안이자 인권 문제에 해당한다.

이산가족 문제의 본질

1971년 8월 12일 대한적십자사는 KBS 방송을 통해 북한 조선적십자회에 이산가족 문제 해결을 위한 남북적십자회담을 제의하고, 그해 9월 남과 북은 분단 이후 처음으로 남북적십자 예비회담을 개최하였다. 남한 정부가 북한과의 대화를 처음으로 시작할 당시에 이산가족 문제부터 풀려고 했던 것은 분단으로 인해 고통받는 사람들에 대한 국가적 책무를 다한 올바른 접근이었다고 할 수 있다.

그러나 이산가족 상봉 실적은 너무나도 저조하다. 1985년 상봉이 시작된 이래, 현재까지 방남 상봉과 방북 상봉을 포함한 인원은 2만 761명에 불과하다. 또한 방남 상봉은 2001년을 마지막으로 20년째 이루어지지 못하고 있으며, 화상 상봉은 2007년 1,872명이 화상 상봉을 한 이후 현재까지 개최되지 못하고 있다.

통일부 남북이산가족통합시스템에 기록된 이산가족 등록 현황에 따르면, 2021년 8월 31일 기준으로 현재 이산가족 상봉을 희망하는 신청자는 총 13만 3,530명으로 집계되었다. 1988년 이산가족 등록 신청을 공식적으로 시작한 이후 2021년 8월 31일 기준으로 8만 6,212명은 사망했고, 4만 7,318명만 생존해 있다. 특히, 생존자의 85.6%가 70세 이상의 고령층이며, 매일 약 8.6명, 해마다 약 3,000명의 이산 1세들이 세상을 떠나고 있다. 이렇듯 이산가족 문제는 촌각을 다투는 사안이다.

그간 남한 정부는 이산가족 문제를 인도적 사안으로 접근해 오고 있다. 그러나 현재 이산가족의 기대여명이 25년이 안 된다는 점을 감안하면, 이산가족 문제는 인도적 접근과 함께 인권 보호의 측면으로 다룰 필요가 있다.

첫째, 남북 이산가족 문제는 가족권이 침해당하고 있는 인권

〈표 15-1〉 이산가족 교류 현황(2021년 8월 31일 기준)

구분 / 연도	당국 차원 생사확인 건	명	서신교환 건	명	방남상봉 건	명	방북상봉 건	명	화상상봉 건	명	민간 차원 생사확인 건	서신교환 건	기타 건	상봉 건	명
1985년	65	157			30	81	35	76							
1990년											35	44		6	
1991년											127	193		11	
1992년											132	462		19	
1993년											221	948		12	
1994년											135	584		11	
1995년											104	571		17	
1996년											96	473		18	
1997년											164	772		61	
1998년											377	469		109	2
1999년											481	637		200	18
2000년	792	5,276	39	39	201	1,720	202	674			447	984		152	392
2001년	744	4,937	623	623	100	899	100	343			208	579		170	493
2002년	261	1,635	9	9			398	1,724			198	935		208	616
2003년	963	7,091	8	8			598	2,691			388	961		283	677
2004년	681	5,007					400	1,926			209	776		188	470
2005년	962	6,957					397	1,811	199	1,323	276	843		95	261
2006년	1,069	8,314					594	2,683	80	553	69	449		54	105
2007년	1,196	9,121					388	1,741	278	1,872	74	413		55	167
2008년											50	228		36	97
2009년	302	2,399					195	888			35	61		23	51
2010년	302	2,176					191	886			16	15		7	18
2011년											3	21		4	14
2012년											6	16		3	6
2013년	316	2,342									9	22		3	5
2014년							170	813			6	11		5	10
2015년	317	2155					186	972			4	26		1	4
2016년											6	43		3	8
2017년											10	46	1	1	2
2018년	292	1996					170	833			7	36	1	1	1
2019년											2	16	1	1	1
2020년												4			
2021년 8월															
합계	8,262	59,563	679	679	331	2,700	4,024	18,061	557	3,748	3,895	11,638	2	1,757	3,418

출처: 남북이산가족찾기 이산가족정보통합시스템. 검색일: 2021. 9. 27.

〈표 15-2〉 이산가족 생존자 현황: 연령별(2021년 8월 31일 기준)

구분	90세 이상	89~80세	79~70세	69~60세	59세 이하	계
인원수(명)	13,043	18,210	9,239	4,016	2,810	47,318
비율(%)	27.6	38.5	19.5	8.5	5.9	100

출처: 남북이산가족찾기 이산가족정보통합시스템. 검색일: 2021. 9. 27.

침해 사안으로서의 성격을 갖고 있다. 이산가족은 남북 관계의 부침과 북한의 소극적인 태도로 인해서 가족 성원의 연락·교통권, 면접·상봉권, 귀향권을 침해받고 있다. 북한은 1970년대 초 남북적십자회담 초기부터 이산가족 문제에 대해 소극적으로 임했다. 대표적으로 1972년 10월 23~26일 평양에서 개최된 남북적십자 제3차 본 회담에서 남한 측이 의제 1항 "남북으로 흩어진 가족들과 친척들의 주소와 생사를 알아내며 알리는 문제"부터 토의, 해결할 것을 북한 측에 제의했으나, 북한은 이산가족 찾기 사업을 원활히 추진하기 위한 조건으로 남한의 「반공법」과 「국가보안법」 폐지와 반공단체 해체를 요구한 바 있다. 이산가족 문제 해결을 위해 정치적 선결 조건을 제시했던 것이다. 또한 1970년대 초 북한은 쌍방 적십자사는 비켜선 가운데 이산가족 본인들이 상대측 지역으로 가서 자유롭게 이산가족을 찾게 하자는 비현실적인 제안을 하기도 했다.[12] 이러한 점에서 남북 이산가족은 가족 구성원들이 누릴 수 있는 기본적 인권을 북한 당국에 의해 침해를 당하고 있다고 볼 수 있다.[13]

둘째, 남북 이산가족 교류는 헌법상 기본권의 성격을 갖고 있다. 대한민국 「헌법」 제36조 제1항에 따르면, "혼인과 가족생활은 개인의 존엄과 양성의 평등을 기초로 성립되고 유지되어야 하며, 국가는 이를 보장"해야 한다. 이와 관련하여 2001년 헌법재판소는 소득세법 제61조 위헌 소원에서 「헌법」 제36조 제1항에 대해 "혼인과 가족생활을 스스로 결정하고 형성할 수 있는 자유를 기본권으로서 보장하고, 혼인과 가족에 대한 제도를 보장한다"고 해석했다. 또한 「헌법」 제36조 제1항은 특별히 혼인과 가족생활의 '유지'를 명시하고 있고, 이에 대해 헌법재판소는 「헌법」 제36조 제1항에 대해 혼인과 가족에 관련되는 공법 및 사법의 모든 영역에 영향을 미치는 헌법 원리 내지 원칙 규범으로서의 성격을 갖는다고 해석하고 있다.[14]

> 헌법 제36조 제1항은 혼인과 가족생활을 스스로 결정하고 형성할 수 있는 자유를 기본권으로서 보장하고, 혼인과 가족에 대한 제도를 보장한다. 그리고 헌법 제36조 제1항은 혼인과 가족에 관련되는 공법 및 사법의 모든 영역에 영향을 미치는 헌법 원리 내지 원칙 규범으로서의 성격도 가지는데, 이는 적극적으로는 적절한 조치를 통해서 혼인과 가족을 지원하고 제삼자에 의한 침해 앞에서 혼인과 가족을 보호해야 할 국가의 과제를 포함하며, 소극적으로는 불이익을 야기하는 제한 조치를 통해서 혼인과 가족을 차별하는 것을 금지해야 할 국가의 의

무를 포함한다.

이상에서 볼 때, 이산가족들은 당사자들의 귀책 사유가 아닌 분단과 전쟁으로 인해서 가족생활 유지가 침해받고 있으며, 이에 남북한 당국은 이를 시급히 해결해야 할 의무가 있다. 이에 대해 이장희 교수는 "헌법 어디에도 이산가족의 생사 확인과 교류 자체를 국가의 책임이나 의무로 직접 규정한 조항"은 없지만, "이산가족의 교류는 헌법 해석상 중요한 평화적 통일 정책"에 해당한다고 이야기한 바 있다.[15]

이산가족 문제 해결 방안

2019년 12월 31일 문재인 정부는 "이산가족 문제의 근본적 해결"을 제3차 남북 이산가족 교류 촉진 기본 계획의 비전으로 설정했으며, 이 비전을 구체화하기 위해 "이산가족의 전면적 교류"와 "이산가족 정책 추진 기반 공고화"를 2대 목표로 제시했다. 정부는 이산가족 문제의 인도적 성격을 감안하여, 남북 관계와 별개로 이산가족 교류가 이루어질 수 있도록 지속성·일관성을 담보하는 것을 목표로 하고 있지만, 남북 간 합의가 없으면 이산가족 교류의 성과는 미흡한 수준에 머무를 수밖에 없다. 이에 이산 1세대의 고령화에 따른 문제 해결의 시급성을 고려하여, 인도주의적 견지에서 다루어왔던 종래의 입장보다 더욱 구체적이며 강경한 대응 방식을 모색할 필요가 있다.

이제는 이산가족 문제를 인권 보호 및 증진의 관점으로 접근할 필요가 있다. 이는 「북한인권법」이 2016년 3월 2일 여야 간 합의로 국회에서 통과됨에 따라 이산가족 문제를 북한 인권 문제로 접근할 수 있는 법적 근거가 마련됐기 때문이다. 물론 여여 간 입장 차를 좁혀야 하는 문제가 남아 있지만, 「북한인권법」 제정으로 정부가 이산가족 문제 해결을 위해 보다 적극적인 노력을 해야 한다는 목소리가 커지고 있다.[16] 다만 문재인 정부가 「북한인권법」에서 규정하고 있는 북한인권재단 설치와 북한인권 국제협력대사 임명을 하고 있지 않는 점을 고려할 때, 문재인 정부 내에 「북한인권법」을 통한 이산가족 문제 해결은 요원해 보인다. 그러나 차기 정부에서는 여·야 간 합의로 제정한 「북한인권법」을 제대로 운영하고, 그 과정에서 이산가족, 국군포로, 납북자들의 인권 상황과 인권 증진을 위한 업무를 보다 적극적으로 추진할 필요가 있다.

이산가족 문제를 국제화하는 방안도 고려해볼 필요가 있다. 이산가족 문제를 북한 인권 문제의 일부로 이해하고, 그 연장선에서 「국제인도법」과 「국제인권법」에서 그 실효성이 증명된 가족권과 실향민으로서 갖는 다양한 기본적 인권을 원용할 필요가 있다. 이는 그간 인도적 접근에 따른 이산가족 문제의 실적이 너무나도 초라했기 때문이다. 이산가족 문제를 「국제인도법」과 「국제인권법」 등의 국제규범적으로 접근하는 것은 이 문제에 대한 국제사회의 관심을 환기시키고, 북한에 적극적인 책무를 부과하는 데 효과적인 방식이라고 할 수 있다.[17] 다만 유엔 등 국제사회에 이산가족의 인권 침해 문제를 알리는 것과 별개로 북한을 압박하는 방식으로 국제기구를 활용하는 것은 그리 좋은 방법은 아니라고 판단된다. 이산가족 문제가 난항을 겪고 있는 주된 이유가 북한의 소극적인 자세에서 기인하지만, 이 또한 남북의 공동 책임으로 볼 수 있기 때문이다. 또한 유엔 북한인권결의안을 봐도, 이산가족 문제에 대해서는 남북한의 공동 책임을 지적하고 있다.[18] 이에 이산가족 문제를 국제화하는 방향은 북한을 압박하는 것보다는 국군포로, 납북자, 억류자 등 특수 이산가족 문제를 알리고, 이들이 겪는 인권 침해 상황을 해결하기 위한 국제사회의 관심을 환기시키는 데 집중될 필요가 있다.

아울러 향후 이산가족 상봉이 확대될 것을 대비하여, 다음의 측면을 준비할 필요가 있다. 첫째, 상봉의 정례화와 대규모 특별 상봉 방식 등을 마련할 필요가 있다. 둘째, 생사 확인과 명단 교환, 서신 교환, 화상 상봉 등 다양한 상봉 방식을 준비할 필요가 있다. 셋째, 이산가족의 생사 여부에 대한 남북 간 상시 정보 교환 체계를 만들 필요가 있다. 넷째, 이산가족 교류 관련 법·제도를 정비할 필요가 있다. 다섯째, 민간 차원의 이산가족 교류 활성화 및 창의적 해법을 마련할 필요가 있다. 여섯째, 이산가족 문제에 대한 국민적 관심을 환기시킬 수 있는 계기를 마련해야 한다. 일곱째, 특수

이산 문제 해결을 위한 창의적인 정책 방안을 마련해야 한다.

앞으로도 이산가족 문제를 근본적으로 해결하기 위해서는 많은 난관을 넘어야 한다. 그러나 이산 1세대들의 아픔을 달래줄 수 있는 시간이 얼마 남지 않았기에, 민관이 문제 해결을 위해서 창의적인 해법을 모색해야 한다. 차기 정부에서는 이산가족 문제 해결을 한반도 평화 정착을 위한 현안에서 가장 우선적이고도 중요한 과제로 다룰 필요가 있다.

3) 탈북민의 인간다운 삶, 어떻게 보장할 것인가?

탈북민 문제의 본질

영국에서 거주하는 탈북민 최승철 씨는 통일이 된 이후에도 남한 정부가 평양 시민 200만 명을 지금 탈북민 대하듯 하면, 통일 안 한다고 때려치우라고 할 것이라고 말했다. 또한 그는 남한 사회가 "북한 인권 이야기하기 전에 탈북민 인권부터 이야기해야" 한다고 주장했다.[19] 북녘을 떠나 상처받은 몸과 마음을 이끌고 온 남녘 땅을 다시 등지고 제3국으로 향한 한 탈북민의 외침은 그간 우리 사회가 탈북민이 처한 어려운 현실을 얼마나 외면했는지를 잘 보여 준다.[20]

우리에게는 낯설고 다소 이해하기 어려운 이방인인 탈북민의 아픔에 공감하는 것은 매우 어려운 일이다. 남한 사회에서 탈북민이 겪는 어려움을 온전히 이해하기 위해서는 낯선 남한 사회에서 이방인으로서 살아가는 그들의 모습을 있는 그대로 바라보고 대면할 필요가 있다. 탈북민이 한 개인으로서 남한 사회 속 또 다른 개인들과 어떻게 마주하며 개인적·사회적 정체성을 구성해나가는지를 면밀하게 살펴봐야 한다.[21] 그리고 남한 사회가 탈북민의 문화적 특이성을 일상 속에서 얼마나 자연스럽게 받아들일 수 있는지를 성찰해볼 필요가 있다.[22]

현재 남한에 거주하고 있는 탈북민은 대한민국 '국민'으로서 살고 있지만, 남한 출생의 국민들과 다른 '2등 국민'으로 살고 있다. 북한 출신이자, 북한을 이탈한 속성에 기반해 '북한이탈주민'이라는 범주로서 호명되는 탈북민은 '우리 안의 이방인'으로 대상화되고 있다.[23] 탈북민은 대한민국이라는 정치 공동체의 일원으로 동등한 정치적 '성원권'을 갖고 있지만, 사회·경제적으로 열등한 위치에 놓여 있다. 이들의 현실은 남한 사회의 사회적 취약계층의 삶과 별반 다르지 않다. 열악한 일자리, 낮은 수준의 복지 혜택, 심리적 부적응 등 실로 많은 어려움에 직면하고 있다.

이런 맥락에서, 탈북민 문제는 어떻게 인간다운 삶을 보장할 것인가에 대한 이론적·정책적 성찰을 요구한다. 단순히 정책적으로 이들의 사회·경제적 토대를 마련해주는 것이 아닌, 다양한 욕망을 지닌 인격(person)으로 바라볼 필요가 있다. '정책'과 '돈'만으로는 해결되지 않는다.

탈북민 정책의 어제와 오늘

탈북자, 탈북민, 북한이탈주민, 새터민, 북한이주민 등은 북한을 탈북해서 남한에 입국한 북한 출신자들을 가리키는 말이다. 이들은 "군사분계선 이북 지역에 주소, 직계가족, 배우자, 직장 등을 두고 있는 사람으로서 북한을 벗어난 후 외국 국적을 취득하지 아니한 사람"을 말한다.[24] 2016년 11월을 기점으로 남한에 입국한 탈북민들의 수가 3만 명을 넘었고,[25] 국회의원도 나왔지만, 여전히 상당수 탈북민은 차별과 배제를 경험하고 있다.

북한의 경제난이 시작된 1990년대 중반 이후 대한민국의 보호를 받고자 하는 탈북민의 수가 급증하기 시작했다. 이에 정부는 탈북민에 대한 종합적인 보호 및 정착 지원에 관한 제도적인 기반을 확립하고자 1997년 「북한이탈주민 보호 및 정착 지원에 관한 법률」을 제정했으며, 1999년 하나원을 설립했다. 정부 내에서는 통일부가 탈북민 정책의 주무 부처로서 관련 정착 지원 제도와 정책들을 본격적으로 수립했다. 당시 탈북민 정착 지원 체계 수립에 있어서는 이들의 남한 사회 '적응'이 가장 중요한 목표로 설정됐다.

탈북민의 적응에 초점을 둔 담론과 정책들은 탈북민이 남한 사회에서 직면한 사회·경제적 문제와 심리적인 어려움을 파악하고, 이를 개선할 수 있는 방안들을 정착 지원 체계에 담고자 하였다. 탈북민의 경제적 수준과 심리 상태를 측정하는 실태 조사를 토대로 이들의 삶에 도움이 될 수 있는 경제적 지원 정책과 심리적 교육 등이 마련됐다.[26] 그러나 기존의 적응 중심의 접근법은 탈북민을 동화의 대상으로 범주화하려는 경향이 있고, 적응을 강조하다 보니 탈북민 개인의 심리적·경제적 문제 해결에 집중하는 경향이 짙었다.[27]

이에 2000년대 중반 이후 일방적인 적응 중심의 접근법에서 벗어나 보다 상호적인 사회 통합의 시각으로 접근하는 정책들과 관련 실태 조사들이 늘어나기 시작했다. 사회 통합에 기초한 정책들은 탈북민을 남한 사회에서 경제적 지원을 받는 집단으로 대상화하기보다는 남한 주민과 탈북민 간의 문화적인 차이를 인정하고 상호 존중하면서 공존할 수 있는 사회를 만드는 데 집중됐다.[28] 그리고 2016년 정부는 탈북민 3만 시대를 맞아 이들을 진정한 남한 사회 일원으로 포용하기 위해 '사회 통합형' 정책 지원 정책을 제시했다. 사회 통합형 탈북민 정책의 목표는 "탈북민 정착을 위한 물리적 기반인 주거, 교육, 취업 등을 지원함은 물론, 탈북민에 대한 우리 사회의 편견과 차별을 없앰으로써 탈북민들이 대한민국의 당당한 국민으로, 그리고 우리의 친근한 이웃으로 자리 잡도록 하는 것"이었다.[29] 뒤이어 2018년 4월 문재인 정부는 기존 '자립·자활'과 '사회 통합'의 정책 방향을 지속 유지하면서 탈북민들의 실생활에서의 수요를 충족시키기 위해 '생활 밀착형 북한이탈주민 정책'을 제시하

고, 이를 위한 효과적인 지원체계를 마련하는 데 주력하고 있다.[30]

'적응'에서 '사회 통합'으로, '사회 통합'에서 '생활 밀착'으로 이어지는 탈북민 정책은 그간 탈북민의 사회·경제적 자립과 사회적 삶의 질 수준을 제고하는 데 많은 기여를 했다. 그러나 기존의 탈북민 정책은 탈북민을 사회 통합의 '대상'으로 특정화하고 있고, 남한 주민이 탈북민의 정체성과 권리를 인정하는 데 필요한 정책 방안들은 거의 논의되지 않고 있다.

탈북민 정책의 지향점

탈북민은 같은 민족이라는 '공통성'과 장시간 분단 구조 속에서 살아온 사람들이 북한을 떠나 남한으로 이주했다는 '특수성'을 지닌 존재이다. 북한에서 왔기 때문에 '특별'하게 대우하고 있지만, 그 이면에는 남한 사회가 기대하는 특정한 역할과 태도가 존재한다.

주요 일간지의 탈북민 관련 기사에 달린 댓글에서 남한 사람들이 탈북민을 대하는 감정과 시각이 어떻게 나타나는지를 분석한 연구에 따르면, 탈북민을 '포용·인정'의 대상으로 보는 시각은 10.5%에 불과했지만, '문제·비난·경계'의 대상으로 보는 시각은 65.4%로 나타났고, '동정·구호'의 대상으로 보는 시각도 24.1%로 생각보다 높게 나타났다.[31] 이 연구를 비롯하여 수많은 탈북민 관련 실태 조사들을 살펴보면, 이들에 대한 남한 사회의 편견과 부정적 인식이 여전함을 확인할 수 있다.

이런 상황에서 탈북민들은 여전히 남한 사회에서 이방인이자 경계인의 위치에 놓여있다. 이에 기존 탈북민 정책과 연구들이 보여준 성과를 인정하는 한편, 이제는 새로운 정책 방향을 고민해야 한다. 첫째, 관용(tolerance)에 기반한 탈북민 정책에서 할 발짝 더 나아가야 한다. '자립·자활'과 '사회 통합'에 초점을 둔 정착 지원 체계는 사회주의 체제에서 살던 탈북민들이 남한 사회에서 노동자로 잘 안착해 바람직한 경제 주체가 되는 것을 목표로 한다. 이지연의 표현을 빌리면, "국가에 장기적으로 부담을 주는 세금에 의존하는 시민 집단인 탈북민을 효율적으로 관리하여 궁극적으로 세금을 내는 '정상적'인 시민들로 전환"시키는 데 주력했던 것이다.[32] 물론 탈북민을 포용하고 환대하기 위해서는 이들이 어느 정도의 사회·경제적 물적 토대를 갖추고 있어야 한다.

그러나 사회·경제적 물적 토대는 단순히 경제적 지원 체계에 머무는 것이 아닌, 최소한의 기회와 분배의 정의가 수반될 때 확보될 수 있다. 단순히 나(우리)의 '자리'와 '물적 가치'를 탈북민들에게 나눠주거나 내어주는 것이 아니라 이들이 처한 현실에 더 적극적으로 다가갈 수 있는 마음과 실천을 탈북민 정책에 담아낼 필요가 있다.[33] 따라서 사회 통합을 논하기에 앞서, 탈북민에 대한 남한 사회의 척박한 인정의 토대를 되돌아볼 필요가 있다.

둘째, 탈북민의 사회·경제적 자립에 기여할 수 있는 더욱 실질적인 정책 방안을 모색할 필요가 있다. 그간 탈북민의 성공적인 정착과 자립, 그리고 사회 통합의 주된 관심은 취업 역량 증진과 여건 개선에 집중됐다. 그러나 탈북민이 더 안정적으로 사회·경제적 토대를 마련하기 위해서는 단기적 처방과 장기적 치료법을 동시에 모색할 필요가 있다. 노동 시장 참여가 단기적 처방에 해당한다면, 자산 형성은 장기적인 해법이라고 할 수 있다. 더 장기적인 관점에서 자산 형성을 통한 안정적인 정착 기반을 마련해줄 필요가 있다.[34] 탈북민이 개인의 생애 주기 안에서 자신들의 안녕을 보장하는 방식으로 국가의 공적 사회보장 혜택과 사적 금융 제도들을 어떻게 활용하는지를 면밀하게 살펴보고, 그 과정에서 법·제도적으로 필요한 부분들을 뒷받침해줄 필요가 있다.

셋째, 실향민과 탈북민을 바라보는 우리 사회 인식의 차를 줄여나가야 한다. 앞서 살펴본 이산가족 상봉의 대상인 실향민과 탈북민은 개념상 남쪽으로 넘어온 시기에는 차이가 있지만, 공통점이 많이 있다. 북쪽에 고향을 두고 있고, 그곳에 두곤 온 가족과 친지를 그리워한다는 점에서는 별반 다르지 않다. 특히나 실향민과 마찬가지로 탈북민에게도 북녘의 고향은 그들이 "일상을 지내왔던 곳, 사랑하는 가족들이 함께 살았던 곳"이다.[35] 그러나 현재 실향민들은 주저 없이 고향을 '북한'이라고 말하고 북한 사투리를 거리낌 없이 사용하고 있지만, 탈북민의 경우는 자신이 북한 출신이라는 점을 가급적 밝히지 않는다. 또한 실향민과 달리, 탈북민은 망향 의식을 드러내는 데에도 많은 어려움을 겪고 있다.

다만 실향민들 역시 남쪽으로 내려온 초기에 '38따라지'라 불리고 '빨갱이'로 오해받고 편견과 차별에 시달리는 등 어려움을 겪었지만, 이산가족 상봉 행사와 이산가족 찾기 캠페인[36]을 통해 이들의 아픔이 치유될 수 있는 계기가 만들어졌다. 이런 맥락에서 탈북민 문제를 정책의 영역으로만 남겨두는 것이 아니라 사회적 공론의 장으로 끌어낼 수 있는 계기를 마련할 필요가 있다. 탈북민의 아픔을 '그들'만의 문제로 남겨두는 것이 아니라 '우리'의 문제로 받아들일 수 있는 대중적 공감에 기반을 둔 영화, TV 드라마, 특별 생방송 프로그램들을 기획·운영할 필요가 있다.

넷째, 제3국 출생 탈북민 자녀들에 대한 지원 대책을 더 확대할 필요가 있다. 원칙적으로 제3국 출생 탈북민 자녀는 「북한이탈주민의 보호 및 정착지원에 관한 법률」이 정의하는 탈북민의 범주에 포함되지 않아 관련 정책 지원의 사각지대에 놓이게 된다. 물론 정부에서 제3국 출생 탈북민 자녀의 입국이 증가하는 현실을 반영하여 이들에 대한 양육가산금 도입과 대학 정원 내 특례 입학 및 등록금 지원 등 정책적 지원을 확충하고 있다. 그러나 법의 사각지대를 메우기 위한 정책만으로는 제3국 출생 탈북민 자녀들의 자립·자활 역량을 강화하는 데 많은 한계가 있을 수밖에 없다. 이에 제3국 출생 탈북민 자녀들이 남한 사회에서 「북한이탈주민의 보호 및 정착지원에 관한 법률」의 적용을 받을 수 있도록 제2조에 단서 조항을 두어 "제3국에서 출생한 탈북민 자녀"를 포함시키는 것을 입법적으로 고려할 필요가 있다. 또한 「북한이탈주민의 보호 및 정착지원에 관한 법률 시행령」 제10조(보호신청)의 경우도 개정을 고려할 필요가 있다. 이는 탈북 여성이 사망할 경우 제3국에서 낳은 자녀가 이 법 시행령 제10조의 1호와 2호의 적용을 받을 수 없고, 3호에 규정된 "그 밖에 긴급한 사유가 있는 경우"에 해당하지 않을 수 있기 때문이다. 이에 "그 밖에 긴급한 사유가 있는 경우"를 "그 밖에 사유"로 완화할 필요가 있다.

이상에서 제시한 탈북민 정책의 새로운 지향점은 분단이 낳은 우리 안의 이방인인 탈북민들에게 남한 사회가 따뜻한 '또 하나의 고향'이 될 수 있는, 이들을 포용하고 환대하는 데 필요한 최소한의 조건에 해당한다.

4) 나오며

이산가족과 납북자 문제는 국제인도법이 적용되는 인도주의 사안이며, 국제인권법이 적용되는 인권 문제에 해당한다. 정치적 상황과 별개로 지속적으로 해결을 모색해야 할 사안이다. 이산가족과 납북자들은 가족 결합, 서신 교환, 상봉 등에 있어 인권 문제를 겪고 있다. 그간 이산가족 상봉은 남북 협상과 주요 남북 간 화해의 물꼬를 트는 사안으로서 인도적이고 비정치적 사안으로 제기됐으나, 일회성의 이벤트로 끝나는 경우가 많았다. 이는 이산가족 상봉을 남북 협상의 정치적 목적으로 활용하고자 하는 북한의 태도에서 비롯된다. 그러나 이산가족 문제는 이산 1세대의 연령을 고려할 때 시급한 해결책을 필요로 한다. 이에 이산가족 문제를 기존의 인도주의적 접근법과 더불어 인권침해 사안으로 다룰 필요가 있다.

탈북민 문제의 본질은 '존엄하게 살 권리'에 해당한다고 볼 수 있다. 탈북민에 대한 무관심도 문제지만, 북한에서 왔다는 이유만으로 '특별'하게 바라보는 것은 이들을 더욱 고통스럽게 만들기 때문에 탈북민을 '그들 자체'로 바라볼 필요가 있다. 필자는 앞서 탈북민 문제의 해법으로 남한 사회가 이들에게 '또 하나의 고향'이 될 수 있는 방향에서 찾을 필요가 있다고 말했다. 이산가족 문제가 잃어버린 고향과 친지를 찾아주는 것이라면, 탈북민 문제는 새로운 고향과 이웃이 되어주는 데서부터 시작할 필요가 있는 것이다.

이산가족 문제와 탈북민 문제는 해법이 상이할 수밖에 없다. 이산가족 상봉의 해법은 남북 합의에서 시작할 수밖에 없지만, 탈북민 문제는 남북 관계와 직접적으로 연관된 사안이 아니다. 이에 탈북민 문제는 복잡하게 얽혀 있는 정치적 이해관계를 풀어내는 데서부터 시작할 필요가 있다.

이산가족, 납북자, 탈북민을 포괄하는 이산의 문제는 체제나 이념적인 차원으로 다루어져서는 안 된다. 이산의 고통을 겪는 피해자들의 인권과 인간답게 살 권리를 보장할 수 있는 사회적 합의와 법·제도적 장치가 필요하다. 그리고 보다 많은 사람들이 이산의 아픔을 풀 수 있도록, 보다 적극적인 관심과 노력을 기울여야 한다.

미 주

|제1부| 평화 담론과 평화 정책

01 한반도 평화와 대한민국의 평화 정책_홍용표(한양대)

1 여기서 갈퉁은 "폭력의 부재"가 평화의 정의는 아니며, 평화라는 용어와 폭력이 라는 용어가 서로 연계되어 있음을 뜻한다고 부연하였다.

2 예를 들어 6·25 전쟁이 정전협정으로 '중단'되었지만, 평화협정을 통해 '종결'시키 지는 못했기 때문에 한반도에서 아직 전쟁이 끝나지 않았다는 주장이 있다. 개념 적으로는 틀린 말이 아니다. 하지만 현실 삶에서 우리가 전쟁 중이라고 느끼는 사 람은 거의 없다. 대부분 비록 불안할 때는 있지만 평화롭게 일상을 보내고 있다.

02 한반도 통일담론, 어떻게 만들어야 하나?_허재영(연세대)

1 본 연구는 허재영. (2021). 세 가지 렌즈로 바라본 한국 정부의 통일정책: 주요 특 징과 변화. *문화와 정치*, 8(3).에 발표된 내용을 수정·보완하여 작성한 것임을 밝 힌다.

2 서보혁(2014)은 민족주의 통일론, 국가주의 통일론, 실용주의 통일론, 보편주의 통 일론으로, 이석희·강정인(2017)과 김선·김희정·임수진(2017)은 민족주의 담론, 보 편 가치 담론, 통일 편익 담론으로 분류하고 있으며, 다른 학자들의 연구들도 대 동소이한 분류를 보여주고 있다.

3 "한민족공동체통일방안"은 전두환 정부에서 제시된 "민족화합민주통일방안"의 내용을 보다 체계화시킨 것이었고, 전두환 정부에서의 통일담론은 정부의 정당 성 문제, 냉전적 대결 구도, 북한의 군사 도발 등으로 인해 크게 확산되지는 못했 다. "한민족공동체통일안"은 김영삼 정부에서 부분적 수정을 통해 "민족공동체 통일방안"으로 바뀌었고 지금까지 유지되고 있는 한국 정부의 공식 통일 방안이 라 할 수 있다.

4 경기 침체와 취업난을 이유로 연애, 결혼, 출산, 내 집 마련, 인간관계 등을 포기 한 세대라는 뜻의 신조어이다.

5 협력 대상과 지원 대상이라고 답변한 비율은 2019년 54%, 13%에서 2020년 48.2%, 11.9%로 낮아졌고, 경계 대상과 적대 대상이라고 답변한 비율은 2019년 17%, 10.8%에서 21%, 14.8%로 증가했다.

03 한반도 평화와 대한민국 안보, 무엇이 문제인가?_이호령(한국국방연구원)

1 Stephen L. Quackenbush. (2010). General Deterrence and International Conflict: Testing Perfect Deterrence Theory. *International Interactions*, vol. 36. pp.60-85.

2 Paul K. Huth. (1988). *Extended Deterrence and the Prevention of War*. New Haven: Yale University Press.

3 조선로동당. (2021. 1). 조선로동당 *2021 당 규약*. 평양: 조선로동당.

4 '뉴노멀' 개념과 뉴노멀 시대 미·중 관계의 핵심 쟁점에 대해서는 전병곤 외. (2017). 뉴노멀 시대 미·중 관계와 한반도: 핵심 쟁점과 파급 영향. 서울: 통일연구원. pp.21-23; 36-38. 참조.

5 President Joseph R. Biden, Jr. (2021. 3). *Interim National Security Strategic Guidance*. The White House. URL: http://www.whitehouse.gov. NSC-1v2.pdf. 검색일: 2021. 3. 5.

6 바이든 행정부의 대외 정책 구상은 국제사회의 무너진 것을 다시 더 강하고 좋게 세우기 위해서(to build back better) 3개의 복귀를 강조하고 있다. 첫 번째는 미국의 국제무대 복귀이고, 두 번째는 외교 복귀이고, 마지막은 흔들렸던 동맹을 다시 튼튼한 동맹 강화로 복귀시킨다는 것이다.

7 미 국방부는 2월부터 '중국 Task Force'를 조직해 중국과 관련된 새로운 도전 요소를 식별하고 정책적 우선순위를 검토하는 작업에 착수했다. Pentagon. (2021. 2. 11). Pentagon Press Secretary and China Task Force Director Update Reporters on Department of Defense Operations.

8 Background Press Call by Senior Administration Officials on *National Security and Foreign Policy in President Biden's First 100 Days*, 2021. 4. 27.

9 포기-연루 모델을 사용한 동맹국의 안보 딜레마 문제와 관련해서는, Michael Mandelbaum. (1988). *The Fate of Nations*. New York: Cambridge University Press; Glenn H. Snyder. (1984). The Security Dilemma in Alliance Politics. World Politics, 36-4. 등 참조.

10 U.S. Department of Defense. (2019. 6. 1). Indo-Pacific Strategy Report:

Preparedness, Partnership, and Promoting a Networked Region.

11 White House. (2021. 5. 21). President Biden and H.E. Moon Jae-in, President of the Republic of Korea at Press Conference.

12 조선중앙통신. (2021. 8. 10). 김여정 조선로동당 중앙위원회 부부장 담화.

13 이호령. (2019. 10). 남북 관계의 일반적인 특징과 전망. 국가안보전략. pp.22-25.

14 이호령 외. (2018. 7). 북한 도발 양상 변화와 남북 관계 연구. 한국국방연구원. 참조.

15 북한은 「조선정부 비망록: 병진의 기치 따라 강성번영 향해 나갈 것이다」를 통해 "날로 악랄해지는 미국의 핵 위협 공갈은 우리를 핵 억제력 강화의 길로 떠민 근원이다"라고 밝힘. 조선중앙통신. (2017. 3. 13.)

16 외무성 대변인 담화를 통해 "종전선언 채택은 역사적인 판문점 수뇌 상봉과 싱가포르 조미 수뇌 회담에서 합의되고 내외에 공표한 문제로서 조선반도의 긴장 완화와 항구적인 평화 체제 구축을 위한 선차적이고 필수적인 공정"이라며 종전선언 목표와 이유를 제시. 로동신문. (2018. 7. 7).

17 이호령 외. (2018.11.) 한반도 종전선언 관련 군사적 영향평가 및 대비방안 연구. 한국국방연구원. 참조.

18 문재인. (2019. 10. 1). 제71주년 국군의 날 기념식 기념사. URL: https://www1. president.go.kr/articles/7306

19 Daniel Byman and Matthew Waxman. 이옥연 역. (2004). 미국의 강압 전략: 이론, 실제, 전망. 서울: 사회평론. pp.5-20.

20 Lawrence Freedman. (1998). Strategic Coercion. Lawrence Freedman ed. Strategic Coercion: Concept and Cases. Oxford University Press. p.16.

21 Thomas C. Schelling. (1966) Arms and Influence. New Heaven. CT: Yale University Press. p.3.

22 Arms Control Today. (2021. 6). Projected Cost of U.S. Nuclear Arsenal Rises. Arms Control Today. pp.33-34.

23 Ken Booth ed.. (1991). New Thinking About Strategy and International Security. London: Harper Collins, Academic. p.xii.

24 스톡홀름협약의 군사적 신뢰 구축 방안(CSBM)은 ① 특정 군사 활동의 사전 통보, ② 특정 군사 활동의 참관, ③ 연간 활동 실시 계획 사전 통보, ④ 규제 방안, ⑤ 검증으로 구성되어 있다.

25 국민일보. (2019. 10. 25). 문 대통령, 북 금강산 철거 조치에 국민 정서 배치…남북 관계 훼손.

26 Michael Staack, (2018. 12. 5). CBM/CSBM in Europe's lessons learned and its

implications. 2018 RINSA Northeast Asia Forum.

|제2부| 힘으로 지키는 평화

04 북한 군사력에 의한 평화 위협과 우리의 대응 전략_양욱(한남대)

1 Darius E. Watson. (Winter 2017). Rethinking the US Nuclear Triad. *Strategic Studies Quarterly*. pp.134–135.

2 CTBTO. (2017. 9. 3.) North Korea announced nuclear test. CTBTO homepage, URL: https://www.ctbto.org/the–treaty/developments–after–1996/2017–sept–dprk/technical–findings/ 검색일: 2020. 3. 3.

3 NORSAR Press Release. (2017.12.9.). The nuclear explosion in North Korea on 3 September 2017: A revised magnitude assessment. NORSAR homepage. URL: https://www.norsar.no/press/latest–press–release/archive/the–nuclear–explosion–in–north–korea–on–3–september–2017–a–revised–magnitude–assessment–article1548–984.html 검색일: 2020. 3. 4.

4 김익상. (2012. 12. 13). [긴급 진단] 북한 장거리 미사일 발사와 그 영향. *HI Research Center [항공우주 이슈 보고서]*. pp.2–3.

5 양욱. (2017. 5). 2017년 열병식으로 드러난 북한군의 실상. 국방과 기술, 459호. p.31.

6 조선중앙통신. (2019. 7. 23). "김정은 동지께서 새로 건조한 잠수함을 돌아보시었다".

7 로동신문. (2021. 1. 9). 우리식 사회주의 건설을 새 승리에로 인도하는 위대한 투쟁강령; 조선로동당 제8차 대회에서 하신 경애하는 김정은 동지의 보고에 대하여.

8 정충신. (2015. 2. 11). 北 신형 스텔스 고속함 이미 양산 체제로 돌입…軍 "3년 새 2종류 3척 포착. 문화일보.

9 Joseph S. Bermudez Jr. (2014. 5. 15). New North Korean Helicopter Frigates Spotted. 38 North. URL: https://www.38north.org/2014/05/jbermudez051514/ 검색일: 2020. 3. 4.

10 Randy Huiss. (2012). Proliferation of Precision Strike: Issues for Congress. Washington DC; Congressional Research Service. p.3.

11 방사포는 기본적으로 로켓탄이지만, KN–25의 경우 직경 600mm급으로 핵탄두의 소형화에 성공할 경우 핵투발수단으로 사용될 수 있으며 정밀유도기능까지

갖춘 것으로 보이므로 탄도미사일로 분류하는 것이 타당하다.

12 로동신문. (2021. 1. 9). 우리식 사회주의 건설을 새 승리에로 인도하는 위대한 투쟁 강령; 조선로동당 제8차 대회에서 하신 경애하는 김정은 동지의 보고에 대하여.

13 로동신문. (2021. 5. 7). 강국 평가의 기준.

14 이상혁. (2017. 겨울). 국군의 교전규칙 작성권한: 유엔사와 연합사의 작성권한 유무 및 범위를 중심으로. 국방정책연구, 제33권 4호. pp.76-77.

15 연합뉴스. (2013. 7. 25). 軍, 정전 60년 만에 '평시 교전규칙' 마련.

16 Daily NK. (2021. 1. 19). 북한군, "최전방 군단서 C4I 운영할 이공계 인재 선발 나섰다".

17 C4ISTAR는 Command, Control, Communications, Computers, Intelligence, Surveillance, Target Acquisition, Reconnaissance의 준말로, 지휘·통제·통신·컴퓨터·정보·감시·표적 획득·정찰로 현대전에서 필요한 핵심 전투 기능이 하나로 통합된 상태이다.

18 대한민국 국방부. (2020). 2020 국방백서. 서울: 국방부. pp.60-61

19 대한민국 국방부. (2020). p.41.

20 Michael J. Mazarr. (2015. 12). Mastering the Gray Zone: Understanding A Changing Era of Conflict. Carlisle Barracks, PA: United States Army War College Press. p.60.

21 양욱. (2020. 11). 회색지대 분쟁 전략: 회색지대 분쟁의 개념과 군사적 함의. 전략연구, 통권 제82호. p.256.

22 파이브 아이즈는 미국·영국·호주·캐나다·뉴질랜드의 영미권 5개국 간의 정보 동맹으로, 애초에 구소련과의 냉전에 대응하는 국제 정보 공동체로 주로 신호 정보의 수집과 분석 네트워크인 에셜론을 통해 활동해왔다. 미·중 패권 경쟁이 격화되면서 미 하원은 2022년 국방 수권 법안에 한국·일본·인도·독일을 파이브 아이즈에 포함하는 방안을 검토하도록 요구했다.

23 High Representative of the Union for Foreign Affairs and Security Policy. (2016). Joint Framework on countering hybrid threats: a European Union response. Joint Communication to the European Parliament and the Council JOIN, 18.

24 쿼드는 '4개국 안보 대화(Quadrilateral Security Dialogue)'의 준말로 미국·인도·일본·호주 4개국 정부 간의 안보 협의체이다. 쿼드는 2004년 쓰나미 당시 구난 및 복구 작업을 주도하던 4개국의 논의를 시초로 하여 2012년 일본이 중국의 도발에 대응하기 위한 4개국 안보 다이아몬드 구상을 제안했던 것을 2017년 미국의 트

럼프 정부가 받아들이면서 시작되었다.

05 한미동맹과 한국의 선택_박원곤(이화여대)

1 John Galtung. (1969). Violence, Peace, and Peace Research. *Journal of Peace Research*, Vol.6, No.3.

2 하영선·조동호·전재성·박원곤. (2013). 신대북 정책 제안: 신뢰 프로세스의 진화를 위하여. *EAI 스페셜 리포트*. p.3.

3 이호령. 한반도 평화와 대한민국 안보, 무엇이 문제인가?.

4 이호령.

5 박원곤. (2018. 7). 안보 환경 변화에 따른 한미동맹 조정 로드맵. 한국콘텐츠학회논문지, 제18권 제7호. pp.579−580.

6 URL:https://www.vox.com/world/2018/6/12/17452624/trump−kim−summit−transcript−press−conference−full−text

7 박원곤. (2018. 7). p.580.

8 박원곤. (2018. 7).

9 박원곤. (2021. 4). 퀴바디스(Quo Vadis) 아메리카: 미국의 쇠퇴와 바이든의 등장. 평화연구, 29권 1호. pp.17−18.

10 박원곤·설인효. (2016). 오바마 행정부의 외교·안보 전략 평가와 신행정부 대외전략 전망. 평화연구. p.169.

11 John J. Mearsheimer and Stephen M. Walt. (2016. 7−8). The Case for Offshore Balancing. *Foreign Affairs*. pp.71−72.

12 Hillary Clinton. (2011. 10. 11). America's Pacific Century. *Foreign Policy*.

13 박원곤·설인효. (2016). 오바마 행정부의 외교·안보 전략 평가와 신행정부 대외전략 전망. 평화연구, vo1.24, no.2. p.173.

14 박원곤. (2021. 7). 미국의 대중정책과 바이든의 등장: 연속과 변화의 이중 교합. 전략연구, 28권 2호, pp.98−100.

15 Joe Biden. (2020. 12. 28). Speech Transcript on "Roadblocks" Between His Transition Team & Trump's Administration. URL: https://www.rev.com/blog/transcripts/joe−biden−speech−transcript−on−roadblocks−between−his−transition−team−trumps−administration 검색일: 2021. 1. 25.

16 박원곤. (2021. 4). pp.18−19.

17 박원곤. (2021. 4). p.19.

18 Joe Biden. (2020. 12. 28). Speech Transcript on "Roadblocks" Between His Transition Team & Trump's Administration. URL: https://www.rev.com/blog/transcripts/joe–biden–speech–transcript–on–roadblocks–between–his–transition–team–trumps–administration 검색일: 2021. 1. 25.

19 박원곤. (2021. 4). p.20.

20 박원곤. (2021. 4). p.21.

21 박원곤. (2021. 4). pp.28–29.

22 박원곤. (2021. 4). pp.29–30.

23 박원곤. (2021. 4). p.30.

24 The Department of Defense. (2019. 6. 1). *Indo–Pacific Strategy Report: Preparedness, Partnerships, and Promoting a Networked Region.*

25 Kurt M. Campbell and Rush Doshi. (2021. 1. 12). How America Can Shore Up Asian Order. *Foreign Affairs.*

26 Ibid.

27 김동현. (2020. 7. 22). "미 국방장관, 주한미군 철수 명령한 적 없어… 역내 순환배치 늘릴 것". VOA.

28 김동현. (2020. 7. 3.). [기자문답] 중·러 초점 맞춘 미군 재배치, 한반도 시사점은?. VOA.

29 김동현. (2020. 7. 3.).

30 박원곤. (2021. 7). 미국의 대중정책과 바이든의 등장: 연속과 변화의 이중 교합. *전략연구,* 28. pp.117–118.

31 Stephen M. Walt. (1990). *The Origin of Alliances.* Ithaca. NY: Cornell University Press.

32 하영선 편저. (2007). *한미동맹의 비전과 과제.* 동아시아연구원. p.60.

33 Hans Binnenkijk. (2013. 3. 25). Rethinking US Security Strategy. International Herald Tribune; 박원곤. (2014. 9). 한미동맹 미래구상: 지휘구조 개편을 중심으로. *국방연구,* 제57권, 3호. p.12.

06 한국의 국방 정책과 방위력 건설_신인호(예비역 육군 소장)

1 Big Five: 미 육군이 1976년부터 미 의회의 전폭적인 지원을 받아 추진한 구형 무기 체계의 현대화 프로그램으로, 기동 헬기(UH–60), 공격 헬기(AH–64), 전차(M–1 Abrams), 보병용 전투 장갑차(Bradley), 대공미사일(Patriot) 등을 전력화했다.

2 공지 전투(Air–Land Battle), 네트워크 중심전(Network Centric Warfare) 등을 말한다.

3 최근 아프가니스탄에서 철수한 사례를 두고 일각에서는 전쟁에서의 패배로 규정
   하는 학자들이 있으나, 일부는 미국이 과거처럼 중동의 원유에 크게 의존하지 않
   아도 되고, 미·중 패권 경쟁에서 중국 문제에 더욱 집중하기 위해 아프가니스탄
   에서 철수한 '전략적 선택'으로 해석하는 견해가 있다.

4 URL: https://www.massnationalguard.org/HSI/publications/AFC.pdf. 필자
   가 2019년 8월 초 미래 사령부를 방문했을 때에도 머레이(Murray) 사령관이 같은
   내용의 슬라이드를 제시하면서 토의를 진행하였다.

5 국방부. (2020). 2020 국방백서. p.19.

6 Ibid. p.22.

7 Ibid. p.28.

8 미국 정보기관들은 북한의 핵물질 보유량 판단에 기초해 2017년 핵무기
   30~60개를 보유하였을 것으로 판단하였으며, 이를 기준으로 핵물질 증가량을
   적용하여 하한, 상한 보유량을 추정한 것이다.

9 북한이 대기권 재진입 기술을 확보했는지 여부에 대해서는 학자들간의 평가가 다
   르다.

10 삼중수소(tritium)는 수소폭탄, 증폭핵분열탄의 핵융합에 사용되는 것으로, 증폭
   핵분열탄은 일반 핵무기보다 10배 정도의 폭발력을 가지는 것으로 알려져 있다.
   삼중수소는 원자로를 가동해야 추출할 수 있는데, 반감기가 짧기 때문에 몇 년에
   한 번씩 교체해야 한다.

11 SECRETARY OF DEFENSE SPEECH Reagan National Defense Forum
   Keynote NOV. 15, 2014. As Delivered by Secretary of Defense Secretary
   of Defense Chuck Hagel, Ronald Reagan Presidential Library, Simi Valley,
   CA. URL: https://www.defense.gov/Newsroom/Speeches/Speech/
   Article/606635/

12 마크 에스퍼(Mark Thomas Esper) 장관이 육군성 장관으로 재직 시, 현재 합참의장
   인 마크 밀리(Mark A. Milley) 당시 육군 참모총장 주도로 발전된 개념으로, 미국과
   동맹국이 2025~2040년 기간에, '경쟁–무력 분쟁–경쟁으로의 회귀'라는 순환
   고리를 갖는 국제 분쟁 상황에서 어떻게 승리할 것인가를 구상한 육군의 작전 개
   념이다.

13 보잉은 지난 3월 호주 공군과 공동으로 유인 조종사가 조종하는 비행기와 무
   인 비행기를 조합하여 성공적인 시험비행을 마쳤다. URL:https://www.
   aspistrategist.org.au/loyal-wingman-leads-the-way-to-the-raaf-

of-2121/

14 미 육군이 다영역 작전(MDO) 수행을 위해 필요한 능력 중 우선순위가 높은 6개 분야를 선정하여 10년간 집중 투자하여 획득하는 사업이다. 6개 분야는 장거리 정밀 화력(Long Range Prcision Fire), 차세대 전투 차량(Next Generation Combat Vehicle), 미래 수직 이착륙기(Future Vertical Lift), 네트워크-위치 보장-내비게이션(Network-Assured Positioning, Navigation), 대공 및 미사일 방어(Air and Missile Defense), 전투원 치명성 및 합성 훈련 환경(Soldier Lethality + Synthetic Training Environment)이다.

15 미래 사령부는 오스틴 시내에 위치한 텍사스대학 건물(University of Texas System Building)의 15층과 19층을 임대하여 사용하고 있다.

16 중국군의 연합 작전 개념은 여러 나라 군의 연합 작전을 의미하는 것이 아니라, 서방의 서로 다른 군종이 단일 지휘 체계 하에서 작전하는 합동 작전(Joint Operation)과 유사한 개념이다.

17 시진핑 주석이 2015년 3월 12일 개최되었던 제12회 전국인민대표대회 3차 회의 해방군 대표단 전체 회의에서 군민 융합 정책을 국가의 대전략(大戰略)으로 승격시켰다. 군민 융합 정책이란 군사 기술과 민간 기술의 상호 협력을 강화해 국가 발전을 추진하려는 국가의 거시적인 전략으로, 국무원 산하 군수 기업들이 자사가 보유한 기술을 이용 민간 자회사를 육성하고 시장에서 경쟁할 수 있는 기반들을 조성해주면서 더 나아가 민간 기업들이 방위 산업 육성에 기여하고 적극 참여할 수 있도록 인센티브 제공을 하며, 비밀 보호법 등을 개정하여 참여를 유도하고 있다.

18 Office of the Secretary of Defense, *Military and Security Developments Involving the People's Republic of China 2020: Annual Report to Congress*, Washington, DC. URL:https://media.defense.gov/2020/Sep/01/2002488689/-1/-1/1/2020-DOD-CHINA-MILITARY-POWER-REPORT-FINAL.PDF

19 IISS. (2020). *The Military Balance 2020*. London: Routledge. p.267.

20 URL:https://www.slideshare.net/TheNationalGuardBure/army-futures-command

21 여기에 대한 상세한 분석은 고시성. (2020. 12). 인구 절벽시대 병역자원 감소에 따른 한국군 병력구조 개편 발전방향 연구. *KIMA 정책연구*, 제2호. 서울: 한국군사문제연구원. 참조

22 통상 이러한 접근 방법을 신뢰 구축, 운용적 군비 통제, 구조적 군비 통제 등 군

비 통제의 개념으로 이해하며 상대 혹은 관련 당사국 간, 또는 국제 체제에 의해 검증과 이행이 보장되는 개념이다.

23 서울 한복판에 북한의 5차 핵 실험 수준의 핵무기가 폭발할 경우에는 약 50만 명의 사상자를, 북한의 6차 핵 실험 수준의 핵무기로는 약 300만 명의 사상자를 초래할 수 있다고 평가된다.

24 북한이 편의치적 선박이나 불법적인 방법으로 외국의 선박을 이용하여 대도시에 인접한 우리 항구에 입항해 기폭장치를 폭파시키는 방법을 택할 수는 있으나, 일정 규모 이상의 선박을 지속적으로 추적할 수 있다는 측면에서 북한이 이러한 방법을 사용하기는 쉽지 않아 보이지만 완전히 배제할 수는 없다.

25 중국도 핵무기의 중앙 집권적인 통제와 사용을 위해 평상시에는 통합 보관하고 있는 것으로 알려져 있다. 권력이 집중된 전체주의적 공산 국가의 특성을 고려할 때, 북한의 김정은도 평소 핵탄두를 평양 공격이 가능한 미사일 작전 기지별로 분산 저장할 만큼 군부를 절대적으로 신뢰하지 않을 것으로 판단되기 때문이다.

26 유사한 작전 수행 개념을 수도권을 위협하는 장사정포에 대해 적용하고 있는데, 이러한 개념을 북한의 탄도미사일에도 적용할 수 있을 것으로 보인다.

27 최근 북한이 개발하고 있는 북한판 이스칸데르라고 불리는 KN-23 미사일은 하강 단계에서 회피 기동을 하는 것으로 분석되어 요격이 더욱 어려워지고 있다.

28 이는 최근 우리 군의 감시 능력이 다소 향상되고, 대화력전을 지휘하는 합동 대화력전 지휘 체계(JFOS-K) 운용, 대화력전 본부의 자동화, 정밀 타격 수단의 증대 등으로 인해 전반적인 작전 지휘 및 수행 능력이 향상되었기 때문으로 분석된다.

29 북한군은 전 제대가 특수 작전 부대를 보유하고 있지만, 우리 후방 지역 종심에 투입될 것으로 예상되는 장거리 침투 및 정찰을 주로 하는 저격 여단을 우선 무력화 대상으로 삼아야 한다.

30 자세한 내용은 형혁규. (2020. 2). *국방개혁 2.0의 평가와 향후 과제*. 국회입법조사처(NARS) 현안 분석. 서울: 국회입법조사처. 참조.

31 국방과학연구소와 일부 방산 업체에서는 무인화 시스템을 연구하여 이미 상당한 수준에 올라 있으므로 조기에 실험하고 전력화하는 방법을 찾을 필요가 있다.

32 미국의 경우, 본격적인 무기 체계 생산 및 개발 이전 단계에서 행해지는 개념 설정, 요구되는 능력 식별, M&S, 시제 개발, 시험 평가 등을 단계적으로 진행하던 것을 개선하여 단일 지휘관 지휘 아래 순환식으로 통합하여 진행하는 방식으로 바꾸었다. 또 통합 지원팀(Cross Funtional Team)을 만들어 전력화 전 과정에 개입하여 분야별로 발생하는 문제를 해결하거나 지체되는 것을 촉진할 수 있도록 하고 있다.

33 방위사업청의 방위산업기술진흥연구소가 발간한 「21~'35 핵심기술기획서」에 따르면 핵심 기술 분야별 우리 기술 수준은 자율·인공지능 기반 감시 정찰 분야는 76~79, 초연결 지능형 지휘 통제 분야는 78~82, 초고속 고위력 정밀 타격 분야는 82~84, 미래형 추진 및 스텔스 기반 플랫폼 분야는 75~84, 유무인 복합 전투 수행 분야는 77~83 등이다.

|제3부| 협력으로 만드는 평화

08 한반도 평화를 위한 제재와 경협_김병연(서울대)

1 그 당시 필자는 유엔 제재보다 중국의 양자 제재가 더 낫다고 판단했다. 유엔 제재는 해제 과정이 복잡할 것이기 때문에 미국과 한국이 중국에 요청해 중국이 암묵적인 양자 제재를 하는 방안을 선호했던 것이다. 그리고 북·중 관계가 최악에 달했기 때문에 중국이 이에 응할 가능성도 없지 않다고 판단했다. 그러나 중국이 양자 제재에 나설 가능성이 작다고 판단해서인지 미국과 한국은 유엔을 통한 다자적 대북 제재를 추진했다.

2 더 구체적으로 북한과 거래하는 중국 기업 조사 자료를 바탕으로 중국에 광물을 수출하는 북한 기업 중 70% 정도가 북한의 군과 당 소속 기업이기 때문에 광물 수출의 70%를 비(非)민생용 수출로 간주해 이 수입을 막을 것을 제안했다.

3 URL: https://www.tongtong.go.kr/unikoreaWeb/ui/web/comn/main/main. do; 한국무역투자진흥공사(KOTRA). 북한대외무역동향. 여러 해. URL:https:// news.kotra.or.kr/user/globalBbs/kotranews/787/globalBbsDataView.do?setI dx=249&dataIdx=190049&pageViewType=&column=&search=&searchAre aCd=&searchNationCd=&searchTradeCd=&searchStartDate=&searchEndD ate=&searchCategoryIdxs=&searchIndustryCateIdx=&searchItemCode=&s earchItemName=&page=1&row=10

4 URL: https://www.chosun.com/site/data/html_dir/2019/05/09/ 2019050904002.html 검색일: 2021. 7. 27.

5 북한의 신흥 자본가를 일컫는 말. 주로 외국인을 대상으로 관광 사업과 무역 등을 통해 부를 축적했다.

6 자세한 내용은 유럽연합 웹사이트 참조. The European Union. European Neighbourhood Policy And Enlargement Negotiations. URL: https://

ec.europa.eu/neighbourhood—enlargement/policy/conditions—
membership_en#:~:text=Conditions%20for%20membership%20The%20
EU%20operates%20comprehensive%20approval,of%20the%20EU%20
institutions%20and%20EU%20member%20states 접속일: 2021. 7. 27.

7 자세한 결과는 서울대 통일평화연구원의 남북통합지수에서 찾아볼 수 있
다. URL: https://ipus.snu.ac.kr/blog/archives/research_cat/north—south—
integration—index

8 공식적인 제도 면에서는 북한 정부가 이른바 '모기장식 개방'으로 개방의 파급효
과를 차단하려 했지만, 초코파이로 상징되는 남한 이미지 개선 효과와 시장화 촉
진 효과를 다 제거할 수는 없었을 것이다.

|제4부| 평화 구축을 위한 외교

10 북한 핵 문제의 평화적 해결_황태희(연세대)

1 내전과 국가 간 전쟁이라는 차이가 있고, 집단 내 구성원의 상대 집단에 대한 공
격적 행동을 제어하는 문제가 주요 이슈 중 하나라는 차이가 있어서 완벽한 적
용은 어렵지만 두 균형의 아이디어는 단계적 평화 전략을 구상하는 데 많은 도움
을 준다.

11 미·중 관계와 한반도 평화_박병광(국가안보전략연구원)

1 이성무. (2013). 다시 보는 한국사. 서울: 청아출판사. 제3부 4장.

2 김계동. (2001). 한반도 분단·전쟁에 대한 주변국의 정책. 한국정치학회보, 35집
1호. p.352.

3 Kenneth Lieberthal and Wang Jisi, *Addressing U.S—China Strategic Distrust*
(Washington, D.C: Brookings Institution, 2012).

4 중국의 1인당 GDP는 2019년 기준 1만 98달러로 미국의 6만 5,111달러와 비교하
면 16% 수준에 머물고 있다.

5 中華人民共和國國務院新聞辦公室. (2013). *中國武裝力量的多樣化運用*. 北京: 人
民出版社.

6 박병광. (2020. 2). 중국 대외정책 기조의 변화와 함의. *INSS 전략보고*, No.62. 국
가안보전략연구원. p.8.

7 Kurt M. Campbell and Rush Doshi. (2021. 1. 12). How America Can Shore Up Asian Order. *Foreign Affairs.*

8 미국은 2017년 12월 발간한 「국가 안보 전략(National Security Strategy)」 보고서에서 중국을 경쟁자(competitor), 수정주의자(revisionist)로 적시했으며, 바이든 정부의 국방장관을 비롯한 주요 안보 부처 수장들은 의회 청문회에서 중국을 적(adversary)으로 규정했다.

9 전재성. (2008). 강대국의 부상과 대응 메커니즘: 이론적 분석과 유럽의 사례. *국방연구*, 제51권 3호. pp.7–8.

10 박병광. (2010). 중국의 동아시아 전략: 인식, 내용, 전망을 중심으로. *국가전략*, 제16권 2호. p.36.

11 Robert O. Kohane. (1990). Multilateralism: An Agenda for Research. *International Journal*, Vol.45, No.4. pp.731–732.

12 김기정 외 5인. (2021). *미중 경쟁과 한국의 외교 유연성.* 서울: 국가안보전략연구원. p.122.

13 USDOD. (2019. 6. 1). *Indo−Pacific Strategy: Preparedness, Partnerships, and Promoting a Networked Region.* Washington D.C: USDOD.

14 '그림자 국가(shadow state)'의 개념에 대해서는 다음을 참조하라. Ian Bremmer. (2011). *Every Nation for Itself: Winners and Losers in a G−Zero World.* New York: Penguin. pp.137–139.

12 인도·태평양 지역의 평화를 위한 다자 협력 추진_신범철(경제사회연구원)

1 이 글은 과거 한국 전략문제연구소(KRIS)와 세종연구소 등에 제출한 보고서에서 제시한 내용을 기반으로 작성된 내용임을 밝힌다.
   한국의 다자 협력 필요성과 관련 프로젝트는 그간 많은 연구가 진행된 바 있다. 제주평화연구원. (2012). *동아시아 다자협력의 제도화.* 등 참조.

2 문재인 정부의 다자 협력은 동북아 플러스 책임 공동체 구상에서 잘 나타나 있다. 자세한 내용은 이대우 외. (2019). *동북아플러스 책임공동체 구상.* 세종연구소. 참조.

3 유럽에서는 석탄·철강공동체를 시작으로 경제협력이 강화되며 다자 협력이 촉발되었고, 이러한 노력이 유럽안보협력기구(OSCE)와 유럽공동체(EU)로 이어졌다. 이러한 유럽의 다자 협력은 동북아에서의 다자 협력에 많은 시사점을 제공하고 있다. 자세한 내용은 손기웅 외. (2012). *EC/EU 사례분석을 통한 남북 및 동북아공*

동체 추진방안 – 유럽공동체 형성기를 중심으로. 통일연구원 연구보고서. 참조.

4 유럽 석탄·철강공동체와 관련해서는 옥우석. (2019. 2). 유럽 석탄·철강공동체와 동아시아 철도공동체. *시선집중 GSnJ*, 제261호. 참조.

| 제5부 | 인간과 평화

13 한반도 평화와 북한 인권_이금순(통일연구원)

1 알리 라메다는 베네수엘라 공산당원으로 스페인어 권에서 유명한 시인이었다. 1965년 베를린을 통한 접촉 후 1966년 조선로동당 초청으로 1966년 동반인(여성)과 방북하여 스페인어 발간물 번역 사업에 참여하였다. 1967년 9월 체포되어 재판도 받지 않고 구금되어, 직접 고문을 받지 않았으나, 제대로 식사를 제공하지 않고 다른 수감자 구타 소리에 노출되는 등 위협적 상황에 처하게 되었다. 1년 수감 생활 후 석방되어 평양 아파트에 기거하던 여성 동거인은 출국이 허용되었다. 라메다는 다시 가택에서 체포되어 조사 형식의 재판을 거쳐 20년 노동교화형을 선고받고, 구금 시설(Suriwon camp)에 수감되었다. 당시 해당 구금 시설에는 6,000~8,000명이 수감되었고, 여기에는 정치범과 일반범이 포함된 20개의 캠프가 있었다. 그는 6년 구금 생활 이후 1974년 석방되어 북한을 떠나 귀국했다. 1966년 방북 시 동반인은 처벌을 받지 않고, 1967년에 출국이 허용되었다. 라메다는 1차 체포(1967년) 후 재판 없이 1년 수감 생활을 하다 석방되었으나, 다시 체포되어 재판 후 20년 노동교화형을 선고받고 6년 수감 생활 이후 1974년 석방되어 베네수엘라로 귀국하였다.

2 프랑스 공산당원이던 쟈크 세디로(Jacques Sedillot)는 북한의 초청을 받아 방북하여 프랑스어 홍보 발간물을 담당하였다. 그는 고령으로 수감 생활을 하고 1975년 석방되었으나 건강이 악화되어 1976년 1월 북한에서 사망하였다.

3 1977년 발간된 「공산주의 흑막」에서 프랑스 「사회사평론」 편집장인 삐에르 리글로(Pierre Rigoulot)는 "북한 정권 수립 이후 로동당의 숙청으로 10만 명이 숨졌고, 강제 수용소에서 죽어간 사람은 모두 150만 명"이라고 주장하였다.

4 1977년 미 국무부 연례 보고서에는 북한의 인권 상황이 포함되지 않았다.

5 1968년 미국 푸에블로호 승무원 83명을 간첩죄로 11개월 억류하고, 고문 및 가혹 행위를 하였다.

6 1991년 조사는 40개 질문으로 구성되어 있고 104국을 포함하고 있다.

7 북한도 동구 사회주의 붕괴 이후에 "제국주의 련합 세력이 공화국에 대한 반사회주의 공세의 에봉을 돌리면서 '북인권 문제'가 본격 등장하여 중요한 대조선 압살 무기로 조작되었다"라고 평가하였다. 김혜련·김성호. (2017). 인권을 말하다. 평양: 평양출판사. p.159.

8 북한 내 정치범 수용소에 대한 정보는 1992년 입국 안혁과 강철환, 1994년 입국 안명철, 1995년 입국 최용철 등의 증언이 있다.

9 53개국 정부 대표로 구성되는 인권위원회(인권이사회로 개편)와는 달리 인권소위원회는 각국 정부가 추천한 전문가 중에서 지역적 안배에 따라 선출된 26명의 위원이 독립된 개인 자격으로 활동하였다.

10 최의철. (2001). 인권과 국제정치 그리고 북한 인권. 서울: 백산자료원. p.155.

11 북한 인권백서 서문에는 "북한 사회의 민주화와 인권 개선이 없는 한 민족공동체 형성을 통한 통일은 달성될 수 없으며, 북한의 민주화와 인권 개선이 전제된 평화통일만이 민족의 번영 발전을 이룩하려는 초석이 될 것", "남북한 주민 모두가 인간다운 존엄성과 권리를 향유하는 평화통일의 성취가 우리 민족의 절실한 과제라는 인식 하에서 북한의 인권에 대한 보다 정확한 실상을 파악하기 위해 발간"이 명시되어 있다.

12 이 명단은 국제사면위원회가 발표된 정보 등을 기반으로 작성되었다.

13 공식 명칭은 소수 민족의 차별 방지 및 보호에 관한 소위원회이다. 북한은 결의 채택에 항의하며 '시민적 및 정치적 권리에 관한 국제협약' 탈퇴를 선언했으나, 유엔 사무총장은 1997년 9월 북한에 대해 탈퇴 불가능을 통보하였다.

14 한양대와 한국방송공사가 주관하였다.

15 국제사면위원회 등을 포함 40여 개 국내외 북한 인권 단체가 참여하고 있으며, 사무국은 서울에 두고 국내 북한 인권 단체들이 주도적으로 활동하였다.

16 조정현. (2016). 북한 인권침해와 책임자 처벌. 국제사회의 북한 인권 논의와 한국의 정책. 북한인권정책연구, 제5권. 통일연구원.

17 유엔인권이사회. (2019. 3. 7). 조선민주주의인민공화국 내 책임 규명 증진. 유엔 인권 최고 대표 보고서. 유엔 문서, A/HRC/40/36, para.4.

18 국제형사재판소 로마 규정 제7조에 의하면 인도에 반한 죄는 "민간인 주민에 대한 광범위하거나 체계적인 공격의 일부로서 그 공격에 대한 인식을 가지고 범하여진 살해, 절멸, 노예화, 강제 이주, 구금, 고문, 강간 및 성폭력, 강제 실종, 인종차별, 기타 비인도적 행위"를 의미한다.

19 Report of the Commission of Inquiry of human rights in DPRKorea, 유엔 문서 A/HRC/25/63, paras. 75-79. 조정현. (2016). pp.7-8에서 재인용

20 도덕적 지침으로 유엔 헌장의 준수, 평화에 대한 위협, 평화의 파괴 또는 침략적 행위와 같은 위협적 행동 등 '국제사회의 대의'에 해당하는 인도적 사안에 대해서는 유엔 안보리의 집단적 개입이 가능하며, 정치적 지침은 개인의 권리 보호와 발전을 위해서 개입 가능하다는 점이다.

21 Stanley Hoffmann. (1997). *The Ethics and Politics of Humanitarian Intervention*. Notre Dame: University of Notre Dame Press. p.14; 최의철. (2001). *인권과 국제정치 그리고 북한 인권*. 백산자료원. p.59.에서 재인용.

22 북한은 분쟁 상황도 아닌 지역인 곳에 인권조사위원회를 발족시켰다는 점에서, 미국이 주도하여 북한 정권을 붕괴시키기 위한 것이라고 강력하게 항의하였다. 또한, 미국의 대북 적대시 정책의 연장선에서 유엔 차원의 북한 지도자에 대한 책임 규명이 이루어진다고 비난해왔다.

23 유엔인권이사회. (2019. 3. 7.). 조선민주주의인민공화국 내 책임 규명 증진. 유엔 인권 최고 대표 보고서. 유엔 문서, A/HRC/25/63, para.68.

24 임갑수·문덕호. (2013). *유엔안보리 제재의 국제정치학*. 서울: 한울. p.13; 원재천. (2016). 북한 인권과 국제재재: 인권개선을 위한 포괄적 국제재재공조. 북한 인권 연구센터 편. *국제사회의 북한 인권 논의와 한국의 정책*. 서울: 통일연구원. p.95. 에서 재인용.

25 도경옥·백상미. (2018). *제재 국면에서의 주민의 인권*. 서울: 통일연구원. p.141.

26 Ibid.

27 미국 대북제재는 다수의 법률(수출입은행법(1945), 대외원조법(1961), 국제종교자유법(1998), 인신매매피해자보호법(2000), 이란·북한·시리아 비확산법(2000), 북한제재와 정책강화법(2016), 미국의 적대세력에 대한 통합제재법(2017) 등), 행정명령, 연방규정에 근거하고 있다. 도경옥·백상미, Ibid, p.153.

28 제재 대상자 지정권은 대통령에게 부여되었다. 민태은 외. (2010). *미국의 대북 독자 제재: 정치적 배경과 법적 기반 분석*. 서울: 통일연구원.

29 이후 미국이 북한과의 회담을 이어가는 동안에는 제재 명단이 추가되지 않았다.

30 대북 제재 유예(suspension) 조건으로는 6가지 사항에 대한 진전이 있다고 대통령이 판단한 경우, 진전을 증명할 자료를 제출하고 유예 조치(납치 또는 불법으로 억류하고 있는 '외국인 및 한국정전합의문에 관한 협정을 위반하고 감금하고 있는 사람들에 대한 책임 있는 조치 및 본국 송환 조치, 인도적 지원 물자를 국제적으로 인정된 방식으로 배포 및 모니터링, 정치범 수용소의 생활 환경 개선을 위한 검증된 조치(verified step))를 포함하고 있다. 도경옥. (2018). 대북제재 완화·해제의 조건 및 절차. 통일연구원 온라인시리즈, 2018.05.15. CO18-23, p.4.

31 대북 제재 해제(termination) 조건은 -대북 제재 유예 조건 6가지를 포함하여- 북한 정치범을 포함하여 모든 정치범 석방, 평화적 정치 활동의 검열 중단, 개방되고 투명하며 대표성이 있는 사회 수립, 북한에 억류된 미국인(사망 미국인 포함)과 정전합의문을 위반해 억류한 사람들에 대한 완전한 책임과 석방 등 5가지가 준수되어야 한다. Ibid.

32 유럽연합은 유럽연합의 가치나 외교정책 원칙으로 '인간의 존엄과 자유, 민주주의 , 법치와 인권에 대한 존중'을 설정하고 있다.

33 Martin Russell, "EU human rights sanctions: Toward a European Magnitsky Act", European Parliamentary Research Service Briefing, December 2020.

34 EU Sanction Map 참조, https://www.sanctoinsmap.eu/#/main 검색일: 2021. 10. 28.

35 제재 조치의 여파는 사례별로 다르지만, 본 위원회는 제재 조치가 거의 언제나 동 규약에서 규정하고 있는 인권에 엄청난 영향을 미치게 된다는 사실을 알고 있다. 예를 들어, 제재는 종종 식량 의약품 위생 설비 등의 유통에 큰 혼란을 야기하고, 식품의 질과 깨끗한 식수의 이용을 위태롭게 하며, 기본적인 교육 및 보건 시스템의 기능을 저하시키고, 노동권을 제한한다. 또한 제재의 비의도적 효과로 지도층 권력의 강화, 암시장 출현과 암시장을 관리하는 소수 특권층의 이익 창출, 일반 주민에 대한 지도층의 통제 강화, 비호를 신청하거나 정치적 의견을 표명할 기회의 제한과 같은 현상이 나타날 수 있다. 이러한 현상은 본질적으로 정치적인 것이지만 경제적, 사회적, 문화적 권리에도 부가적인 영향을 미치게 된다.

36 도경옥·백상미. (2018). p.18.

37 박명림. (2016). 북한 인권과 한반도 인권 체제. 다문화사회연구, 제9권 2호. 숙명여자대학교 다문화통합연구소. p.48.

38 박명림. (2016). pp.45-48.

39 박명림. (2016). p.39.

40 로버트 콜린즈는 북한의 성분제도에 따른 정치적 목적의 차별이 본질적으로 'crime against apartheid'및 'crime against humanity'에 해당한다는 차원에서 평화에 대한 위협으로 규정하였다. 그는 북한이 예상되는 정권에 대한 충성도(loyalty to the regime)에 따라, 진로부터 결혼까지 전반적인 생활에서 주민들을 차별적으로 대우하며 성분에 따른 가족단위 강제이주가 현재진행형이라고 주장하고 있다. 또한 북한의 교육체계가 하층계급이 노동계급으로만 살아가도록 한다는 점에서 남아프리카의 인종차별과 유사하다고 규정하였다. Robert Collins, South Africa's Apartheid and North Korea's Songbun: Parallels in Crime Against

41 서보혁. (2001). *코리아 인권— 북한 인권과 한반도 평화*. 서울: 책세상. p.90.

42 2010년 정몽준 한나라당 대표는 미국과 일본의 북한 인권법 제정을 언급하면서, "남북이 같은 민족이기 때문에 우리가 더욱 북한주민의 인권에 가져야 된다."면서 북한 인권법 제정 필요성을 강조하였다. 위의 책, p.51.

43 한동호. (2014). *한국의 대북 인권 정책 연구*. 서울: 통일연구원. p.83.

44 백범석. (2020). 정보 접근과 적극적 평화를 통한 북한 인권 개선. 통일연구원 사이오인권포럼 토론문.

45 김수암. (2020). 인권과 평화—발전의 상호연계성: 국제논의와 시사점. 정보 접근과 적극적 평화를 통한 북한 인권 개선. 통일연구원 사이오포럼 발표문. p.152.

46 "인격적 차별은 인간의 존엄에 대한 유린이다. 인간의 노예화, 비인간적이며 불명예스러운 도덕과 강제의 적용은 인간의 존엄, 인권에 대한 유린…. 존엄에 대한 권리가 기본 인권이라는 것은 국제인권조약들과 선언들에서도 확인… 기본 인권은 (자유권과 평등권이 아닌)에는 생존권과 불가침권이 있다." 김혜련, 김성호. (2017). *인권을 말하다*. 평양: 평양출판사. p.31.

47 대북 경제 제재와 봉쇄가 "주권 국가의 발전권을 가로막고 인민들의 인권 향유에 커다란 부정적 영향을 주는 반인권적, 반인륜적 범죄이며 전시 대량 학살을 훨씬 능가하는 대량 학살 범죄로 된다." 조선인권연구협회. (2014). 보고서.

48 오영란. (2016. 12. 5). 미국의 대조선 제재는 패배이다. 조선중앙통신.

49 조선중앙통신. (2013. 11. 14). 조국평화통일위원회 서기국 남조선당국의 제2차 남북 관계발전기본계획은 북남 단절 계획, 대결계획이라고 단죄.

50 강현철. (2021. 7. 12). 국제경제기술교류촉진협회 상급연구사 명의 글, 북한 외무성 홈페이지 발표. 연합뉴스.

51 여기서 생존권은 사회권을 의미한다고 볼 수 있다.

52 대북 전단 금지 관련 조치 등 오히려 문제 해결에 부정적 영향을 미치는 정책의 악순환을 초래할 위험을 관리해야 한다.

53 김수암. (2010). 평화적 개입 수준의 설정과 전략 모색. 윤영관, 김수암 편, *북한인권 개선 어떻게 할 것인가: 평화적 개입 전략과 국제 사례*. 서울: 한울아카데미. p.231.

54 인권 해결 패러다임에는 국제적 인권 기준 설정, 국내 법제도 수립, 침해 및 이행의 감시, 인권 관련 정보 확산, 외교 협상, 대중의 압력, 경제 제재, 인도적 개입 등이 포함된다.

55 유엔헌장 전문, 세계인권선언, 자유권 규약, 사회권 규약 전문에 공통적으로 명

시된 인권 달성을 위해서는 개별권리가 보장되도록 법제도 수립만으로는 미흡하며, 권리의 향유가 가능하게 하는 조건, 사회적·국제적 질서를 갖추는 것이 필요하다. 조효제. (2016). 인권 패러다임 이론과 북한 인권 문제. *다문화사회연구*, 제9권 2호. 숙명여자대학교 다문화통합연구소. p.16.

56 조효제. (2016). p.25.

57 조효제. (2016). p.27.

58 조효제. (2016). pp.27-28.

59 조효제. (2016). p.28.

60 조사 및 자료 활용에 대한 자발적인 동의, 개인정보 보호, 조사 과정에서의 존중, 조사 과정에서 심리적 어려움이 유발되는 경우 대비책 마련 등을 포함한다.

61 최규빈, 홍제환. (2021. 7. 20). 북한의 SDGs 이행 동향: '자발적 국별 리뷰(VNR)' 보고서 내용을 중심으로. 온라인시리즈 CO 21-22. 통일연구원.

62 북한은 2019년 제3차 보편적 정례 검토에서 네덜란드의 "지속가능발전목표 16에 의거하여, 관리소와 그 밖의 다른 수감 시설에서 수감자에게 자행되는 고문 및 학대 행위를 중단하기 위한 즉각적이고 실효성 있는 조치를 취하라"는 권고를 거부하였다. 김수경. (2019. 7. 18). 제3차 북한 UPR 평가 및 전망. 국가인권위원회 북한 인권포럼 발표문.

63 유엔 문서, A/HRC/40/36 para.40. 특히 북한 형법 제68조(민족반역죄), 제69조(조선민족해방운동탄압죄), 제70조(조선민족적대죄)는 일반적인 국가에서는 포함되어 있지 않은 범죄이다.

64 조효제. (2016). pp.5-38.

65 북한은 2019년 제3차 보편적 정례 검토에서 스웨덴 정부가 권고한 "북한이 비준한 국제인권규약의 전문을 한글로 번역해서 발간하고, 국가 네트워크 서비스인 광명에 탑재"하라는 것을 수용한 바 있다.

66 조효제. (2016). pp.10-11.

67 21세기 새로운 주권 개념은 '책임으로서의 주권(sovereignty as responsibility)'이다. 이는 전통적 의미의 절대적이고 배타적인 통치권 행사가 아니라 자국민을 보호할 책임이 일차적으로 국가에 있다는 의미로 해석된다. 이러한 차원에서 보면 외부의 비판과 개입을 '반공화국 책동'으로 비난하는 것은 적절하지 않다. 조효제. (2016). p.11.

14 지속가능발전 시대의 북한의 발전 전략과 한반도 평화_김태균(서울대)

1 본 장은 2020년 필자가 참여했던 통일연구원의 공동 연구 프로젝트 출판물인 홍민·최지영·이재영·강채연·김태균·양문수·차문석·홍덕화·황규성·황진태. (2020). *북한의 발전 전략과 평화경제: 사회기술시스템 전환과 지속 가능한 발전 목표*. 서울: 통일연구원. 중 필자가 집필한 부분(pp.39~73)을 수정·보완하였음을 밝힘.

2 URL: https://sustainabledevelopment.un.org/content/documents/ 282482021_VNR_Report_DPRK.pdf 검색일: 2021. 9. 1.

3 로동신문 자료가 2012년부터 2018년으로 한정되어 있는 이유는 최근 2019년 이후 자료를 접근하는 데 제한이 있어 7년 기간의 자료만 분석하게 되었으나, 이 기간의 자료만으로도 충분히 북한이 글로벌 규범인 SDGs를 국내 정치와 발전 전략에 적극적으로 수용하려는 노력을 인지할 수 있다는 점을 밝힘.

4 로동신문. (2012. 10. 20). 유엔 총회 제67차 회의 2위원회 회의에서 우리나라 대표 연설.

5 https://www.unescap.org/sites/default/files/Session%201-3.%20 Country%20Presentation_DPRK.pdf

6 https://sustainabledevelopment.un.org/content/documents/282482021_ VNR_Report_DPRK.pdf. 검색일: 2021. 9. 1.

7 로동신문. (2012. 10. 2). 77개 집단 외무상 회의에서 우리나라 대표단 단장이 연설. p.81.

8 로동신문. (2012. 10. 4). 유엔 총회 제67차 회의 전원회의에서 우리나라 대표단 단장이 연설. pp.77~79.

15 이산(離散)**을 넘어 평화로 가는 길_모춘흥**(한양대)

1 정병호. (2021. 6. 23). 이산은 야만이다. 한겨레.

2 정병호. (2021. 6. 23).

3 통일부. 남북이산가족찾기 이산가족정보통합시스템. 검색일: 2021. 9. 15.

4 통일부. (2018. 4. 27). 한반도의 평화와 번영, 통일을 위한 판문점 선언. 검색일: 2021. 9. 15.

5 통일부. (2018. 6. 22). 남북적십자회담 공동 보도문. 검색일: 2021. 9. 15.

6 남북이산가족찾기 이산가족정보통합시스템. 남북 이산가족의 실상과 재회의 당위성. URL:https://reunion.unikorea.go.kr/reuni/home/pds/policylaw/view.

do?mid=SM00000130&eqDataDiv=policy&id=1

7 한국민족문화대백과사전. 검색일: 2021. 9. 17.

8 한국민족문화대백과사전. 검색일: 2021. 9. 17.

9 경향신문. (2000. 12. 3). [납북자] '난제 중 난제' 풀린다.

10 원재천·이수효. (2015). 국제규범적인 접근을 통한 남북 이산가족문제 해결방안: 국제인도법과 국제적십자위원회 활용을 기반으로. *서울법학*, 제23권 제1호. p.425.

11 2017년에 채택된 유엔 총회 북한인권결의안에는 "이산가족의 대다수가 고령이라는 점을 고려할 때, 이 사안은 매우 절박한 인도주의적인 관심"이 필요하며, 생사 확인·서신 교환·고향 방문 등의 조치가 이루어져야 한다는 내용이 담겨 있다. United Nations General Assembly. (2017. 12. 19). Situation of human rights in the Democratic People's of Korea, A/RES/72/188.

12 Lee Dong Bok. (2011). Separated Korean Families' As A Human Rights Issues. New Asia, Vol.18, No.1. p.17.

13 제성호. (2011). 남북 이산가족문제의 국제인권법적 접근: 문제 해결을 위한 법적 논리 보강의 차원에서. *서울국제법연구*, 제18권 2호. p.153.

14 헌재 2001년 8월 29일. 2001헌바82; 이장희. (2017). 이산가족 교류의 헌법적 의미와 과제. *공법학연구*, 제18권 제4호. pp.66-67.

15 이장희. (2017). p.68.

16 홍용표·장두희. (2019). 한반도에서 인권과 평화: 북한인권법 제정을 둘러싼 논쟁과 그 의미. *문화와 정치*, 제6권 제4호. p.273.

17 제성호. (2011); 원재천·이수효. (2015).

18 최은석. (2018). 남북 이산가족 법·제도 정비 방향 연구. 통일법제 *Issue Paper*, 18-19-⑥. p.44.

19 프레시안. (2019. 9. 18). 평양 시민을 탈북민 대하듯? 통일 때려치우라 할 것.

20 모춘흥. (2020). *탈분단의 상상과 남북 공생*. 최진우 엮음. *환대: 평화의 조건, 공생의 길*. 서울: 박영사. p.143.

21 모춘흥·이상원. (2019). 타자와의 조우: 북한이탈주민의 존재성과 분단체제의 현실 이해. *문화와 정치*, 제6권 제1호. p.104.

22 최진우·한준성·김새미·모춘흥·이상원·이지연·정승철. (2020). 탈북민 환대지수 (Hospitality Index)의 지표체계 개발 연구. *문화와 정치*, 제7권 제2호. p.8.

23 이지연. (2020). *탈북민과 더불어 공생사회 만들기*. 최진우 엮음. *환대: 평화의 조건, 공생의 길*. 서울: 박영사. p.122.

24 북한이탈주민 보호 및 정착지원에 관한 법률. 제2조.

25 2021년 9월 말을 기준으로 국내에 입국한 탈북민의 수는 3만 3,800명이며, 성별 입국 분포를 보면 여성이 2만 4,336명으로 72%를 차지하고 있다. 통일부 통계 자료. 검색일: 2021. 10. 10.

26 이우영 외. (2000). 북한이탈주민 문제의 종합적 정책방안 연구. 서울: 통일연구원; 이금순 외. (2003). 북한이탈주민 적응실태 연구. 서울: 통일연구원.

27 최진우 외. (2020). pp.13-14.

28 최대석·박영자. (2011). 북한이탈주민 정책연구의 동향과 과제: 양적 성장을 넘어선 성찰과 소통. 국제정치논총, 제51집 1호; 권숙도. (2018). 사회통합을 위한 북한이탈주민 정착지원체계 개선방안 제안. 통일연구, 제22권 제1호.

29 홍용표. (2018). 탈북민과 실향민의 차이 좁히기. 호모 쿨투랄리스. 2018-C36; 통일부. (2016. 11. 25). 탈북민 3만 시대, 함께 통일시대를 열어가는 친근한 이웃으로 포용.

30 관계부처 합동. (2018. 4. 2). 제2차 북한이탈주민 정착지원 기본계획(2018~2020).

31 최윤형·김수연. (2013). '대한민국은 우릴 받아줬지만, 한국인들은 탈북자를 받아준 적이 없어요.' 댓글에 나타난 남한 사람들의 탈북자에 대한 인식과 공공 PR의 과제. 한국광고홍보학보, 제15권 3호. p.203.

32 이지연. (2020). pp.131-132.

33 홍용표·모춘흥. (2019). 탈북민에 대한 '환대' 가능성 탐색. 통일인문학, 제78집. pp.341-344.

34 2014년부터 추진된 '미래행복통장'이 대표적인 탈북민의 안정적 정착을 위한 자산 형성 제도에 해당한다.

35 박재인. (2017). '고향'으로서의 북녘, 통일을 위한 정서적 유대 공간으로서의 가능성. 통일인문학, 제71집. p.57.

36 김문조는 1983년 6월 30일부터 11일 14일까지 138일 동안 생방송으로 진행된 〈KBS 특별 생방송, 이산가족을 찾습니다〉 방송을 계기로 한동안 묻혀 있었던 이산가족 문제가 국민적 관심사로 등장하게 되었으며, 이는 "사회적 관심이나 공감 형성"의 정도에 있어 그 이전 어떤 사건이나 운동에 비견할 수 없이 획기적인 사건이었다고 평가했다. 김문조. (1985). 이산가족연구 I: 가족이산의 현실과 가족 재결합운동의 효과 분석을 중심으로. 아세아연구, 제28집 1호. p.155.

참 고 문 헌

|제1부| 평화 담론과 평화 정책

01 한반도 평화와 대한민국의 평화 정책_홍용표(한양대)

김병로. (2017). 다시 통일을 꿈꾸다: 한반도 미래 전략과 '평화연합' 구상. 서울: 모시는 사람들.

김성철, 이찬수 외. (2020). 평화의 여러 가지 얼굴. 서울: 서울대학교출판문화원.

김태균 외. (2021). 한반도 평화학: 보편성과 특수성의 전략적 연계. 서울: 서울대학교출판문화원.

김학성·고상두 편. (2019). 통일의 길 위에 선 평화: 한반도 문제의 구조적 이해. 서울: 박영사.

나태주. (2021). 어려운 질문. 인간과 평화 제2권 2호.

박건영 외. (2002). 한반도 평화보고서: 한반도 위기극복과 평화 정착의 방법론. 서울: 한울.

백영철 외. (2005). 한반도 평화 프로세스. 서울: 건국대학교출판부.

서보혁. (2019). 한국 평화학의 탐구. 서울: 박영사.

윤영관 편. (2019). 한반도 2022: 비핵화·평화 정착 로드맵. 서울: 사회평론아카데미.

이상근. (2015). '안정적 평화' 개념과 한반도 적용 가능성. 한국정치학회보, 제49집 1호.

이혜정, 박지범. (2013). 인간안보: 국제규범의 창안, 변형과 확산. 국제지역연구, 22권 1호.

정영철. (2010). 한반도의 '평화'와 '통일': 이론의 긴장과 현실의 통합. 북한연구학회보, 제14권 2호.

정천구. (2011). 평화의 두 가지 개념에 관한 논쟁: 적극적 평화와 소극적 평화. 서석사회과학논총, 제4집 1호.

조선중앙통신. (2021. 1. 9). 조선로동당 제8차 대회에서 하신 경애하는 김정은 동지의 보고에 대하여.

통일연구원. (2020). 2020 한국인의 평화의식. 서울: 통일연구원.

홍용표. (2018). 평화문화와 지속 가능한 평화: 한국에서의 의미와 과제. *문화와 정치*, 제5집 2호.

홍용표. (2011). 통일한국을 위한 비전. 최진욱 외. *통일외교 과제와 전략*. 서울: 통일연구원.

Boulding, Kenneth E. (1978). *Stable Peace*. Austin: University of Texas Press.

Boulding, Kenneth E. (1977). "Twelve Friendly Quarrels with Johan Galtung". *Journal of Peace Research*, Vol. 14, No. 1.

Buzan, Barry. (1991). *People, States, & Fear: An Agenda for International Security Studies in the Post-Cold War Era*. Hemel Hempstead: Harvester Wheatsheaf.

Coleman, Peter T. (2012). Conclusion: The Essence of Peace? Toward a Comprehensive and Parsimonious Model of Sustainable Peace. Peter T. Coleman & Morton Deutsch, eds. *Psychological Components of Sustainable Peace*. New York: Springer.

Galtung, Johan. (1969). Violence, Peace, and Peace Research. *Journal of Peace Research*, Vol.6, No.3.

Galtung, Johan. (1985). Twenty-Five Years of Peace Research. *Journal of Peace Research*, Vol.22, No.2.

Galtung, Johan. (2000). 강종일 외 옮김. *평화적 수단에 의한 평화*. 서울: 들녘.

Goertz, Gary, Diehl, Paul F. & Balas, Alexandru. (2016). *The Puzzle of Peace: The Evolution of Peace in the International System*. Oxford: Oxford University Press.

OHCHR. (2020). Laying the human rights foundations for peace. Discussion paper, September.

Philpott, Daniel & Powers, Gerard F. (2010). *Strategies of Peace: Transforming Conflict in a Violent World*. Oxford: Oxford University Press.

UNESCO. (2018). *Long Walk of Peace: Towards a Culture of Prevention*. Paris: UNESCO.

02 한반도 통일담론, 어떻게 만들어야 하나?_허재영(연세대)

강동완·박정란. (2012). 한국의 통일담론: 역대정권별 특징과 한계를 중심으로. *북한학연구*, 8: 2. pp.215-246.

강만길. (2000). 강만길 선생과 함께 생각하는 통일. 서울: 지영사.

강원택. (2021). 통일담론의 전개: 정부 및 여야 정치권을 중심으로. 통일부 통일교육원 편. 분단 이후 제기된 통일담론에 대한 정리와 성찰. 서울: 통일부 통일교육원. pp.12-110.

김범수·김병로·김학재·김희정·박원호·이종민·최규빈·임경훈·최현정. (2021). 2020 통일의식조사. 시흥: 서울대학교 통일평화연구원.

김선·김희정·임수진. (2017). 통일당위성 담론유형 집단별 특성과 통일교육적 함의. 교육문화연구, 23: 6. pp.27-48.

김일영. (2000). 이승만 정부에서의 외교정책과 국내정치: 북진·반일정책과 국내정치 경제와의 연계성. 국제정치논총, 39: 3. pp.243-262.

노무현. (2009). 성공과 좌절: 노무현 대통령 못다 쓴 회고록. 서울: 학고재.

대통령비서실. (1994). 김영삼 대통령 연설문집 제1권. 서울: 대통령비서실.

대통령비서실. (1999). 김대중 대통령 연설문집 제1권. 서울: 대통령비서실.

대통령비서실. (2006). 노무현 대통령 연설문집 제3권. 서울: 대통령비서실.

대통령비서실. (2008). 노무현 대통령 연설문집 제5권. 서울: 대통령비서실.

대통령비서실. (2018). 문재인 대통령 연설문집 제1권 상. 서울: 대통령비서실.

대통령비서실. (2019). 문재인 대통령 연설문집 제2권 상. 서울: 문화체육관광부.

문화체육관광부. (2018). 남북 관계에 대한 인식 여론조사. URL: https://www.mcst.go.kr/kor/s_notice/press/pressView.jsp?pSeq=16807

박상익. (2014). '통일대박담론'의 구상과 한계. 군사발전연구, 8:1. pp.23-52.

박상훈·허재영. (2020). 여론과 대북정책은 조응하는가? 4·27 판문점 선언 전후 국민의식조사의 경험적 연구. 담론 201, 23: 2. pp.83-113.

변종헌. (2014). 통일대박론의 비판적 논의. 윤리연구, 99. pp.123-150.

서보혁. (2014). 보편주의 통일론과 인권·민주주의 친화형 남북 관계의 탐색. 세계지역연구논총, 32:1. 7-32.

송두율. (2000). 민족은 사라지지 않는다. 서울: 한겨레신문사.

이상신·민태은·윤광일·구본상. (2021). KINU 통일의식조사 2021: 요약보고서. 서울: 통일연구원.

이상신·민태은·윤광일·구본상·Peter Gries. (2020). KINU 통일의식조사 2020: 주변국 인식 비교연구. 서울: 통일연구원.

이석희·강정인. (2017). 왜 통일인가?: 세 가지 통일담론에 대한 비판적 고찰. 한국정치연구, 26:2. pp.1-28.

전재성. (2014). 통일 전략과 대북 전략의 조화 필요성. JPI 정책포럼, 136. pp.1-12.

조선일보. (2021. 11. 24).

중앙일보. (2010. 9. 14).

중앙일보. (2019. 7. 27).

최장집. (1998). *한국민주주의의 조건과 전망*. 서울: 나남출판.

홍석률. (2021). 학계의 통일담론: 분단문제 해결, 통일, 평화의 관계설정을 중심으로. 통일부 통일교육원 편. *분단 이후 제기된 통일담론에 대한 정리와 성찰*. 서울: 통일부 통일교육원. pp.208-264.

|제3부| 협력으로 만드는 평화

08 한반도 평화를 위한 제재와 경협_김병연(서울대)

김병연. (2014). 통일 소박 없는 통일 대박론은 통일 도박. 중앙일보. 2014. 7. 17. URL: https://news.joins.com/article/15282745 검색일: 2021. 7. 27.

김병연. (2015). 5.24 조치 어떻게 할 것인가. 중앙일보. 2015. 5. 7. URL: https://news.joins.com/article/17745222 검색일: 2021. 7. 27.

김병연. (2016a). 북한은 중국을 시험대에 올렸다. 중앙일보. 2016. 1. 14. URL: https://news.joins.com/article/19409151 검색일: 2021. 7. 27.

김병연. (2016b). 지금 북한을 변화시켜야 한다. 중앙일보. 2016. 3. 10. URL: https://news.joins.com/article/19699427. 검색일: 2021. 7. 27.

김병연. (2018). 강한 대북 제재가 북한을 비핵화 협상으로 이끈다. 중앙일보. 2018. 1. 22. URL: https://news.joins.com/article/22305084 검색일: 2021. 7. 27.

김병연. (2019a). *김정은 체제의 북한 경제*. 윤영관 편. *북한의 오늘 II*. 서울: 늘품 플러스.

김병연. (2019b). 北 전역에 제재 영향 퍼지기 시작…시장 충격 커지면 김정은 협상 나올 것. 조선일보. 2019. 5. 10. URL: https://www.chosun.com/site/data/html_dir/2019/05/09/2019050904002.html 검색일: 2021. 7. 27.

서울대 통일평화연구원. 남북통합지수. URL: https://ipus.snu.ac.kr/blog/archives/research_cat/north-south-integration-index

통계청 e-나라지표. (2021). 남북교역추이. URL:https://www.index.go.kr/potal/main/EachDtlPageDetail.do?idx_cd=1698 검색일: 2021. 7. 27.

통일부 남북교류협력시스템. 남북교역통계. URL: https://www.tongtong.go.kr/

unikoreaWeb/ui/web/comn/main/main.do

한국무역투자진흥공사(KOTRA). 여러 해. 북한대외무역동향. URL: https://news.
  kotra.or.kr/user/globalBbs/kotranews/787/globalBbsDataView.do?setIdx=2
  49&dataIdx=190049&pageViewType=&column=&search=&searchAreaCd=
  &searchNationCd=&searchTradeCd=&searchStartDate=&searchEndDate=
  &searchCategoryIdxs=&searchIndustryCateIdx=&searchItemCode=&searc
  hItemName=&page=1&row=10

Hufbauer, Gary G., Jeffrey J. Schott, Kimberly A. Elliott, and Barbara
  Oegg. (2009). *Economic Sanctions Reconsidered*, 3rd edition. Washington
  D.C.:Peterson Institute for International Economics; third edition.

Kim, Byung-Yeon. (2017). *Unveiling the North Korean Economy*. Cambridge,
  U.K.: Cambridge University Press.

Kim, Byung-Yeon. (2020). Marketization during Kim Jong-un's Era: Policies
  and the Sanctions. mimeo.

The European Union. n.d. European Neighbourhood Policy And
  Enlargement Negotiations. URL: https://ec.europa.eu/neighbourhood-
  enlargement/policy/conditions-membership_en#:~:text=Conditions%20
  for%20membership%20The%20EU%20operates%20comprehensive%20
  approval,of%20the%20EU%20institutions%20and%20EU%20member%20
  states 검색일: 2021. 7. 27.

09 한반도 평화 프로세스와 한반도 평화 체제_김인한(이화여대)

국방부. (2019). *2018 국방백서*. 서울: 국방부.

국정기획자문위원회. (2017. 7). 문재인 정부 국정운영 5개년 계획. 서울: 대한민국 정
  부. URL: https://www.korea.kr/archive/expDocView.do?docId=37595 검색
  일: 2021. 7. 6.

뉴시스. (2021. 6. 24). 화살머리고지 남북 유해발굴 끝내 불발. 북, 끝까지 불응. URL:
  https://newsis.com/view/?id=NISX20210624_0001488259 검색일: 2021. 7. 6.

매일경제. (2019. 4. 15) 김정은 "'南측 오지랖 넓은 중재자 행세말라'…설 땅 좁아진
  文". URL: https://www.mk.co.kr/news/politics/view/2019/04/229641/ 검색
  일: 2021. 7. 16.

박건영. (2008). 한반도 평화 체제 구축을 위한 한국의 전략. 국방연구, 51권 1호.

pp.63−87.

박인휘. (2019). 비핵평화 프로세스와 대북 관여 정책의 지속성: 이론과 정책. *국가 안 보와 전략*, 19권 1호. pp.1−34.

연합뉴스. (2019. 1. 30). 대한민국수호 예비역 장성단 출범. 9·19 군사합의 폐기해야. URL: https://www.yna.co.kr/view/AKR20190130061651503 검색일: 2021. 7. 13.

연합뉴스. (2017. 7. 2). 문 대통령 방미성과 두둑. 신뢰 회복 한반도 이슈 주도 확보. URL: https://www.yna.co.kr/view/AKR20170701067900001 검색일: 2021. 8. 21.

정성윤, 김유철, 김주리, 장철운, 신성호, 이기동, 이수훈. (2020). *한반도 비핵·평화 프로세스 추진전략과 정책과제*. 서울: 통일연구원.

정책위키. (2020. 3. 22). 9·19 남북군사합의. URL: https://www.korea.kr/special/policyCurationView.do?newsId=148865808 검색일; 2021. 7. 6.

중앙일보. (2019. 8. 16). 北, 트럼프 믿고 대놓고 대남 조롱 '삶은 소대가리도 앙천대소'. URL: https://news.joins.com/article/23553826 검색일: 2021. 7. 15.

중앙일보. (2018. 6. 8). 빌 클린턴 "문재인 대통령이 진짜 영웅". URL: https://news.joins.com/article/22699229 검색일: 2021. 7. 20.

청와대. (2018. 4. 27). 한반도의 평화와 번영, 통일을 위한 판문점선언. URL: https://www1.president.go.kr/articles/3138 검색일: 2021. 7. 6.

청와대. (2017. 7. 6) 문재인 대통령, 쾨르버 재단 초청 연설. URL: https://www1.president.go.kr/articles/486 검색일: 2021. 7. 4.

태영호. (2018). *3층 서기실의 암호*. 서울: 기파랑.

프레시안. (2018. 9. 27). 김종대, "남북군사합의는 비핵화 위한 버퍼링 작업". URL: https://www.pressian.com/pages/articles/211765#0DKU 검색일: 2021. 7. 13.

허만호. (2019). 평화 체제의 구축과 남북한 협력: 협상론과 제도적 구속성의 관점에서. *국제정치연구*, 22권, 3호. pp.1−40.

현인택. (2000). 한반도 평화 체제의 제문제: 세계의 평화협정의 함의와 한반도 평화 체제의 주요 쟁점. *전략연구*, 18호, pp.120−139.

| 제4부 | 평화 구축을 위한 외교

10 북한 핵 문제의 평화적 해결_황태희(연세대)

Cha, Victor D. and David C. Kang. (2003). *Nuclear North Korea: A Debate on*

Engagement Strategies. New York: Columbia University Press.

Krepon, Michael. (2003). The stability–instability paradox, misperception, and escalation control in South Asia. *Prospects for peace in South Asia.* pp.261–279.

Mark S. Bell. (2015). Beyond Emboldenment: How Acquiring Nuclear Weapons Can Change Foreign Policy. *International Security,* 40(1) July. pp.87–119.

Erik Gartzke and Matthew Kroenig. (2016). Nukes with Numbers: Empirical Research on the Consequences of Nuclear Weapons for International Conflict. *Annual Review of Political Science,* 19(1). pp.397–412.

Fearon, James D. (1995). Rationalist explanations for war. *International organization,* 49.3. pp.379–414.

Fearon, James D. and David D. Laitin. (1996). Explaining interethnic cooperation. *American political science review,* 90.4. pp.715–735.

Matthew Kroenig. (2013). Nuclear Superiority and the Balance of Resolve: Explaining Nuclear Crisis Outcomes. *International Organization,* 67(1). pp.141–171.

Sagan, Scott D. and Kenneth N. Waltz. (2012). *The Spread of Nuclear Weapons: An Enduring Debate,* 3rd Edition. New York: W.W. Norton and Company.

Sagan, Scott D. (2011). The Causes of Nuclear Weapons Proliferation. *Annual Review of Political Science,* 14(1). pp.225–244.

Sarkees, Meredith Reid and Frank Wayman. (2010). *Resort to War: 1816–2007.* Washington DC: CQ Press.

Sukin, Lauren. (2021). North Korea's Rational Threat-Making: Using Propaganda to Understand North Korean Threat Perception. Working Paper.

이근욱. (2020). *북한이 핵 보유국이 된다면 어떻게 달라지는가: 핵 보유 이후 국가 행동의 변화.* 김태형 외. 서울대교 국제문제연구소.

황지환. (2020). *북한이 핵 보유국이 된다면 어떻게 달라지는가: 핵 보유 이후 국가 행동의 변화.* 김태형 외. 서울대교 국제문제연구소.

11 미·중 관계와 한반도 평화_박병광(국가안보전략연구원)

이성무. (2013). *다시 보는 한국사.* 서울: 청아출판사.

김계동. (2001). 한반도 분단·전쟁에 대한 주변국의 정책. *한국정치학회보*, 35집 1호.

김기정 외 5인. (2021). *미중 경쟁과 한국의 외교 유연성*. 서울: 국가안보전략연구원.

박병광. (2010). 중국의 동아시아 전략: 인식, 내용, 전망을 중심으로. *국가전략*, 제 16권 2호.

박병광. (2020). 미·중 패권경쟁과 우리의 대응방향. *INSS 전략보고*, NO.67. 국가안보 전략연구원.

박병광. (2020). 중국 대외정책 기조의 변화와 함의. *INSS 전략보고*, NO.62. 국가안보 전략연구원.

전재성. (2008). 강대국의 부상과 대응메커니즘: 이론적 분석과 유럽의 사례. *국방연 구*, 제51권 3호.

Ian Bremmer. (2011). *Every Nation for Itself: Winners and Losers in a G−Zero World*. New York: Penguin.

Kenneth Lieberthal and Wang Jisi. (2012). *Addressing U.S−China Strategic Distrust*. Washington, D.C: Brookings Institution.

Kurt M. Campbell and Rush Doshi. (2021). How America Can Shore Up Asian Order. *Foreign Affairs*.

Robert O. Kohane. (1990). Multilateralism: An Agenda for Research. *International Journal*, Vol.45. No.4.

USDOD. (2019). *Indo−Pacific Strategy: Preparedness, Partnerships, and Promoting a Networked Region*. Washington D.C: USDOD.

中華人民共和國國務院新聞辦公室. (2013). *中國武裝力量的多樣化運用*. 北京: 人民 出版社.

| 제5부 | 인간과 평화

14 지속가능발전 시대의 북한의 발전 전략과 한반도 평화_김태균(서울대)

구종서. (1996). 동아시아 발전모델과 한국. *한국정치학회보*, 제30권 2호. 한국정치학회.

김태균. (2014). 북한의 개발역량 발전을 위한 시론: 남북협력 파트너십으로서 지식공 유, 역량발전의 유연성. *국가전략*, 제20권 4호. 세종연구소.

김태균. (2020). 글로벌 거버넌스의 위가와 포스트−코로나 대응 전략. 제1차 KIPA 글 로벌 행정포럼(2020년 5월 6일). 한국행정연구원 국제개발협력센터.

김태균·김보경·심예리. (2016). 국제개발 규범의 국내화 과정에 관한 연구: 지속가능
발전목표(SDGs)와 한국의 국내이행 정책수립에 관하여. *국제·지역연구*, 제25권
1호. 서울대학교 국제학연구소.

김태균·이일청. (2018). 반둥 이후: 비동맹주의의 쇠퇴와 남남협력의 정치 세력화. *국
제정치논총*, 제58권 3호. 한국국제정치학회.

로동신문. (2012–2018).

박기덕. (1999). 동아시아 발전모델의 구성과 동아시아 지역경제위기의 원인. *한국정
치학회보*, 제32권 4호. 한국정치학회.

서보혁. (2017). 통일 문제의 평화학적 재구성. *한국민족문화*, 제63호.

이종석. *새로 쓴 현대북한의 이해*. 서울: 역사비평사. 2002.

Agné, Hans. (2011). The Autonomy of Globalizing States: Bridging the
Gap between Democratic Theory and International Political Economy.
International Political Science Review, 32(1).

Amsden, Alice. (1989). *Asia's Next Giant: South Korea and Late
Industrialization*. New York: Oxford University Press.

Comaroff, Jean and John L. Comaroff. (2012). *Theory from the South: Or, How
Euro−America Is Evolving Toward Africa*. Abingdon: Routledge.

Desai, Raj M., Hiroshi Kato, Homi Kharas, and John W. McArthur eds. (2018).
*From Summits to Solutions: Innovations in Implementing the Sustainable
Development Goals*. Washington, D. C.: Brookings Institution Press.

Evans, Peter B. (1995). *Embedded Autonomy: States & Industrial
Transformation*. Princeton: Princeton University Press.

Gerschenkron, Alexander. (1962). *Economic Backwardness in Historical
Perspective*. Cambridge: Harvard University Press.

Johnson, Chalmers A. (1982). *MITI and the Japanese Miracle: The Growth of
Industrial Policy, 1925−1975*. Stanford: Stanford University Press.

Kim, Eun Mee. (1997). *Big Business, Strong State: Collusion and Conflict in
South Korean Developments, 1960−1990*. Albany: State University of New
York Press.

Kim, Taekyoon, Huck−Ju Kwon, Jooha Lee and Ilcheong Yi. (2011). Poverty,
Inequality and Democracy: 'Mixed Governance'and Welfare in South
Korea. *Journal of Democracy*, 22(3).

Kuhn, Thomas S. (1970). *The Structure of Scientific Revolutions*. Chicago:

Chicago University Press.

Nurkse, Ragna. (1961). *Problems of Capital Formation in Underdeveloped Countries*. Oxford: Oxford University Press.

Ringen, Stein, Huck–Ju Kwon, Ilcheong Yi, Taekyoon Kim and Jooha Lee. (2011). *The Korean State and Social Policy: How South Korea Lifted Itself from Poverty and Dictatorship to Affluence and Democracy*. New York: Oxford University Press.

Rostow, W. W. (1960). *The Stages of Economic Growth: A Non–communist Manifesto*. Cambridge: Cambridge University Press.

Suh, Jaekwon. (2014). Globalization, Democracy and State Autonomy: An Empirical Exploration of the Domestic Consequences of Globalization. *Korean Journal of Internatioanl Studies*, 12(1).

Wade, Robert. (1990). *Governing the Market: Economic Theory and the Role of Government in East Asian Industrialization*. Princeton: Princeton University Press.

Wallerstein, Immanuel. (2004). *World–Systems Analysis: An Introduction*. Durham: Duke University Press.

Williamson, John. (1994). *The Political Economy of Policy Reform*. Washington, D. C.: Institute for International Economics.

Woo–Cumings, Meredith ed. (1999). *The Developmental State*. Ithaca: Cornell University Press.

저 자 소 개

최대석 | 이화여자대학교 명예교수
주요 연구 분야는 북한 정치외교 및 교류협력이다. 동국대학교 교수를 거쳐
이화여자대학교에서 정책과학대학원장과 대외부총장을 역임했다.

홍용표 | 한양대학교 정치외교학과 교수
주요 연구 분야는 한국외교, 북한/통일, 평화 및 안보연구이다. 대통령 비서
실 통일비서관과 통일부 장관을 역임했다.

허재영 | 연세대학교 글로벌인재학부 교수
주요 연구 분야는 남북한관계, 한국외교정책, 한국정치, 여론 등이다.

이호령 | 한국국방연구원 북한군사연구실 책임연구위원
주요 연구 분야는 비확산·북한핵·남북관계·미북관계이다.

신인호 | 예비역 육군 소장
육군사관학교를 졸업하고 합동참모본부 정책과장, 제26기계화보병사단장,
육군교육사령부 전투발전부장을 역임했다.

박원곤 | 이화여자대학교 북한학과 교수
주요 연구 분야는 북한외교·군사 및 동북아 국제관계이다. 한국국방연구원
연구위원과 한동대학교 교수를 역임했다.

양욱 | 한남대학교 군사전략대학원 겸임교수
합참과 방위사업청의 정책자문위원, 해군·공군·육군의 자문위원으로 활동
하고 있다. 한국국방안보포럼(KODEF) WMD대응센터장을 역임했다.

김기웅 | 전 통일부 남북회담본부장
1990년 4월 통일부 남북회담사무국 회담운영과를 시작으로 거의 모든 남북
회담에 관여했다. 통일부 통일정책실장, 남북회담본부장을 거쳐 청와대 통일
비서관을 역임했다.

김병연 | 서울대학교 경제학부 교수·통일평화연구원장

주요 연구 분야는 체제이행과 응용계량경제학이며 주로 구사회주의 국가들과 북한에 관심이 있다. 영국 에식스대학교, 서강대학교 교수를 역임했다.

김인한 | 이화여자대학교 정치외교학과·호크마교양대학 교수

주요 연구 분야는 미국외교정책, 동아시아 안보문제이다. 미국 콜로라도대학교 교수를 역임했다.

황태희 | 연세대학교 정치외교학과 교수

주요 연구 분야는 경제제재 및 원조, 청중비용, 인권, 정치방법론, 북한의 정치경제 등이다. 텍사스 A&M대학교와 고려대학교 교수를 역임했다.

박병광 | 국가안보전략연구원 연구위원

주요 연구 분야는 중국 대외관계 및 동아시아안보이다. 도쿄대학교 동양문화연구소 초빙연구원과 서울대학교 국제문제연구소 객원연구원을 역임했다.

신범철 | 경제사회연구원 원장·외교안보센터장

주요 연구 분야는 국제법과 국제안보이다. 한국국방연구원, 국방부 장관 보좌관, 국립외교원 교수, 아산정책연구원 안보통일센터장을 역임했다.

이금순 | 통일연구원 인도협력연구실 선임연구위원

주요 연구 분야는 인도적 지원, 탈북자 보호 및 정착지원, 북한인권이다. 통일교육원 원장을 거쳐 통일부 북한인권기록센터 센터장을 역임했다.

김태균 | 서울대학교 국제대학원 교수

주요 연구 분야는 국제개발, 평화학, 국제정치사회학이다. 유네스코 등의 컨설턴트로 활동했으며 와세다대학교와 이화여자대학교 교수를 역임했다.

모춘흥 | 한양대학교 강사

주요 연구 분야는 남북관계, 탈북민 사회통합, 통일인문학이다. 한양대학교 평화연구소 연구교수를 역임했다.

KI신서 9990

한반도, 평화를 말하다

1판 1쇄 인쇄 2021년 11월 22일
1판 1쇄 발행 2021년 11월 30일

지은이 최대석, 홍용표, 허재영, 이호령, 양욱, 박원곤, 신인호, 김기웅,
김병연, 김인한, 황태희, 박병광, 신범철, 이금순, 김태균, 모춘흥
펴낸이 김영곤
펴낸곳 (주)북이십일 21세기북스

출판사업부문 이사 정지은
인문기획팀 양으녕 최유진
디자인 제이알컴
출판마케팅영업본부장 민안기
마케팅2팀 엄재욱 이정인 나은경 정유진 이다솔 김경은
출판영업팀 김수현 이광호 최명열
제작팀 이영민 권경민

출판등록 2000년 5월 6일 제406-2003-061호
주소 (10881) 경기도 파주시 회동길 201(문발동)
대표전화 031-955-2100 **팩스** 031-955-2151 **이메일** book21@book21.co.kr

ⓒ 최대석, 홍용표, 허재영, 이호령, 양욱, 박원곤, 신인호, 김기웅,
김병연, 김인한, 황태희, 박병광, 신범철, 이금순, 김태균, 모춘흥, 2021

ISBN 978-89-509-9822-6 03340

(주)북이십일 경계를 허무는 콘텐츠 리더

21세기북스 채널에서 도서 정보와 다양한 영상자료, 이벤트를 만나세요!
페이스북 facebook.com/jiinpill21 **포스트** post.naver.com/21c_editors
인스타그램 instagram.com/jiinpill21 **홈페이지** www.book21.com
유튜브 youtube.com/book21pub

서울대 가지 않아도 들을 수 있는 명강의! 〈서가명강〉
유튜브, 네이버, 팟캐스트에서 '서가명강'을 검색해보세요!

· 책값은 뒤표지에 있습니다.
· 이 책 내용의 일부 또는 전부를 재사용하려면 반드시 (주)북이십일의 동의를 얻어야 합니다.
· 잘못 만들어진 책은 구입하신 서점에서 교환해드립니다.